한 번에 합격,
자격증은 이기적

이렇게 기막힌 적중률

함께 공부하고 특별한 혜택까지!

이기적 스터디 카페

구독자 13만 명, 전강 무료!

이기적 유튜브

인증만 하면, **고퀄리티 강의가 무료!**

100% 무료 강의

STEP 1
이기적
홈페이지
접속하기

›

STEP 2
무료동영상
게시판에서
과목 선택하기

›

STEP 3
ISBN 코드
입력 & 단어
인증하기

›

STEP 4
이기적이 준비한
명품 강의로
본격 학습하기

영진닷컴 이기적

1년 365일 이기적이 쏜다!

365일 진행되는 이벤트에 참여하고 다양한 혜택을 누리세요.

EVENT ❶

기출문제 복원

• 이기적 독자 수험생 대상
• 응시일로부터 7일 이내 시험만 가능
• 스터디 카페의 링크 클릭하여 제보

이벤트 자세히 보기 ▶

EVENT ❷

합격 후기 작성

• 이기적 스터디 카페의 가이드 준수
• 네이버 카페 또는 개인 SNS에 등록 후 이기적 스터디 카페에 인증

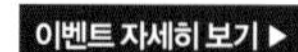

이벤트 자세히 보기 ▶

EVENT ❸

온라인 서점 리뷰

• 온라인 서점 구매자 대상
• 한줄평 또는 텍스트 & 포토리뷰 작성 후 이기적 스터디 카페에 인증

이벤트 자세히 보기 ▶

EVENT ❹

정오표 제보

• 이름, 연락처 필수 기재
• 도서명, 페이지, 수정사항 작성
• book2@youngjin.com으로 제보

이벤트 자세히 보기 ▶

N Pay
네이버페이 포인트 쿠폰 20,000원

• N페이 포인트 5,000~20,000원 지급
• 영진닷컴 쇼핑몰 30,000원 적립
• 30,000원 미만의 영진닷컴 도서 증정

※이벤트별 혜택은 변경될 수 있으므로 자세한 내용은 해당 QR을 참고하세요.

이기적 크루를 찾습

WANTED

저자 · 강사 · 감수자 · 베타테스터 상시 모집

저자 · 강사

분야 수험서 전 분야
수험서 집필 혹은 동영상 강의 촬영

요건 관련 강사, 유튜버, 블로거 우대

혜택 이기적 수험서 저자 · 강사 자격
집필 경력 증명서 발급

감수자

분야 수험서 전 분야

요건 관련 전문 지식 보유자

혜택 소정의 감수료
도서 내 감수자 이름 기재
저자 모집 시 우대(우수 감수자)

베타테스터

분야 수험서 전 분야

요건 관련 수험생, 전공자, 교사/강사

혜택 활동 인증서 & 참여 도서 1권
영진닷컴 쇼핑몰 30,000원 적립
스타벅스 기프티콘(우수 활동자)
백화점 상품권 100,000원(우수 테스터)

◀ 모집 공고 자세히 보기

이메일 문의하기 book2@youngjin.com

기억나는 문제 제보하고 N페이 포인트 받자!

기출 복원 EVENT

성명	이기적

수험번호	2	0	2	4	1	1	1	3

Q. 응시한 시험 문제를 기억나는 대로 적어주세요!

①365일 진행되는 이벤트 ②참여자 100% 당첨 ③우수 참여자는 N페이 포인트까지

영진닷컴 쇼핑몰

30,000원

N Pay

네이버페이 포인트 쿠폰

20,000원

적중률 100% 도서를 만들어주신 여러분을 위한 감사의 선물을 준비했어요.

신청자격 이기적 수험서로 공부하고 시험에 응시한 모든 독자님

참여방법 이기적 스터디 카페의 이벤트 페이지를 통해 문제를 제보해 주세요.

※ 응시일로부터 7일 이내의 시험 복원만 인정됩니다.

유의사항 중복, 누락, 허위 문제를 제보한 경우 이벤트 대상에서 제외됩니다.

참여혜택 영진닷컴 쇼핑몰 30,000원 적립

정성껏 제보해 주신 분께 N페이 포인트 5,000~20,000원 차등 지급

이벤트 페이지 확인하기 ▶

이기적이 다 드립니다

여러분은 합격만 하세요! 이기적 합격 성공세트 BIG 3

영상으로 쉽게 이해하는, 무료 동영상 강의

공부하기 어려운 사무자동화 실기 이론을 기초부터!
이기적이 떠먹여주는 시험 대비 강의를 시청하세요.

무엇이든 물어보세요, 1:1 질문답변

사무자동화 시험에 대한 궁금증, 전문 선생님이 해결해드려요.
스터디 카페 질문/답변 게시판에 어떤 질문이든 올려주세요.

더 많은 문제를 원한다면, 모의고사 8회분

문제를 더 풀고 연습하고 싶으시다고요?
걱정 마세요. 8회분 모의고사까지 아낌없이 드립니다.

※ 〈2025 이기적 사무자동화산업기사 실기 기본서〉를 구매하고 인증한 회원에게만 드리는 자료입니다.

이기적 스터디 카페 바로가기 ▶

이렇게
기막힌
적중률

사무자동화산업기사
실기 기본서

1권 · 이론서

"이" 한 권으로 합격의 "기적"을 경험하세요!

YoungJin.com Y.
영진닷컴

차례

난이도에 따라 분류하였습니다.
상 : 반드시 반복 연습해야 하는 기능
중 : 여러 차례 풀어보아야 하는 기능
하 : 수월하게 익힐 수 있는 기능

표시된 부분은 동영상 강의가 제공됩니다.
이기적 홈페이지(license.youngjin.com)에 접속하여 시청하세요.

▶ 제공하는 동영상과 PDF 자료는 1판 1쇄 기준 2년간 유효합니다.
단, 출제기준안에 따라 동영상 내용은 변경될 수 있습니다.

PART 04 함수 사전

2권

PART 01 공단 공개문제

PART 02 실전 모의고사

실기 부록 자료

실전 모의고사 03~10회
PDF 추가 제공

사무자동화 실습용
압축 파일

※ 부록 자료 다운로드 방법

이기적 홈페이지(license.youngjin.com) 접속 → [자료실]-[사무자동화산업기사] 클릭 → 도서 이름으로 게시물 찾기 → 첨부파일 다운로드 후 압축 해제

이 책의 구성

전문가가 핵심만 정리한 이론으로 학습

난이도
섹션별 난이도를 상중하로 나누어 효율적인 학습이 가능합니다.

핵심포인트
시험에 자주 출제되는 핵심포인트를 정리했습니다.

강의 QR
동영상 강의를 QR코드로 쉽게 시청할 수 있습니다.

팁(TIP)
기적의 팁, 암기 팁 등 다양한 팁이 삽입되어 있습니다.

함수 사전으로 엑셀, 액세스 정복

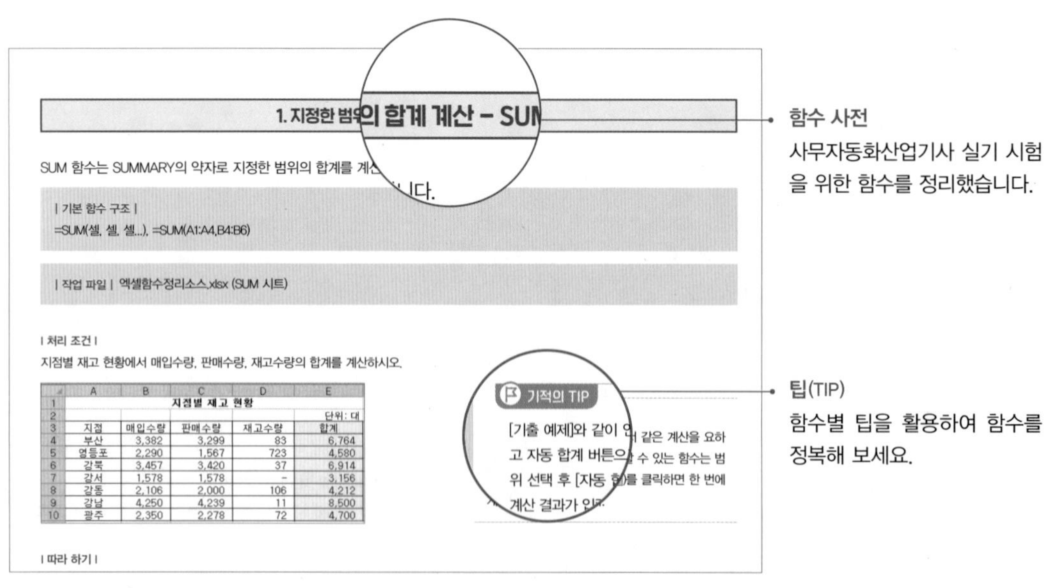

함수 사전
사무자동화산업기사 실기 시험을 위한 함수를 정리했습니다.

팁(TIP)
함수별 팁을 활용하여 함수를 정복해 보세요.

공단 공개문제와 실전 모의고사로 실전 대비

공단 공개문제, 실전 모의고사
사무자동화산업기사 공단 공개문제 및 실전 모의고사와 각 회차에 대한 자세한 해설을 수록하였습니다.

시험 시간, 풀이 시간
시험 시간을 확인하고 내 풀이 시간을 적어보며 실제 시험처럼 연습할 수 있습니다.

한국대학 사무자동화과에서는 학생 성적 처리를 스프레드시트를 통해 처리하려고 한다. 다음 자료(DATA)를 이용하여 작성 조건에 따라 작업 표와 그래프를 작성하고, 그 인쇄 출력물을 제출하시오.

01 작업 표(WORK SHEET) 작성

1. 자료(DATA)

학생별 성적자료

열 / 행	A	B	C	D
2	학생이름	과제등급	중간	기말
3	김기찬	C	70	73
4	김수진	C	50	49
5	김정현	A	45	60
6	김찬진	C	69	82
7	박찬호	B	54	58
8	박현정	C	77	78
9	신명훈	A	85	74
10	이소라	B	84	65
11	이재민	C	57	80
12	최종혁	C	48	50
13	최진현	B	58	68
14	홍길동	A	70	72
15	송대관	A	62	80
16	송수정	B	65	88
17	송경관	A	62	92
18	김춘봉	B	82	48
19	임현식	A	55	64
20	임경철	C	76	60
21	신기한	A	54	60
22	김경태	B	50	45

※ 자료(DATA)부분에서 음영 처리 표시된 부분은 행/열의 기준을 나타내며 이는 작성(입력)하지 않음을 반드시 유의하시오.

2-6 PART 01 공단 공개문제

시험의 모든 것

응시 자격 조건

필기 시험 합격자

원서 접수하기

- www.q-net.or.kr에서 접수
- 정기 검정 : 1년에 3회
- 검정 수수료 : 31,000원

시험 응시

- 신분증과 수험표 지참
- 작업형(2시간)

합격자 발표

해당 합격자 발표일 오전 9시

01 응시 자격

- 기능사(타 산업기사, 타 자격 포함) 이상 + 실무 1년 이상
- 동일 및 유사 직무분야 산업기사 이상 취득
- 2 · 3년제 전문대학 또는 대학 졸업자 및 졸업예정자(관련 학과)
- 실무 경력 2년 이상
- 실기 시험 : 필기 시험 합격자

02 원서 접수

필기 : 19,400원, 실기 : 31,000원
(원서접수 마감일 18시까지 결제, 계좌 이체 및 신용카드 결제 가능)

03 합격 기준

필기 시험	100점을 만점으로 하여 과목당 40점 이상, 전과목 평균 60점 이상
실기 시험	100점을 만점으로 하여 60점 이상

04 합격자 발표

- 필기 시험 : 최종 답안 제출 후 바로 점수 확인 가능
- 실기 시험 : 최종 합격자 발표일 오전 9시

05 자격증 수령

- 상장형 자격증을 원칙으로 하며 수첩형 자격증도 발급
- 자격 취득 사실 확인이 필요할 경우 취득사항확인서(한글, 영문) 발급

형태	상장형 및 수첩형
신청 절차	공단이 본인 확인용 사진을 보유한 경우, 인터넷 배송 신청 가능(q-net.or.kr)
수수료	• 인터넷 접수 수수료 : 3,100원 • 우편 발송 요금 : 3,010원
수령 방법	• 상장형 자격증은 인터넷을 통해 무료 발급 가능(1회 1종목) • 수첩형 자격증은 우편배송만 가능 • 신분 미확인자는 공단에 직접 방문하여 수령
신청 접수 기간	합격자 발표일 이후

06 출제 기준

출제 기준 상세 보기

- 적용 기간 : 2023.01.01.~2025.12.31.
- 필기 출제 기준

– 1과목 : 사무자동화시스템

사무자동화 개념	사무자동화 정의 및 기본요소, 사무자동화 추진 및 전략, 사무자동화 경영관리
사무자동화 기술	하드웨어기술, 응용소프트웨어기술, 통신응용기술, 정보보안기술
사무자동화 응용	자료전송, 자료저장
통합사무자동화	데이터베이스, e-비즈니스, 경영관리시스템

– 2과목 : 사무경영관리개론

사무정보관리	사무관리 의의, 정보자원관리, 경영정보관리
사무관리 표준화	사무의 계획 및 조직, 사무의 통제 및 표준화, 사무환경관리
자료관리 운용	자료의 개요, 정보보안, 전산망 관리와 운용, 자료관리의 자동화
사무작업 형태	사무작업의 효율화, 전자문서의 관리와 운용

– 3과목 : 프로그래밍 일반

프로그래밍 언어	프로그래밍 설계, 언어번역, 자료형, 순서제어
시스템 소프트웨어	운영체제

– 4과목 : 정보통신개론

정보통신의 개념	정보통신 시스템 구성 및 서비스
정보통신기기	단말 및 교환기, 전송 및 접속장비
정보전송 기술	정보전송이론, 전송 및 변조방식
통신프로토콜	통신프로토콜의 개념, OSI 모델, 표준안 및 권고안
정보통신망	정보통신망 개요, 데이터통신망, 광통신, 무선통신, 위성통신

- 실기 출제 기준

응용프로그램 설치 및 삭제	응용프로그램 설치 및 삭제하기
사무자동화 활용하기	스프레드시트, 데이터관리, 프레젠테이션
인쇄	인쇄하기

시험 출제 경향

우리의 목표는 합격! 최신 출제 경향을 분석하여 핵심 키워드를 정리하였습니다. 마무리 체크를 원하는 수험생, 시간이 부족한 수험생은 최신 출제 경향을 꼭 한 번 더 짚고 넘어가세요. 어렵게 느껴지는 과목은 개념을 확립하고, 자신 있는 과목은 다양한 문제를 풀어보며 집중하세요!

사무자동화산업기사 실기 시험은 실제로 2시간 동안 수행되며, 다양하고 방대한 작업들이 요구됩니다. 따라서 시간 관리에 주의를 기울여야 합니다. 어려운 문제가 출제될 가능성도 있으므로 이에 대비하는 것이 중요합니다. 엑셀, 액세스, 파워포인트에서 수행해야 할 작업 목록은 다음과 같습니다. 아래 이미지들은 시험에서 제시되는 문제의 일부로, 이를 통해 실전과 유사한 환경에서 연습해보는 것이 좋습니다.

사무자동화산업기사 실기 문제 분석

작업유형	세부항목	목표점수
워크시트 및 그래프(35점)	1. 워크시트 작성하기 2. 내장 함수 응용하기 3. 데이터 관리하기 4. 그래프 작성하기	1. 데이터 입력과 서식 2. 수식 작성과 데이터 처리 3. 데이터 검색과 분석 4. 차트 구성 및 설계와 축, 서식, 범례
데이터베이스(35점)	1. 화면 설계하기 2. 자료 입력하기 3. 자료 처리하기	1. 테이블과 폼 설계 2. 데이터 입력과 쿼리 작성 3. 조건 처리 및 보고서 작성
프레젠테이션(30점)	1. 화면 설계하기 2. 슬라이드 작성하기	1. 화면의 구성과 설계 2. 도형, 표, 차트 구성

엑셀 워크시트 및 그래프

35점

▶ 작업 표 형식

<table>
<tr><th></th><th>A열</th><th>B열</th><th>D열</th><th>E열</th><th>F열</th><th>G열</th><th>H열</th><th>I열</th></tr>
<tr><td>1행</td><td colspan="8">거래 이익금 현황(비번호: xxxx)</td></tr>
<tr><td>2행</td><td colspan="8">작성일 : yy-mm-dd</td></tr>
<tr><td>3행</td><td>품목코드</td><td>품목이름</td><td>출고가</td><td>출고량</td><td>거래금액</td><td>이익 금액</td><td>순위</td><td>평가</td></tr>
<tr><td>4~15행</td><td>–</td><td>–</td><td>❶</td><td>–</td><td>❷</td><td>❸</td><td>❹</td><td>❺</td></tr>
<tr><td rowspan="2">16~
17행</td><td colspan="2" rowspan="2">품목별 합계</td><td colspan="2">프린터</td><td>❻</td><td>❻</td><td colspan="2" rowspan="4"></td></tr>
<tr><td colspan="2">모니터</td><td>❼</td><td>❼</td></tr>
<tr><td>18행</td><td colspan="5">평가가 A급인 제품의 이익금액 합계</td><td>❽</td></tr>
<tr><td>19행</td><td colspan="5">이익금액이 1,000,000 이상 2,000,000 미만 품목들의 합</td><td>❾</td></tr>
</table>

✔ 체크포인트

- 주어지는 입력 자료의 내용을 작업 표 형식에 맞게 입력해야 합니다.
- 작업 표 형식에 나타나 있지 않은 경우라도 계산에 사용될 시 입력해야 합니다.
- 틀리게 입력하면 결과도 달라지므로 똑같이 입력해야 합니다(감점 요인).
- 함수식을 사용하라는 조건에는 반드시 함수식을 이용해야 합니다.

▶ 그래프

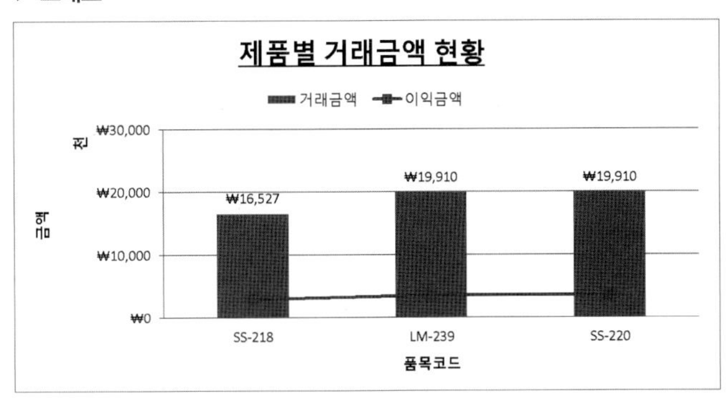

체크포인트

- 작성 조건에 없는 형식이나 모양 등은 기본 설정값을 유지해야 합니다.
- A4 용지 1/2장 범위 내에 들어갈 정도의 크기로 작성해야 합니다.

액세스 데이터베이스

35점

▶ 조회 화면

출신고에 "서울"이 포함되고 학과명이 "컴퓨터공학과"인 데이터

수험번호	출신고	지원자	학과명	점수
A-001	서울정보고	이재마	컴퓨터공학과	250
A-978	서울정보고	이지후	컴퓨터공학과	230

리스트 박스 조회시 작성된 SQL문

```
SELECT 합격자현황.수험번호, 합격자현황.출신고, 합격자현황.지원자, 학과코드표.학과명, 합격자현황.점수
FROM 학과코드표 INNER JOIN 합격자현황 ON 학과코드표.학과코드=합격자현황.학과코드
WHERE (((합격자현황.출신고) Like "*서울*") AND ((학과코드표.학과명)="컴퓨터공학과"))
ORDER BY 합격자현황.점수 DESC
```

▶ 자료 처리

고등학교별 합격자 현황

작성일자 : YYYY-MM-DD

학과명	지원자	출신고	수험번호	점수	1차합격
멀티미디어과	XXX	XXX	XXX	XXX	XXX
합계:X명		1차합격자 수:X명		평균:XX점	합격률:XX%
전기전자과	XXX	XXX	XXX	XXX	XXX
합계:X명		1차합격자 수:X명		평균:XX점	합격률:XX%
정보통신과	XXX	XXX	XXX	XXX	XXX
합계:X명		1차합격자 수:X명		평균:XX점	합격률:XX%
컴퓨터공학과	XXX	XXX	XXX	XXX	XXX
합계:X명		1차합격자 수:X명		평균:XX점	합격률:XX%
총 합계:X명		1차합격자 수:X명		평균:XX점	합격률:XX%

체크포인트

- 입력 자료를 데이터에 맞는 형식으로 설정해야 합니다. (글자 → 텍스트, 숫자 → 숫자, 날짜 → 날짜)
- 입력 자료를 저장한 테이블(또는 쿼리)을 데이터 원본으로 지정하여 폼을 작성합니다.
- 문제에서 요구하는 쿼리를 작성해 폼/보고서에 사용합니다.

파워포인트 프레젠테이션

30점

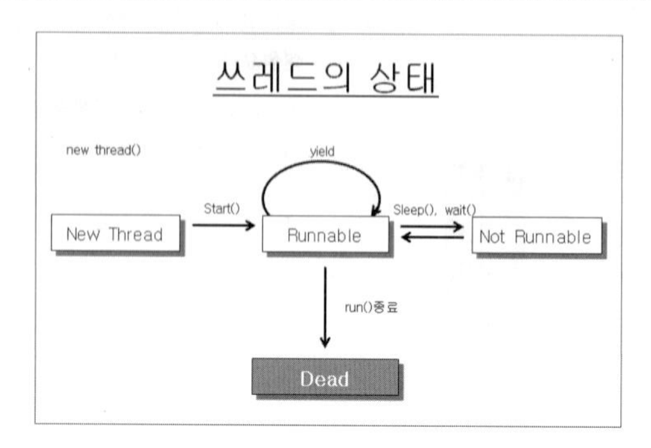

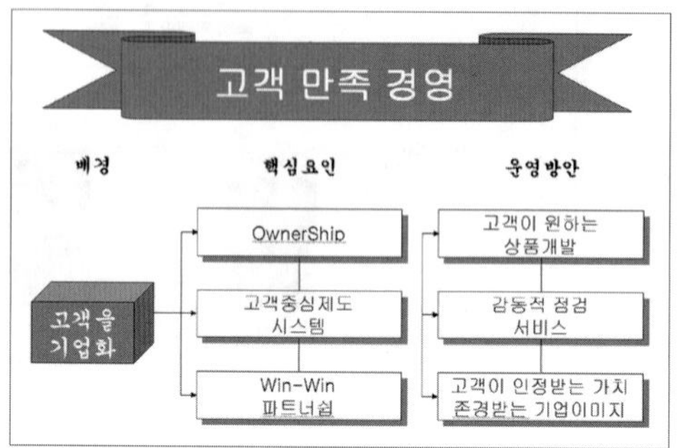

체크포인트

- 100% 정확하게 위치/모양을 맞출 수는 없으니 유사한 수준으로 작성합니다.
- 실제 시험에 출제되는 글꼴은 돋움체, 굴림체, 궁서체 정도입니다. 조건에 제시되지 않은 경우에 설정해 주세요.
- 모든 슬라이드의 내용은 흑백 프린터기로 인쇄됩니다. 그러므로 색 채우기 시 유의하세요.
- 감독관이 정해준 인쇄 전용 컴퓨터에서 인쇄를 하게 됩니다. 미리 인쇄 연습을 해두시는 게 좋습니다.

Q&A

엑셀의 작업 방법에 관련된 사항

Q 수치 계산에서 반드시 함수를 사용해야 하나요?

A 본 시험의 채점은 출력물을 기본으로 이루어지지만 제출하는 파일이 보조 근거 자료로 사용됩니다. 따라서 함수를 사용하시는 것이 유리합니다. 모르는 함수가 나오는 경우는 도움말을 이용하시기 바랍니다. 참고로 사용한 함수식을 시트에 표시하는 문제가 출제되기도 합니다.

Q 작업 표에서 굵게 되어 있는 건 조건에 나와 있지 않아도 굵게 지정해야 하나요?

A 조건에서 제시되지 않은 부분은 수험생이 주어진 문제를 보고 판단해야 합니다. 문제지와 최대한 비슷하게 작성하면 됩니다.

Q 작업 표에서 필드가 많을 경우 칸이 좁아서 숫자 셀이 # 모양으로 나옵니다. 셀 너비를 마냥 늘이면 한 쪽을 넘어가서 인쇄가 다 안 되던데요.

A 일단 #으로 나오지 않게 셀 너비를 넓혀야 합니다. 페이지 설정에서 좌우 여백을 조절해서 한 페이지에 나오게 합니다(실제 시험에서 한 페이지에 인쇄가 불가능한 문제는 출제되지 않습니다).

Q 차트를 완성한 후 작업 표 부분을 수정해도 차트에 영향을 주지 않는 방법은 무엇입니까?

A 엑셀의 차트는 작업 표의 데이터와 연결되기 때문에 수정된 작업 표와 별개의 차트를 그리기 위해서는 차트를 그리고자 하는 작업 표를 복사해서 다른 영역에 붙인 후 붙인 작업 표로 차트를 작성해야 합니다.

Q 자료 파일에는 날짜 표기가 '24-11-23' 형식으로 되어 있는데 직접 작업해 보니 '24.11.23' 형식으로 입력이 됩니다. 문제처럼 바꾸는 방법은 무엇입니까?

A [셀 서식]-[표시 형식] 탭에서 [사용자 지정]을 'yy-mm-dd'로 하면 됩니다.

Q 원화(₩) 표시를 하라는 조건에서 '통화' 형식을 지정하는 경우와 '회계' 형식을 지정하는 경우 화면에는 다르게 표시가 되는데 어떤 차이가 있습니까?

A '통화'를 지정하면 '₩10,000' 형식으로 표시가 되며 '회계'를 지정하면 '₩ 10,000' 형식처럼 원화(₩) 기호가 셀의 좌측에 표시가 됩니다. 어떤 형식을 사용하든 상관이 없으며 원화(₩) 표시만 나오면 됩니다. 단, 하나의 작업 표에서는 통일된 형식으로 사용하는 것이 더 보기 좋습니다.

Q 하나의 셀 영역에 두 줄을 입력하기 위해서는 어떤 방법을 사용하면 됩니까?

A Alt+Enter를 사용하면 됩니다.

Q 엑셀에서 제목에 이중 실선과 이중 파선을 그리는 방법은 무엇인가요?

A [셀 서식]-[글꼴] 탭에서 밑줄 기능을 이용하면 됩니다. 또는 [삽입] 탭-[일러스트레이션] 그룹-[도형]에서 선 도구(⧅)를 이용해서 선을 직접 그려도 됩니다. 이때 Shift를 이용하면 실선을 곧게 그릴 수 있으며 Ctrl+Shift를 누른 상태에서 이전 실선을 아래로 드래그해 복사하면 됩니다. 또한 이중 파선은 선 도구(⧅)를 이용하여 그린 다음 그린 선을 선택하고 [서식] 탭-[도형 스타일] 그룹-[도형 윤곽선]-[대시]에서 파선을 설정할 수 있습니다. 역시 위와 같은 방법으로 아래로 드래그해 복사하면 이중 파선이 그려집니다.

Q 그린 선이 미리 보기를 하면 보이지 않는데 어떻게 해야 합니까?

A [테두리] 설정을 했음에도 보이지 않는 경우는 상관없습니다. 채점은 인쇄되어 나온 출력물이 기준이므로 프린트했을 때 정확히 나오면 상관없습니다.

Q 차트의 축에서 숫자 '0'이 '–'로 표시되는데 해결 방법은 무엇입니까?

A 지정된 형식에 따라 달라질 수 있습니다. 문제에서 요구하는 모양으로만 작성했다면 상관없습니다.

Q 특수 문자는 어떻게 입력합니까?

A 키보드에서 한글 자음(ㄱ, ㄴ, ㄷ…)을 입력한 후 한자를 눌러 화면 오른쪽 하단에 특수 문자의 목록이 나타나면 원하는 기호를 선택하면 됩니다.

Q 차트 작성에 필요한 영역 지정 시 반드시 필터만을 사용해야 되나요?

A 반드시 필터만 사용하는 건 아닙니다. 해당 영역을 Ctrl을 이용해 마우스로 지정해 주어도 됩니다.

Q 숫자 데이터를 문자로 처리하려면 어떻게 하나요?

A 입력 시 '(홑 따옴표)를 이용하여 입력합니다(예 : '001).

Q 내장 함수가 무엇인가요?

A 엑셀에서 주어진 함수로 우리가 흔히 사용하는 SUM, AVERAGE 등이 있습니다. 시험에서 내장 함수를 이용하라는 의미는 엑셀에서 제공되는 함수를 이용하라는 의미입니다.

액세스의 작업 방법에 관련된 사항

Q 액세스는 나중에 작업하세요.

A 주어진 2시간의 작업 시간이 생각보다 짧습니다. 많은 수험생들이 문제가 출제된 순서대로 엑셀-액세스-파워포인트 순서로 작업하다가 액세스에 많은 시간을 사용해서 파워포인트 작업을 제대로 마치지 못하는 경우가 있습니다. 대부분의 수험생들에게 난이도는 파워포인트-엑셀-액세스 순서이므로 쉬운 것부터 먼저 하세요. 물론 그렇다고 해서 한 종목을 아예 완성하지 못하면 실격이므로 주의가 필요합니다.

Q 결과가 더 중요합니다.

A 출력물 위주로 채점을 하기 때문에 출력물 결과만이라도 문제에서 요구하는 형태로 나오게 만듭니다. 결과값이 맞게 되었다면 나머지는 단지 감점 사항입니다.

Q 액세스의 도움말을 활용합니다(도움말 : F1).

A 사용해야 할 함수 사용법이 기억이 안 나거나 어떤 함수를 사용해야 할지 모르는 경우 액세스의 도움말을 참고하세요. 도움말을 잘 찾아보면 함수의 사용법과 예제까지도 있습니다.

Q 작성 조건을 잘 읽으세요.

A 날짜 서식이나 숫자 서식이 문제마다 다양하게 변형되어 출제되고 있습니다. 문제에서 요구하는 작성 조건이 정확히 무엇을 요구하는지 자세히 보세요.

Q 책과 똑같이 입력했는데도 원하는 값이 안 나옵니다.

A 진짜 똑같은지 한 번만 더 보세요. 콤마 대신 점을 쓴 것은 아닌지, [ ]를 썼는지, ( ) 개수는 같은지 확인해 보세요. 실수로 한글 전자(전각 문자), 영문 전자(영숫자 전자)로 입력한 경우에 컴퓨터는 해당 글자를 사람 눈과는 다르게 보기 때문에 에러가 날 수 있습니다. Windows의 한글 입력기(한글 IME)에서 한글 반자, 영문 반자(영숫자 반자)가 선택되었는지 확인하고 처음부터 다시 한번 입력해 보세요.

Q 자동으로 나타나게 하라는 문제는 어떻게 풀어야 합니까?

A 폼에 사용할 쿼리를 잘 만들면 됩니다. 이런 문제는 출제 의도가 쿼리를 제대로 사용할 줄 아는가를 묻는 데 있습니다. 경우에 따라서는 이런 문제 요구 조건을 들어주려면, 프로그래밍까지 해야 하는 경우가 있는데, 이런 것은 사무자동화산업기사의 출제 범위가 아닙니다. 쿼리를 잘 만들어서 다른 두 테이블에 있는 값이 제대로 연결되어 폼에 표시되는 것으로 충분합니다.

Q 기본 키라는 것이 나오는데 설정을 안 하면 어떻게 됩니까?

A 최근 출제된 문제 유형 중에는 입력 화면을 사용하지 않고 조회 화면을 사용하기 때문에 폼에서 입력할 필요가 없어졌으므로 기본 키 설정을 하지 않아도 되는 경우가 있습니다. 기본 키 설정을 하지 않는 대신 쿼리에서 두 테이블을 조인해 주어야 합니다.

Q 각 출력물 상단에 수험생의 비번호, 수험번호, 성명을 출력하려면 어떻게 합니까?

A 시험장에 따라 어떤 곳은 폼과 보고서에 인쇄되어 나오도록 하고 어떤 곳은 여백만 주어 인쇄한 후에 손으로 쓰도록 합니다. 인쇄하라고 지시하는 경우라면 폼은 [폼 머리글] 영역에, 보고서는 [보고서 머리글] 영역에 레이블을 추가하면 됩니다.

Q 폼이나 보고서를 완성한 후에 쿼리에 실수가 있는 것을 알았다면 처음부터 다시 작업해야 합니까?

A

쿼리 필드 식에 실수가 있는 경우라면	쿼리 필드 식을 아예 빠뜨린 경우라면
① 쿼리 필드 식만 수정하면 됩니다. ② 수정하고 나서 폼과 보고서가 제대로 나오는지 확인은 해 보아야 합니다.	① 일단 쿼리를 수정합니다. ② 폼이나 보고서 디자인 화면에서 [디자인] 탭-[도구] 그룹-[기존 필드 추가]를 선택합니다. ③ 빠뜨린 필드를 마우스로 선택한 후 원하는 위치에 끌어서 놓습니다. ④ 레이블과 텍스트 박스가 추가될 것입니다. ⑤ 위치, 크기나 형식 등의 필요한 변경을 하면 됩니다.

Q 폼이나 보고서 미리 보기를 하면 내용이 하나도 안 나옵니다.

A 테이블에 데이터를 입력하셨는지 확인해 보세요.

Q 폼과 보고서 디자인 화면에 바둑판처럼 눈금이 표시됩니다.

A 디자인할 때 위치 조정을 편하게 하려고 있는 기능입니다. 눈금이 표시되거나 표시되지 않도록 할 수 있습니다.

Q 테이블을 작성할 때 텍스트나 숫자 데이터 형식을 지정하면 필드 크기가 자동으로 '50' 또는 정수(Long)가 지정되는데 이것을 따로 조정해야 합니까?

A 텍스트의 경우 특별히 조정하지 않아도 됩니다. 숫자는 소수자리 계산이 필요하다면 실수(Double)로 바꿔야 합니다. 시험이 아니라 실제 데이터베이스를 사용할 때에는 불필요한 공간의 낭비를 피하기 위해서 필요한 만큼으로 텍스트의 크기를 조정해 줍니다.

Q 회원번호는 계산하지 않는 숫자인데 왜 텍스트 데이터 형식을 사용하지 않습니까?

A 텍스트를 비롯한 계산에 사용되지 않는 숫자는 텍스트 데이터 형식을 사용할 수 있습니다. 그런데 텍스트 데이터는 정렬할 때 주의해야 합니다. 예를 들어 텍스트 '1', '2', '10'이 있을 경우 오름차순으로 정렬하면 '1', '10', '2'처럼 정렬이 됩니다. 숫자 데이터라면 당연히 '1', '2', '10'으로 정렬되겠죠. 텍스트 데이터로 처리된 숫자들이 제대로 정렬되기 위해서는 글자 수를 맞추어 주어야 합니다. 텍스트 '01', '02', '10'으로 해야만 오름차순으로 정렬하면 '01', '02', '10'으로 정렬됩니다. 그래서 어떤 경우에는 계산하지 않는 숫자라도 텍스트 형식을 사용하지 않고 숫자 형식을 사용하는 것이 편리합니다.

Q 테이블 작성 시 데이터 형식에서 숫자와 통화가 구분이 잘 안 됩니다.

A [숫자] 데이터 형식은 밑의 [필드 크기]에서 정수, 실수 등을 선택할 수 있습니다. [통화] 데이터 형식은 금전을 표시할 때 필요한 범위의 수를 포함하고 있으며 기본적으로 원화 표시(₩)와 천 단위 콤마를 표시해 주는 [통화] 형식이 지정됩니다. [숫자] 데이터 형식에 [통화] 형식과 [통화] 데이터 형식 중 어떤 형식을 선택하는가는 사무자동화산업기사 시험에서는 큰 차이가 없습니다.

Q 문제에서 쿼리를 이용할 것인지 아닌지는 어떻게 결정합니까?

A 첫째, 입력 자료에는 없는 새 필드를 폼이나 보고서에서 사용하는 경우입니다.
둘째, 두 개 이상의 테이블에서 필드를 사용할 경우입니다.
물론 쿼리를 사용하지 않고도 작업을 할 수는 있습니다. 폼이나 보고서에 직접 [입력란] 컨트롤을 추가하고 속성의 [컨트롤 원본]에 필요한 값을 입력해도 되지만 쿼리를 사용하는 것이 편리합니다.

Q 두 테이블을 사용하는 쿼리에서 조인된 필드는 데이터가 동일한데, 어느 테이블의 필드를 쿼리에 포함시켜야 합니까?

A 자동으로 표시하라는 요구 조건이 있는 경우, 자동으로 표시할 필드가 없는 테이블의 조인된 필드를 쿼리에 포함시킵니다. 그런 조건이 없는 경우 어느 테이블에 속한 필드인지 상관이 없습니다.

Q 폼 바탕을 흰색으로 만들고 폼 둘레에 외곽선을 어떻게 그릴 수 있습니까?

A 문제의 입력 화면과 똑같이 만들려고 외곽선을 그리고 바탕색을 흰색으로 바꾸는 일부 수험생들의 경우가 있습니다. 시험 감독관이나 문제에서 분명히 요구하지 않았다면 굳이 필요하다고 생각하지는 않습니다.

① [본문] 영역 표시줄을 마우스로 선택하고 속성의 [형식] 탭에서 [배경색]을 선택합니다. 오른쪽에 나타난 [...] 버튼을 클릭하여 배경색을 흰색으로 조정합니다. [폼 머리글] 영역도 마찬가지로 합니다.
② [본문] 영역 왼쪽 끝, 오른쪽 끝, 아래쪽 끝과 [폼 머리글] 영역 왼쪽 끝, 오른쪽 끝, 위쪽 끝 근처에 [선] 컨트롤을 사용하여 선을 그립니다.

Q **프린터가 설치되지 않아서 보고서를 작성할 수 없다는 에러가 나고 보고서 작업을 전혀 할 수 없습니다. 액세스에서 보고서를 만들려면 프린터를 사다가 연결해야 합니까?**

A 액세스는 프린터의 용지 규격 정보를 이용해서 보고서 디자인 작업을 수행하기 때문에, 프린터가 설치되어 있지 않으면 보고서 디자인 작업을 아예 할 수 없습니다. 컴퓨터에 실제로 프린터를 연결해야 하는 것이 아닙니다. Windows [시작]-[설정]-[프린터]에 소프트웨어적으로 설치된 프린터가 전혀 없어서 발생하는 문제입니다. 실제로 프린터가 연결되어 있지 않더라도 [프린터 추가]를 눌러 소프트웨어적으로 프린터를 설치할 수 있습니다. 아무 종류의 프린터나 설치하면 보고서 디자인 작업을 진행할 수 있습니다.

Q **제 컴퓨터에서는 요약 옵션이 안 나옵니다.**

A 보고서 마법사에서 [요약 옵션]이 나타나지 않는 경우는 다음과 같습니다.
첫째, 그룹 수준이 지정되지 않았을 때
둘째, 그룹 수준이 잘못 지정되었을 때
셋째, 숫자 데이터 형식을 가진 필드가 없을 때
보고서 디자인 작업을 할 때, 직접 컨트롤을 추가하고 컨트롤 원본에 식을 입력하면 됩니다.

Q **보고서에 컨트롤을 추가하고 'sum([판매금액])'이라고 썼는데, 미리 보기에서 합계가 나오는 것이 아니라 입력한 글자가 그대로 표시됩니다.**

A '=sum([판매금액])'으로 쓰셔야 합니다. 실수로 텍스트 박스 컨트롤이 아니라 레이블 컨트롤을 추가해도 비슷한 결과가 나타납니다. 식은 반드시 텍스트 박스 컨트롤의 속성의 [데이터] 탭의 [컨트롤 원본]에 써야 계산이 됩니다.

Q **보고서를 만들 때 화면에 같은 값이 여러 번 나오는 경우가 있습니다. 문제처럼 같은 데이터를 한 개만 나타내는 방법이 있습니까?**

A 같은 값이 나오는 필드의 텍스트 박스 컨트롤의 속성-[형식] 탭의 [중복 내용 숨기기]를 [예]로 지정하면 됩니다.

Q **문제에서처럼 위 아래 기준으로 가운데 정렬을 할 수는 없습니까?**

A 액세스에서 지원하지 않는 기능입니다.

Q **보고서 미리 보기에서 [영역 너비가 쪽 너비보다 크고...] 라는 대화 상자가 나타납니다.**

A [파일]-[인쇄]-[인쇄 미리 보기]를 확인하여 [여백]에서 용지 여백을 조정하거나 보고서 디자인에서 보고서 너비를 조정해야 합니다.

Q **보고서에서 인원수를 표시할 때 '=Count(*)'를 쓰는 건 아는데 입력란 안에 "명"까지 같이 나오게 하려면 어떻게 합니까?**

A 컨트롤을 추가해서 사용하거나, '=Count(*) & "명"'이라고 쓰면 됩니다.

Q **주소라는 필드에 (강원 경기 부산 서울 제주) 레코드가 있는데 이 필드를 오름차순, 내림차순이 아닌 임의적인 순서(서울 경기 부산 제주 강원)로 정렬할 수 있습니까?**

A 액세스 자체에서 사용자 정의 정렬은 지원하지 않습니다. 쿼리에서 사용자 정의 정렬을 위한 필드를 따로 만들고, 보고서에서 해당 필드를 기준으로 그룹화하거나 정렬을 해야 합니다.

Q **보고서에서 평균과 전체 평균을 구하려고 합니다. 평균은 그룹화 수준에서 구할 수 있는데 전체 평균은 어떻게 해야 하나요?**

A 보고서 마법사의 [요약 옵션]을 사용하면, 합계는 그룹별 합계와 전체 합계를 구하고 평균은 그룹별 평균만을 구합니다. 그룹 바닥글의 평균을 표시하는 컨트롤을 복사해서 보고서 바닥글에 붙여넣기해 주는 것이 제일 빠른 해결법입니다. 물론 직접 텍스트 박스 컨트롤을 추가하고 [컨트롤 원본]에 '=Avg([필드 이름])' 식을 입력해도 됩니다.

Q **표현식 작성기에서 마우스로 입력했더니 총점: 〈Expr〉 [워드] + [엑셀] + [파워포인트] + [액세스] 이렇게 되는데 왜 앞에 Expr이 붙는지 모르겠습니다.**

A 표현식 작성기를 사용하실 때 가끔 Expr 등의 문자가 자동적으로 삽입됩니다. 원래 목적은 사용자들이 표현식을 사용할 때 이해를 돕기 위한 것인데, 실제 작업에는 오히려 방해가 되죠. 그런 문자들은 삭제해야 합니다.

Q **책에 나온대로 IIf 함수를 입력했는데, 정의되지 않은 함수라는 에러가 납니다.**

A IIf(LLF) 함수가 아니라 IIf(IIF) 함수입니다. 원래 If 문을 식으로 사용하도록 변형한 함수라서 앞에 두 글자를 대문자로 씁니다.

Q **성별을 넣을 때 입력 자료에는 T, F로 되어 있고 처리 조건에 성별이 T이면 남성이고 F이면 여성으로 되어 있습니다. 어떻게 처리해야 하나요?**

A T, F로 입력하고 IIf 함수를 사용하면 됩니다. 쿼리에서 새 필드를 추가하거나, 폼/보고서의 입력란 컨트롤 속성 [데이터] 탭-[컨트롤 원본]에 '=IIf([성별]="T","남성","여성")'으로 쓰면 됩니다.

Q **'정산:IIf([정산방식]=1,"인세","쪽수")'라고 입력한다고 되어 있습니다. '정산방식:IIf([정산방식]=1,"인세","쪽수")'라고 써 놓으니 다음으로 진행이 안 됩니다. 정산방식으로 똑같이 이름을 주면 안 됩니까?**

A 식 안에 같은 이름을 사용하면 순환참조가 발생하므로 문제가 생깁니다. 반드시 이름을 다르게 해야 합니다.

Q 지각횟수 4회를 결석일수 1일로 계산하는 식에서 왜 Int( ) 함수를 사용합니까?

A '총결석일수:[결석일수]+[지각횟수]/4'로 식을 세우면 결석일수가 없고 지각횟수가 22회인 경우 총결석일수는 5.5일이 됩니다. 보고서에서 정수로 표시하라는 조건에 따라 소수 자릿수 속성을 0으로 조정하면, 5.5는 6으로 반올림되어 표시됩니다. 문제에서 지각횟수 22회가 결석횟수 5일이라고 정해 주기 때문에 반올림되는 것을 막기 위해 Int( ) 함수를 사용해서 5.5를 강제로 5로 바꾸는 것입니다. Int( ) 함수는 소수 아랫자리 값을 버립니다.

Q 쿼리에서 "지정된 필드는 SQL문의 FROM절에 나열된 테이블을 둘 이상 참조합니다"라는 에러가 납니다.

A 쿼리 표현식에 사용한 필드 이름이 두 테이블 모두에 있기 때문에 나는 에러입니다. 예를 들어, '새코드:Left([코드번호],1)'라는 표현식에서 에러가 난다면 '새코드:Left([테이블1].[코드번호],1)'처럼 테이블 이름도 명시해 주어야 합니다.

Q 입력 자료의 날짜 형식과 폼의 날짜 형식, 보고서의 날짜 형식이 다 다릅니다.

A 사실 입력 자료의 날짜 형식은 굳이 따를 필요가 없습니다. 중요한 것은 폼과 보고서의 날짜 형식입니다. 폼과 보고서의 날짜를 표시하는 텍스트 박스 컨트롤의 속성의 [형식]을 선택하거나 직접 조정해 주면 가능합니다. 입력 자료의 요구가 어떻든 [날짜/시간 데이터 형식]을 사용하면 됩니다. mmdd 형식처럼 날짜 구분 기호가 없는 경우 등에 날짜 입력 시 에러가 나는 경우가 있습니다. 날짜 표시 형식과 날짜 입력 마스크에는 차이가 있습니다. 날짜 입력 마스크를 흔히 사용하는 ' – ', ' / '를 이용하여 지정하면 에러 없이 입력할 수 있습니다.

Q 액세스에서 폼과 보고서를 인쇄할 때 각각 다른 종이에 인쇄합니까?

A 네. 액세스는 폼 1장, 보고서 1장입니다.

Q 액세스에서 인쇄할 때 폼과 보고서가 가운데 있어야 하나요?

A 굳이 그렇게 하지 않아도 됩니다. 점수와는 별 상관이 없습니다.

Q 쿼리나 폼, 보고서를 열면 매개 변수를 묻는 대화 상자가 나타납니다.

A 원래 매개 변수는 사용자들의 조건을 입력받기 위해 사용하는 값입니다. 사무자동화산업기사 시험에서는 사용하지 않는 기능이며 필드 이름 등에서 오타가 났을 가능성이 높습니다. 매개 변수를 묻는 대화 상자에서 무엇을 물어보는지 확인해 보세요.

파워포인트의 작업 방법에 관련된 사항

Q 슬라이드 2개를 어떻게 A4 용지 1매에 인쇄합니까?

A [파일]-[인쇄] 메뉴를 실행하면, 인쇄 옵션이 있습니다. 인쇄 대상을 슬라이드에서 '유인물'로 변경하고, 한 페이지에 넣을 슬라이드 수를 '2'로 설정한 후 인쇄하면 A4 용지 1매에 인쇄가 가능합니다.

Q 수험번호, 성명, 비번호는 6㎝의 여백을 주고 표시해야 하는데 어떻게 합니까?

A 파워포인트 유인물 출력 시 여백 설정은 불가능합니다. 시험지시일 뿐이니 무시하고 작업합니다.

Q 채점은 파일로 합니까? 아니면 인쇄물로 합니까?

A 채점은 인쇄물로 합니다. 가령 인쇄 형태에 문제가 있으면 파일을 열어서 확인하기도 합니다.

Q 글꼴의 크기는 어떻게 정합니까?

A 글꼴 크기나 글꼴은 문제지를 보고 비슷한 모양의 글꼴을 선택하면 됩니다. 크기는 전체적인 윤곽이 맞아야 하므로 대제목이 가장 크고, 중제목, 소제목 순으로 크기가 되어야 하며 본문 내용의 크기를 가장 작게 합니다.

Q 채우기 회색 40% 정도는 무슨 뜻입니까?

A 그림자나 도형의 면에 색을 채울 경우, 회색이 너무 진하면 인쇄물이 검정으로 인쇄되므로 조금 연하게 하는 것입니다. 인쇄물의 가독성을 높이기 위해 정한 규정이므로 꼭 지키기 바랍니다.

Q 선으로 연결된 것인지, 연결선으로 연결된 선인지는 어떻게 판단합니까?

A 선으로 연결된 선은 도형에 붙어 있지 않지만 연결선으로 그린 선은 도형과 붙어 있습니다. 하지만 편하게 사용할 수 있는 것으로 연결하면 되므로 문제지 모양과 비슷하게 작성할 수 있도록 충분히 연습하세요. 어떤 것으로 연결했는지는 중요하지 않습니다.

Q 인쇄 시 주의 사항을 알려주세요.

A 채우기 색상이 "회색"이고, 글꼴 색이 "흰색"인 슬라이드를 인쇄했을 때의 예입니다. 시험지에 제시된 슬라이드의 그림을 잘 보고 판단해야 합니다.

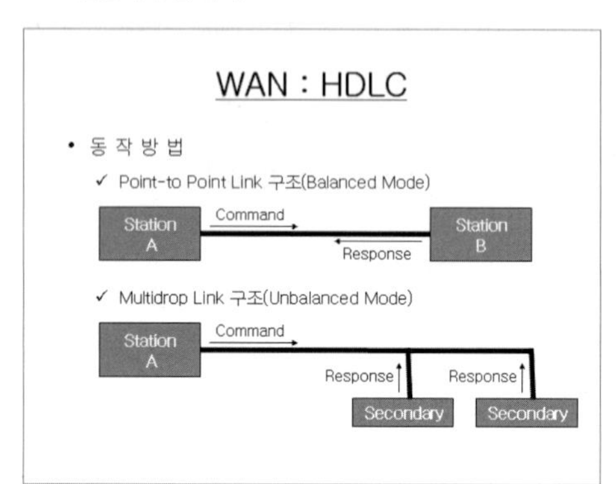

• 옵션이 컬러일 때 인쇄

채우기 색이 "회색"이고, 글꼴 색이 "흰색"인 슬라이드로 인쇄됩니다.

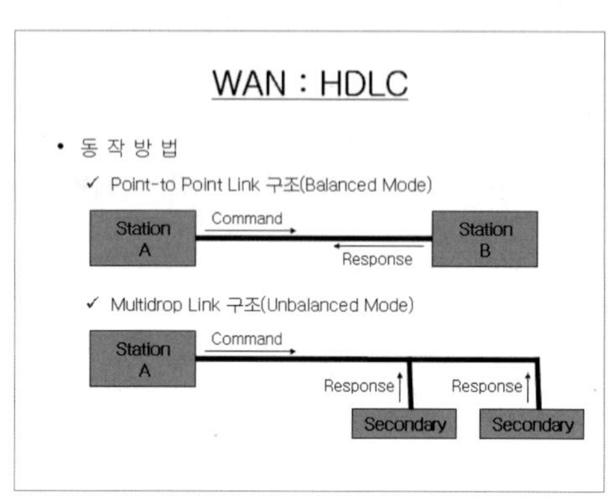

• 옵션이 회색조일 때 인쇄

채우기 색이 "회색"이고, 글꼴 색이 "검정색"인 슬라이드로 인쇄됩니다.

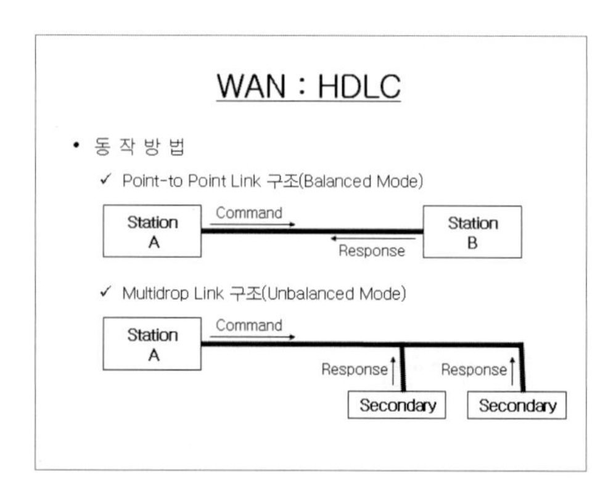

• 옵션이 흑백일 때 인쇄

채우기 색이 "흰색"이고, 글꼴 색이 "검정색"인 슬라이드로 인쇄됩니다.

PART

01

엑셀(Excel)

SECTION

01 출제 문제 유형 살펴보기

난 이 도 상 중 (하)

반복학습 1 2 3

핵심포인트 사무자동화산업기사 실기 시험 엑셀 문제를 살펴보겠습니다. 어떤 식으로 출제되는지, 문제 지문은 어떤 식으로 표현되는지 확인하도록 합니다. 실기 시험은 종이 시험지로 수험생에게 제시되며 입력 자료를 직접 타이핑하여 입력하고 그 입력 자료를 이용하여 작업 표와 그래프를 작성하여 출력합니다.

01 표 계산(SP) 작업

주식회사 익스터디에서는 사원별 급여 지급현황을 분석하려고 한다. 다음 자료(DATA)를 이용하여 작성 조건에 따라 작업 표와 그래프를 작성하고, 그 인쇄 출력물을 제출하시오.

01 작업 표(WORK SHEET) 작성

기적의 TIP

시험지는 종이로 배부되며 제시된 입력 자료는 수험생이 직접 타이핑하여 입력해야 합니다.

1. 입력 자료(DATA)

품목코드	품목이름	입고가	출고량
LM-227	모니터	150,000	39
LM-238	모니터	210,000	23
LM-239	모니터	340,000	48
MS-214	마우스	5,400	25
MS-215	마우스	6,800	43
MS-234	마우스	6,200	22
PT-202	프린터	160,000	31
PT-233	프린터	110,000	28
PT-234	프린터	170,000	45
PT-235	프린터	210,000	22
SS-218	스캐너	437,000	31
SS-220	스캐너	480,000	34

2. 작업 표 형식

<table>
<tr><th></th><th>A열</th><th>B열</th><th>D열</th><th>E열</th><th>F열</th><th>G열</th><th>H열</th><th>I열</th></tr>
<tr><td>1행</td><td colspan="8">거래 이익금 현황(비번호: xxxx)</td></tr>
<tr><td>2행</td><td colspan="8">작성일 : yyyy-mm-dd</td></tr>
<tr><td>3행</td><td>품목코드</td><td>품목이름</td><td>출고가</td><td>출고량</td><td>거래금액</td><td>이익 금액</td><td>순위</td><td>평가</td></tr>
<tr><td>4~15행</td><td>–</td><td>–</td><td>❶</td><td>–</td><td>❷</td><td>❸</td><td>❹</td><td>❺</td></tr>
<tr><td rowspan="2">16~
17행</td><td colspan="2" rowspan="2">품목별 합계</td><td colspan="2">프린터</td><td>❻</td><td>❻</td><td colspan="2" rowspan="4"></td></tr>
<tr><td colspan="2">모니터</td><td>❼</td><td>❼</td></tr>
<tr><td>18행</td><td colspan="5">평가가 A급인 제품의 이익금액 합계</td><td>❽</td></tr>
<tr><td>19행</td><td colspan="5">이익금액이 1,000,000 이상 2,000,000 미만 품목들의 합</td><td>❾</td></tr>
</table>

3. 작성 조건

※ 본 작업 표 작성 시 데이터는 4행~15행(12건)에서 작업하며, 입력작업 행/열은 작업 표 형식의 행/열 위치를 참고하여 입력하시오.

가) 제목 서식 : 18포인트 크기로 가운데 표시하고 밑줄을 설정하시오.

나) 글꼴 서체 : 임의 선정

다) 원문자가 표시된 셀은 아래의 방법을 이용함

❶ 출고가 : 입고가 + (입고가의 22%)

❷ 거래금액 : 출고가 × 출고량

❸ 이익금액 : (출고가 − 입고가) × 출고량

❹ 순위 : 이익금액 기준으로 순위를 계산하시오(이익금액이 가장 큰 값을 1등으로 한다).

❺ 평가 : 이익금액이 2,500,000 이상이면 "A급", 2,500,000 미만 1,000,000 이상이면 "B급", 그렇지 않으면 "C급"으로 계산하시오.

❻ 품목명이 "프린터"인 각 항목의 합계를 구하시오.

❼ 품목명이 "모니터"인 각 항목의 합계를 구하시오.

❽ 평가가 "A급"인 제품의 이익금액 합계를 구하시오.

❾ 이익금액이 1,000,000 이상 2,000,000 미만 품목들의 합계를 구하시오.

라) 작업 표의 정렬 순서(SORT)는 평가의 오름차순, 평가가 같을 경우 이익금액의 오름차순으로 정렬한다.

마) 기타

(1) 금액 수치에는 원화(₩) 기호를 표시하고 천 단위마다 ,(Comma)를 표시한다.

(2) 단, 금액 이외의 수치에는 ,(Comma)를 표시하지 않는다.

(3) 음수는 '−'가 나타나도록 한다.

(4) 모든 수치는 셀 서식의 속성 설정 과정에서 소수 자릿수를 "0"으로 하여 정수로 표시한다.

(5) 숫자 셀은 우측을 수직으로 맞추고 문자 셀은 수평 중앙으로 맞추며, 기타 사항은 작업 표 형식을 따른다. 특히, 인쇄 출력 시 판독 불가능이 발생되지 않도록 인쇄 미리보기 등을 통하여 셀의 크기를 적당히 조정한다.

02 그래프(GRAPH) 작성

작성한 작업 표에서 평가가 "A급"인 품목의 이익금액과 거래금액을 나타내는 그래프를 작성하시오.

1) 그래프 형태 : 이익금액(데이터 표식이 있는 꺾은 선형), 거래금액(묶은 세로 막대형, 데이터 레이블 표시)

2) 그래프 제목 : 제품별 거래금액 현황 -------- (글자크기 : 16, 제목 밑줄)

3) X축 제목 : 품목코드(X축 항목 단위 : 해당 문자열)

4) Y축 제목 : 금액(표시단위 : 천(레이블 표시), 최소값 : 0, 주단위 : 10,000,000, 최대값 : 30,000,000)

5) 범례 : 거래금액, 이익금액(범례 위치 : 위쪽)

6) 출력물 크기 : A4 용지 1/2장 범위 내

7) 기타 : 작성 조건에 없는 형식이나 모양은 기본 설정값에 따르며, 그래프 너비는 작업 표 너비에 맞춘다.

02 요구 사항 vs 풀이 방법

주식회사 익스터디에서는 사원별 급여 지급현황을 분석하려고 한다. 다음 자료(DATA)를 이용하여 작성 조건에 따라 작업 표와 그래프를 작성하고, 그 인쇄 출력물을 제출하시오.

문제의 요구 사항		엑셀에서 풀이 방법
1. 입력 자료(DATA)와 작업 표 형식		**1. 엑셀을 실행하여 작업 표 형식대로 입력**
① 입력 자료(DATA)와 작업 표 형식은 어떤 관계인가요?		① 입력 자료(DATA)에 있는 내용을 가져와 작업 표 형식대로 입력하는 것으로, 입력 자료(DATA)에 있는 제목과 표 형식은 상관없습니다.
② 작업 표 형식에 없는 자료도 입력해야 되나요?	➔	② 작업 표 형식에 나타나 있지 않은 경우라도 계산에 사용되는 것은 반드시 입력해야 합니다. 작업 표 형식과 아무 관계가 없는 경우 입력하지 않아도 됩니다.
③ 작업 표 형식과 똑같이 입력해야 되나요?		③ 반드시 똑같이 입력해야 됩니다. 다르게 입력한 경우 결과가 달라지므로 감점 요인이 됩니다.
2. 작성 조건		**2. 엑셀의 여러 기능과 함수를 이용하여 작성**
① 작성일이 있는 경우 YY-MM-DD는 무엇인가요?		① 작성일은 수험일자를 의미하며 셀 서식의 사용자 지정에서 형식을 YY-MM-DD로 설정하면 됩니다. 간혹 YY.MM.DD로 출제되는 경우도 있습니다. 입력 시 '=DATE'나 '=TODAY()'함수를 이용합니다.
② 반드시 함수식을 이용해야 되나요?	➔	② 함수식을 처리조건에 맞게 정확히 작성한 경우라면 그 결과는 정확합니다. 최근 사용한 함수식을 시트에 표시하는 문제가 출제된 적이 있으므로 함수식을 사용해야 합니다.
③ 숫자의 경우 오른쪽 기준으로 입력되는데 굳이 우측을 수직으로 맞추는 조건을 이행해야 되나요?		③ 숫자는 오른쪽 기준으로 입력되므로 굳이 작업하지 않아도 상관없습니다. 하지만 문자는 수평 중앙으로 맞추는 조건을 사용해야 됩니다.
3. 그래프 작성		**3. 차트 마법사를 이용하여 작성**
① 그래프 제목의 확대 출력의 크기는 얼마인가요?		① 일반적으로 글꼴 크기를 '16' 정도로 지정하면 되는데, 크기가 지정된 경우는 지시된 크기대로 지정하면 됩니다.
② 조건에 없는 부분의 처리 방법은 무엇인가요?	➔	② 작성 조건에 없는 형식이나 모양 등은 기본 설정값대로 두어야 됩니다.
③ 그래프의 크기는 어느 정도인가요?		③ A4 용지 1/2장 범위 내에 들어갈 정도의 크기면 됩니다.

03 문제 풀이 과정

Ⅰ. 입력 자료 분석	엑셀을 실행합니다. 채우기 핸들을 이용하여 입력할 수 있는 자료나 숫자 데이터, 문자 데이터 등을 분석합니다.

Ⅱ. 작업 표 작성	시트에 입력 자료(DATA)와 작업 표 형식대로 주어진 내용을 똑같이 입력합니다. 시험 위원이 지정한 폴더와 파일명으로 저장합니다.

Ⅲ. 작성 조건 해결	함수를 이용하여 작성일(수험일자)을 입력합니다. 작성 조건에 따라 수식(함수식)을 작성합니다. 작성 조건에 따라 정렬을 수행한 후 기타 조건을 처리합니다. 작업 표 형식에 맞게 테두리를 설정합니다. 작업 표 형식에 없는 열이 있는 경우 숨기기 기능을 이용하여 나타나지 않게 합니다. 작업 중 수시로 저장합니다.

Ⅳ. 그래프 작성	처리 조건에 맞는 차트 범위를 설정한 다음 차트 도구를 이용하여 차트를 작성합니다. 작성 조건에 따라 차트를 편집합니다. 용지 방향, 용지 크기를 설정합니다. 작업 표와 그래프(차트)가 A4 용지 한 장에 들어가도록 조절합니다. 여백과 인쇄 영역을 설정합니다.

Ⅴ. 인쇄 출력물 제출	최종 파일을 저장하여 인쇄 전용 컴퓨터로 전송합니다. 작성한 엑셀 파일을 열어 인쇄합니다. 상단에 비번호, 수험번호와 성명을 수기로 기재합니다. 시험 위원에게 파일과 인쇄 출력물을 제출합니다.

SECTION 02

입력 자료 분석하기

난이도 상 중 (하)

반복학습 1 2 3

핵심포인트 사무자동화산업기사 실기 시험은 수험생이 직접 데이터를 입력해야 합니다. 즉, 오타를 입력하면 데이터 결과가 달라져 당락을 좌우할 수 있습니다. 또한 컴퓨터는 사람과 다르게 데이터 입력에서 형식을 맞춰야 하는 경우가 있습니다. 사소한 내용이지만 결국 시험에 실격당하는 가장 큰 원인 중 하나이니 주의하시기 바랍니다.

01 작성 준비하기

① 윈도우 화면 좌측 모서리의 시작 아이콘을 클릭-[모든 프로그램]-[Microsoft Office]-[Microsoft Excel]을 클릭한다.

② 다음과 같이 화면에 엑셀이 실행되도록 한다.

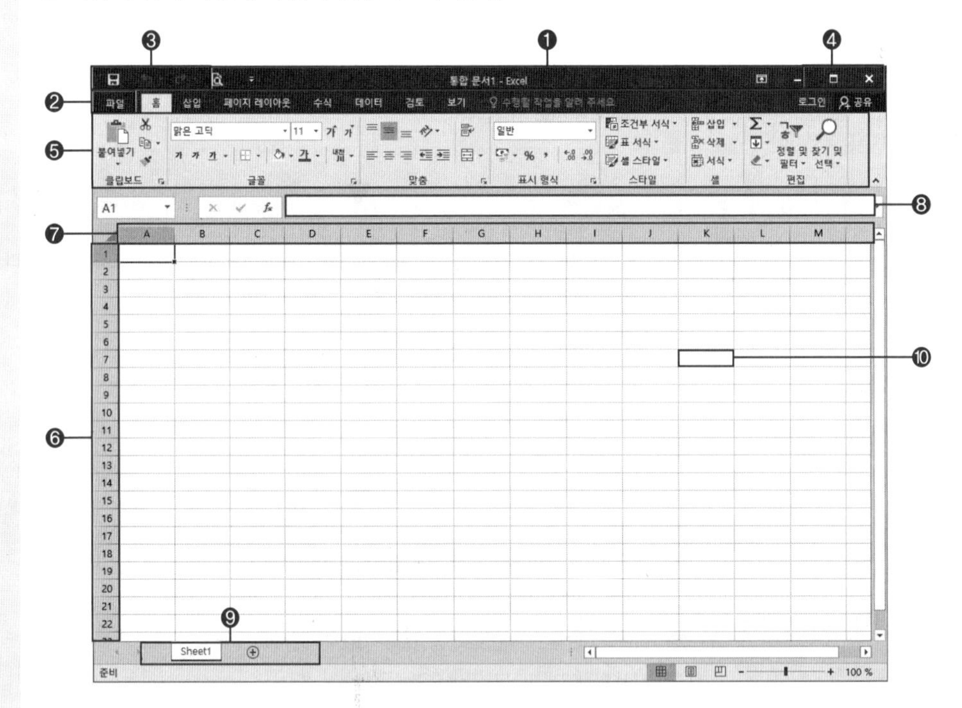

❶ 제목 표시줄	현재 작업 중인 파일 이름을 표시
❷ 파일 탭	열기, 저장, 인쇄 등의 메뉴를 실행
❸ 빠른 실행 메뉴	저장하기, 되돌리기, 인쇄 미리 보기 등 빠른 실행 도구를 배치할 수 있음
❹ 창 조절 메뉴	엑셀 창을 최소화, 최대화, 종료할 수 있는 도구
❺ 리본 메뉴	엑셀에서 사용되는 기능을 리본 형태의 도구로 배치
❻ 행 머리글	행 번호를 숫자로 표시
❼ 열 머리글	열 번호를 알파벳으로 표시
❽ 수식 입력줄	데이터, 수식, 함수의 입력 및 수정 가능
❾ 시트 탭	통합문서에 포함된 시트 이름을 나열하고 시트를 선택할 수 있음
❿ 셀	엑셀에서 데이터가 입력되는 기본단위로 행과 열이 교차되는 하나의 칸을 말함

02 입력 자료(DATA)의 종류

엑셀에서 사용되는 데이터 형식을 구분하고 입력 방식을 정확히 이해하고 있어야 한다.

기적의 TIP

시험에 종종 출제됩니다. 문제를 해결하기 위해 숫자이지만 차트를 그리거나 함수에서 조건을 지정해야 할 경우 숫자형 데이터를 문자형으로 변경해야 하는데 이때 '(홑 따옴표, Enter의 좌측키)를 사용합니다.

01 문자 데이터

- 문자, 숫자, 기호로만 이루어졌거나 혼용되는 데이터
  예 사무자동화, 강남09, H-11
- 숫자지만 문자 형식(숫자 앞에 '(홑따옴표)를 붙여 입력)으로 입력된 데이터
  예 '001, '101

02 숫자 데이터

- 숫자, +, -, 쉼표(,), 통화, 지수로만 구성된 데이터
  예 1, -2, 3,000, ₩5,000, 4E+10

해결 TIP

셀에 숫자 데이터를 입력했는데 '####'으로 표시될 때

- '####'은 숫자 데이터에 통화 표시 등의 표시형식을 지정했을 때 데이터를 한 셀에 다 표시하지 못하면 발생하는 오류입니다.
- 이때는 열 구분선을 마우스로 드래그하여 열 너비를 늘려 주면 됩니다.

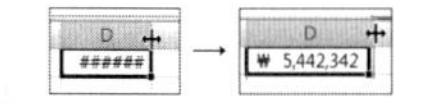

03 날짜/시간 데이터

- 날짜 입력 시에는 년-월-일을 [-] 또는 [/]로 구분하여 입력한다.
  예 2020-9-25, 9/25(년을 생략하면 현재 년도가 자동 적용된다.)
- 시간 입력 시에는 시:분:초를 [:] 으로 구분하여 입력한다.
  예 12:30:20, 12:30(초 단위를 생략할 수 있다.)
- 날짜, 시간 쉽게 입력하기
  예 현재 날짜 입력 : Ctrl+;
  예 현재 시간 입력 : Ctrl+Shift+;

04 수식 데이터

• 식을 이용하여 값을 계산할 때는 식 앞에 '='를 붙여 사용한다. 식에 사용되는 값은 셀 주소나 상수값을 사용할 수 있다.

예 =30+30, =A1+300, =A1+B1

• 수식을 입력한 뒤 Enter나 Tab을 누르면 계산 결과가 표시된다.

05 한자 입력

기적의 TIP

• 한자 사전을 실행할 수 없다는 오류가 나오는 경우는 오피스 설치 시 한자 사전이 설치되지 않았기 때문입니다.
• 사무자동화에서는 한자 문제가 잘 출제되지 않으니 사전이 실행 안 된다고 시간 낭비하지 마시기 바랍니다.

• 한자의 음을 한글로 입력하고 키보드의 한자를 누르면 한자 목록이 표시된다.

• 한자 사전을 이용할 수 있다. 이미 엑셀에 등록된 한자의 경우 한글 음을 입력한 뒤 한자를 세 번 누르면 [한글/한자 변환] 대화상자가 실행되고 한자를 선택할 수 있다.

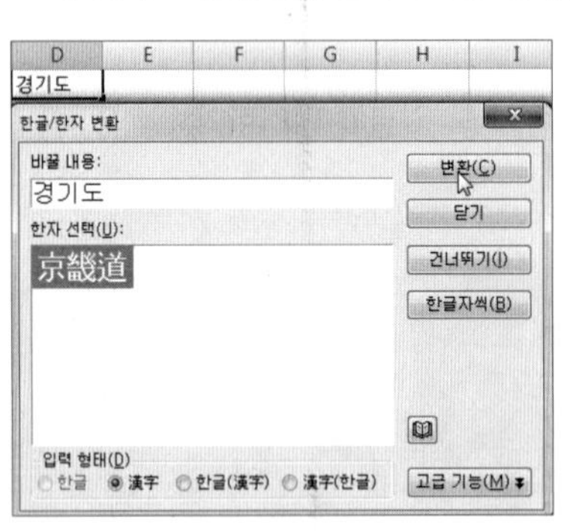

06 특수 문자 입력

- 특수 문자 입력방법은 두 가지가 있다. 한글 자음 입력 후 [한자]를 눌러 목록에서 선택하는 방법과 리본 메뉴의 [삽입] 탭–[텍스트] 그룹–[기호]를 이용하는 방법이 있다.
- 특수 문자를 입력할 셀에 한글 자음 'ㅁ' 입력 후 [한자]를 누르면 특수 문자 목록이 표시된다. 목록 우측 하단 [보기변경]([»])을 누르면 해당 자음에 표시되는 특수 문자 전체 목록을 볼 수 있다.

1	#
2	&
3	*
4	@
5	§
6	※
7	☆
8	★
9	○

1 #	●	▼	▷	◈	▦	‡	♬
2 &	◎	→	▶	▣	▩	↕	㉿
3 *	◇	←	♤	◐	♨	↗	㈜
4 @	◆	↑	♠	◑	☏	↙	№
5 §	□	↓	♡	▒	☎	↖	㏇
6 ※	■	↔	♥	▤	☜	↘	™
7 ☆	△	〓	♧	▥	☞	♭	㏂
8 ★	▲	◁	♣	▨	¶	♩	㏘
9 ○	▽	◀	⊙	▧	†	♪	℡

- 한글 자음에 포함된 특수 문자 중 찾는 특수 문자가 없다면 [삽입] 탭–[텍스트] 그룹–[기호]를 클릭하여 [기호] 대화상자를 실행할 수 있다. 대부분 시험에 출제되는 특수 문자는 [글꼴]에서 [Wingdings], [Webdings]에 포함되어 있다.

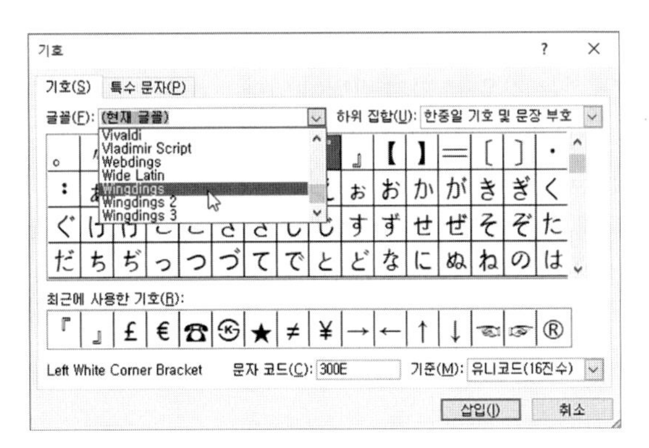

> **기적의 TIP**
>
> **자음에 따른 특수기호**
>
> | 자음 | 내용 |
> |---|---|
> | ㄱ | 문장 부호 |
> | ㄴ | 괄호 |
> | ㄷ | 수학 기호 |
> | ㄹ | 단위 |
> | ㅁ | 일반 도형 |
> | ㅅ | 원, 괄호 문자 (한글) |
> | ㅇ | 원, 괄호 문자 (영문, 숫자) |

> **기적의 TIP**
>
> 엑셀에서는 특수 문자를 입력하는 작업이 많지 않습니다. 특수 문자 입력은 파워포인트에서 주로 사용되니 미리 공부한다는 생각으로 봐 두세요.

07 한 셀에 두 줄 입력

- 엑셀은 셀 단위로 데이터를 입력받기 때문에 한 셀에 두 줄의 문장을 입력할 때 별도의 작업이 필요하다.
- 첫 줄 입력 후 [Alt]+[Enter]를 누른 뒤, 두 번째 줄 입력 후 [Enter]를 입력하면 두 줄 입력이 가능하다.

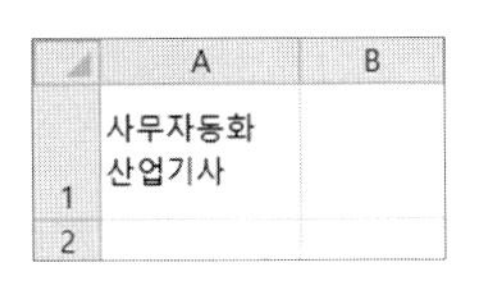

• 두 번째 방법은 [셀 서식] 대화상자를 이용하는 방법으로 한 줄로 쭉 문장을 입력하고 [셀 서식] 대화상자를 실행하여(입력한 셀 선택 후 Ctrl+1을 누르면 실행된다) [맞춤] 탭에서 그림과 같이 '텍스트 줄 바꿈'에 체크한다.

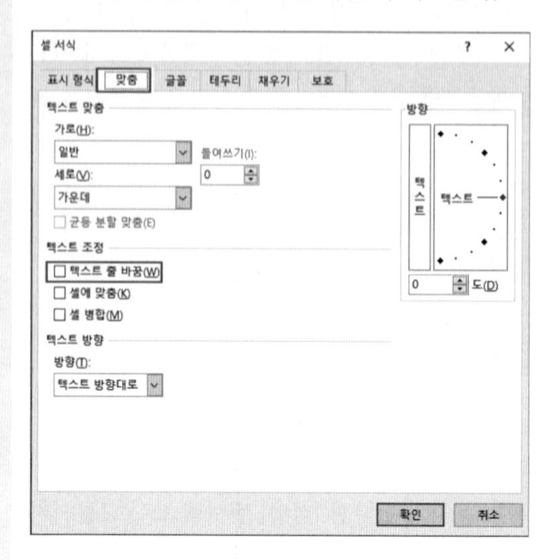

08 데이터 수정하기

입력된 데이터에 오타가 있어 수정을 요구하는 경우 세 가지 방법이 있다.

방법 1 수정하고자 하는 셀을 선택하고 새로운 문자를 입력한다. 엑셀은 셀에 새로운 데이터가 입력되면 기존 데이터는 삭제되고 새로 입력한 데이터로 교체된다.

방법 2 데이터 중 일부만 수정하고 싶을 경우 해당 셀을 더블 클릭하거나 F2를 누르면 수정 상태로 전환된다. 수정 상태에서 데이터를 변경하고 Enter를 입력하여 수정을 완료한다.

방법 3 수정하고자 하는 셀을 선택하면 수식 입력줄에 데이터가 표시되고 데이터를 수정할 수 있다.

09 데이터 지우기

• 데이터 삭제 방법은 삭제하고자 하는 셀을 선택하고 Delete를 누르면 된다.
• 바로가기 메뉴도 사용할 수 있다. 셀 선택 후 마우스 오른쪽 버튼 클릭–[삭제]를 선택하여 삭제한다.
• [홈] 탭–[편집] 그룹–[지우기]를 이용할 수 있다.

기적의 TIP

엑셀의 각 셀은 다양한 표시 형식을 지정할 수 있습니다. 예를 들어 날짜를 입력했던 셀에 입력한 날짜를 Delete를 이용하여 삭제한 뒤 다른 숫자를 입력하면 날짜 표시 형식으로 표현됩니다. 이럴 때는 해당 셀을 선택 후 리본 메뉴에서 [지우기]–[모두 지우기]를 이용한 뒤 숫자를 입력하면 됩니다.

⑩ 데이터 이동하기와 복사하기

• 이동하고자 하는 데이터를 마우스로 드래그하여 선택한 뒤 선택 영역 테두리를 마우스로 누른 상태에서 이동하고자 하는 위치로 끌어 주면 된다.

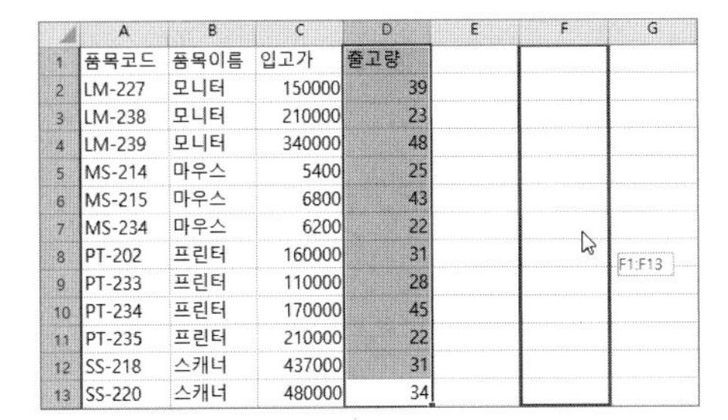

	A	B	C	D	E	F	G
1	품목코드	품목이름	입고가	출고량			
2	LM-227	모니터	150000	39			
3	LM-238	모니터	210000	23			
4	LM-239	모니터	340000	48			
5	MS-214	마우스	5400	25			
6	MS-215	마우스	6800	43			
7	MS-234	마우스	6200	22			
8	PT-202	프린터	160000	31			F1:F13
9	PT-233	프린터	110000	28			
10	PT-234	프린터	170000	45			
11	PT-235	프린터	210000	22			
12	SS-218	스캐너	437000	31			
13	SS-220	스캐너	480000	34			

	A	B	C	D	E	F
1	품목코드	품목이름	입고가			출고량
2	LM-227	모니터	150000			39
3	LM-238	모니터	210000			23
4	LM-239	모니터	340000			48
5	MS-214	마우스	5400			25
6	MS-215	마우스	6800			43
7	MS-234	마우스	6200			22
8	PT-202	프린터	160000			31
9	PT-233	프린터	110000			28
10	PT-234	프린터	170000			45
11	PT-235	프린터	210000			22
12	SS-218	스캐너	437000			31
13	SS-220	스캐너	480000			34

• 복사는 이동하기와 같은 방법으로 선택 범위 테두리를 복사하고자 하는 위치로 드래그하면서 Ctrl을 같이 눌러 주면 된다.

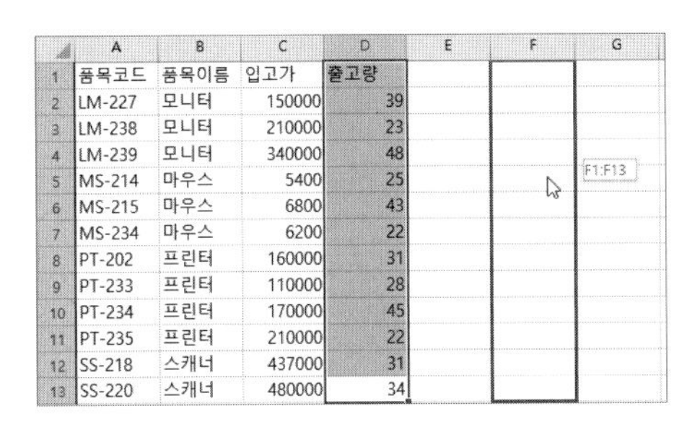

	A	B	C	D	E	F	G
1	품목코드	품목이름	입고가	출고량			
2	LM-227	모니터	150000	39			
3	LM-238	모니터	210000	23			
4	LM-239	모니터	340000	48			F1:F13
5	MS-214	마우스	5400	25			
6	MS-215	마우스	6800	43			
7	MS-234	마우스	6200	22			
8	PT-202	프린터	160000	31			
9	PT-233	프린터	110000	28			
10	PT-234	프린터	170000	45			
11	PT-235	프린터	210000	22			
12	SS-218	스캐너	437000	31			
13	SS-220	스캐너	480000	34			

	A	B	C	D	E	F
1	품목코드	품목이름	입고가	출고량		출고량
2	LM-227	모니터	150000	39		39
3	LM-238	모니터	210000	23		23
4	LM-239	모니터	340000	48		48
5	MS-214	마우스	5400	25		25
6	MS-215	마우스	6800	43		43
7	MS-234	마우스	6200	22		22
8	PT-202	프린터	160000	31		31
9	PT-233	프린터	110000	28		28
10	PT-234	프린터	170000	45		45
11	PT-235	프린터	210000	22		22
12	SS-218	스캐너	437000	31		31
13	SS-220	스캐너	480000	34		34

⑪ 행/열 삽입, 삭제, 숨기기

• 시험 문제 처리를 위해 필요한 기능으로 행/열 사이에 새로운 행/열을 삽입 또는 삭제하거나 숨기는 방법을 알아보도록 한다.

• 삽입하고자 하는 행/열 바로 다음 행/열 머리글을 선택–마우스 오른쪽 버튼–[삽입]을 선택하여 열을 삽입한다.

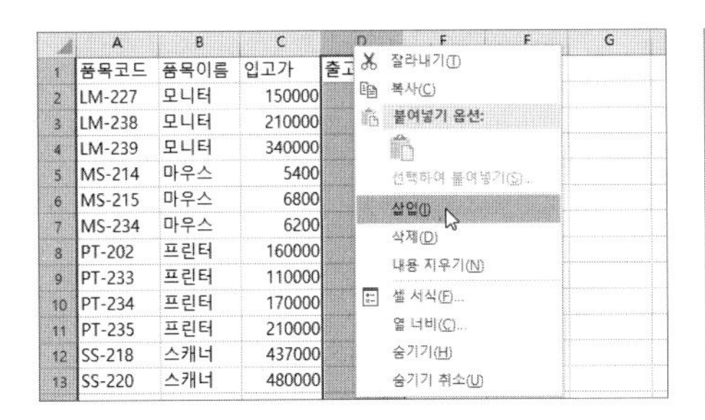

	A	B	C	D	E
1	품목코드	품목이름	입고가		출고량
2	LM-227	모니터	150000		39
3	LM-238	모니터	210000		23
4	LM-239	모니터	340000		48
5	MS-214	마우스	5400		25
6	MS-215	마우스	6800		43
7	MS-234	마우스	6200		22
8	PT-202	프린터	160000		31
9	PT-233	프린터	110000		28
10	PT-234	프린터	170000		45
11	PT-235	프린터	210000		22
12	SS-218	스캐너	437000		31
13	SS-220	스캐너	480000		34

기적의 TIP

만약 "A열"이나 "1행"이 숨겨졌을 때는 어떻게 할까요?

이때는 A열과 B열의 열 머리글 경계를 마우스로 드래그해 주면 됩니다(1행의 경우 1행과 2행 머리글 경계).

너비: 0.62 (8 픽셀)

• 삭제를 원하는 행/열 머리글을 선택–마우스 오른쪽 버튼–[삭제]를 선택하여 행/열을 삭제한다.

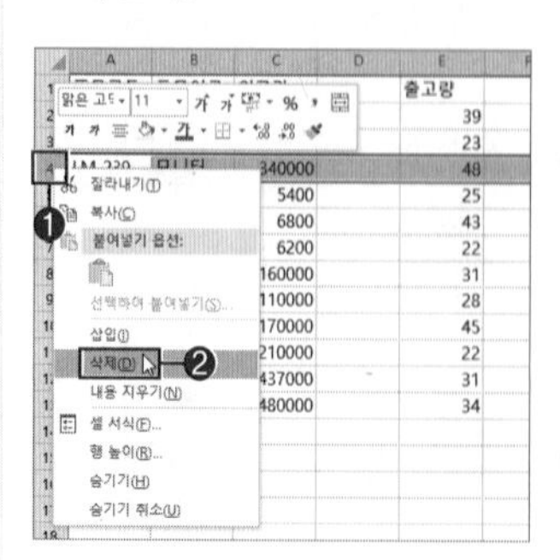

	A	B	C	D	E
1	품목코드	품목이름	입고가		출고량
2	LM-227	모니터	150000		39
3	LM-238	모니터	210000		23
4	MS-214	마우스	5400		25
5	MS-215	마우스	6800		43
6	MS-234	마우스	6200		22
7	PT-202	프린터	160000		31
8	PT-233	프린터	110000		28
9	PT-234	프린터	170000		45
10	PT-235	프린터	210000		22
11	SS-218	스캐너	437000		31
12	SS-220	스캐너	480000		34
13					

• 숨기고자 하는 행/열 머리글을 선택–마우스 오른쪽 버튼–[숨기기]를 선택하여 행/열을 숨긴다. 숨겨진 행/열은 구분선이 진하게 바뀐다.

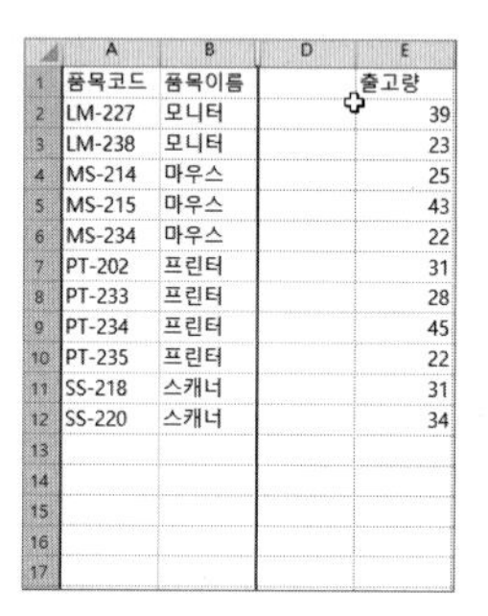

• 숨긴 행/열을 숨기기 취소를 할 때는 숨겨진 행/열의 앞뒤 행/열을 마우스로 드래그하여 같이 선택해야 한다. 앞뒤 행/열 선택–마우스 오른쪽 버튼–[숨기기 취소]를 선택하여 숨기기를 취소한다.

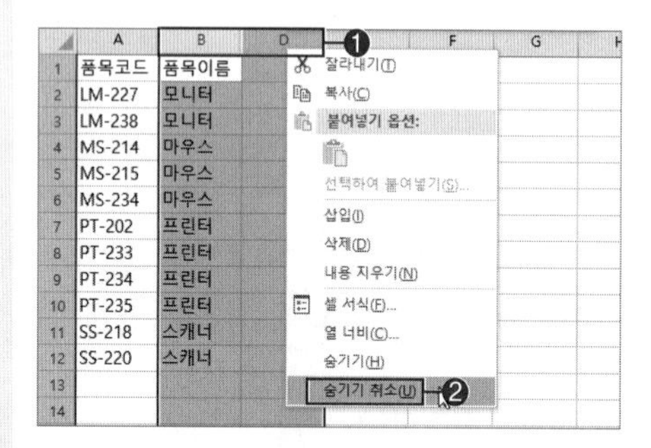

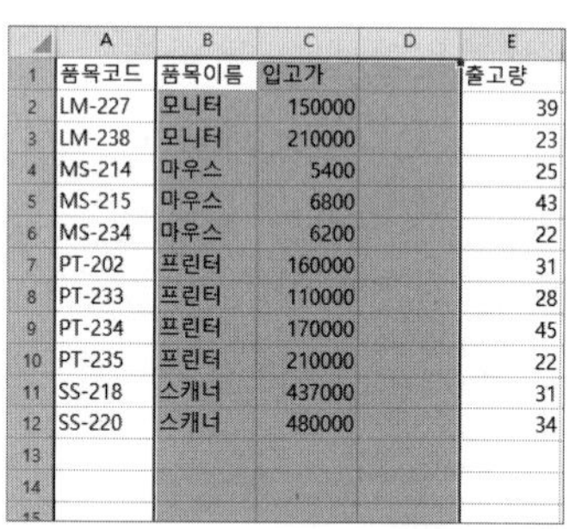

기적의 TIP

행/열 숨기기 및 숨기기 취소는 시험에 꼭 필요한 기능입니다.

SECTION 03

작업 표 작성하기

합격 강의

난 이 도 상 (중) 하

반복학습 1 2 3

핵심포인트 시험장에서 배포된 시험지의 데이터를 엑셀에 입력하고 작업 표 조건에 맞게 구성하는 단계입니다. 작업 중 가장 쉬운 부분이지만 이 부분에서 오타나 실수가 발생한다면 그 어떤 실수보다도 실격되기 쉬운 부분입니다. 절대 오타를 치지 않도록 주의하며 데이터 입력 후 확인에 확인을 거치시기 바랍니다.

01 흐름 파악하기

입력 자료

품목코드	품목이름	입고가	출고량
LM-227	모니터	150,000	39
LM-238	모니터	210,000	23
LM-239	모니터	340,000	48
MS-214	마우스	5,400	25
MS-215	마우스	6,800	43
MS-234	마우스	6,200	22
PT-202	프린터	160,000	31
PT-233	프린터	110,000	28
PT-234	프린터	170,000	45
PT-235	프린터	210,000	22
SS-218	스캐너	437,000	31
SS-220	스캐너	480,000	34

작업 표 형식

	A열	B열	D열	E열	F열	G열	H열	I열
1행	거래 이익금 현황(비번호: xxxx)							
2행	작성일 : yy-mm-dd							
3행	품목코드	품목이름	출고가	출고량	거래금액	이익 금액	순위	평가
4~15행	–	–	❶	–	❷	❸	❹	❺
16~17행	품목별 합계		프린터		❻	❼		
			모니터		❼	❼		
18행	평가가 A급인 제품의 이익금액 합계					❽		
19행	이익금액이 1,000,000 이상 2,000,000 미만 품목들의 합					❾		

엑셀에 입력

	A	B	C	D	E	F	G	H	I
1	거래 이익금 현황(비번호: A216)								
2	작성일 :	2025-11-02							
3	품목코드	품목이름	입고가	출고가	출고량	거래금액	이익금액	순위	평가
4	LM-227	모니터	150000		39				
5	LM-238	모니터	210000		23				
6	LM-239	모니터	340000		48				
7	MS-214	마우스	5400		25				
8	MS-215	마우스	6800		43				
9	MS-234	마우스	6200		22				
10	PT-202	프린터	160000		31				
11	PT-233	프린터	110000		28				
12	PT-234	프린터	170000		45				
13	PT-235	프린터	210000		22				
14	SS-218	스캐너	437000		31				
15	SS-220	스캐너	480000		34				
16	품목별 합계			프린터					
17				모니터					
18	평가가 A급인 제품의 이익금액 합계								
19	이익금액이 1,000,000 이상 2,000,000 미만 품목들의 합								

02 입력 자료(DATA)를 작업 표 형식에 맞게 입력하기

① [A1] 셀을 마우스로 선택한 후 「거래 이익금 현황(비번호: A216)」을 입력하고 Enter를 눌러 완성한다(비번호는 시험장 입실 시 고지되며, 여기서는 A216이라 가정한다).
② [A2] 셀을 마우스로 선택하고 「작성일 :」을 입력하고 Enter를 누른다.
③ [B2] 셀을 마우스로 선택하고 작성일을 입력하기 위해 Ctrl+;를 눌러 날짜가 입력되면 Enter를 누른다.

> **기적의 TIP**
> 작성일 입력 시에 직접 「2025-11-02」 오늘의 날짜를 입력해도 됩니다.

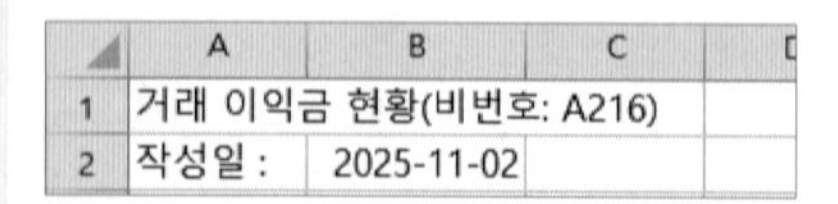

	A	B	C
1	거래 이익금 현황(비번호: A216)		
2	작성일 :	2025-11-02	

④ [A3] 셀부터 제시된 데이터를 제시된 작업 표 형식에 맞게 엑셀 워크시트에 입력한다.

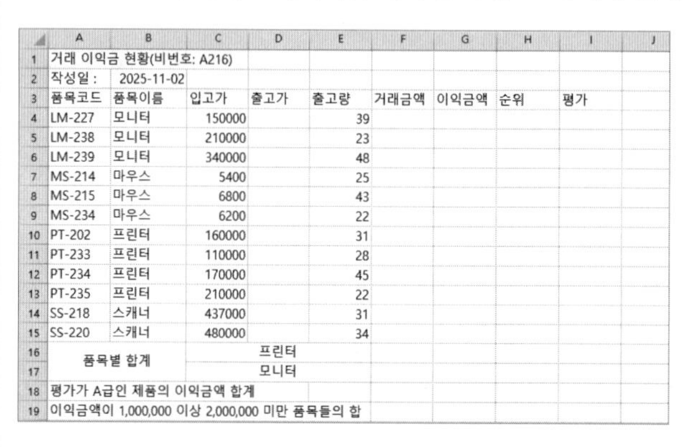

	A	B	C	D	E	F	G	H	I	J
1	거래 이익금 현황(비번호: A216)									
2	작성일 :	2025-11-02								
3	품목코드	품목이름	입고가	출고가	출고량	거래금액	이익금액	순위	평가	
4	LM-227	모니터	150000		39					
5	LM-238	모니터	210000		23					
6	LM-239	모니터	340000		48					
7	MS-214	마우스	5400		25					
8	MS-215	마우스	6800		43					
9	MS-234	마우스	6200		22					
10	PT-202	프린터	160000		31					
11	PT-233	프린터	110000		28					
12	PT-234	프린터	170000		45					
13	PT-235	프린터	210000		22					
14	SS-218	스캐너	437000		31					
15	SS-220	스캐너	480000		34					
16	품목별 합계		프린터							
17			모니터							
18	평가가 A급인 제품의 이익금액 합계									
19	이익금액이 1,000,000 이상 2,000,000 미만 품목들의 합									

03 파일 저장하기

① 제시된 작업 데이터를 입력한다.
② 시험 위원이 제시한 위치에 비번호와 같은 폴더를 만들고 파일을 저장한다.
❶ [파일]을 클릭한다.
❷ [다른 이름으로 저장]–[찾아보기]를 클릭한다.

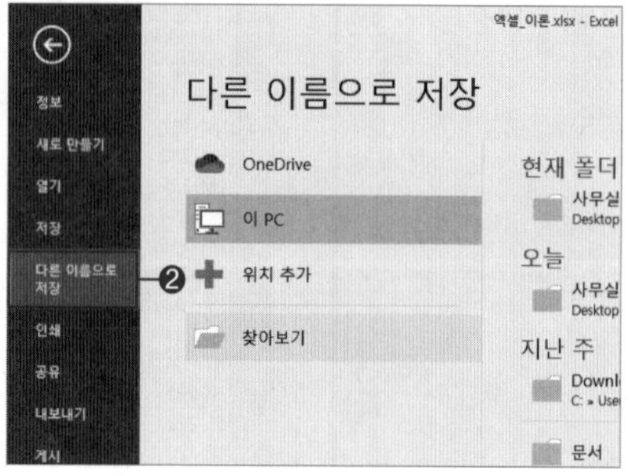

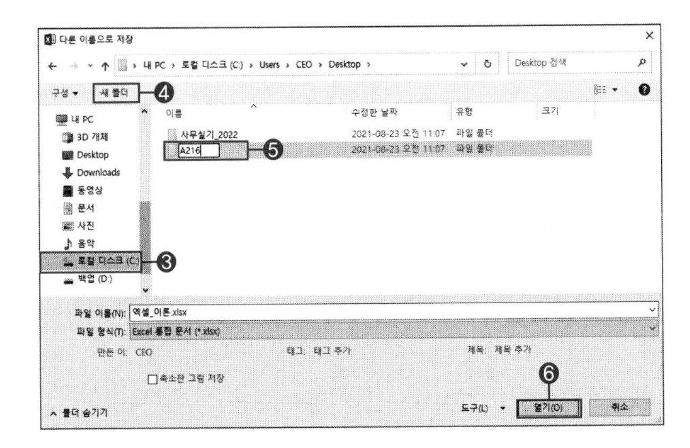

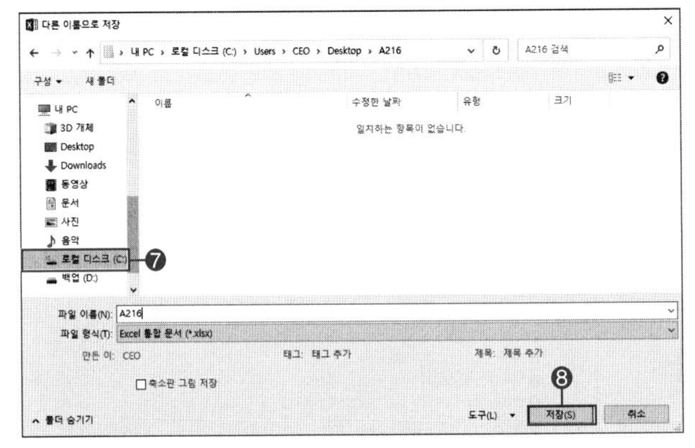

더 알기 TIP

바탕화면에 폴더 만들기

① 바탕화면을 선택하고 마우스 오른쪽 버튼을 눌러 바로가기 메뉴를 실행하고 [새 폴더]를 선택해 폴더를 생성합니다.

② 폴더 이름 입력상태에서 시험장에서 부여된 비번호를 입력하고 Enter를 눌러 입력을 완성합니다.

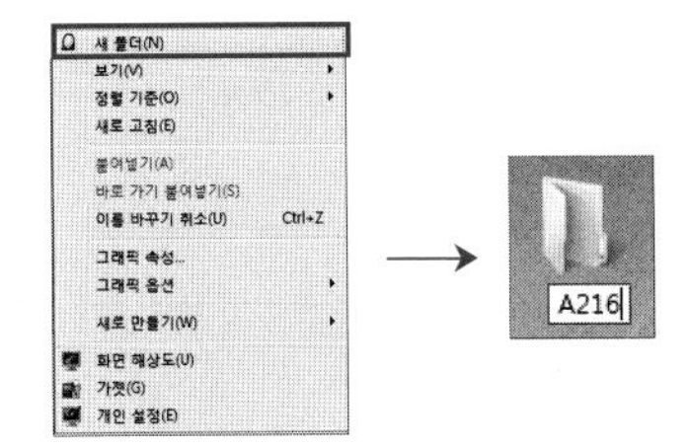

③ 폴더 이름을 변경하고 싶을 때는 폴더 선택 후 F2를 누르면 폴더 이름 변경 상태로 전환됩니다.

SECTION

04 작성 조건 해결하기

합격 강의

난 이 도 (상) 중 하

반복학습 1 2 3

핵심포인트 직접 입력한 데이터를 이용하여 제목 서식, 함수계산, 데이터 형식 등을 함수처리하는 부분입니다. 사실 채점은 출력물로 하기 때문에 함수를 사용하지 않고 직접 계산하여 결과를 도출해도 됩니다. 하지만 이런 직접 계산으로 인해 데이터 오류로 실격하는 사례가 많으므로, 조금 어렵더라도 간단한 계산은 함수를 이용하도록 합니다.

01 흐름 파악하기

입력 데이터

	A	B	C	D	E	F	G	H	I
1	거래 이익금 현황(비번호: A216)								
2	작성일 :	2022-11-02							
3	품목코드	품목이름	입고가	출고가	출고량	거래금액	이익금액	순위	평가
4	LM-227	모니터	150000		39				
5	LM-238	모니터	210000		23				
6	LM-239	모니터	340000		48				
7	MS-214	마우스	5400		25				
8	MS-215	마우스	6800		43				
9	MS-234	마우스	6200		22				
10	PT-202	프린터	160000		31				
11	PT-233	프린터	110000		28				
12	PT-234	프린터	170000		45				
13	PT-235	프린터	210000		22				
14	SS-218	스캐너	437000		31				
15	SS-220	스캐너	480000		34				
16	품목별 합계		프린터						
17			모니터						
18	평가가 A급인 제품의 이익금액 합계								
19	이익금액이 1,000,000 이상 2,000,000 미만 품목들의 합								

작성 조건

3. 작성 조건

※ 본 작업 표 작성 시 데이터는 4행~15행(12건)에서 작업하며, 입력작업 행/열은 작업 표 형식의 행/열 위치를 참고하여 입력하시오.

가) 제목 서식 : 18포인트 크기로 가운데 표시하고 밑줄을 설정하시오.

나) 글꼴 서체 : 임의 선정

다) 원문자가 표시된 셀은 아래의 방법을 이용함

❶ 출고가 : 입고가 + (입고가의 22%)

❷ 거래금액 : 출고가 × 출고량

❸ 이익금액 : (출고가 − 입고가) × 출고량

❹ 순위 : 이익금액 기준으로 순위를 계산하시오(이익금액이 가장 큰 값을 1등으로 한다).

❺ 평가 : 이익금액이 2,500,000 이상이면 "A급", 2,500,000 미만 1,000,000 이상이면 "B급", 그렇지 않으면 "C급"으로 계산하시오.

❻ 품목명이 "프린터"인 각 항목의 합계를 구하시오.

❼ 품목명이 "모니터"인 각 항목의 합계를 구하시오.

❽ 평가가 "A급"인 제품의 이익금액 합계를 구하시오.

❾ 이익금액이 1,000,000 이상 2,000,000 미만 품목들의 합계를 구하시오.

라) 작업 표의 정렬 순서(SORT)는 평가의 오름차순, 평가가 같을 경우 이익금액의 오름차순으로 정렬한다.

마) 기타

(1) 금액 수치에는 원화(₩) 기호를 표시하고 천 단위마다 ,(Comma)를 표시한다.

(2) 단, 금액 이외의 수치에는 ,(Comma)를 표시하지 않는다.

(3) 음수는 '−'가 나타나도록 한다.

(4) 모든 수치는 셀 서식의 속성 설정 과정에서 소수 자릿수를 "0"으로 하여 정수로 표시한다.

(5) 숫자 셀은 우측을 수직으로 맞추고 문자 셀은 수평 중앙으로 맞추며, 기타 사항은 작업 표 형식을 따른다. 특히, 인쇄 출력 시 판독 불가능이 발생되지 않도록 인쇄 미리 보기 등을 통하여 셀의 크기를 적당히 조정한다.

작업 표 완성

	A	B	D	E	F	G	H	I	J
1	거래 이익금 현황(비번호: A216)								
2	작성일 :	2022-11-02							
3	품목코드	품목이름	출고가	출고량	거래금액	이익금액	순위	평가	
4	SS-218	스캐너	₩533,140	31	₩16,527,340	₩2,980,340	3	A급	
5	LM-239	모니터	₩414,800	48	₩19,910,400	₩3,590,400	1	A급	
6	SS-220	스캐너	₩585,600	34	₩19,910,400	₩3,590,400	1	A급	
7	PT-235	프린터	₩256,200	22	₩5,636,400	₩1,016,400	8	B급	
8	LM-238	모니터	₩256,200	23	₩5,892,600	₩1,062,600	7	B급	
9	PT-202	프린터	₩195,200	31	₩6,051,200	₩1,091,200	6	B급	
10	LM-227	모니터	₩183,000	39	₩7,137,000	₩1,287,000	5	B급	
11	PT-234	프린터	₩207,400	45	₩9,333,000	₩1,683,000	4	B급	
12	MS-214	마우스	₩6,588	25	₩164,700	₩29,700	12	C급	
13	MS-234	마우스	₩7,564	22	₩166,408	₩30,008	11	C급	
14	MS-215	마우스	₩8,296	43	₩356,728	₩64,328	10	C급	
15	PT-233	프린터	₩134,200	28	₩3,757,600	₩677,600	9	C급	
16	품목별 합계		프린터		₩24,778,200	₩4,468,200			
17			모니터		₩32,940,000	₩5,940,000			
18	평가가 A급인 제품의 이익금액 합계					₩10,161,140			
19	이익금액이 1,000,000 이상 2,000,000 미만 품목들의 합					₩6,140,200			
20									
21									

02 작성 조건 해결하기

01 제목 설정하기

가) **제목 서식** : 18포인트 크기로 가운데 표시하고 밑줄을 설정하시오.
나) **글꼴 서체** : 임의 선정

① 제목이 입력된 [A1] 셀을 선택하고 [홈] 탭-[글꼴] 그룹에서 글꼴 크기를 '18'로 설정한 뒤 [밑줄](가)을 클릭한다.
② [A1]~[I1] 셀까지 마우스로 드래그하여 선택하고 [홈] 탭-[맞춤] 그룹에서 [병합하고 가운데 맞춤]( )을 클릭한다.

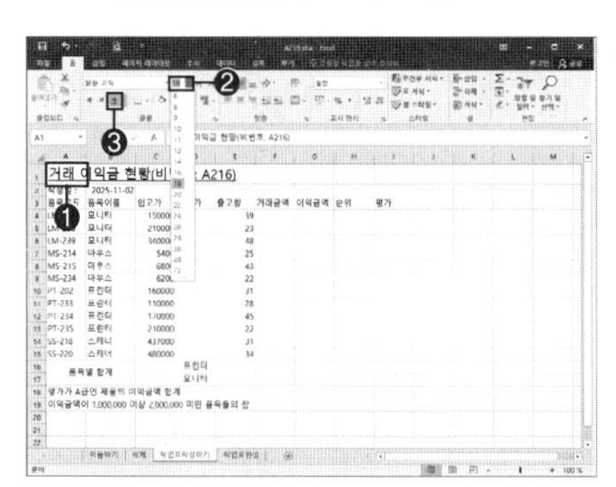

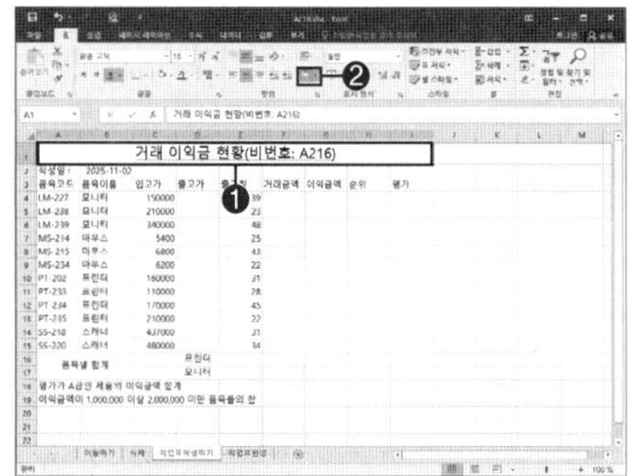

더 알기 TIP

리본 메뉴의 [홈] 탭

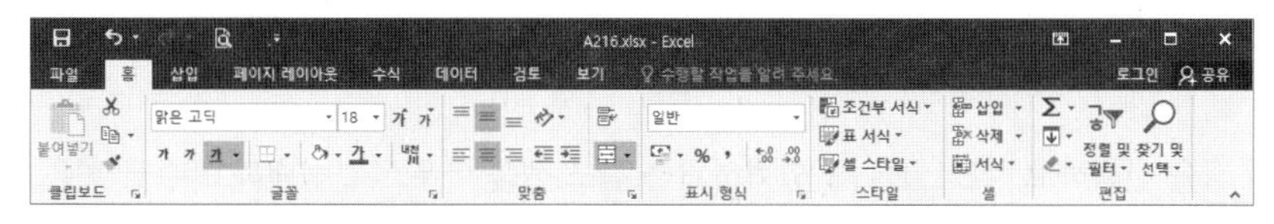

- [클립보드] 그룹 : ① 클립보드 내용을 붙여넣기 ② 잘라내기 ③ 복사하기 ④ 서식 복사하기
- [글꼴] 그룹 : ① 글꼴 종류 ② 글꼴 크기, 글꼴 크기 조정 ③ 글꼴 굵게, 기울임꼴 밑줄
  ④ 테두리, 셀 채우기 색, 글꼴 색, 윗주 필드 표시/숨기기
- [맞춤] 그룹 : ① 글꼴 세로 정렬 ② 글꼴 가로 정렬 ③ 글꼴 방향 ④ 들여쓰기, 내어쓰기 ⑤ 텍스트 줄 바꿈
  ⑥ 셀 병합 후 가운데 정렬
- [표시 형식] 그룹 : ① 표시 형식 바로 지정 ② 회계 표시 형식, 백분율, 천 단위 구분 기호 ③ 소수 자릿수 늘리기 및 줄이기
- [스타일] 그룹 : ① 조건부 서식 ② 표 서식 ③ 셀 스타일
- [셀] 그룹 : ① 셀 삽입 ② 셀 삭제 ③ 셀 서식
- [편집] 그룹 : ① 자동 합계 ② 채우기 ③ 지우기 ④ 정렬 및 필터 ⑤ 찾기 및 선택

기적의 TIP

- 수식이나 함수를 입력할 때 시작은 항상 =, +, −로 해야 합니다.
- +, −로 시작해도 되지만 =를 사용하도록 합니다. 만약 −로 식을 시작하면 결과는 음수(−)로 표시됩니다.

02 출고가 계산하기

다) 원문자가 표시된 셀은 아래의 방법을 이용함

❶ **출고가** : 입고가 + (입고가의 22%)

① [D4] 셀을 선택한 뒤 「=C4+(C4*22%)」를 입력한다. 각 셀은 마우스로 선택하고 수식(+,*,%)은 키보드로 입력한 뒤 [Enter]를 눌러 식을 완성한다.

② 계산된 값을 채우기 핸들로 [D15] 셀까지 드래그 또는 더블 클릭하여 자동 채우기를 완성한다.

D4 | =C4+(C4*22%)

	A	B	C	D	E	F	G	H	I
1	거래 이익금 현황(비번호: A216)								
2	작성일 :	2025-11-02							
3	품목코드	품목이름	입고가	출고가	출고량	거래금액	이익금액	순위	평가
4	LM-227	모니터	150000	183000	39				
5	LM-238	모니터	210000		23				
6	LM-239	모니터	340000		48				
7	MS-214	마우스	5400		25				
8	MS-215	마우스	6800		43				
9	MS-234	마우스	6200		22				
10	PT-202	프린터	160000		31				
11	PT-233	프린터	110000		28				
12	PT-234	프린터	170000		45				
13	PT-235	프린터	210000		22				
14	SS-218	스캐너	437000		31				
15	SS-220	스캐너	480000		34				
16	품목별 합계			프린터					
17				모니터					
18	평가가 A급인 제품의 이익금액 합계								
19	이익금액이 1,000,000 이상 2,000,000 미만 품목들의 합								

03 거래금액, 이익금액 계산하기

❷ 거래금액 : 출고가 × 출고량

❸ 이익금액 : (출고가 − 입고가) × 출고량

① [F4] 셀을 선택하고 「=D4*E4」를 입력하거나 참조 셀을 마우스로 선택하고 수식 '*'은 키보드로 입력한 뒤 [Enter]를 눌러 식을 완성한다.

② 결과를 확인하고 채우기 핸들을 이용하여 [F15] 셀까지 드래그하여 자동 채우기를 완성한다.

	A	B	C	D	E	F	G	H	I
1	거래 이익금 현황(비번호: A216)								
2	작성일 :	2025-11-02							
3	품목코드	품목이름	입고가	출고가	출고량	거래금액	이익금액	순위	평가
4	LM-227	모니터	150000	183000	39	=D4*E4			
5	LM-238	모니터	210000	256200	23				
6	LM-239	모니터	340000	414800	48				
7	MS-214	마우스	5400	6588	25				
8	MS-215	마우스	6800	8296	43				
9	MS-234	마우스	6200	7564	22				
10	PT-202	프린터	160000	195200	31				
11	PT-233	프린터	110000	134200	28				
12	PT-234	프린터	170000	207400	45				
13	PT-235	프린터	210000	256200	22				
14	SS-218	스캐너	437000	533140	31				
15	SS-220	스캐너	480000	585600	34				
16	품목별 합계			프린터					
17				모니터					
18	평가가 A급인 제품의 이익금액 합계								
19	이익금액이 1,000,000 이상 2,000,000 미만 품목들의 합								
20									
21									
22									

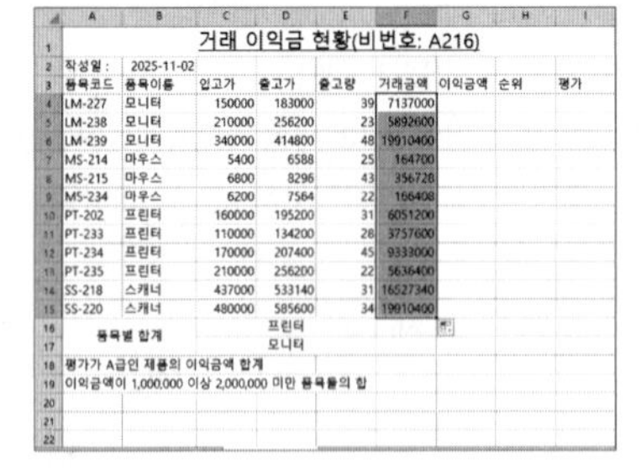

	A	B	C	D	E	F	G	H	I
1	거래 이익금 현황(비번호: A216)								
2	작성일 :	2025-11-02							
3	품목코드	품목이름	입고가	출고가	출고량	거래금액	이익금액	순위	평가
4	LM-227	모니터	150000	183000	39	7137000			
5	LM-238	모니터	210000	256200	23	5892600			
6	LM-239	모니터	340000	414800	48	19910400			
7	MS-214	마우스	5400	6588	25	164700			
8	MS-215	마우스	6800	8296	43	356728			
9	MS-234	마우스	6200	7564	22	166408			
10	PT-202	프린터	160000	195200	31	6051200			
11	PT-233	프린터	110000	134200	28	3757600			
12	PT-234	프린터	170000	207400	45	9333000			
13	PT-235	프린터	210000	256200	22	5636400			
14	SS-218	스캐너	437000	533140	31	16527340			
15	SS-220	스캐너	480000	585600	34	19910400			
16	품목별 합계			프린터					
17				모니터					
18	평가가 A급인 제품의 이익금액 합계								
19	이익금액이 1,000,000 이상 2,000,000 미만 품목들의 합								
20									
21									
22									

③ [G4] 셀을 선택하고 「=(D4−C4)*E4」 참조 셀을 마우스로 클릭한 후, 수식을 키보드로 입력한 뒤 [Enter]를 눌러 식을 완성한다.

④ 결과를 확인하고 채우기 핸들을 이용하여 [G15] 셀까지 드래그하여 자동 채우기를 완성한다.

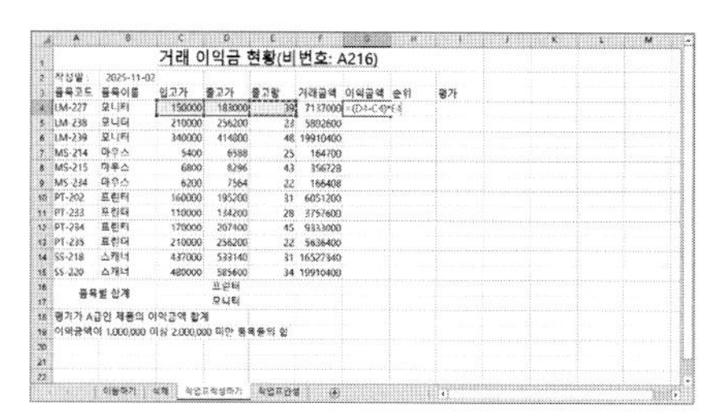

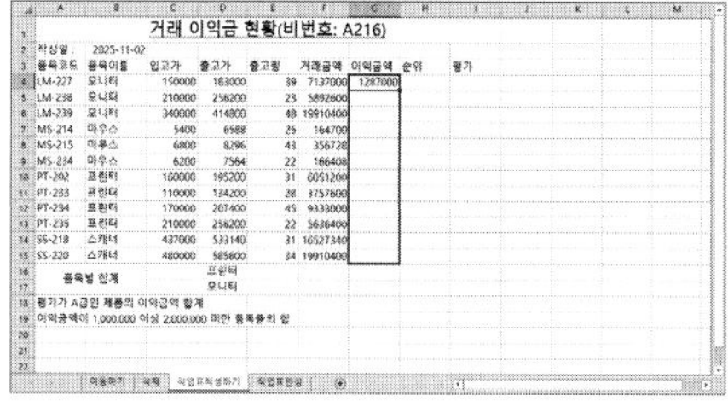

더 알기 TIP

수식에 사용되는 연산기호

유형	연산기호	기능	유형	연산기호	기능
계산	+	더하기	비교	=	같다
	−	빼기		<>	같지 않다
	*	곱하기		A>10	10 초과
	/	나누기		A>=10	10 이상
	%	백분율		A<10	10 미만
문자	&	문자열 연결		A<=10	10 이하

04 순위 계산하기(RANK 함수)

❹ **순위** : 이익금액 기준으로 순위를 계산하시오(이익금액이 가장 큰 값을 1등으로 한다).

① [H4] 셀을 선택하고 「=RANK(」까지 입력한 뒤 [함수 마법사](fx)를 클릭하여 함수 마법사를 실행한다.

SUM | =RANK(

RANK(number, ref, [order])

	A	B	C	D	E	F	G	H	I
1	거래 이익금 현황(비번호: A216)								
2	작성일 :	2025-11-02							
3	품목코드	품목이름	입고가	출고가	출고량	거래금액	이익금액	순위	평가
4	LM-227	모니터	150000	183000	39	7137000	1287000	=RANK(	
5	LM-238	모니터	210000	256200	23	5892600	1062600		
6	LM-239	모니터	340000	414800	48	19910400	3590400		
7	MS-214	마우스	5400	6588	25	164700	29700		
8	MS-215	마우스	6800	8296	43	356728	64328		
9	MS-234	마우스	6200	7564	22	166408	30008		
10	PT-202	프린터	160000	195200	31	6051200	1091200		
11	PT-233	프린터	110000	134200	28	3757600	677600		
12	PT-234	프린터	170000	207400	45	9333000	1683000		
13	PT-235	프린터	210000	256200	22	5636400	1016400		
14	SS-218	스캐너	437000	533140	31	16527340	2980340		
15	SS-220	스캐너	480000	585600	34	19910400	3590400		

② 함수 마법사 첫 번째 인수에 순위를 계산하고자 하는 [G4] 셀을 선택한다.

기적의 TIP

RANK 함수 대신 RANK.EQ 함수를 사용해도 됩니다.

기적의 TIP

함수 자동 완성 기능을 사용하면 꼭 「=RANK(」까지 입력하지 않아도 됩니다. 「=RA」까지 입력하면 아래쪽에 함수 목록이 나옵니다. 방향키로 [RANK]를 선택하고 [TAB]을 눌러 주면 자동으로 함수가 완성됩니다.

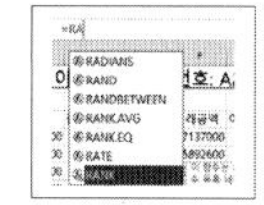

기적의 TIP

꼭 함수를 입력한 뒤 함수 마법사(fx)를 클릭해야 하나요?

답은 '아니오'입니다. 즉, 함수 마법사를 실행하여 RANK 함수를 찾을 수도 있습니다. 하지만 이렇게 함수 마법사를 먼저 실행하여 함수를 찾는 것이 더 시간을 낭비하게 됩니다. 또한 액세스에서는 같은 식을 직접 식으로 입력해야 합니다. 이런 이유로 되도록 식을 입력하고 난 뒤 함수 마법사(fx)를 클릭하여 식을 직접 입력할 수 있도록 연습합니다.

③ 함수 마법사 두 번째 인수에 순위를 참조할 범위 [G4]~[G15] 셀까지 마우스로 드래그하여 선택한다.

④ 순위 참조 범위를 선택한 뒤 바로 F4를 눌러 절대 참조로 변경한다.

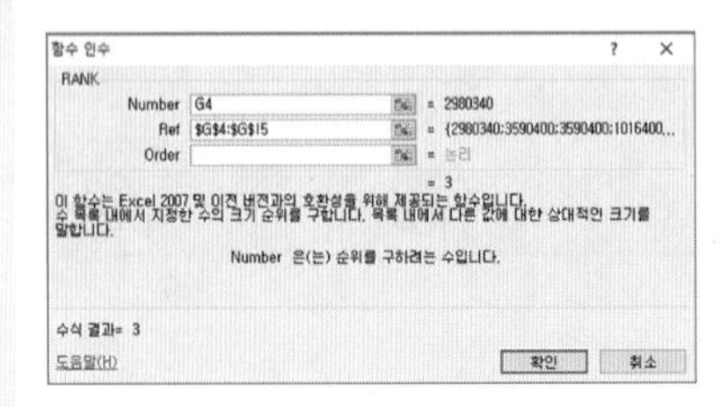

⑤ Enter를 눌러 식을 완성하고 채우기 핸들을 드래그하여 [H15] 셀까지 자동 채우기를 한다.

해결 TIP

F4를 이용하여서 참조를 변경하려는데 전체 참조가 변경 안 될 경우

순위 참조 범위를 선택하고 다른 작업은 하지 말고 바로 F4를 눌러야 합니다. 만약 전체 참조가 변경이 안 될 때는 식을 마우스로 모두 선택한 뒤 F4를 누릅니다. F4를 누를 때마다 [절대 참조–행 혼합 참조–열 혼합 참조]로 변합니다.

더 알기 TIP

1 RANK 함수 인수 더 알기

순위 함수 RANK를 알기 전에 알아야 할 것이 있습니다. "순위는 어떤 범위 내에 해당하는 값의 위치 순서다." 즉, 순위를 구하려면 어떤 지정된 범위가 있어야 한다는 것입니다.

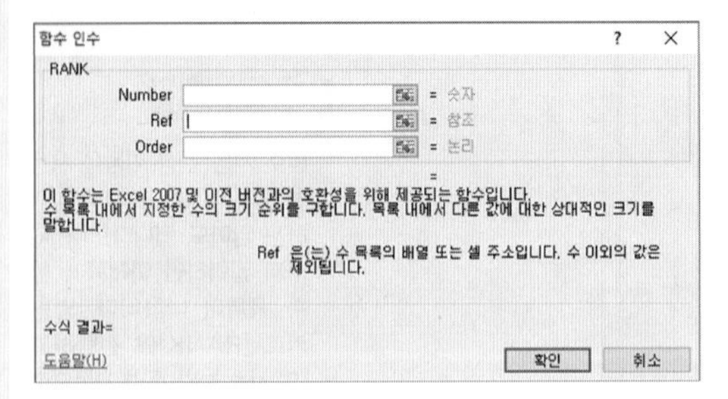

- Number : 지정된 범위에서 순위를 구하고자 하는 셀 선택
- Ref(Reference) : 순위를 구하고자 하는 지정 범위
- Order : 정렬(비워 두면 큰 값이 1등, False를 입력하면 작은 값이 1등)

❷ 상대 참조와 절대 참조 이해하기

엑셀에서 자주 사용하는 자동 채우기를 이용하면 계산식을 행, 열 방향으로 쉽게 완성할 수 있습니다. 이때 자동으로 셀 주소를 변경할 수 있는 참조를 상대 참조라고 합니다(상대적으로 변할 수 있다는 의미). 자동 채우기로 식 자동 완성이 가능한 이유는 식이 입력된 셀의 참조 주소가 자동 채우기를 함으로써 자동으로 변하기 때문에 채워지는 행 또는 열의 같은 식으로 각기 다른 계산이 가능한 것입니다.

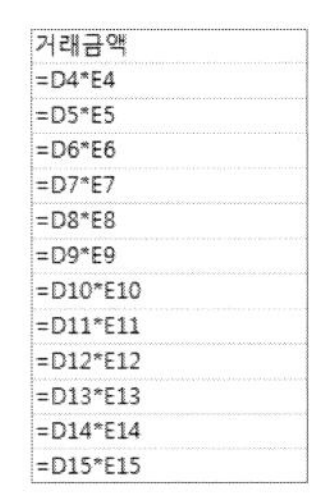

거래금액
=D4*E4
=D5*E5
=D6*E6
=D7*E7
=D8*E8
=D9*E9
=D10*E10
=D11*E11
=D12*E12
=D13*E13
=D14*E14
=D15*E15

그러나 이렇게 참조가 변하도록 자동 채우기를 하면 안 되는 경우가 있습니다. 자동 채우기를 함으로써 계산 범위가 벗어나면 안 되는 경우인데 대표적으로 순위 계산이 있습니다. 즉, 자동 채우기를 했을 때 고정되어야 하는 셀이 있는데, 이때 사용하는 것이 절대 참조입니다. 순위 계산에서 지정된 범위는 자동 채우기를 하더라도 그 참조 주소가 변하면 안 됩니다. 만약 절대 참조를 지정하지 않고 자동 채우기를 하면 어떻게 될까요? 왼쪽 그림에서 보는 것과 같이 1, 2, 3 등수가 중복되어 표시됩니다. 왜 그런지는 아래 그림을 참고하세요.

	G	H	I
1			
2			
3	이익금액	순위	평가
4	2980340	3	
5	3590400	1	
6	3590400	1	
7	1016400	5	
8	1062600	4	
9	1091200	3	
10	1287000	2	
11	1683000	1	
12	29700	4	
13	30008	3	
14	64328	2	
15	677600	1	

	G	H	I
1			
2			
3	이익금액	순위	평가
4	2980340	3	
5	3590400	1	
6	3590400	1	
7	1016400	5	
8	1062600	=RANK(G8,G8:G19)	
9	1091200	RANK(number, ref, [order])	
10	1287000	2	
11	1683000	1	
12	29700	4	
13	30008	3	
14	64328	2	
15	677600	1	
16			
17			
18			
19			

함수 결과가 입력된 임의의 셀을 더블 클릭하면 오른쪽 그림과 같이 이 함수가 사용하고 있는 참조를 사각형으로 표시합니다. 그림과 같이 순위를 구하고자 하는 범위가 자동 채우기되면서 아래로 밀려 내려가 정확한 범위 설정이 되지 않았습니다. 즉, RANK 함수에서 NUMBER 인수는 각 행의 순위를 계산하기 때문에 상대 참조로, Ref 인수는 순위가 계산될 고정된 범위이므로 절대 참조로 설정해야 합니다.

	H
1	
2	
3	순위
4	=RANK(G4,G4:G15)
5	=RANK(G5,G5:G16)
6	=RANK(G6,G6:G17)
7	=RANK(G7,G7:G18)
8	=RANK(G8,G8:G19)
9	=RANK(G9,G9:G20)
10	=RANK(G10,G10:G21)
11	=RANK(G11,G11:G22)
12	=RANK(G12,G12:G23)
13	=RANK(G13,G13:G24)
14	=RANK(G14,G14:G25)
15	=RANK(G15,G15:G26)

	H
1	
2	
3	순위
4	=RANK(G4,$G$4:$G$15)
5	=RANK(G5,$G$4:$G$15)
6	=RANK(G6,$G$4:$G$15)
7	=RANK(G7,$G$4:$G$15)
8	=RANK(G8,$G$4:$G$15)
9	=RANK(G9,$G$4:$G$15)
10	=RANK(G10,$G$4:$G$15)
11	=RANK(G11,$G$4:$G$15)
12	=RANK(G12,$G$4:$G$15)
13	=RANK(G13,$G$4:$G$15)
14	=RANK(G14,$G$4:$G$15)
15	=RANK(G15,$G$4:$G$15)

05 평가 계산하기(IF 함수)

> ❺ **평가** : 이익금액이 2,500,000 이상이면 "A급", 2,500,000 미만 1,000,000 이상이면 "B급", 그렇지 않으면 "C급"으로 계산하시오.

① [I4] 셀을 선택하고 「=IF(G4>=2500000,"A급",」 까지 입력하고 「IF(G4>= 2500000,"A급",」 식을 수식 입력줄에서 마우스로 드래그하여 Ctrl+C를 눌러 복사한다.

G4 | =IF(G4>=2500000,"A급",

IF(logical_test, [value_if_true], [value_if_false])

	A	B	C	D	E	F	G	H	I	J	K
1			거래 이익금 현황(비번호: A216)								
2	작성일 :	2025-11-02									
3	품목코드	품목이름	입고가	출고가	출고량	거래금액	이익금액	순위	평가		
4	LM-227	모니터	150000	183000	39	7137000	1287000	5	=IF(G4>=2500000,"A급",		

기적의 TIP

'꼭 식을 직접 키보드로 입력해야 하나요?'
답은 '아니요'입니다. 함수 마법사를 이용하여 중첩 IF 함수를 완성할 수도 있습니다. 하지만 액세스에서는 함수 마법사가 제공되지 않습니다. 처음에는 조금 어렵더라도 한두 번 연습해 보면 직접 식을 쓰고 복사하는 방법이 훨씬 쉽게 느껴질 것입니다.

② 수식 입력줄에 입력된 식 맨 뒤에 Ctrl+V를 눌러 붙여넣기한다.
「=IF(G4>=2500000,"A급",IF(G4>=2500000,"A급",」

새로 복사된 식을 조건에 맞게 변경한다.
「=IF(G4>=2500000,"A급",IF(G4>=1000000,"B급",」

마지막 조건 결과인 「"C급"」을 키보드로 입력한다.
「=IF(G4>=2500000,"A급",IF(G4>=1000000,"B급","C급"」

IF 함수를 마무리하기 위해 IF 개수만큼 「))」 괄호를 닫아 준 다음 Enter를 눌러 식 입력을 완성한다.
「=IF(G4>=2500000,"A급",IF(G4>=1000000,"B급","C급"))」

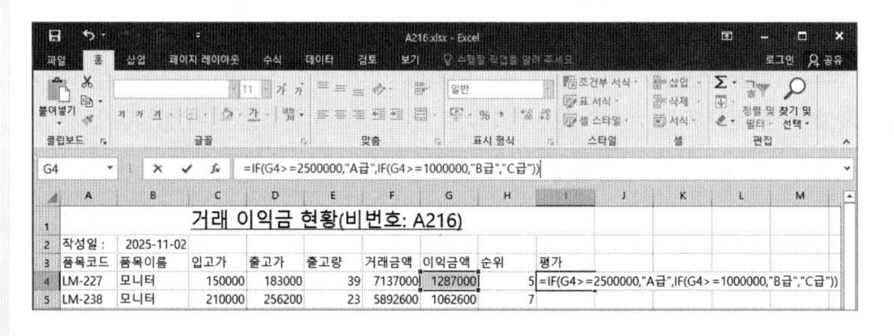

해결 TIP

"입력한 수식에 오류가 있습니다." 오류가 나와요.
이런 경우는 식을 복사해 붙여넣을 때 '='까지 같이 복사했을 경우 발생할 수 있습니다. 식을 복사할 때 '='은 빼고 「IF(G4>=2500000, "A급",」만 복사하여 붙여넣기합니다.

③ 완성된 결과 셀을 자동 채우기 핸들을 이용하여 자동 채우기를 한다.

	A	B	C	D	E	F	G	H	I	J	K	L	M
1			거래 이익금 현황(비번호: A216)										
2	작성일 :	2025-11-02											
3	품목코드	품목이름	입고가	출고가	출고량	거래금액	이익금액	순위	평가				
4	LM-227	모니터	150000	183000	39	7137000	1287000	5	B급				
5	LM-238	모니터	210000	256200	23	5892600	1062600	7	B급				
6	LM-239	모니터	340000	414800	48	19910400	3590400	1	A급				
7	MS-214	마우스	5400	6588	25	164700	29700	12	C급				
8	MS-215	마우스	6800	8296	43	356728	64328	10	C급				
9	MS-234	마우스	6200	7564	22	166408	30008	11	C급				
10	PT-202	프린터	160000	195200	31	6051200	1091200	6	B급				
11	PT-233	프린터	110000	134200	28	3757600	677600	9	C급				
12	PT-234	프린터	170000	207400	45	9333000	1683000	4	B급				
13	PT-235	프린터	210000	256200	22	5636400	1016400	8	B급				
14	SS-218	스캐너	437000	533140	31	16527340	2980340	3	A급				
15	SS-220	스캐너	480000	585600	34	19910400	3590400	1	A급				
16	품목별 합계			프린터									
17				모니터									
18	평가가 A급인 제품의 이익금액 합계												
19	이익금액이 1,000,000 이상 2,000,000 미만 품목들의 합												
20													

더 알기 TIP

❶ IF 함수 알아보기

IF 함수는 조건에 대한 결과를 도출합니다. 시험에 빠지지 않고 출제되는 내용입니다. IF 함수의 기본 구조를 이해하면 중첩 IF 함수 및 타 함수와 혼용도 그리 어렵지 않으니 꼭 기본에 충실하세요.

▶ 함수 공식

직접 식 입력 시	함수 마법사 이용 시
=IF(조건, 참, 거짓)	함수 인수 IF Logical_test = 논리 Value_if_true = 모든 값 Value_if_false = 모든 값 논리 검사를 수행하여 TRUE나 FALSE에 해당하는 값을 반환합니다. Logical_test 은(는) TRUE나 FALSE로 판정될 값이나 식입니다. 수식 결과= 도움말(H) 확인 취소

- Logical_test : 조건식 입력
- Value_if_true : 앞의 조건식이 참일 때 출력할 값
- Value_if_false : 앞의 조건식이 거짓일 때 출력할 값

㉮ 이익금액이 2,500,000 이상이면 "A급" 그 외 값은 "B급"으로 표시하시오.

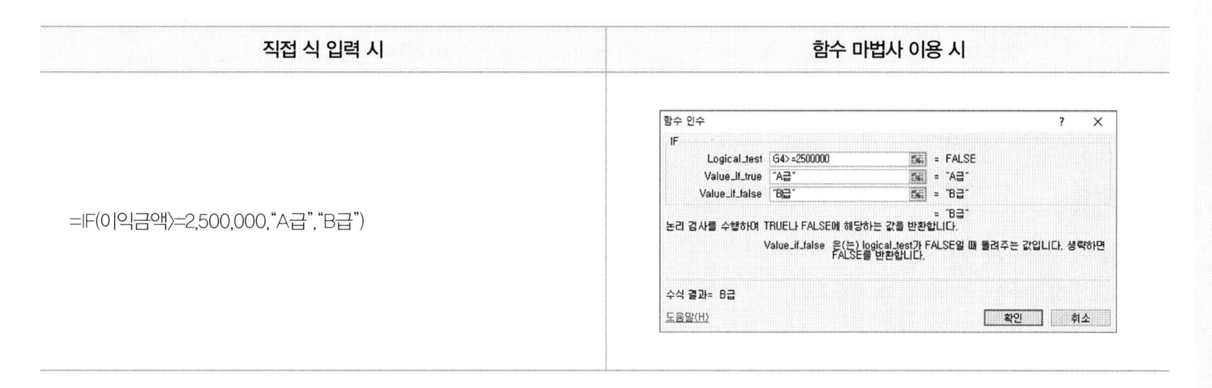

직접 식 입력 시	함수 마법사 이용 시
=IF(이익금액>=2,500,000,"A급","B급")	함수 인수 IF Logical_test G4>=2500000 = FALSE Value_if_true "A급" = "A급" Value_if_false "B급" = "B급" = "B급" 논리 검사를 수행하여 TRUE나 FALSE에 해당하는 값을 반환합니다. Value_if_false 은(는) logical_test가 FALSE일 때 돌려주는 값입니다. 생략하면 FALSE를 반환합니다. 수식 결과= B급 도움말(H) 확인 취소

❷ 중첩 IF 함수 : 함수 마법사 로 계산하기

㉮ **평가** : 이익금액이 2,500,000 이상이면 "A급", 2,500,000 미만 1,000,000 이상이면 "B급", 그렇지 않으면 "C급"으로 계산하시오.

① [I4] 셀을 선택하고 「=IF(」까지 입력하고 수식 입력줄의 함수 마법사 ( )를 클릭하여 IF 함수를 실행합니다.

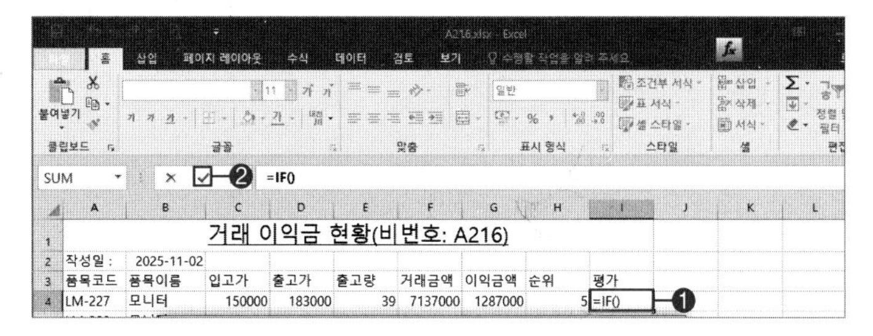

② 함수 마법사가 실행되면 각 인수에 값을 입력하고 'Value_if_false' 칸에 마우스를 클릭하고 함수창에서 IF 함수를 클릭합니다. 여기서 주의할 것은 꼭 세 번째 인수 빈칸을 선택하고 IF 함수를 선택해야 하며, 한 번에 선택해야만 합니다. 실수로 다른 함수를 선택했다면 처음부터 다시 작업합니다.

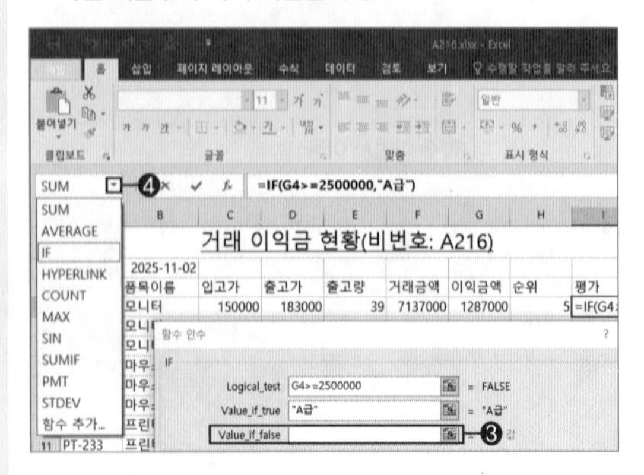

③ 앞에서 IF 함수를 선택하면 그림과 같이 다시 새로운 함수 마법사가 실행됩니다. 함수 마법사에 두 번째 조건과 결과를 입력하고 [확인]을 눌러 함수 마법사를 종료합니다.

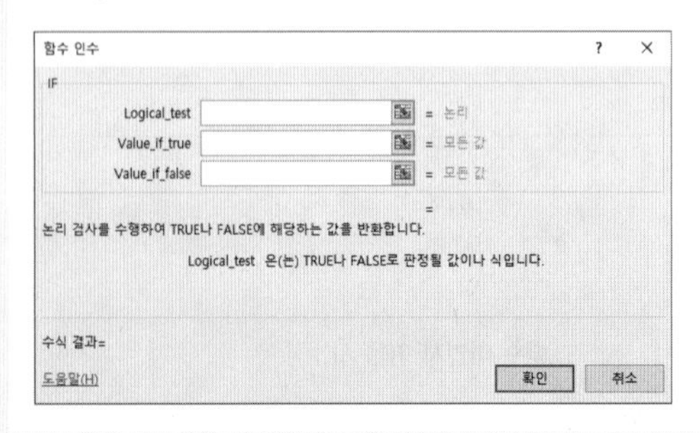

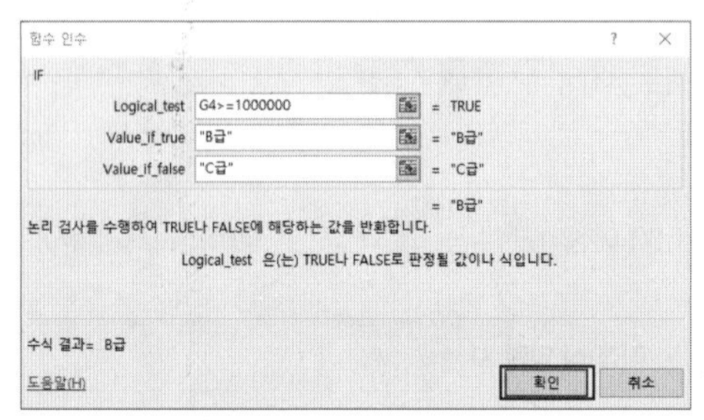

해결 TIP

함수식을 작성할 때 주의할 점

- 함수 내의 각 인수는 ,(Comma)로 구분한다.
  예 「=IF(조건,참일 때,거짓일 때)」
- 함수 결과가 문자일 경우는 꼭 " "로 묶어 준다.
  예 「=IF(점수>=90,"합격","탈락")」
- 중첩 IF 함수에서 닫기 괄호의 개수는 IF 함수의 개수대로 한다.
  예 「=IF(조건1,결과1,IF(조건2,결과2,결과3))」

더 알기 TIP

1 중첩 IF 함수 문제 분석하기

예 **평가** : 이익금액이 2,500,000 이상이면 "A급", 2,500,000 미만 1,000,000 이상이면 "B급", 그렇지 않으면 "C급"으로 계산하시오.

중첩 IF 함수로 계산해야 할 문제를 분석하는 것은 수험생들에게 어려운 부분입니다. 문제에서 제시된 범위가 잘 이해되지 않을 경우에는 표를 만들어 보는 것도 좋은 방법입니다.

조건	결과	식
2,500,000 이상	A급	IF(이익금액>=2,500,000,"A급",
2,500,000 미만 1,000,000 이상이면 (1,000,000 이상 2,500,000 미만이면)	B급	IF(이익금액>=1,000,000,"B급",
그 외	C급	"C급"

여기서 주의할 점은 간혹 문제에서 조건값이 작은 값부터 주어지는 경우가 있습니다.

예 **평가** : 이익금액이 1,000,000 이상 2,500,000 미만이면 "B급", 2,500,000 이상이면 "A급", 그렇지 않으면 "C급"으로 계산하시오.

이 경우에 꼭 조건값 중 큰 값부터 구분해야 합니다. 즉, 2,500,000 이상부터 식을 구성해야 합니다. 작은 값부터 구분하면 답이 틀리는 경우가 간혹 발생할 수 있습니다.

2 중첩 IF 함수에서 결과에 따른 IF 개수

판단결과 개수	IF 함수 개수	예
2개	1개	=IF(점수>=80,"합격","불합격")
3개	2개	=IF(점수>=90,"수",IF(점수>=80,"우","미"))
4개	3개	=IF(점수>=90,"수",IF(점수>=80,"우",IF(점수>=70,"미","양")))

06 품목별 합계 계산하기

❻ 품목명이 "프린터"인 각 항목의 합계를 구하시오.
❼ 품목명이 "모니터"인 각 항목의 합계를 구하시오.

> **기적의 TIP**
>
> SUMIF 함수는 조건 범위 내에서 조건에 해당하는 행만 합계 낼 열의 값의 조건 합계를 계산합니다.
>
> **SUMIF 함수 인수 설명**
> - Range : 조건 범위
> - Criteria : 조건
> - Sum_range : 합계 낼 범위

① [F16] 셀을 선택한 후 「=SUMIF(」를 입력하고 [함수 마법사](fx)를 클릭하여 함수 마법사를 실행한다. SUMIF 함수 마법사 창에 그림과 같이 품목이름에서 '프린터'에 대한 거래금액의 합계 식을 완성하고 [확인]을 클릭하여 입력을 완성한다.

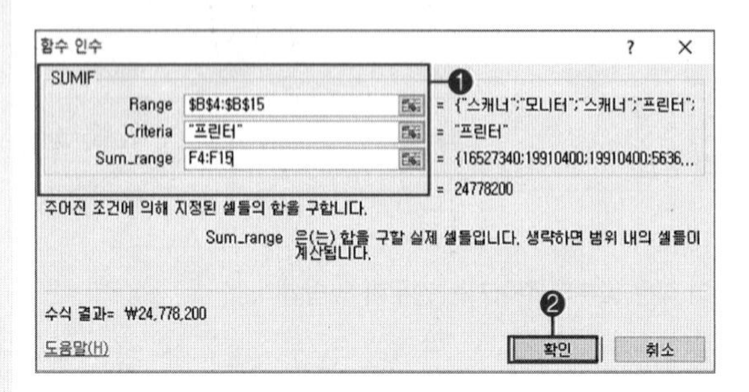

> **기적의 TIP**
>
> - Range 인수에 절대 참조를 지정한 이유는 열 방향으로 자동 채우기를 하기 위함입니다.
> - 열 방향으로 자동 채우기를 하게 되면 조건이 있는 B열이 뒤쪽 채워지는 셀에서는 C열, D열로 벗어나게 되어 조건 범위가 틀리게 됩니다.

② [F17] 셀을 선택한 후 「=SUMIF(」를 입력하고 [함수 마법사](fx)를 클릭한다. SUMIF 함수 마법사 창에 그림과 같이 범위를 선택하고 [확인]을 클릭하여 입력을 완성한다.

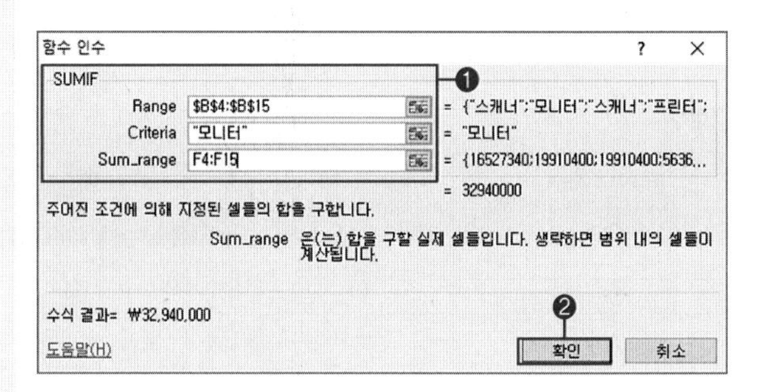

③ 계산 후 [F16:F17] 범위를 선택하고 채우기 핸들을 우측으로 드래그하여 [G16:G17] 셀까지 자동 채우기를 한다.

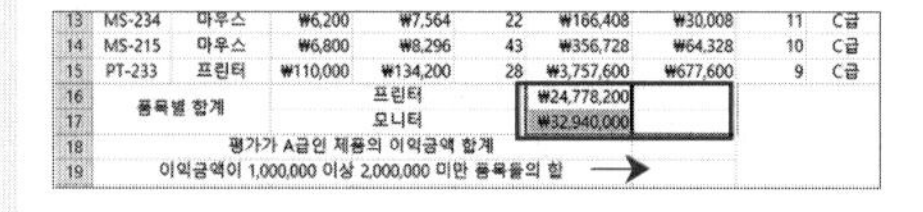

13	MS-234	마우스	₩6,200	₩7,564	22	₩166,408	₩30,008	11	C급
14	MS-215	마우스	₩6,800	₩8,296	43	₩356,728	₩64,328	10	C급
15	PT-233	프린터	₩110,000	₩134,200	28	₩3,757,600	₩677,600	9	C급
16	품목별 합계		프린터			₩24,778,200			
17			모니터			₩32,940,000			
18	평가가 A급인 제품의 이익금액 합계								
19	이익금액이 1,000,000 이상 2,000,000 미만 품목들의 합								

> **기적의 TIP**
>
> 그림과 같이 Criteria를 직접 조건 셀을 지정하고 Criteria, Sum_range는 혼합 참조를 이용하여 하나의 식으로 자동 채우기를 해서 한 번에 계산을 완료할 수도 있습니다.

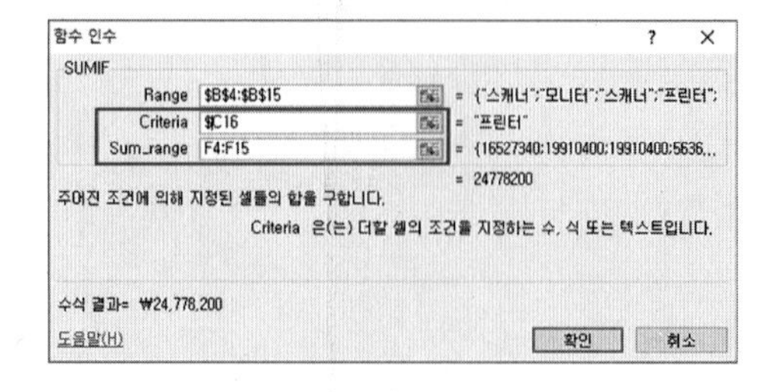

07 평가가 A급인 제품의 이익금액 합계 계산하기

❽ 평가가 "A급"인 제품의 이익금액의 합계를 구하시오.

① [G18] 셀을 선택한 뒤 「=SUMIF(」까지 입력하고 [함수 마법사](fx)를 클릭한다.
② 함수 마법사에서 조건범위, 조건, 합계 범위를 그림과 같이 입력하고 [확인]을 클릭한다.

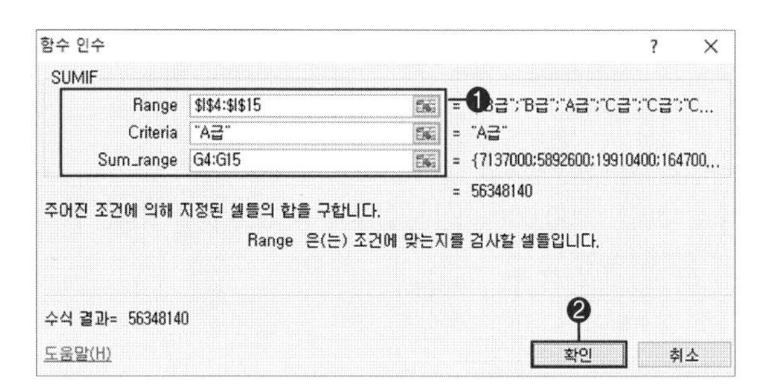

기적의 TIP

이번 함수에서 절대 참조를 지정하지 않은 이유는 자동 채우기가 필요하지 않기 때문입니다.

08 이익금액이 1,000,000 이상 2,000,000 미만인 품목들의 합

❾ 이익금액이 1,000,000 이상 2,000,000 미만 품목들의 합계를 구하시오.

① [G19] 셀을 선택한 뒤 「=SUMIF(」까지 입력하고 [함수 마법사](fx)를 클릭한다.
② 함수 마법사에서 조건범위, 조건, 합계범위를 그림과 같이 입력하고 수식 입력줄에 입력된 식 맨 뒤를 클릭한다.

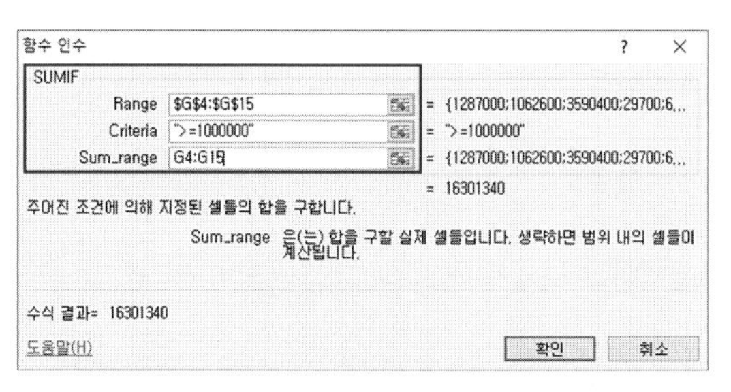

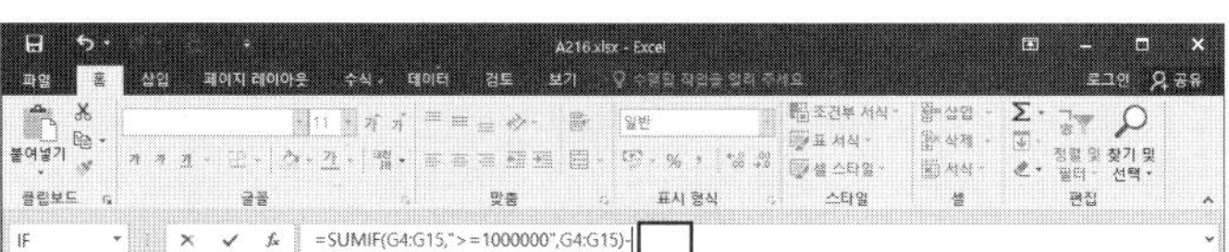

기적의 TIP

본 도서에서는 SUMIF 함수를 이용한 구간값 계산 방법을 이용했지만 SUMIFS, DSUM 함수를 사용할 수도 있습니다. 실제 출제는 SUMIF, SUMIFS 구분하여 출제됩니다.

③ 식 맨뒤에 「-」를 입력하고 이미 완성된 수식에서 '='을 제외하고 범위를 선택하여 Ctrl+C로 복사한 뒤 뒷쪽에 Ctrl+V를 눌러 붙여넣는다.

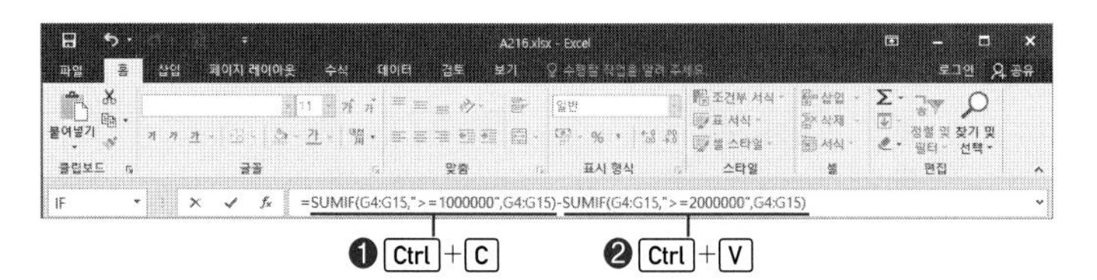

④ 뒤에 붙여넣은 식의 조건을 '>=1000000'에서 '>=2000000'으로 변경하고 [Enter]를 눌러 식을 완성한다(다른 식은 만지지 않고 조건만 1 → 2로 변경하면 된다).

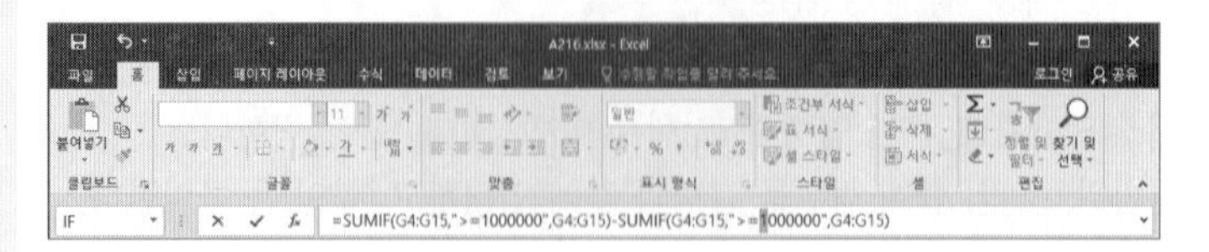

더 알기 TIP

SUMIF 함수를 이용한 구간 합계 계산하기

SUMIF 함수는 조건 합계를 계산하는 함수입니다. 앞의 문제를 예를 들어 살펴보면 1,000,000 이상인 합계에서 2,000,000 이상인 합계를 제외하는 방식입니다. 이해가 어렵다면 초등학교 때 배운 선분을 그려 생각해 보겠습니다.

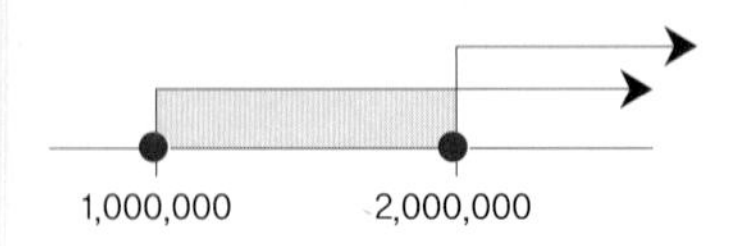

그림에서 보는 것과 같이 1,000,000 이상인 합계에서 2,000,000 이상을 빼버리면 결국 1,000,000 이상 2,000,000 미만인 값만 남게 됩니다.

똑같은 결과를 DSUM 함수로도 계산할 수 있는데 이 부분은 'PART 04 함수 사전'에서 살펴보겠습니다. 이해가 어렵다면 다음에 배우게 되는 SUMIFS 함수로 처리해도 됩니다. 단, 과거에 SUMIF, COUNTIF 함수를 이용한 구간값 계산식을 작성하라는 문제가 종종 출제되었으니 한번 확인해 둘 만한 식입니다.

09 작업 표 정렬하기

라) 작업 표의 정렬 순서(SORT)는 평가의 오름차순, 평가가 같을 경우 이익금액의 오름차순으로 정렬한다.

① [A3:I15] 셀을 마우스로 드래그하여 선택하고 [홈] 탭-[편집] 그룹-[정렬 및 필터]-[사용자 지정 정렬]을 클릭한다.

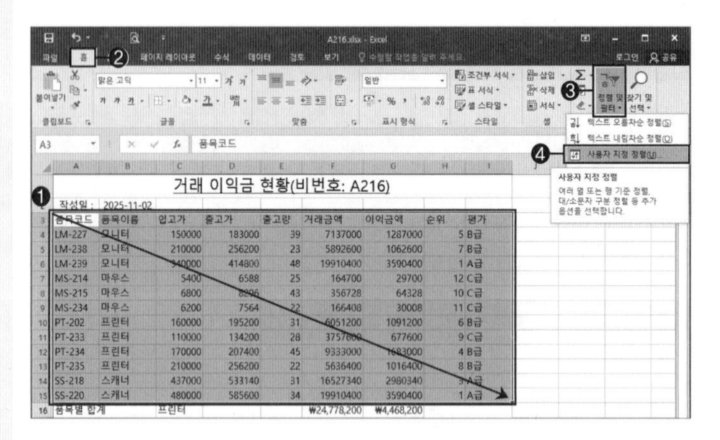

② [정렬] 대화상자에서 첫 번째 정렬 기준을 '평가', '오름차순'으로 설정하고 [기준 추가]를 선택하여 기준을 추가한다.

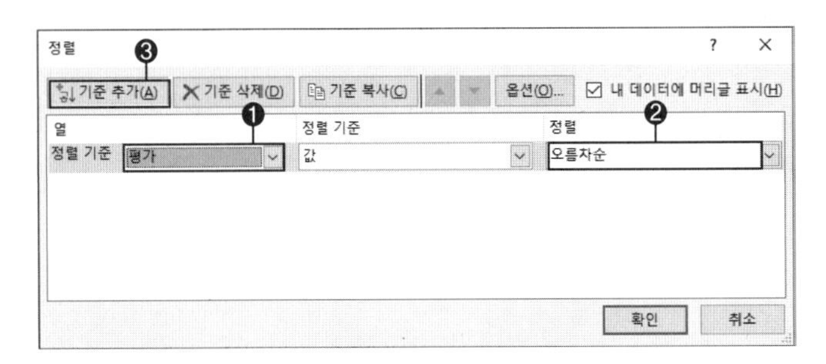

③ 두 번째 정렬 기준인 '이익금액' 필드를 선택하고 정렬 기준을 '오름차순'으로 설정한 뒤 '내 데이터에 머리글 표시'에 체크가 되어 있는지 확인한다('내 데이터에 머리글 표시'에 체크가 되어 있지 않으면 머리글도 같이 정렬된다).

④ [확인]을 클릭하여 정렬을 실행하고 결과를 확인한다.

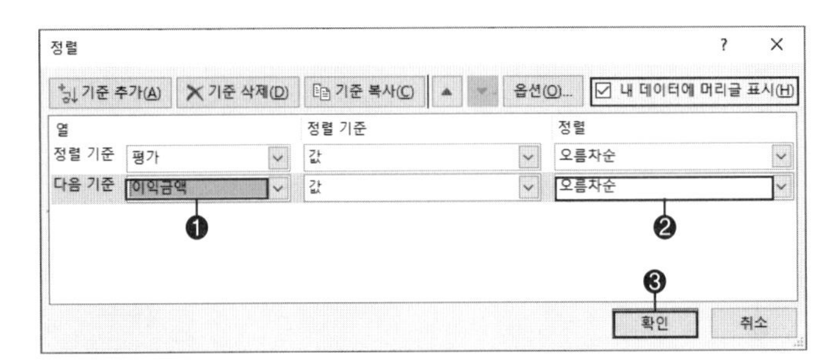

기적의 TIP

- **오름차순**
  - 1, 2, 3, 4, 5, 6 ~,
  - 가, 나, 다, 라, 마 ~,
  - A, B, C, D ~
- **내림차순**
  - 9, 8, 7, 6, 5, 4 ~,
  - 하, 타, 파, 카, 자 ~,
  - Z, Y, X, W ~

더 알기 TIP

오름/내림차순 정렬이 아닌 사용자 정의 정렬하기

간혹 시험에서 오름차순, 내림차순 정렬이 아닌 비정형적인 정렬을 요구할 때가 있습니다. 예를 들어 B급, A급, C급 순으로 작업 표를 정렬해 보겠습니다.

① [파일]-[옵션]-[고급]-우측 스크롤을 끌어 내려 보면 아래쪽에 [사용자 지정 목록 편집] 버튼이 있습니다.

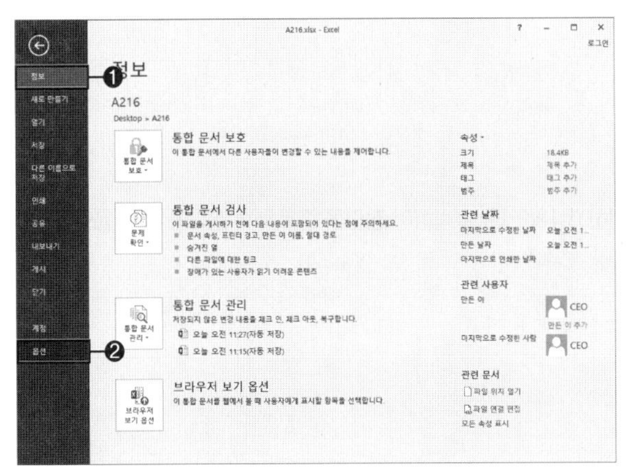

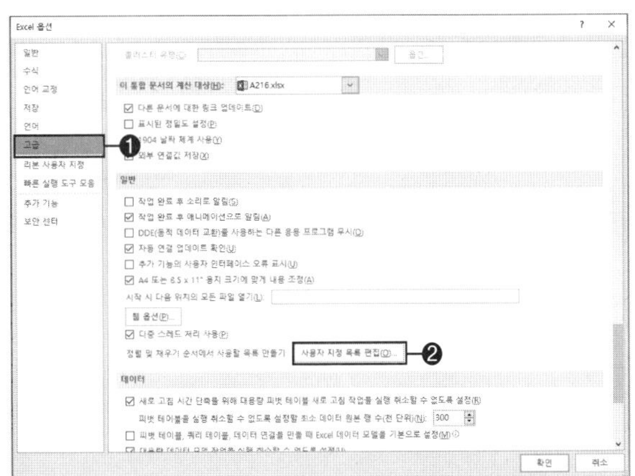

② [사용자 지정 목록] 대화 상자에서 그림과 같이 B급, A급, C급을 입력하고 [추가] 버튼을 클릭하여 새로운 목록을 추가한 뒤 [확인]을 클릭하고 다시 한 번 [확인]을 클릭하여 설정을 종료합니다.

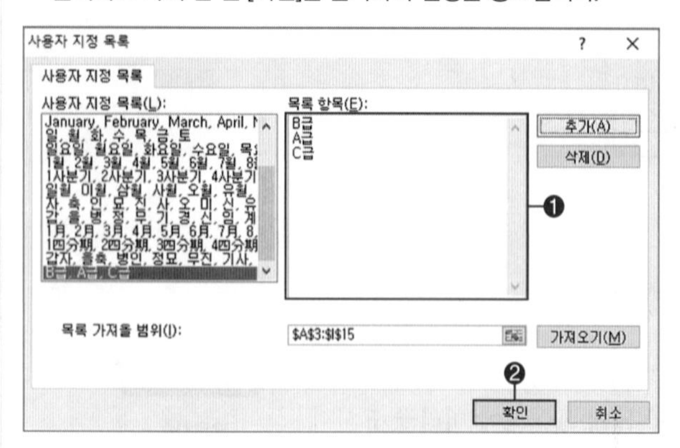

③ 사용자 지정 목록 순서는 입력이 완료가 되었고 이제 정렬을 진행해 보겠습니다. [A3:I15]까지 드래그하여 선택하고 [홈] 탭-[편집] 그룹-[정렬 및 필터]-[사용자 지정 정렬]을 순서대로 클릭하여 [정렬] 대화상자를 실행합니다.

④ 정렬 기준 선택에서 '사용자 지정 목록'을 선택하여 [사용자 지정 목록] 대화상자에서 목록 내용 스크롤을 맨 아래쪽으로 내려 앞에서 추가한 [B급, A급, C급]을 선택하고 [확인]을 클릭합니다.

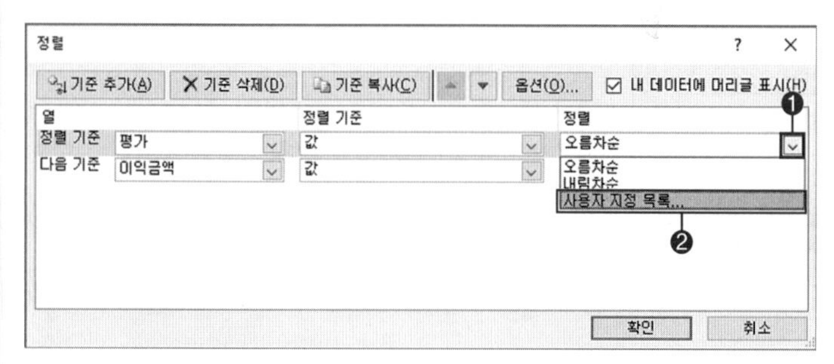

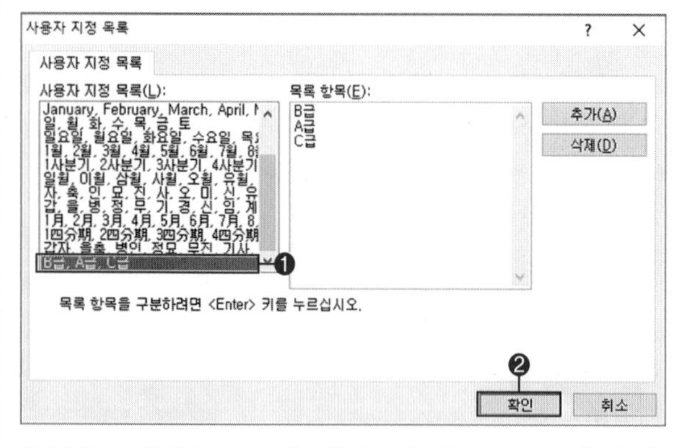

⑤ 정렬기준이 새롭게 지정한 사용자 지정 목록으로 표시되는지 확인하고, [확인]을 클릭하여 정렬을 종료하고 결과가 잘 적용되었는지 확인합니다.

⑩ 기타 조건(셀 서식) 설정하기

마) 기타
(1) 금액 수치에는 원화(₩) 기호를 표시하고 천 단위마다 ,(Comma)를 표시한다.
(2) 단, 금액 이외의 수치에는 ,(Comma)를 표시하지 않는다.
(3) 음수는 '–'가 나타나도록 한다.
(4) 모든 수치는 셀 서식의 속성 설정 과정에서 소수 자릿수를 '0'으로 하여 정수로 표시한다.

① 완성된 작업 표의 셀 서식을 이용하여 원화(₩) 기호 표시와 천 단위마다 ,(Comma)를 표시하기 위해 금액에 해당하는 셀을 마우스로 선택한 다음 Ctrl+1을 눌러 [셀 서식] 대화상자를 실행한다.

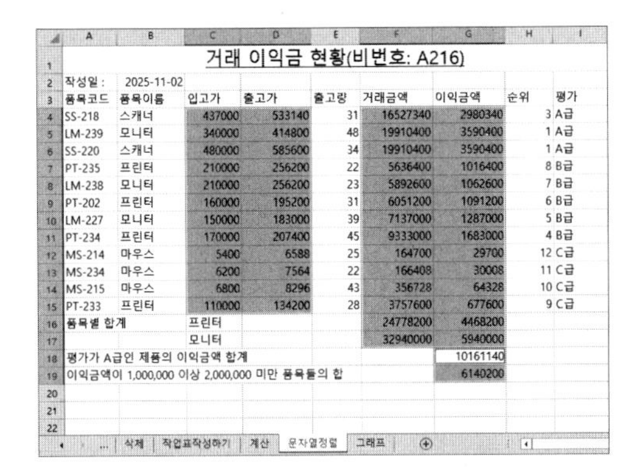

거래 이익금 현황(비번호: A216)

작성일 :	2025-11-02							
품목코드	품목이름	입고가	출고가	출고량	거래금액	이익금액	순위	평가
SS-218	스캐너	437000	533140	31	16527340	2980340	3	A급
LM-239	모니터	340000	414800	48	19910400	3590400	1	A급
SS-220	스캐너	480000	585600	34	19910400	3590400	1	A급
PT-235	프린터	210000	256200	22	5636400	1016400	8	B급
LM-238	모니터	210000	256200	23	5892600	1062600	7	B급
PT-202	프린터	160000	195200	31	6051200	1091200	6	B급
LM-227	모니터	150000	183000	39	7137000	1287000	5	B급
PT-234	프린터	170000	207400	45	9333000	1683000	4	B급
MS-214	마우스	5400	6588	25	164700	29700	12	C급
MS-234	마우스	6200	7564	22	166408	30008	11	C급
MS-215	마우스	6800	8296	43	356728	64328	10	C급
PT-233	프린터	110000	134200	28	3757600	677600	9	C급
품목별 합계		프린터			24778200	4468200		
		모니터			32940000	5940000		
평가가 A급인 제품의 이익금액 합계						10161140		
이익금액이 1,000,000 이상 2,000,000 미만 품목들의 합						6140200		

- 그림과 같이 불연속 셀 범위를 선택하기 위해서는 Ctrl을 이용합니다.
- 주의할 것은 Ctrl을 먼저 누르는 것이 아니라 첫 번째 범위 선택 후 Ctrl을 누른다는 것입니다.
- 추후 차트 작성 시에도 사용되니 연습해 보도록 합니다.

② [셀 서식] 대화상자에서 [범주]–[통화]–[소수 자릿수 0]–[-₩1,234](검정)을 선택하고 [확인]을 클릭한다.

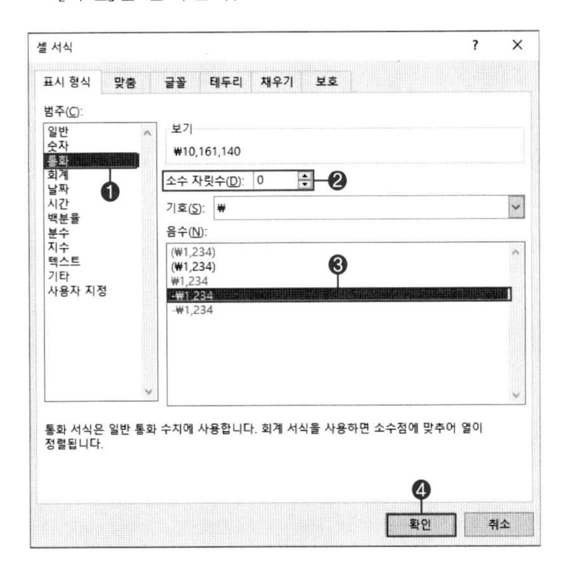

기적의 TIP

셀 서식 대화 상자 말고 리본 도구모음을 이용해도 됩니다. 통화를 지정할 범위 선택 후 [홈] 탭–[표시 형식] 그룹–[표시 형식]에서 통화를 지정하면 됩니다.

해결 TIP

회계형 원화(₩)를 지정하면 안 되나요?

최근 들어 문제의 데이터가 많아지고 값의 크기가 커지고 있습니다. 회계형의 경우 실급액과 ₩ 표시 사이가 벌어져 나중에 출력할 때 해당 값이 "#####"으로 열 폭이 좁다는 오류가 표시될 수 있으니 꼭 회계형이 아닌 통화형을 지정하기 바랍니다.

> **기적의 TIP**
>
> 모든 수치는 셀 서식의 속성 설정 과정에서 소수 자릿수를 "0"으로 하여 정수로 표시합니다. 이 조건을 별도로 처리해 주지 않은 이유는 통화 스타일, 천 단위 구분기호 스타일은 기본적으로 소수점이 0으로 설정되기 때문입니다.

11 문자열 정렬하기

(5) 숫자 셀은 우측을 수직으로 맞추고, 문자 셀은 수평 중앙으로 맞추어 기타 사항은 작업 표 형식을 따른다. 특히, 인쇄 출력 시 판독 불가능이 발생하지 않도록 인쇄 미리 보기 등을 통하여 셀의 크기를 적당히 조절한다.

숫자 셀은 기본적으로 우측에 정렬되어 별도로 작업이 필요하지 않다. 나머지 문자열을 Ctrl을 이용하여 선택하고 [홈] 탭–[맞춤] 그룹–[가운데 맞춤](≡)을 클릭하여 문자열을 정렬하도록 한다.

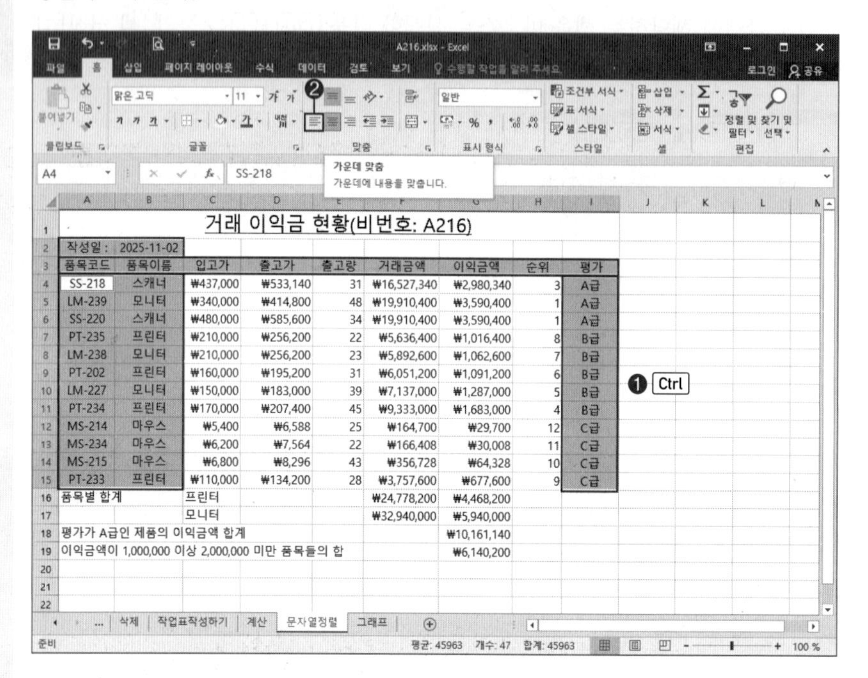

12 셀 병합 및 테두리 설정하기

<table>
<tr><td>품목코드</td><td>품목이름</td><td>출고가</td><td>출고량</td><td>거래금액</td><td>이익 금액</td><td>순위</td><td>평가</td></tr>
<tr><td>–</td><td>–</td><td>❶</td><td>–</td><td>❷</td><td>❸</td><td>❹</td><td>❺</td></tr>
<tr><td colspan="2" rowspan="2">품목별 합계</td><td colspan="2">프린터</td><td>❻</td><td>❻</td><td colspan="2" rowspan="4"></td></tr>
<tr><td colspan="2">모니터</td><td>❼</td><td>❼</td></tr>
<tr><td colspan="5">평가가 A급인 제품의 이익금액 합계</td><td>❽</td></tr>
<tr><td colspan="5">이익금액이 1,000,000 이상 2,000,000 미만 품목들의 합</td><td>❾</td></tr>
</table>

① 작업 표에 제시된 대로 셀을 병합하기 위해 "품목별 합계" [A16:B17] 셀을 마우스로 드래그하여 선택하고 [홈] 탭–[맞춤] 그룹–[병합하고 가운데 맞춤]을 클릭한다.

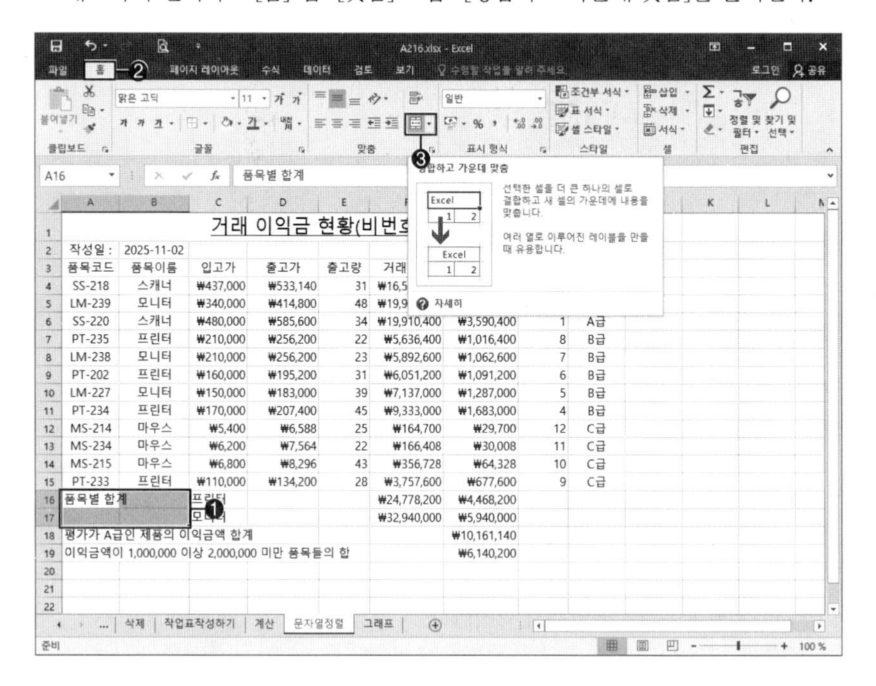

② 나머지 "프린터", "모니터", "평가가 A급인 제품의 이익금액 합계", "이익금액이 1,000,000 이상 2,000,000 미만 품목들의 합" 부분도 범위를 선택 후 [병합하고 가운데 맞춤]을 클릭하여 병합한다.

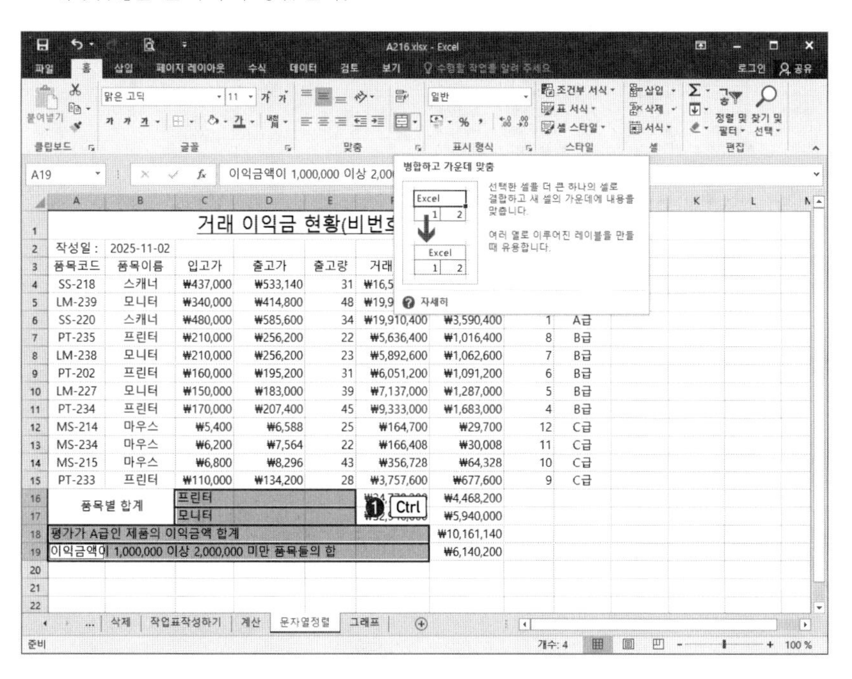

③ 순위, 평가 필드 하단의 대각선을 그리기 위해 [H16:I19] 셀을 선택한 뒤 [병합하고 가운데 맞춤]을 클릭하여 셀을 병합하고, Ctrl+1을 눌러 [셀 서식] 대화상자를 실행하고 [테두리] 탭을 클릭한다.

④ [테두리] 탭에서 대각선을 표시한 뒤 [확인]을 클릭하여 작업을 종료한다.

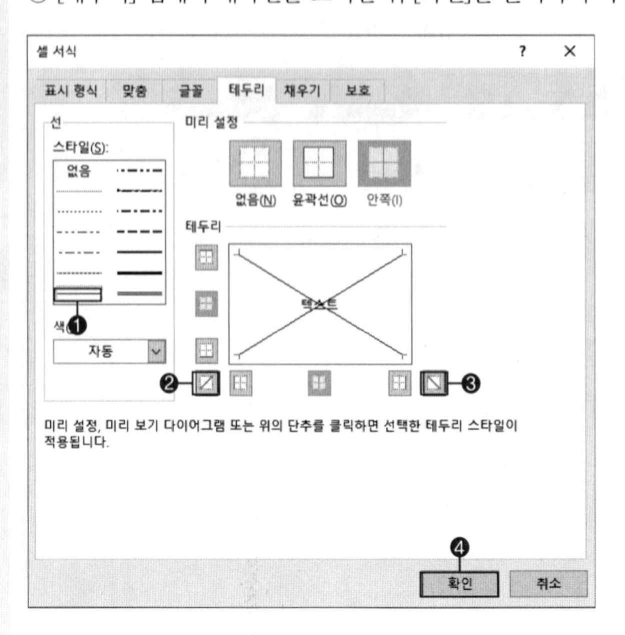

⑤ 대각선 테두리가 제대로 표시되었는지 확인한다.

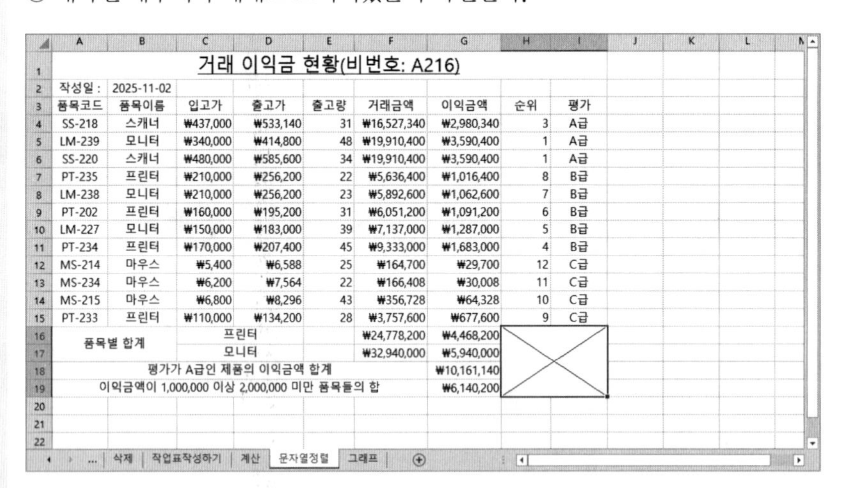

	A	B	C	D	E	F	G	H	I
1			거래 이익금 현황(비번호: A216)						
2	작성일 :	2025-11-02							
3	품목코드	품목이름	입고가	출고가	출고량	거래금액	이익금액	순위	평가
4	SS-218	스캐너	₩437,000	₩533,140	31	₩16,527,340	₩2,980,340	3	A급
5	LM-239	모니터	₩340,000	₩414,800	48	₩19,910,400	₩3,590,400	1	A급
6	SS-220	스캐너	₩480,000	₩585,600	34	₩19,910,400	₩3,590,400	1	A급
7	PT-235	프린터	₩210,000	₩256,200	22	₩5,636,400	₩1,016,400	8	B급
8	LM-238	모니터	₩210,000	₩256,200	23	₩5,892,600	₩1,062,600	7	B급
9	PT-202	프린터	₩160,000	₩195,200	31	₩6,051,200	₩1,091,200	6	B급
10	LM-227	모니터	₩150,000	₩183,000	39	₩7,137,000	₩1,287,000	5	B급
11	PT-234	프린터	₩170,000	₩207,400	45	₩9,333,000	₩1,683,000	4	B급
12	MS-214	마우스	₩5,400	₩6,588	25	₩164,700	₩29,700	12	C급
13	MS-234	마우스	₩6,200	₩7,564	22	₩166,408	₩30,008	11	C급
14	MS-215	마우스	₩6,800	₩8,296	43	₩356,728	₩64,328	10	C급
15	PT-233	프린터	₩110,000	₩134,200	28	₩3,757,600	₩677,600	9	C급
16	품목별 합계		프린터			₩24,778,200	₩4,468,200		
17			모니터			₩32,940,000	₩5,940,000		
18	평가가 A급인 제품의 이익금액 합계						₩10,161,140		
19	이익금액이 1,000,000 이상 2,000,000 미만 품목들의 합						₩6,140,200		

⑥ 작업 표의 테두리를 지정하기 위해 작업 표 전체 범위를 선택하고 [홈] 탭–[글꼴] 그룹–[테두리]–[모든 테두리]를 클릭하여 작업 표에 테두리를 지정한다.

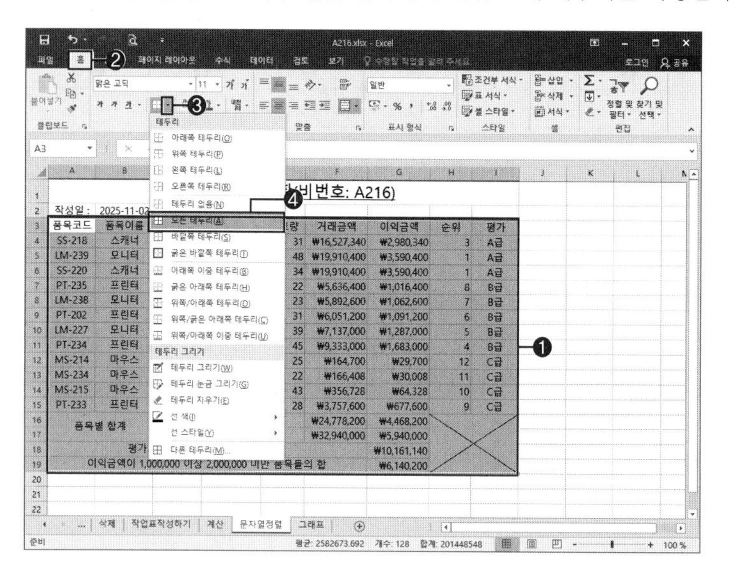

⑦ 모든 테두리에서 작업 데이터 중간선을 삭제하기 위해 필드명을 제외한 [A4:I15]까지 범위를 선택하고 Ctrl+1을 눌러 [셀 서식] 대화상자를 실행한다. [테두리] 탭–[테두리]에서 가운데 선을 클릭하여 선을 해제하고 [확인]을 클릭하여 종료한다.

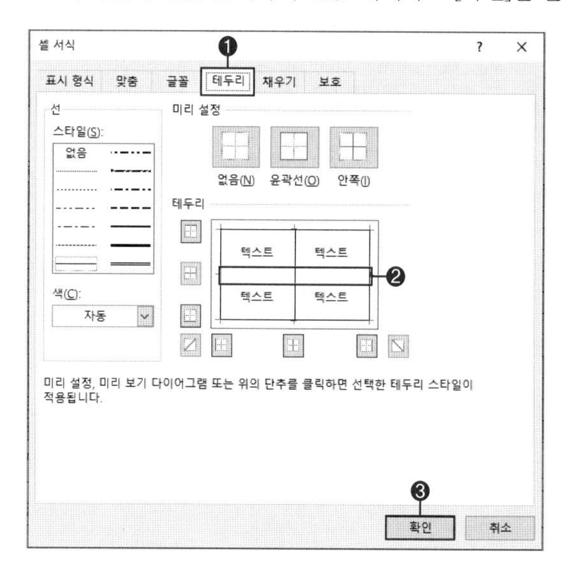

기적의 TIP

표의 가운데 선을 없애는 이유는 최근 문제는 데이터가 많아 A4 용지에 모두 표시할 수 없어, 행 높이를 줄여서 중간선에 데이터가 겹치는 것을 방지하기 위함입니다. 데이터가 많지 않을 경우 꼭 선을 없애지 않아도 됩니다.

⑬ 작업 표에 없는 열 숨기기

품목코드	품목이름	출고가	출고량	거래금액	이익 금액	순위	평가
–	–	❶	–	❷	❸	❹	❺
품목별 합계		프린터		❻	❻		
		모니터		❼	❼		
평가가 A급인 제품의 이익금액 합계					❽		
이익금액이 1,000,000 이상 2,000,000 미만 품목들의 합					❾		

① 실제 제시된 입력 자료에는 '입고가' 필드가 있지만 제시된 문제의 작업 표 형식에는 '입고가'가 표시되어 있지 않다. 이때는 '입고가' 열을 숨겨 줘야 한다. 주의할 점은 열 숨기기를 한 뒤에 정렬을 실행하면 데이터가 섞일 수 있으니 꼭 모든 작업이 완료되고 그래프를 그리기 전에 열 숨기기를 하도록 한다.

② '입고가'가 있는 C열의 열 머리글을 선택하고 마우스 오른쪽 버튼을 클릭–[숨기기]를 선택하여 열을 숨긴다.

> **기적의 TIP**
>
> 열 숨기기는 꼭 정렬을 완료한 후에 해 주세요. 그리고 다른 교재나 강의를 보셨던 수험생들 중에 숨김 열을 작업 표 우측에 배치하는 경우가 있는데 이 경우도 정렬할 때 꼭 숨겨질 데이터까지 선택한 후 정렬해 주세요.

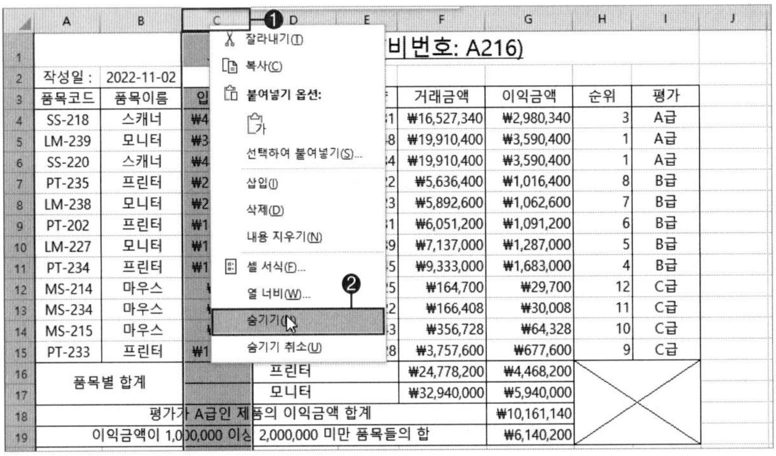

	A	B	C ❶	D	E	F	G	H	I
1						비번호: A216)			
2	작성일 :	2022-11-02							
3	품목코드	품목이름	입			거래금액	이익금액	순위	평가
4	SS-218	스캐너	₩4		1	₩16,527,340	₩2,980,340	3	A급
5	LM-239	모니터	₩3		8	₩19,910,400	₩3,590,400	1	A급
6	SS-220	스캐너	₩4		4	₩19,910,400	₩3,590,400	1	A급
7	PT-235	프린터	₩2		2	₩5,636,400	₩1,016,400	8	B급
8	LM-238	모니터	₩2		3	₩5,892,600	₩1,062,600	7	B급
9	PT-202	프린터	₩1		1	₩6,051,200	₩1,091,200	6	B급
10	LM-227	모니터	₩1		9	₩7,137,000	₩1,287,000	5	B급
11	PT-234	프린터	₩1		5	₩9,333,000	₩1,683,000	4	B급
12	MS-214	마우스			5	₩164,700	₩29,700	12	C급
13	MS-234	마우스			2	₩166,408	₩30,008	11	C급
14	MS-215	마우스			3	₩356,728	₩64,328	10	C급
15	PT-233	프린터	₩1		8	₩3,757,600	₩677,600	9	C급
16	품목별 합계			프린터		₩24,778,200	₩4,468,200		
17				모니터		₩32,940,000	₩5,940,000		
18	평가가 A급인 제품의 이익금액 합계						₩10,161,140		
19	이익금액이 1,000,000 이상 2,000,000 미만 품목들의 합						₩6,140,200		

SECTION 05

그래프 작성하기

난 이 도 (상) 중 하

반복학습 1 2 3

핵심포인트 완성된 작업 표로 그래프를 작성합니다. 그래프에 포함될 범위 선택 시 Ctrl을 이용하여 연속 선택합니다. 필드명이 병합된 작업 표에서 차트 작성이 안 되는 경우 작업 표 하단 차트가 위치할 곳에 차트 소스 데이터를 복사해 놓고 사용합니다. 시간 단축을 위해 인쇄 미리 보기를 실행하여 인쇄 영역 구분선을 활성화하는 팁도 기억합니다.

01 작업 흐름 분석하기

작업 표

거래 이익금 현황(비번호: A216)

작성일 : 2022-11-02

품목코드	품목이름	출고가	출고량	거래금액	이익금액	순위	평가
SS-218	스캐너	₩533,140	31	₩16,527,340	₩2,980,340	3	A급
LM-239	모니터	₩414,800	48	₩19,910,400	₩3,590,400	1	A급
SS-220	스캐너	₩585,600	34	₩19,910,400	₩3,590,400	1	A급
PT-235	프린터	₩256,200	22	₩5,636,400	₩1,016,400	8	B급
LM-238	모니터	₩256,200	23	₩5,892,600	₩1,062,600	7	B급
PT-202	프린터	₩195,200	31	₩6,051,200	₩1,091,200	6	B급
LM-227	모니터	₩183,000	39	₩7,137,000	₩1,287,000	5	B급
PT-234	프린터	₩207,400	45	₩9,333,000	₩1,683,000	4	B급
MS-214	마우스	₩6,588	25	₩164,700	₩29,700	12	C급
MS-234	마우스	₩7,564	22	₩166,408	₩30,008	11	C급
MS-215	마우스	₩8,296	43	₩356,728	₩64,328	10	C급
PT-233	프린터	₩134,200	28	₩3,757,600	₩677,600	9	C급
품목별 합계		프린터		₩24,778,200	₩4,468,200		
		모니터		₩32,940,000	₩5,940,000		
평가가 A급인 제품의 이익금액 합계					₩10,161,140		
이익금액이 1,000,000 이상 2,000,000 미만 품목들의 합					₩6,140,200		

작성 조건

02 그래프(GRAPH) 작성

작성한 작업 표에서 평가가 "A급"인 품목의 이익금액과 거래금액을 나타내는 그래프를 작성하시오.

1) **그래프 형태** : 이익금액(데이터 표식이 있는 꺾은 선형), 거래금액(묶은 세로 막대형, 데이터 레이블 표시)
2) **그래프 제목** : 제품별 거래금액 현황 -------- (글자크기 : 16, 제목 밑줄)
3) **X축 제목** : 품목코드(X축 항목 단위 : 해당 문자열)
4) **Y축 제목** : 금액(표시단위 : 천(레이블 표시), 최소값 : 0, 주단위 : 10,000,000, 최대값 : 30,000,000)
5) **범례** : 거래금액, 이익금액(범례 위치 : 위쪽)
6) **출력물 크기** : A4 용지 1/2장 범위 내
7) **기타** : 작성 조건에 없는 형식이나 모양은 기본 설정값에 따르며, 그래프 너비는 작업 표 너비에 맞춘다.

그래프

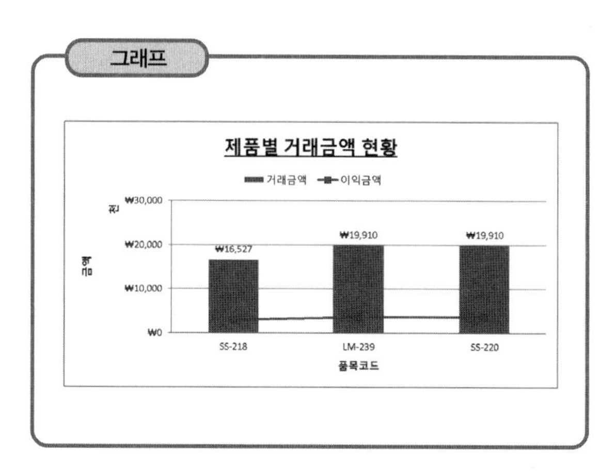

02 여백 설정하기

01 페이지 여백 설정하기

1. 요구 사항

프로그램 패키지를 지참한 경우 PC에 설치(INSTALL)한 후, 다음 작업을 수행하시오.

인쇄 출력물은 비번호, 수험번호, 성명을 기재하여 제출할 수 있도록 상단에 6cm 정도의 여백을 지정하여 출력하시오. 단, 인쇄는 작업을 완료한 후 시험 위원의 지시에 따라 수행하시오. (예 ②-015)

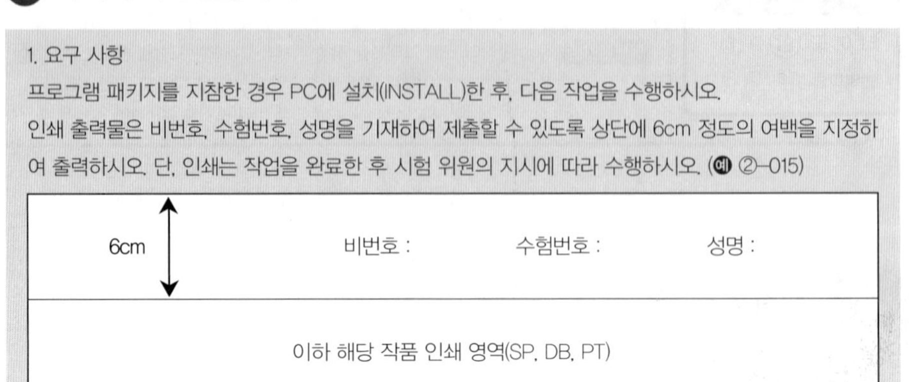

① 그래프 작성 전에 인쇄 페이지 설정을 하는 이유는 그래프를 작성한 뒤 그래프 크기와 열 폭을 설정하는 시간을 단축하기 위함이다. [파일]에서 [인쇄]를 실행한다.

해결 TIP

빠른 실행 아이콘에 [인쇄 미리 보기 및 인쇄]가 없어요.

빠른 실행 도구 옆에 아래쪽 화살표를 눌러 목록에서 [인쇄 미리 보기 및 인쇄]에 체크하시면 됩니다.

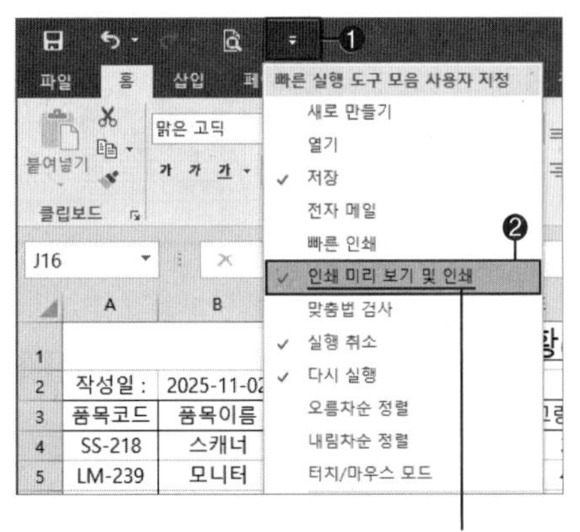

오피스 2007에서는 [인쇄 미리 보기]입니다.

② 빠른 실행 도구의 [인쇄 미리 보기 및 인쇄]를 클릭하여 페이지 설정 대화 상자를 실행한다.

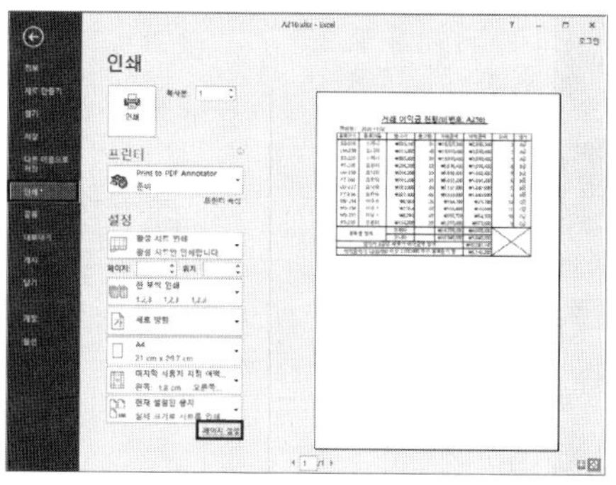

③ [페이지 설정] 대화상자–[여백] 탭에서 '위쪽'을 '6'으로 설정한 다음 하단 페이지 가운데 맞춤 '가로'에 체크하고 [확인]을 클릭한다(머리글/바닥글을 제외한 그 외 설정은 모두 1로 한다).

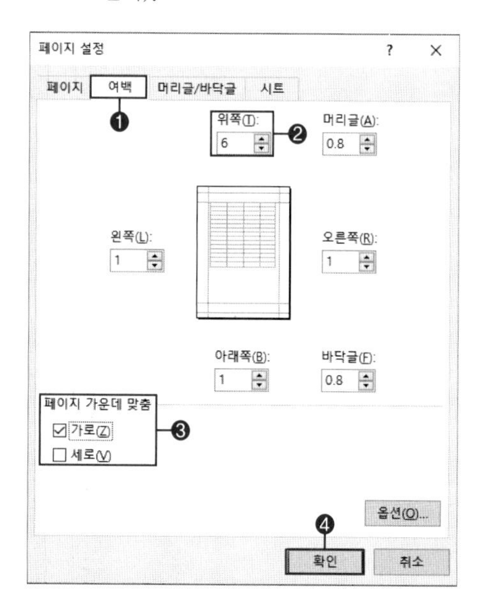

④ 만약 그림에서처럼 마지막 '평가' 열이 해당 페이지에 표시되지 못 하고 다음 페이지로 넘어가 표시되지 않을 경우 미리 보기창 우측 하단의 [여백 표시] 체크를 하면 열 폭 조절 도구가 페이지 상단에 표시된다. '순위' 열 폭 조정 버튼을 이동하여 열 폭을 조정한다.

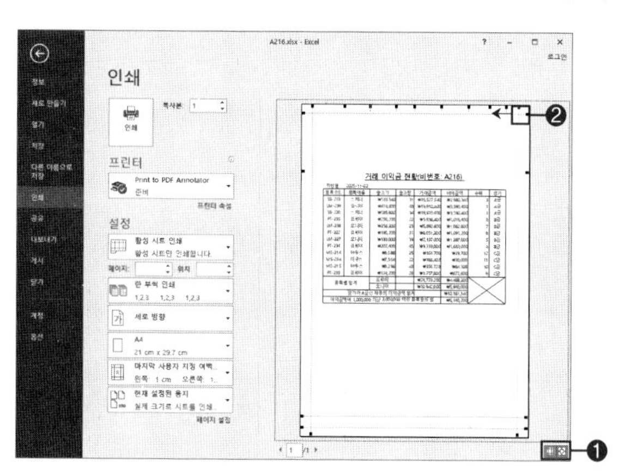

기적의 TIP

- 작업 표에 열이 너무 넓거나 행이 많을 때는 왼쪽, 오른쪽, 하단 여백을 1cm 정도로 줄여 줘도 됩니다.
- 시험에서 여백 요구사항은 상단 여백만 6cm 이상 확보하면 됩니다.

⑤ 열 폭 조정을 하여 바로 모든 작업 표 작성 내용이 표시되도록 조정하고 [홈] 탭을 클릭하여 인쇄 미리 보기를 종료한다.

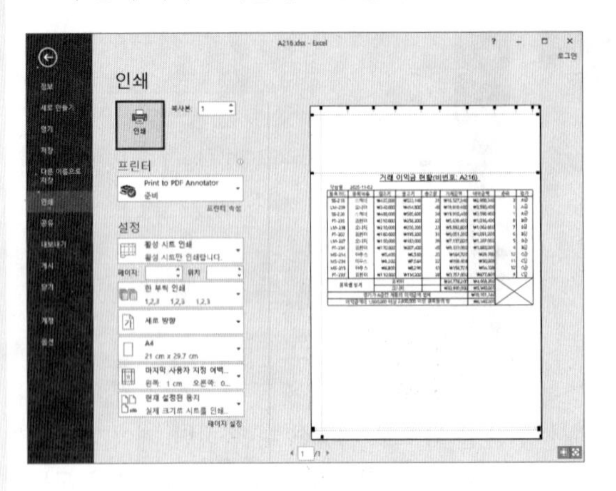

> **기적의 TIP**
>
> 인쇄 영역 선이 표시되지 않는 경우가 있습니다. 이 경우에는 [보기] 탭-[페이지 레이아웃]을 클릭했다가 다시 [기본] 보기를 클릭하면 활성화 됩니다.

⑥ [인쇄 미리 보기]를 종료하면 엑셀 시트에 인쇄 경계선이 표시된다. 이 선을 미리 표시해 놓고 그래프를 작성하면 열 폭이나 그래프 크기를 여러 번 조절해야 하는 번거로움을 줄일 수 있다.

	A	B	C	D	E	F	G	H	I
1	거래 이익금 현황(비번호: A216)								
2	작성일 :	2025-11-02							
3	품목코드	품목이름	입고가	출고가	출고량	거래금액	이익금액	순위	평가
4	SS-218	스캐너	₩437,000	₩533,140	31	₩16,527,340	₩2,980,340	3	A급
5	LM-239	모니터	₩340,000	₩414,800	48	₩19,910,400	₩3,590,400	1	A급
6	SS-220	스캐너	₩480,000	₩585,600	34	₩19,910,400	₩3,590,400	1	A급
7	PT-235	프린터	₩210,000	₩256,200	22	₩5,636,400	₩1,016,400	8	B급
8	LM-238	모니터	₩210,000	₩256,200	23	₩5,892,600	₩1,062,600	7	B급
9	PT-202	프린터	₩160,000	₩195,200	31	₩6,051,200	₩1,091,200	6	B급
10	LM-227	모니터	₩150,000	₩183,000	39	₩7,137,000	₩1,287,000	5	B급
11	PT-234	프린터	₩170,000	₩207,400	45	₩9,333,000	₩1,683,000	4	B급
12	MS-214	마우스	₩5,400	₩6,588	25	₩164,700	₩29,700	12	C급
13	MS-234	마우스	₩6,200	₩7,564	22	₩166,408	₩30,008	11	C급
14	MS-215	마우스	₩6,800	₩8,296	43	₩356,728	₩64,328	10	C급
15	PT-233	프린터	₩110,000	₩134,200	28	₩3,757,600	₩677,600	9	C급
16	품목별 합계		프린터			₩24,778,200	₩4,468,200		
17			모니터			₩32,940,000	₩5,940,000		
18	평가가 A급인 제품의 이익금액 합계						₩10,161,140		
19	이익금액이 1,000,000 이상 2,000,000 미만 품목들의 합						₩6,140,200		

03 그래프 도구를 이용하여 차트 만들기

01 그래프 범위 분석하고 만들기

작성한 작업 표에서 평가가 "A급"인 품목의 이익금액과 거래금액을 나타내는 그래프를 작성하시오.
1) 그래프 형태 : 이익금액(데이터 표식이 있는 꺾은 선형),
거래금액(묶은 세로 막대형, 데이터 레이블 표시)
2) 그래프 제목 : 제품별 거래금액 현황 – – – – – – – (글자크기 : 16, 제목 밑줄)

① 차트에 포함될 데이터는 위와 같이 두 가지 부분에서 찾아야 한다. 우선 평가가 "A급"인 품목의 이익금액, 거래금액, 거래금액의 X축 범위인 품목코드 이렇게 세 개의 열이 포함되어야 한다.

② 작업 표에서 앞에서 분석된 데이터 범위 중 품목코드 필드명과 평가가 A인 [A3:A6]를 선택하고 Ctrl을 누른 상태로 두 번째 필드인 거래금액, 이익금액 [F3:G6]까지 연속 선택한다.

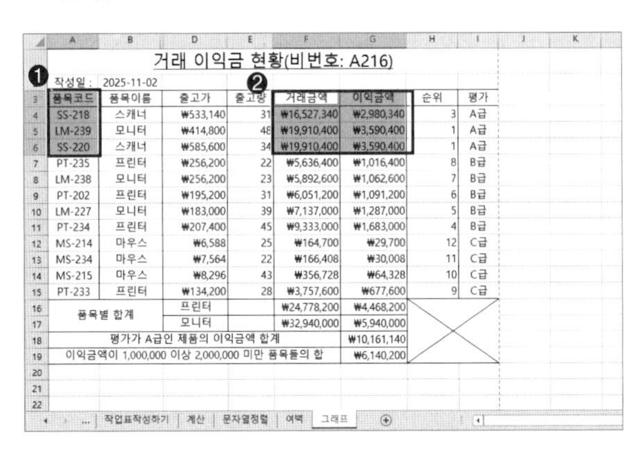

거래 이익금 현황(비번호: A216)

작성일 : 2025-11-02

품목코드	품목이름	출고가	출고량	거래금액	이익금액	순위	평가
SS-218	스캐너	₩533,140	31	₩16,527,340	₩2,980,340	3	A급
LM-239	모니터	₩414,800	48	₩19,910,400	₩3,590,400	1	A급
SS-220	스캐너	₩585,600	34	₩19,910,400	₩3,590,400	1	A급
PT-235	프린터	₩256,200	22	₩5,636,400	₩1,016,400	8	B급
LM-238	모니터	₩256,200	23	₩5,892,600	₩1,062,600	7	B급
PT-202	프린터	₩195,200	31	₩6,051,200	₩1,091,200	6	B급
LM-227	모니터	₩183,000	39	₩7,137,000	₩1,287,000	5	B급
PT-234	프린터	₩207,400	45	₩9,333,000	₩1,683,000	4	B급
MS-214	마우스	₩6,588	25	₩164,700	₩29,700	12	C급
MS-234	마우스	₩7,564	22	₩166,408	₩30,008	11	C급
MS-215	마우스	₩8,296	43	₩356,728	₩64,328	10	C급
PT-233	프린터	₩134,200	28	₩3,757,600	₩677,600	9	C급
품목별 합계		프린터		₩24,778,200	₩4,468,200		
		모니터		₩32,940,000	₩5,940,000		
평가가 A급인 제품의 이익금액 합계					₩10,161,140		
이익금액이 1,000,000 이상 2,000,000 미만 품목들의 합					₩6,140,200		

작업표작성하기 | 계산 | 문자열정렬 | 여백 | 그래프

③ 그래프를 그리기 위해 [삽입] 탭–[차트] 그룹–[세로 막대형]을 순서대로 클릭하고 [2차원 세로 막대형] 그룹에서 첫 번째 [묶은 세로 막대형]을 선택한다.

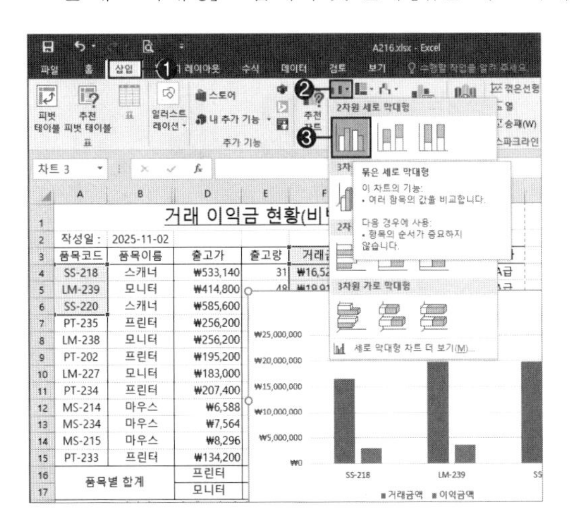

기적의 TIP

- 간혹 문제 분석 중 X축 값을 읽지 않고 넘어가게 되는 경우 차트를 제대로 만들 수 없습니다.
- 꼭 실제 데이터와 X축 값까지 문제를 읽고 데이터 범위를 선택하도록 합니다.

④ 그래프가 만들어지면 차트를 작업 표 하단으로 이동한다.

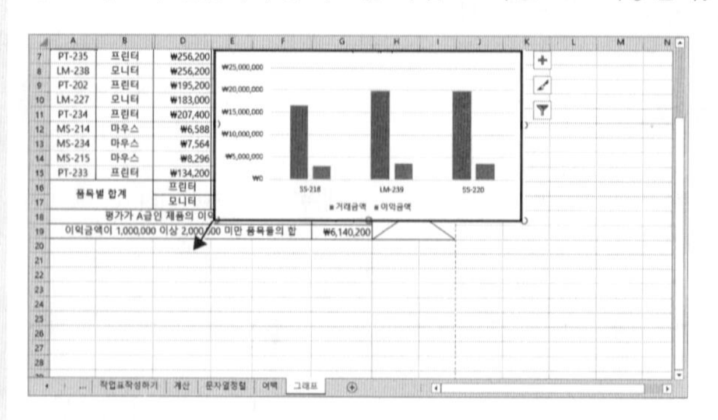

⑤ 그래프 좌측 상단 모서리를 작업 표 하단에서 1행 정도 아래쯤 배치하고, [Alt]를 누른 상태에서 우측 하단 모서리에 마우스 포인터를 위치시키고 크기 조절점을 인쇄 영역 경계선으로 끌어 크기를 조정한다.

기적의 TIP

[Alt]를 누르는 이유는 셀 경계에 차트 크기를 딱 맞게 하기 위함입니다. 인쇄 경계선까지 [Alt]와 함께 드래그한 뒤 경계선보다 조금 작게 한 번 더 줄여 주세요.

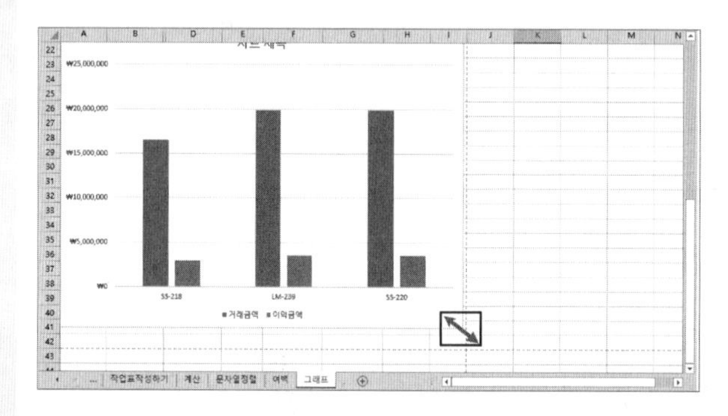

기적의 TIP

- 작업 표의 마지막 열이 항상 인쇄 경계선에 닿도록 열 폭을 조절합니다. 열 폭이 좁아서 경계에 닿지 않는 경우 인쇄 시 한쪽으로 몰려 출력될 수 있습니다.
- 그래프 크기를 인쇄 영역 경계선에 딱 맞추면 출력 시에 두 번째 페이지에 백지가 출력됩니다. 그림처럼 경계에 약간 못 미치게 크기를 조정해 두면 출력 시 두 번째 페이지가 출력되지 않습니다. 꼭 기억하세요.

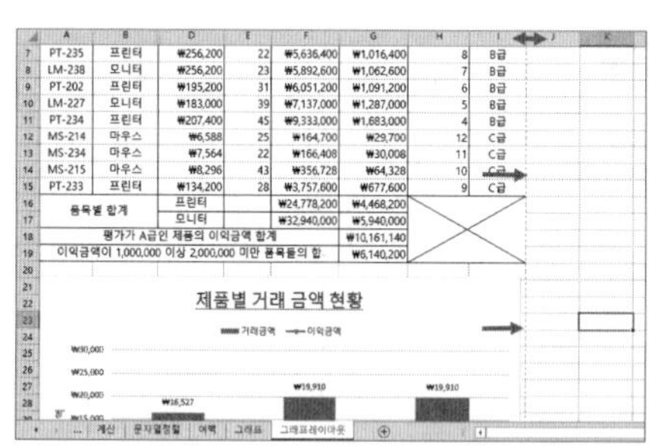

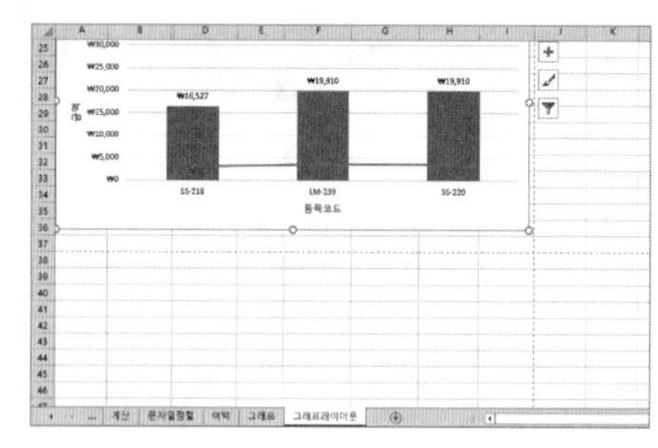

더 알기 TIP

작업 표 하단에 계산된 값과 필드가 병합된 작업 표에서 차트 범위 선택하기

예제) 자산별 감가상각 관리표에서 계산된 자산별 취득원가와 미상각액이 나타나는 그래프를 작성하시오.

| 예제소스 | 병합필드 차트만들기.xlsx

자산별 감가상각 관리

취득년도	자산명	취득원가	잔존가치	년도별감각액 2002	년도별감각액 2003	2003 충당금	미상각액
2003	사무용	₩8,000	₩800	₩0	₩3,600	₩3,600	₩4,400
2002	사무용	₩10,000	₩1,000	₩4,500	₩4,500	₩9,000	₩1,000
2002	공기구	₩15,000	₩1,500	₩2,700	₩2,700	₩5,400	₩9,600
2002	사무용	₩20,000	₩2,000	₩2,250	₩2,250	₩4,500	₩15,500
2003	공기구	₩20,000	₩2,000	₩0	₩1,800	₩1,800	₩18,200
2003	사무용	₩30,000	₩3,000	₩0	₩13,500	₩13,500	₩16,500
2002	차량	₩30,000	₩3,000	₩5,400	₩5,400	₩10,800	₩19,200
2002	차량	₩50,000	₩5,000	₩9,000	₩9,000	₩18,000	₩32,000
2003	기계	₩50,000	₩5,000	₩0	₩4,500	₩4,500	₩45,500
2003	기계	₩70,000	₩7,000	₩0	₩6,300	₩6,300	₩63,700
2002	공기구	₩80,000	₩8,000	₩9,000	₩9,000	₩18,000	₩62,000
2003	공기구	₩80,000	₩8,000	₩0	₩9,000	₩9,000	₩71,000
2002	기계	₩100,000	₩10,000	₩9,000	₩9,000	₩18,000	₩82,000
2003	차량	₩150,000	₩15,000	₩0	₩135,000	₩135,000	₩15,000
2002	건물	₩300,000	₩30,000	₩6,750	₩6,750	₩13,500	₩286,500
합계	건물	₩300,000	₩30,000	₩6,750	₩6,750	₩13,500	₩286,500
	공기구	₩230,000	₩19,500	₩11,700	₩22,500	₩34,200	₩160,800
	기계	₩220,000	₩22,000	₩9,000	₩19,800	₩28,800	₩191,200
	사무용	₩103,000	₩6,800	₩6,750	₩23,850	₩30,600	₩37,400

① 예제와 같이 차트에 포함될 데이터 통계를 하단에 계산한 경우 하단 계산 데이터를 이용하여 차트를 작성해야 합니다.

② 또한 차트에 포함되어야 할 필드명의 셀이 병합된 경우가 있는데 이 경우엔 바로 차트를 작성하면 아래와 같은 오류가 발생합니다. 해결할 수 있는 방법은 여러가지가 있지만 가장 간편한 방법은 차트에 포함될 데이터를 작업 표 하단에 복사하고 복사한 데이터를 이용하여 차트를 작성하는 것입니다.

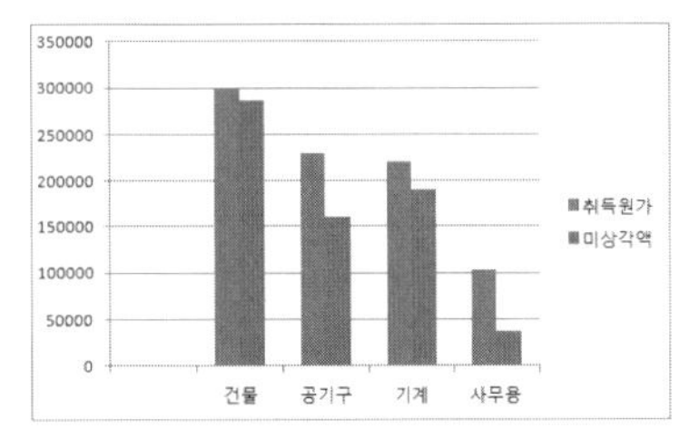

③ 또한 이외의 차트 범위선택이 어려운 경우에도 이 방법을 이용하여 차트를 작성하도록 합니다. 단, 작업 표 계산 결과를 변경하거나 할 경우 문제가 발생할 수 있으니 꼭 작업 표 계산 결과가 완벽하게 완성된 뒤에 복사하도록 합니다. 추가로 숨김 열 위치에 데이터를 복사하면 숨겨지는 열의 값이 차트에 표시되지 않으므로 이것 또한 주의해야 합니다.

④ 차트에 포함될 [B19:C22], [I19:I22] 셀을 Ctrl 을 이용하여 연속 선택하고 복사한 뒤 붙여넣기할 [F26] 셀을 선택–마우스 오른쪽 버튼–[선택하여 붙여넣기]를 선택합니다.

자산별 감가상각 관리

취득년도	자산명	취득원가	잔존가치	년도별감각액 2002	년도별감각액 2003	2003 충당금	미상각액
2003	사무용	₩8,000	₩800	₩0	₩3,600	₩3,600	₩4,400
2002	사무용	₩10,000	₩1,000	₩4,500	₩4,500	₩9,000	₩1,000
2002	공기구	₩15,000	₩1,500	₩2,700	₩2,700	₩5,400	₩9,600
2002	사무용	₩20,000	₩2,000	₩2,250	₩2,250	₩4,500	₩15,500
2003	공기구	₩20,000	₩2,000	₩0	₩1,800	₩1,800	₩18,200
2003	사무용	₩30,000	₩3,000	₩0	₩13,500	₩13,500	₩16,500
2002	차량	₩30,000	₩3,000	₩5,400	₩5,400	₩10,800	₩19,200
2002	차량	₩50,000	₩5,000	₩9,000	₩9,000	₩18,000	₩32,000
2003	기계	₩50,000	₩5,000	₩0	₩4,500	₩4,500	₩45,500
2003	기계	₩70,000	₩7,000	₩0	₩6,300	₩6,300	₩63,700
2002	공기구	₩80,000	₩8,000	₩9,000	₩9,000	₩18,000	₩62,000
2003	공기구	₩80,000	₩8,000	₩0	₩9,000	₩9,000	₩71,000
2002	기계	₩100,000	₩10,000	₩9,000	₩9,000	₩18,000	₩82,000
2003	차량	₩150,000	₩15,000	₩0	₩135,000	₩135,000	₩15,000
2002	건물	₩300,000	₩30,000	₩6,750	₩6,750	₩13,500	₩286,500
합계	건물	₩300,000	₩30,000	₩6,750	₩6,750	₩13,500	₩286,500
	공기구	₩230,000	₩19,500	₩11,700	₩22,500	₩34,200	₩160,800
	기계	₩220,000	₩22,000	₩9,000	₩19,800	₩28,800	₩191,200
	사무용	₩103,000	₩6,800	₩6,750	₩23,850	₩30,600	₩37,400

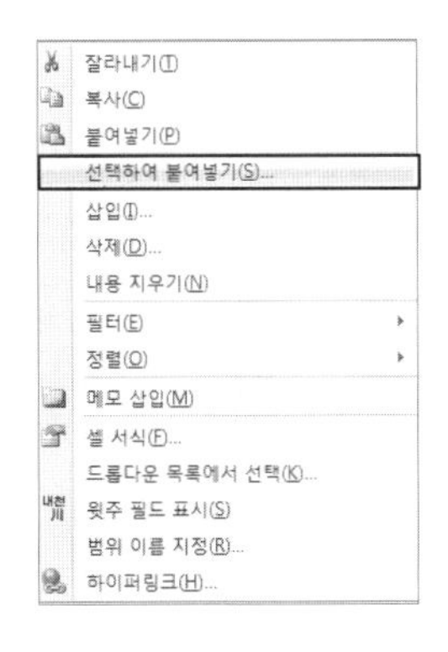

⑤ [선택하여 붙여넣기] 대화상자에서 '값 및 숫자 서식'을 선택하고 [확인]을 클릭하여 값을 붙여넣은 뒤 필드명을 직접 입력합니다(필드명을 복사하면 셀이 병합되므로 새로 입력합니다).

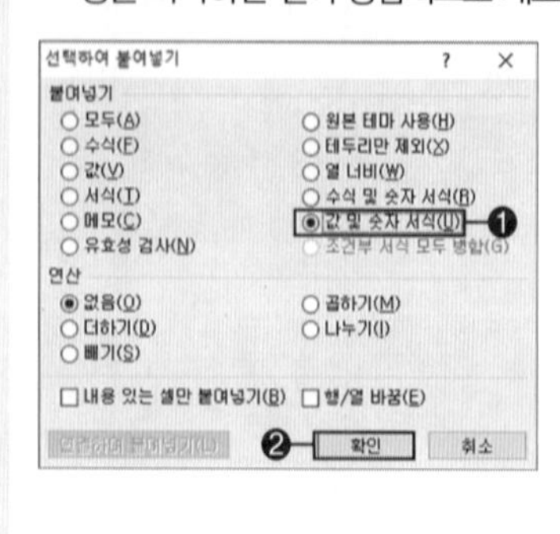

	A	B	C	E	F	G	H	I
10	2002	차량	₩30,000	₩3,000	₩5,400	₩5,400	₩10,800	₩19,200
11	2002	차량	₩50,000	₩5,000	₩9,000	₩9,000	₩18,000	₩32,000
12	2003	기계	₩50,000	₩5,000	₩0	₩4,500	₩4,500	₩45,500
13	2003	기계	₩70,000	₩7,000	₩0	₩6,300	₩6,300	₩63,700
14	2002	공기구	₩80,000	₩8,000	₩9,000	₩9,000	₩18,000	₩62,000
15	2003	공기구	₩80,000	₩8,000	₩0	₩9,000	₩9,000	₩71,000
16	2002	기계	₩100,000	₩10,000	₩9,000	₩9,000	₩18,000	₩82,000
17	2003	차량	₩150,000	₩15,000	₩0	₩135,000	₩135,000	₩15,000
18	2002	건물	₩300,000	₩30,000	₩6,750	₩6,750	₩13,500	₩286,500
19	합계	건물	₩300,000	₩30,000	₩6,750	₩6,750	₩13,500	₩286,500
20		공기구	₩230,000	₩19,500	₩11,700	₩22,500	₩34,200	₩160,800
21		기계	₩220,000	₩22,000	₩9,000	₩19,800	₩28,800	₩191,200
22		사무용	₩103,000	₩6,800	₩6,750	₩23,850	₩30,600	₩37,400
23								
24								
25					자산명	취득원가	미상각액	
26					건물	₩300,000	₩286,500	
27					공기구	₩230,000	₩160,800	
28					기계	₩220,000	₩191,200	
29					사무용	₩103,000	₩37,400	

02 그래프 레이아웃 설정하기

① 그래프 제목, X축, Y축 이름을 표시하기 위해 작업 표 하단에 배치된 차트를 선택하고 [차트 도구]–[디자인] 탭–[차트 레이아웃] 그룹–[레이아웃 9]를 선택한다.

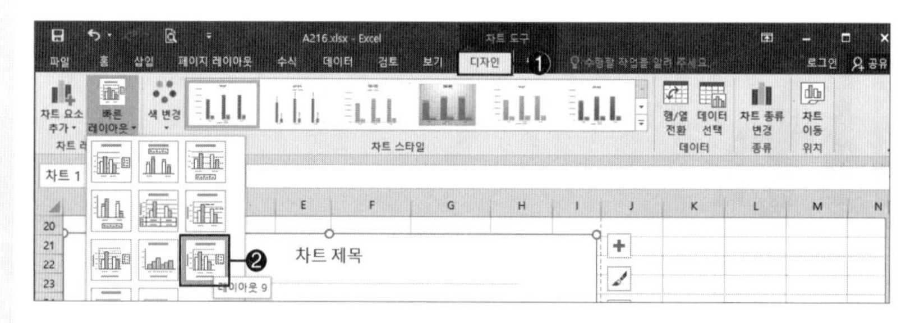

② '차트제목'을 마우스로 클릭한 뒤 '차트제목' 텍스트를 블록지정한다. 제목 「제품별 거래금액 현황」을 입력한 뒤, 입력한 제목을 블록지정하여 [홈] 탭–[글꼴] 그룹–'글꼴 크기–18', '밑줄'을 설정한다. 'Y축 : 금액', 'X축 : 품목코드'도 변경한다.

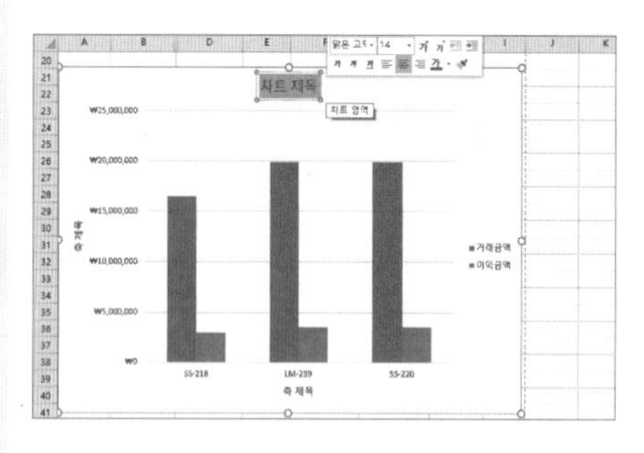

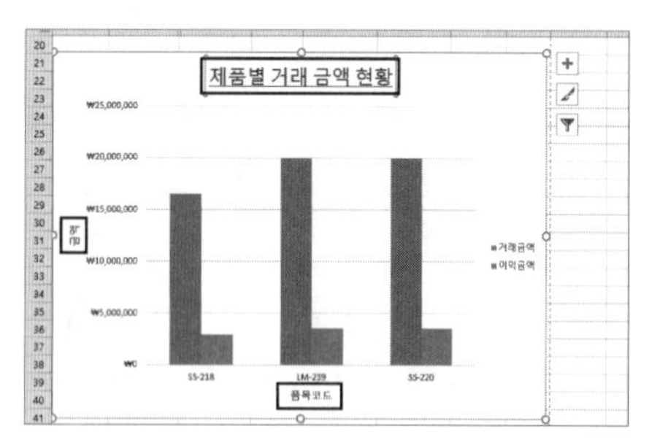

03 그래프 형태 변경 및 레이블 표시하기

> 1) **그래프 형태** : 이익금액(데이터 표식이 있는 꺾은 선형),
> 거래금액(묶은 세로 막대형, 데이터 레이블 표시)

① 이익금액 계열의 차트를 세로 막대형에서 '데이터 표식이 있는 꺾은 선형'으로 변경하기 위해 '이익금액' 계열 중 하나를 마우스로 클릭한 뒤 마우스 오른쪽 버튼을 눌러 바로가기 메뉴에서 [계열 차트 종류 변경]을 클릭한다.

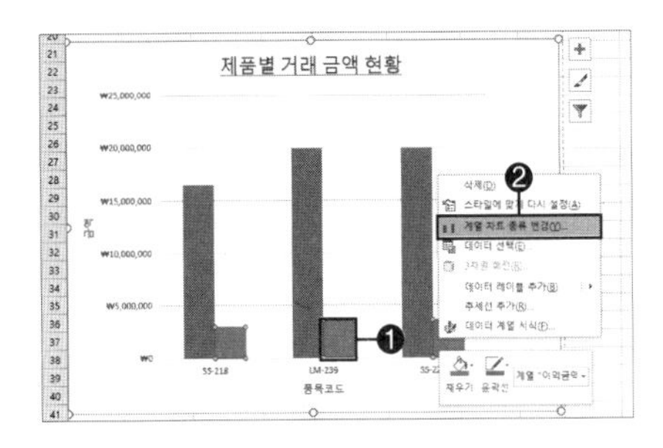

② 차트 종류 변경 대화상자에서 [꺾은 선형] 탭-[표식이 있는 꺾은 선형]을 선택하고 확인을 클릭하면 이익금액 계열의 차트가 '표식이 있는 꺾은 선형'으로 변경된 것을 확인할 수 있다.

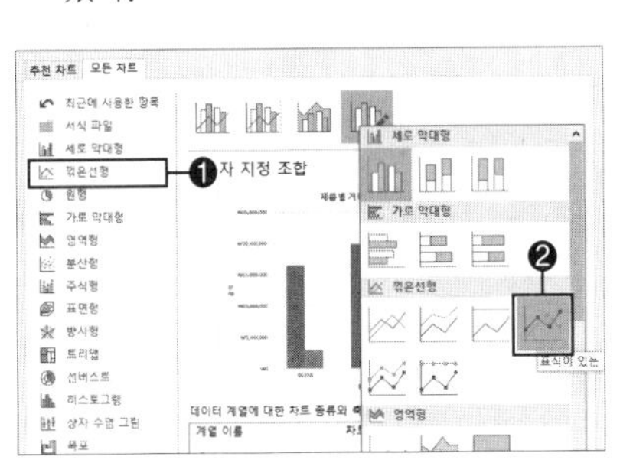

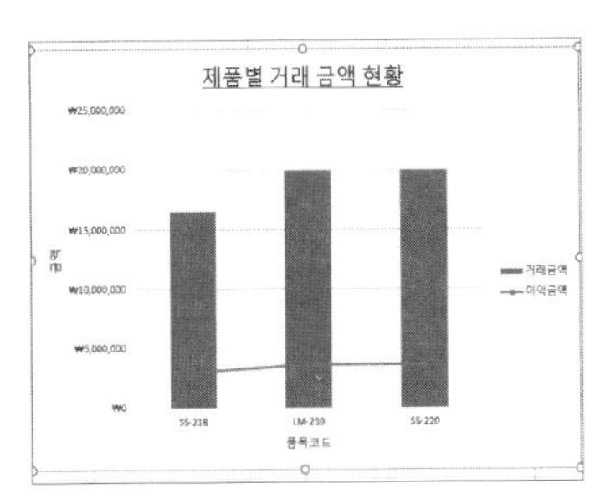

해결 TIP

그래프 계열을 선택할 때 계열이 전체 선택되지 않고 한 개만 선택되는 경우가 있습니다. 이것은 마우스로 계열을 선택할 때 두 번을 클릭하면 그럴 수 있는데, 이때는 차트 밖의 임의의 셀을 한 번 클릭한 뒤 다시 계열을 선택하면 됩니다.

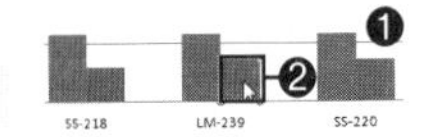

③ '거래금액' 계열에 데이터 레이블을 표시하기 위해 '거래금액' 계열 중 하나의 그래프를 선택한 뒤 마우스 오른쪽 버튼을 클릭하여 바로가기 메뉴에서 [데이터 레이블 추가]를 선택하면 데이터 레이블이 표시된다.

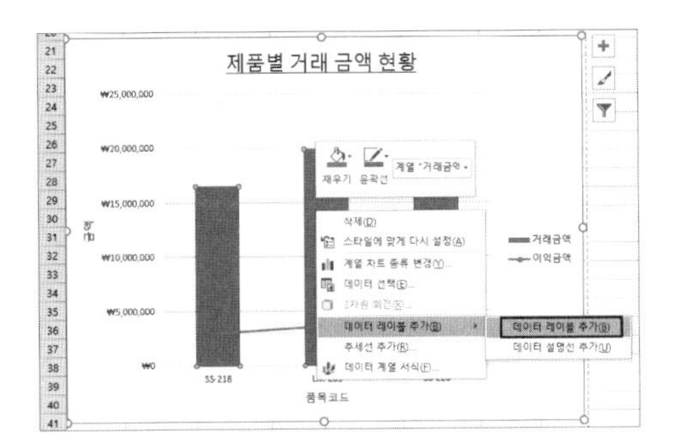

더 알기 TIP

❶ 데이터 레이블 삭제하기

데이터 레이블을 마우스로 클릭하고 Delete를 눌러 삭제하면 됩니다.

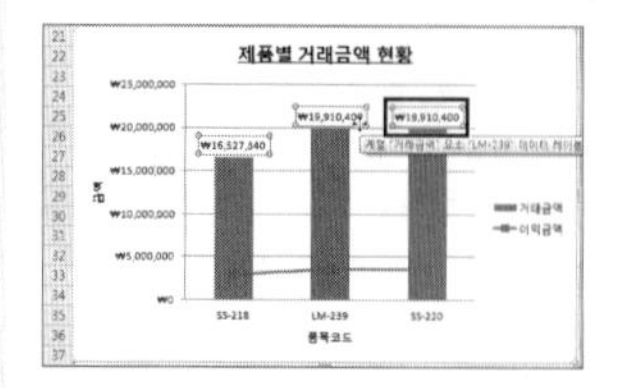

❷ 하나의 그래프에만 레이블 표시하기

거래금액 계열 그래프 중 최소값인 'SS-218'에만 레이블을 표시할 수 있습니다. 거래금액 계열 최소값 'SS-218' 그래프를 마우스로 선택한 뒤 1초 뒤 다시 한 번 'SS-218' 그래프를 선택하면 한 개의 그래프만 선택됩니다. 이 상태에서 마우스 오른쪽 버튼을 클릭하여 [데이터 레이블 추가]를 선택하면 됩니다.

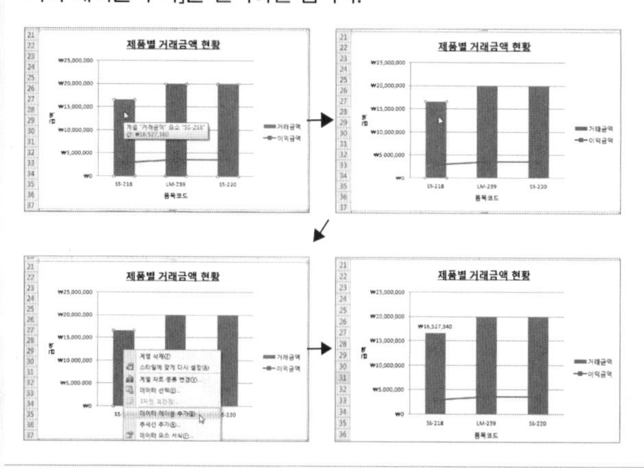

04 Y축 서식 변경하기

4) Y축 제목 : 금액

(표시 단위 : 천(레이블 표시), 최소값 : 0, 주단위 : 10,000,000, 최대값 : 30,000,000)

① Y축 서식을 변경하기 위해 Y축 선을 선택하고 마우스 오른쪽 버튼을 클릭하여 바로가기 메뉴에서 [축 서식]을 클릭한다.

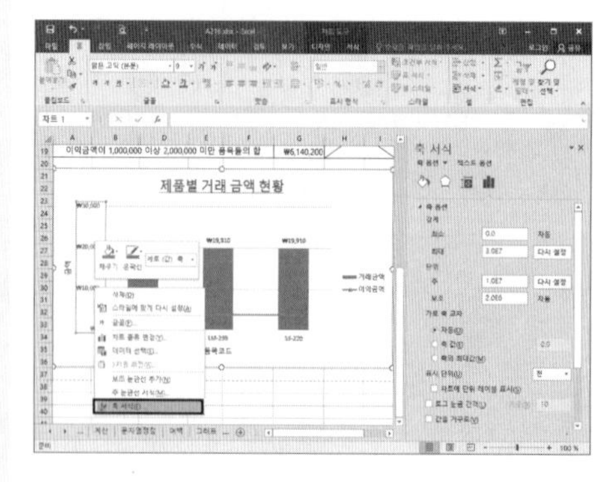

② [축 옵션] 탭에서 최대값, 주 단위를 '자동'에서 '고정'으로 변경하고 단위를 직접 '최대값 : 30,000,000', '주 단위 : 10,000,000'으로 입력한다. 다음으로 '표시 단위'를 천으로 설정하고 [닫기]를 클릭한다.

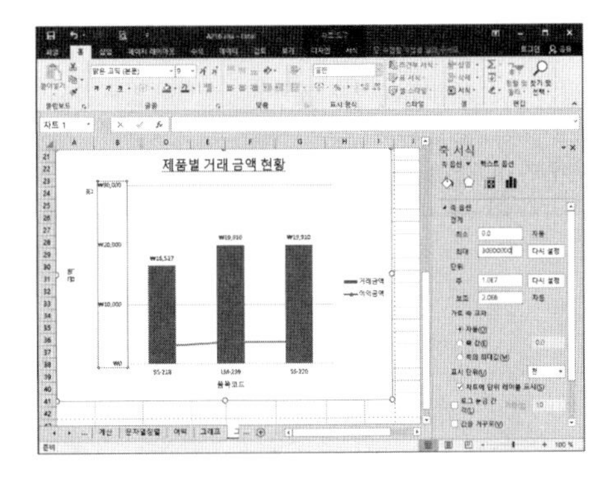

05 범례 위치 변경하기

5) **범례** : 거래금액, 이익금액(범례 위치 : 위쪽)

범례 위치를 변경하기 위해 차트의 범례를 선택하고 마우스 오른쪽 버튼을 클릭하여 바로가기 메뉴에서 [범례 서식]–[범례 서식] 탭에서 '범례 위치'를 '위쪽'으로 선택하고 [닫기]를 클릭한다.

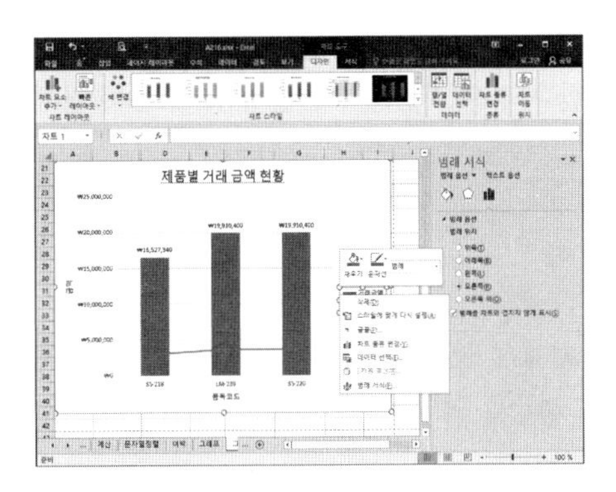

더 알기 TIP

2중축 혼합형 차트 만들기

2중축 혼합형 차트는 왼쪽 세로축은 막대형 값을, 좌측 세로축은 꺾은 선형 값을 표시하는 형태로 세로축이 2개로 구성된 그래프입니다.

① 그래프의 임의 계열 선택 – 마우스 우클릭–[계열 차트 종류 변경]을 클릭합니다.

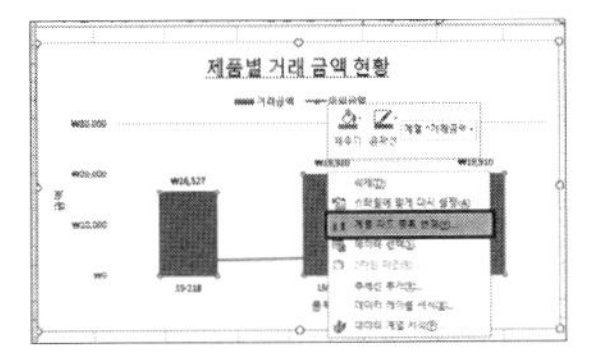

② [차트 종류 변경] 대화상자에서 보조 축으로 설정할 계열 이름에 [보조 축]을 체크합니다.

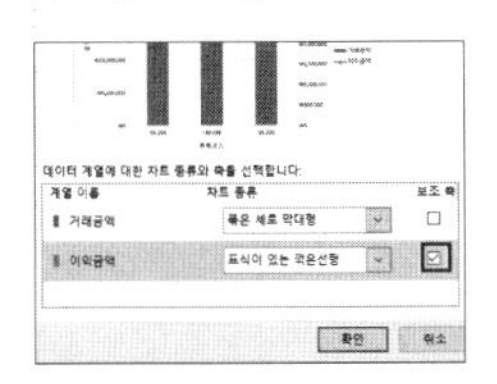

SECTION

06

출력하기

난 이 도 (상) 중 하

반복학습 1 2 3

핵심포인트 실기 시험의 채점은 출력된 답안지로 합니다. 즉, 출력을 못 하면 채점대상이 되지 못합니다. 정확한 값을 종이에 출력하는 것이 우선이라는 것을 잊지 말고 꼭 출력 연습을 하세요. 출력 방식은 아주 다양합니다. 본서에서 소개하는 방법은 시험 시간을 단축하고자 고안된 방식이므로 본인이 이미 알고 있는 방법으로 출력해도 됩니다.

01 인쇄 절차상 주의할 점

01 출력 방법

출력에 관한 방법은 다양하다. 본서에서 소개하는 작업 표 완성 후 그래프 그리기 전에 설정하는 방법, 인쇄영역을 지정하여 출력하는 방법, 페이지 설정 대화상자에서 자동맞춤을 사용하는 방법 등 다양하다. 본인이 익숙한 방법이 있다면 본인 방식대로 출력해도 된다.

02 출력 좌석

인쇄는 엑셀, 액세스, 파워포인트 작업을 시험시간 2시간 동안 완료한 뒤 별도의 출력 좌석이나 본인 좌석에서 출력한다. 출력 좌석에 관한 사항은 시험장마다 상이하므로 시험장에 입실하여 지시에 따르면 된다.

03 답안 전송

최근에는 USB로 답안을 제출하지 않고 본인 좌석에서 엑셀, 액세스, 파워포인트 답안 파일을 수험관리 프로그램을 통해 답안을 전송할 수 있도록 변경되었다. 작업이 완료되면 감독위원에게 작업 완료를 알려 답안을 전송하고 출력하도록 한다.

04 출력 시 주의사항

출력 기회는 1회에 한해 제공된다. 즉, 1회에 제대로 출력하지 못하면 그것으로 끝이다. 완벽하게 작업을 완료했더라도 출력을 못 하면 채점대상에서 제외되니 꼭 출력연습을 제대로 하도록 한다. 또한 출력 좌석이나 감독위원 입회하에 본인 좌석에서 출력 시에는 인쇄 미리보기와 페이지 설정 외에 다른 수정작업은 할 수 없다. 꼭 본인 좌석에서 페이지 설정 등의 모든 설정을 완료하고 출력해야 한다.

02 인쇄 미리 보기로 확인하고 페이지 설정하기

① 빠른 실행 도구에서 [인쇄 미리 보기 및 인쇄]를 클릭하고 작업 표와 차트가 모두 표시되는지 확인한다.

② 만약 여백을 조정할 필요가 있을 경우 [페이지 설정]을 클릭하여 여백을 설정한 후 [확인]을 클릭하여 적용한다.

> **기적의 TIP**
> 시험장에서도 데이터 수정 등의 작업은 불가하지만 인쇄 시 여백 설정 등은 작업할 수 있습니다.

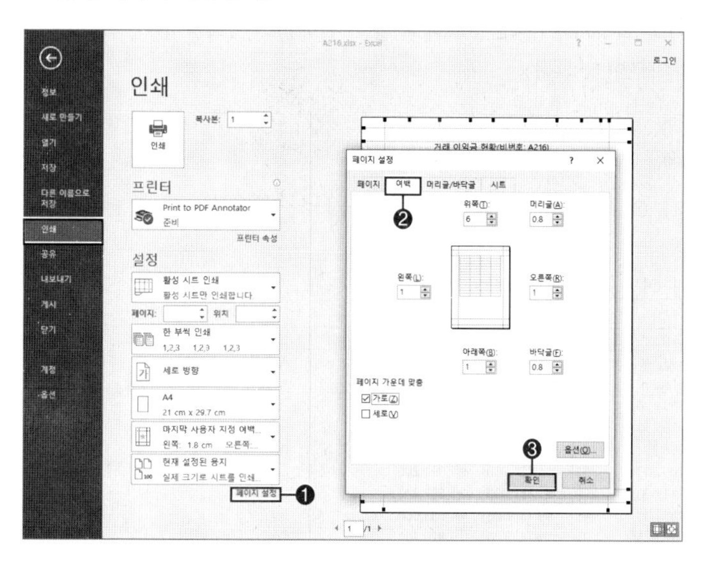

> **기적의 TIP**
> 본서에서는 작업 표 완료 후 그래프 작성 전에 페이지 설정을 완료하여 페이지를 맞춰 놓기 때문에 이 단계에서 오류가 나는 경우는 극히 적습니다. 하지만 꼭 미리 보기 상태에서 마지막 열이 출력되는지, 차트가 잘리지는 않는지 확인하고 여백을 설정합니다.

③ 인쇄 미리 보기에 문제가 없으면 [인쇄]를 클릭하여 작업물을 인쇄한다.

④ [홈] 탭을 클릭하면 편집 시트로 되돌아간다.

> **기적의 TIP**
> - 출력 방식은 다양합니다. 기존에 자신이 사용했던 방식이 있다면 그대로 하시면 됩니다.
> - 예를 들면 페이지가 넘어갈 때 확대/축소 배율을 변경하거나, 자동맞춤을 이용하거나, 인쇄 영역을 설정해 출력할 수 있습니다.

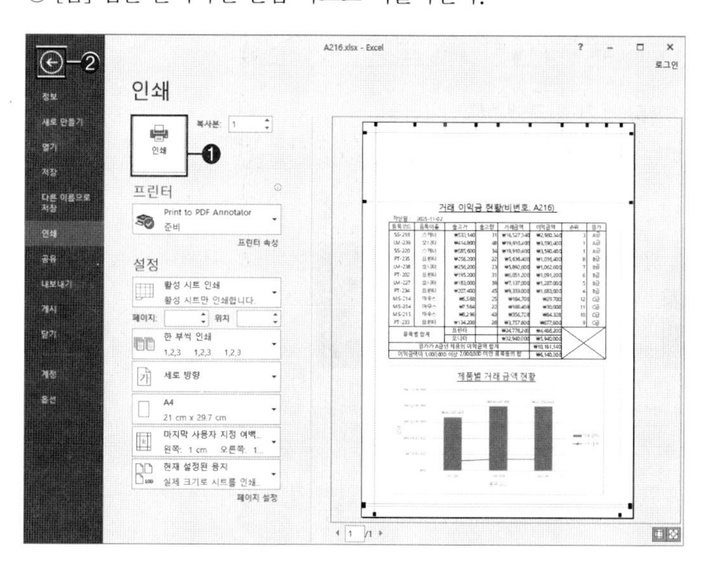

> **해결 TIP**
> 작업 표 완성 후에 페이지 설정을 완료했는데 인쇄 미리 보기에서 숫자값들이 '#####'으로 표시되는 경우가 있습니다. 작업 표는 정상인데 인쇄 미리 보기에서 '#####' 오류가 표시되는 것은 시스템 글꼴 문제입니다. 이 경우 출력물도 같이 '#####' 표시되므로 주의해야 합니다. 해결방법은 좌우여백을 줄이고 해당 열 폭을 늘려서 미리보기 상태에서 '#####'이 표시되지 않도록 해야 합니다.

03 머리글, 바닥글에 비번호, 수험번호, 페이지 번호 작성하기

시험장마다 비번호/수험번호/페이지 번호 작성방법에 차이가 있다. [머리글 편집]/[바닥글 편집] 시 작업하는 내용 중 일부는 수기 작성을 요구하기도 한다.

① 머리글 편집 : [페이지 설정]-[머리글/바닥글] 탭-[머리글 편집]-[머리글] 대화상자의 오른쪽 구역에 요구된 정보 입력를 입력한다.

② 바닥글 편집 : [바닥글] 대화상자 가운데 구역에 4-1을 입력한다. (엑셀 4-1, 액세스 폼 4-2, 보고서 4-3, 파워포인트 4-4)

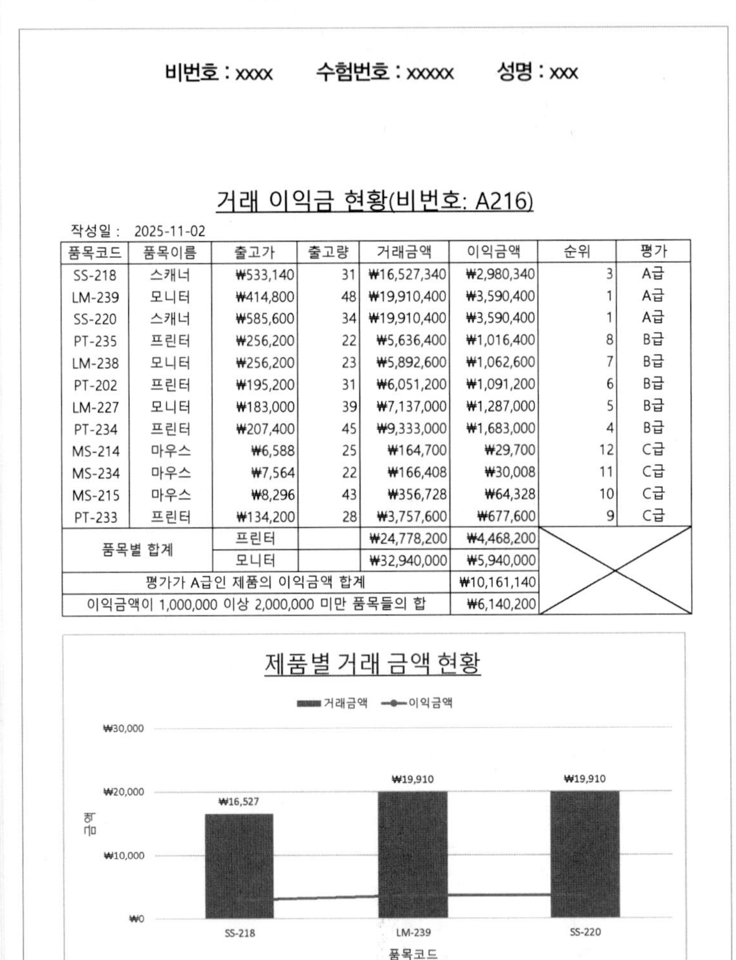

비번호 : xxxx 수험번호 : xxxxx 성명 : xxx

거래 이익금 현황(비번호: A216)

작성일 : 2025-11-02

품목코드	품목이름	출고가	출고량	거래금액	이익금액	순위	평가
SS-218	스캐너	₩533,140	31	₩16,527,340	₩2,980,340	3	A급
LM-239	모니터	₩414,800	48	₩19,910,400	₩3,590,400	1	A급
SS-220	스캐너	₩585,600	34	₩19,910,400	₩3,590,400	1	A급
PT-235	프린터	₩256,200	22	₩5,636,400	₩1,016,400	8	B급
LM-238	모니터	₩256,200	23	₩5,892,600	₩1,062,600	7	B급
PT-202	프린터	₩195,200	31	₩6,051,200	₩1,091,200	6	B급
LM-227	모니터	₩183,000	39	₩7,137,000	₩1,287,000	5	B급
PT-234	프린터	₩207,400	45	₩9,333,000	₩1,683,000	4	B급
MS-214	마우스	₩6,588	25	₩164,700	₩29,700	12	C급
MS-234	마우스	₩7,564	22	₩166,408	₩30,008	11	C급
MS-215	마우스	₩8,296	43	₩356,728	₩64,328	10	C급
PT-233	프린터	₩134,200	28	₩3,757,600	₩677,600	9	C급
품목별 합계		프린터		₩24,778,200	₩4,468,200		
		모니터		₩32,940,000	₩5,940,000		
평가가 A급인 제품의 이익금액 합계					₩10,161,140		
이익금액이 1,000,000 이상 2,000,000 미만 품목들의 합					₩6,140,200		

SECTION 07

Excel 따라 하기

난 이 도 (상) 중 하
반복학습 1 2 3

핵심포인트 사무자동화산업기사 실기 시험은 총 6개의 공개문제를 기준으로 출제됩니다. 즉, 6개의 문제만 제대로 풀면 합격할 수 있는 시험입니다. 본 문제는 2018년 공개된 공개문제 중 대표적인 문제로, 2023년부터 적용되는 공개문제에서는 제외되었지만 직접 따라하면서 전체적인 시험의 흐름을 살펴볼 수 있는 문제입니다.

엑셀 작업 표 계산(SP) 작업

01 작업 표(WORK SHEET) 작성

1. 자료(DATA)

근무현황

	A	B	C	D
3	성명	부서코드	출근시간	퇴근시간
4	공병호	B-2	9:25	18:20
5	김병선	B-3	13:29	17:30
6	김지명	B-3	14:10	21:00
7	김진혁	C-2	8:25	12:20
8	김차일	B-2	16:25	23:35
9	박두일	C-1	9:37	14:20
10	박일호	A-2	17:35	21:40
11	손병준	A-1	8:16	16:08
12	신혁진	A-3	17:28	23:40
13	이우선	A-2	16:20	20:06
14	문희권	C-1	8:50	16:20
15	이강복	C-2	8:20	17:20
16	반준규	B-3	9:05	16:40
17	남영문	A-2	8:45	16:20
18	정상희	B-2	8:55	17:10
19	김미선	B-1	9:20	16:35
20	김윤식	A-2	13:10	20:20
21	조형래	A-3	13:20	20:10
22	안성기	A-2	13:40	20:20
23	주진모	B-2	13:15	20:50

※ 자료(DATA) 부분에서 음영 처리 표시된 부분은 행/열의 기준을 나타내며 이는 작성(입력)하지 않음을 반드시 유의하시오.

기적의 TIP

시험지는 종이로 배부되며 제시된 입력 자료는 수험생이 직접 타이핑하여 입력해야 합니다. 혼자서 45분 안에 시험을 마칠 수 있도록 연습하도록 합니다.

2. 작업 표 형식

아르바이트 급여 현황

	A	B	C	D	E	F	G	H	I
2	성명	부서코드	근무부서	출근시간	퇴근시간	근무시간	당일금액	식대	지급액
3 ~ 23			❶			❷	❸	❹	❺
24	부서별 합계			시설과			❻		
25				관리과			❼		
26				재무과			❽		
27	부서코드에 "1" 또는 "3"을 포함한 합계						❾		
28	지급액이 20000 이상 40000 미만인 사람들의 합								❿
29	⓫								
30	⓬								

※ 음영 처리 표시된 부분은 작성하지 않습니다.

3. 작성 조건

가) 작성 시 유의 사항

Ⓐ 작업 표의 작성은 "나)~라)"항에 제시된 내용을 따르고 반드시 제시된 조건(함수 적용, 단서 조항 등)에 따라 처리하시오.

Ⓑ 제시된 작성 조건을 따르지 아니하고 여타의 방법 일체(제시된 함수 이외 다른 함수 적용, 함수 미적용, 별도 전자계산기 사용 등)를 사용하여 도출된 결과는 그 답이 맞더라도 정답으로 인정되지 않음을 반드시 유의하시오.

나) 작업 표의 구성 및 서식

Ⓐ "작업 표 형식"에서 행과 열에 관계된 음영 처리 표시된 부분은 작성하지 않음을 유의하고 반드시 제시된 행/열에 맞추도록 하시오.

Ⓑ 제목 서식 : 16포인트 크기로 하시오.

Ⓒ 글꼴 서체 : 임의 선정하시오.

다) 원문자가 표시된 셀은 아래의 방법을 이용하여 처리하시오.

❶ 근무부서 : 부서코드의 첫 글자가 "A"이면 재무과, "B"이면 관리과, "C"이면 시설과로 나타나게 하시오.

❷ 근무시간 : 퇴근시간 – 출근시간

❸ 당일금액 : 근무시간을 기준으로 1시간당 4,800원, 1분당 80원으로 계산하시오.

❹ 식대 : 근무시간이 6시간이 이상이면 10,000원, 6시간 미만이면 2,000원으로 계산하시오.

❺ 지급액 : 당일금액 + 식대

❻ 시설과의 당일금액과 식대, 지급액의 합을 각각 산출하시오.

❼ 관리과의 당일금액과 식대, 지급액의 합을 각각 산출하시오.

❽ 재무과의 당일금액과 식대, 지급액의 합을 각각 산출하시오.

❾ 부서코드에 "1" 또는 "3"을 포함한 아르바이트생의 당일금액과 식대, 지급액의 각 합계액을 계산하시오(단, SUMPRODUCT, ISNUMBER, FIND 함수를 모두 사용한 수식을 작성하시오.).

❿ 지급액이 20000 이상 40000 미만인 사람들의 합

⓫ 작성 조건 ❻의 지급액 합계에 사용된 수식을 기재하시오.

⓬ 작성 조건 ❾에 사용된 수식을 기재하시오.

- 단, 지급액 합계 기준으로
- 수식에 SUMPRODUCT, ISNUMBER, FIND 함수 반드시 포함

※ 함수식을 기재하는 셀과 연관된 지정함수조건(함수지정)이 있을 경우 제시된 함수만을 사용해 함수식을 구성 및 작업하여야 하며, 작성 조건을 위배하여 임의로 작성할 시 해당 답이 맞더라도 틀린 항목으로 채점됨을 유의하시오. 만약, 구체적인 함수가 제시되지 않을 경우 수험자가 스스로 적합한 함수를 선정하여 작업하시오.

※ 또한 함수식을 작성할 때는 "라) 작업 표의 정렬 순서(SORT)"에 따라 조건에 맞게 정렬 후 도출된 결과에 의한 함수식을 기재하시오.

라) 작업 표의 정렬 순서(SORT)는 부서코드의 오름차순으로 하고, 부서코드가 같으면 지급액의 내림차순으로 한다.

마) 기타

(1) 금액에 대한 수치는 원화(₩) 표시를 하고 천 단위마다 ','(Comma)를 표시하시오. (단, 금액 이외의 수치는 ','(Comma)를 표시하지 않도록 하시오.)

(2) 모든 수치(숫자, 통화, 회계, 백분율 등)는 셀 서식의 속성을 설정하는 과정에서 소수 자릿수를 "0"으로 지정하여 정수로 표시되도록 하시오.

(3) 음수는 "-"가 표시되도록 하시오.

(4) 숫자 셀은 우측을 수직으로 맞추고, 문자 셀은 수평 중앙으로 맞추며 이외 사항은 작업 표 형식에 따르도록 하시오. 특히, 단서 조항이 있을 경우는 단서 조항을 우선으로 하고, 인쇄 출력 시 판독 불가능이 발생되지 않도록 인쇄 미리 보기 등을 통하여 셀의 크기를 적당히 조정하시오.

02 그래프(GRAPH) 작성

작성한 "아르바이트 급여 현황"에서 부서별로 당일금액과 지급액을 나타내는 그래프를 작성하시오.

[작성 조건]

1) 그래프 형태 : 혼합형 단일축 그래프
   지급액(묶은 세로 막대형), 당일금액(데이터 표식이 있는 꺾은 선형)
   (단, 지급액과 당일금액 모두 데이터 레이블의 값이 표시되도록 하시오.)
2) 그래프 제목 : 부서별 지급 현황 --- (확대 출력, 제목에 밑줄)
3) X축 제목 : 근무부서
4) Y축 제목 : 금액
5) X축 항목 단위 : 해당 문자열
6) Y축 눈금 단위 : 최소 - 0, 최대 - 400,000, 주 단위 - 50,000
7) 범례 : 지급액, 당일금액
8) 출력물 크기 : A4 용지 1/2장 범위 내
9) 기타 : 작성 조건에 없는 형식이나 모양은 기본 설정값에 따르며, 그래프 너비는 작업 표에 맞추도록 하시오.

※ 그래프는 반드시 작성된 작업 표와 연동하여 작업하여야 하며, 그래프의 영역(범위) 설정 오류로 인한 불이익은 전적으로 수험자 본인에게 있습니다.

풀이 결과 표 계산 실무(SP) 작업 정답

01 작업 표(WORK SHEET) 작성

아르바이트 급여 현황

성명	부서코드	근무부서	출근시간	퇴근시간	근무시간	당일금액	식대	지급액
손병준	A-1	재무과	8:16	16:08	7:52	₩37,760	₩10,000	₩47,760
남영문	A-2	재무과	8:45	16:20	7:35	₩36,400	₩10,000	₩46,400
김윤식	A-2	재무과	13:10	20:20	7:10	₩34,400	₩10,000	₩44,400
안성기	A-2	재무과	13:40	20:20	6:40	₩32,000	₩10,000	₩42,000
박일호	A-2	재무과	17:35	21:40	4:05	₩19,600	₩2,000	₩21,600
이우선	A-2	재무과	16:20	20:06	3:46	₩18,080	₩2,000	₩20,080
조형래	A-3	재무과	13:20	20:10	6:50	₩32,800	₩10,000	₩42,800
신혁진	A-3	재무과	17:28	23:40	6:12	₩29,760	₩10,000	₩39,760
김미선	B-1	관리과	9:20	16:35	7:15	₩34,800	₩10,000	₩44,800
공병호	B-2	관리과	9:25	18:20	8:55	₩42,800	₩10,000	₩52,800
정상희	B-2	관리과	8:55	17:10	8:15	₩39,600	₩10,000	₩49,600
주진모	B-2	관리과	13:15	20:50	7:35	₩36,400	₩10,000	₩46,400
김차일	B-2	관리과	16:25	23:35	7:10	₩34,400	₩10,000	₩44,400
반준규	B-3	관리과	9:05	16:40	7:35	₩36,400	₩10,000	₩46,400
김지명	B-3	관리과	14:10	21:00	6:50	₩32,800	₩10,000	₩42,800
김병선	B-3	관리과	13:29	17:30	4:01	₩19,280	₩2,000	₩21,280
문희권	C-1	시설과	8:50	16:20	7:30	₩36,000	₩10,000	₩46,000
박두일	C-1	시설과	9:37	14:20	4:43	₩22,640	₩2,000	₩24,640
이강복	C-2	시설과	8:20	17:20	9:00	₩43,200	₩10,000	₩53,200
김진혁	C-2	시설과	8:25	12:20	3:55	₩18,800	₩2,000	₩20,800
부서별 합계			시설과			₩120,640	₩24,000	₩144,640
			관리과			₩276,480	₩72,000	₩348,480
			재무과			₩240,800	₩64,000	₩304,800
부서코드에 "1" 또는 "3"을 포함한 합계						₩486,880	₩118,000	₩604,880
지급액이 20000 이상 40000 미만인 사람들의 합								₩148,160
=SUMIF($C$4:$C$23,$D$24,I4:I23)								
=SUMPRODUCT(ISNUMBER(FIND("1",$B$4:$B$23))+ISNUMBER(FIND("2",$B$4:$B$23)),I4:I23)								

02 그래프(GRAPH) 작성

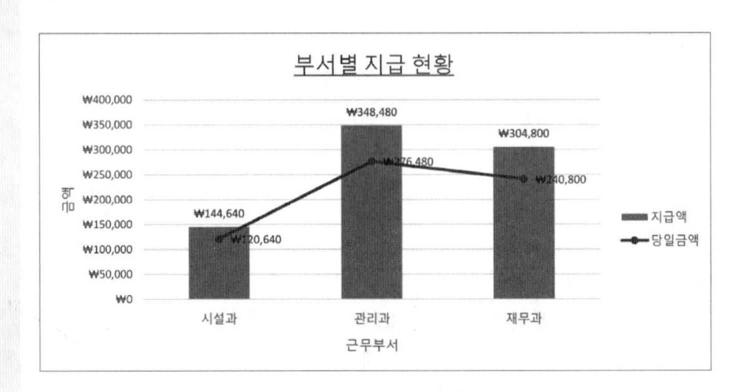

풀이 방법 **표 계산(SP) 작업 풀이**

01 엑셀 시작

① 작업표시줄의 [시작(■)]–[Excel]을 클릭하거나 바탕화면에서 엑셀 아이콘을 더블 클릭하여 엑셀 프로그램을 실행시킨다.

② 빠른 실행 도구 모음의 저장하기(■)를 클릭하여 바탕화면에 본인 비번호로 폴더를 만들고(본서에서는 임의로 비번호를 A000으로 정함), 해당 폴더 안에 비번호와 같은 이름으로 엑셀 파일을 저장한다.

02 자료(DATA)를 이용하여 작업 표 형식에 맞게 입력하기

사무자동화산업기사는 실무에 바로 적용할 수 있는 능력을 테스트하는 시험이다. 제시된 1. 자료(DATA), 2. 작업 표 형식, 3. 작성 조건이 문제를 해결하는 순서대로 제시된 것이 아니라 종합적으로 분석하고 그 조건에 맞게 알맞은 결과를 도출해야 한다. 그러므로 우선 1. 자료(DATA)를 참고하여 기본 데이터를 입력하고 2. 작업 표 형식에 제시된 형식으로 가공하며 진행해야 한다.

① '1. 자료(DATA)'를 참고하여 그림과 같이 열 이름을 입력한 뒤 '2. 작업 표 형식'과 '3. 작성 조건'의 첫 번째 조건을 참고하여 열 이름을 모두 입력한다.

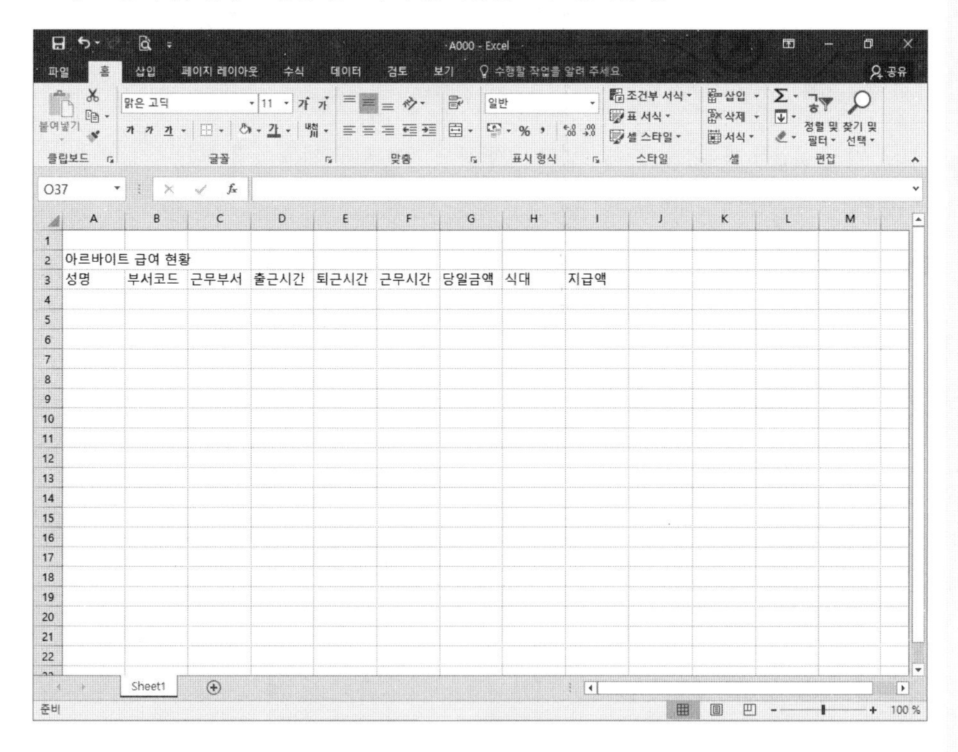

② '1. 자료(DATA)'를 참고하여 해당 열에 나머지 값을 입력한다.

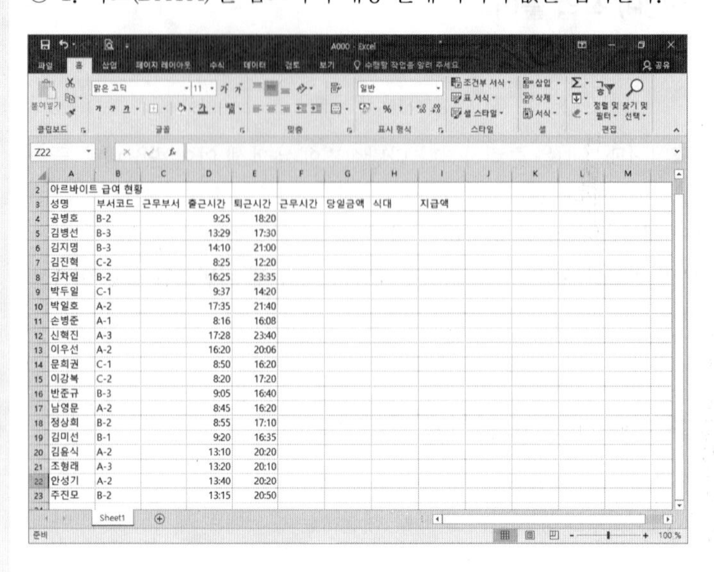

아르바이트 급여 현황

성명	부서코드	근무부서	출근시간	퇴근시간	근무시간	당일금액	식대	지급액
공병호	B-2		9:25	18:20				
김병선	B-3		13:29	17:30				
김지명	B-3		14:10	21:00				
김진혁	C-2		8:25	12:20				
김차일	B-2		16:25	23:35				
박두일	C-1		9:37	14:20				
박일호	A-2		17:35	21:40				
손병준	A-1		8:16	16:08				
신혁진	A-3		17:28	23:40				
이우선	A-2		16:20	20:06				
문희권	C-1		8:50	16:20				
이강복	C-2		8:20	17:20				
반준규	B-3		9:05	16:40				
남영문	A-2		8:45	16:20				
정상희	B-2		8:55	17:10				
김미선	B-1		9:20	16:35				
김윤식	A-2		13:10	20:20				
조형래	A-3		13:20	20:10				
안성기	A-2		13:40	20:20				
주진모	B-2		13:15	20:50				

03 제목 작성 조건 해결하기

제시된 '3. 작성 조건'의 나) 작업 표의 구성 및 서식에서 명시하는 제목을 처리하는 부분이다.

> Ⓑ **제목 서식** : 16포인트 크기로 하시오.
>
> Ⓒ **글꼴 서체** : 임의 선정하시오.

① [A2:I2] 범위를 마우스로 드래그하고 [병합하고 가운데 맞춤]을 클릭한다.
② 글꼴 크기를 16으로 변경한다.

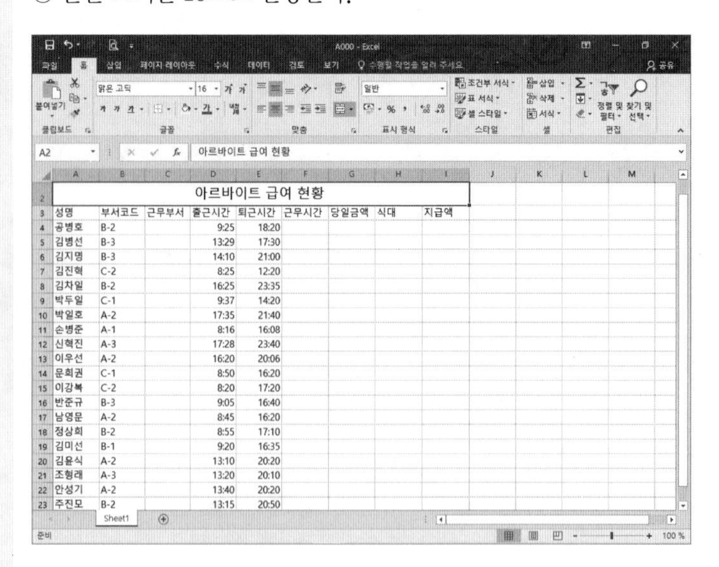

아르바이트 급여 현황

성명	부서코드	근무부서	출근시간	퇴근시간	근무시간	당일금액	식대	지급액
공병호	B-2		9:25	18:20				
김병선	B-3		13:29	17:30				
김지명	B-3		14:10	21:00				
김진혁	C-2		8:25	12:20				
김차일	B-2		16:25	23:35				
박두일	C-1		9:37	14:20				
박일호	A-2		17:35	21:40				
손병준	A-1		8:16	16:08				
신혁진	A-3		17:28	23:40				
이우선	A-2		16:20	20:06				
문희권	C-1		8:50	16:20				
이강복	C-2		8:20	17:20				
반준규	B-3		9:05	16:40				
남영문	A-2		8:45	16:20				
정상희	B-2		8:55	17:10				
김미선	B-1		9:20	16:35				
김윤식	A-2		13:10	20:20				
조형래	A-3		13:20	20:10				
안성기	A-2		13:40	20:20				
주진모	B-2		13:15	20:50				

04 계산 작업 처리하기

'3. 작성 조건' 중 다)에 해당하는 함수식을 계산하도록 한다. 열에 추가되는 함수식의 경우 오류가 생기면 이후 이 값을 사용하는 모든 셀이 달라져 실격 가능성이 있으므로 꼭 신중하게 작업하고 검토 또한 꼼꼼히 해야 한다.

> 다) 원문자가 표시된 셀은 아래의 방법을 이용하여 처리하시오.
> ❶ **근무부서** : 부서코드의 첫 글자가 "A"이면 재무과, "B"이면 관리과, "C"이면 시설과로 나타나게 하시오.

① '근무부서'를 처리하기 위해 [C4] 셀을 선택하고 「=IF(LEFT(B4,1)="A","재무과",IF(LEFT(B4,1)="B","관리과",IF(LEFT(B4,1)="C","시설과")))」를 입력한 뒤 Enter 를 눌러 식을 완성한 다음 자동 채우기 핸들을 더블 클릭하여 자동 채우기를 한다.

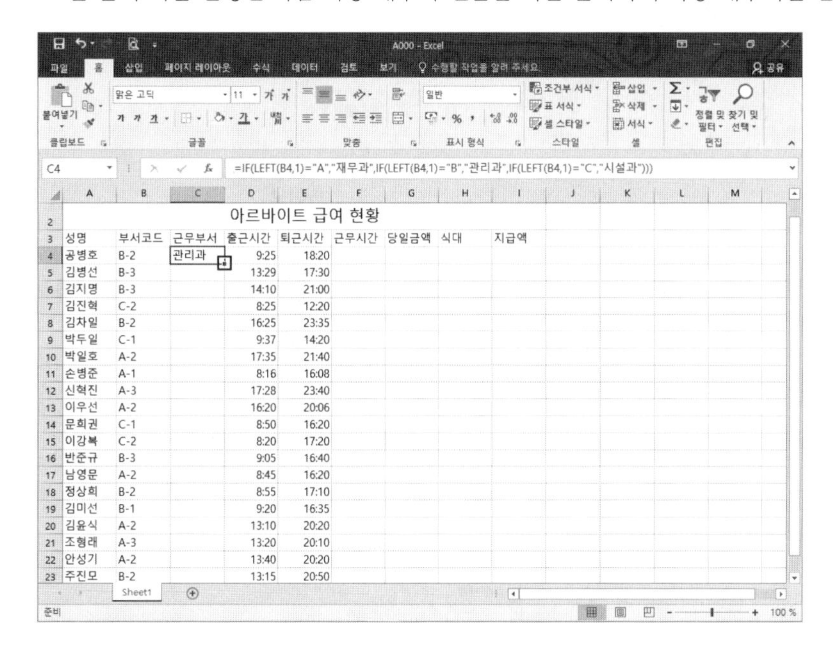

기적의 TIP

- **LEFT함수** : 문자열 왼쪽부터 잘라 낼 글자 수를 기입합니다.
  LEFT(문자열, 잘라 낼 글자 수)
  예 LEFT(2038,1) → 2
- **RIGHT 함수** : 문자열 오른쪽부터 잘라 낼 글자 수를 기입합니다.
  RIGHT(문자열, 잘라 낼 글자 수)
  예 RIGHT(2038,1) → 8
- **MID 함수** : 문자열 임의 위치부터 잘라 낼 글자 수를 기입합니다.
  MID(문자열, 시작 문자열, 잘라 낼 글자 수)
  예 MID(2038,2,2) → 03

❷ **근무시간** : 퇴근시간 – 출근시간

② '근무시간' 계산을 위해 [F4] 셀을 선택하고 「=E4–D4」를 입력한 뒤 자동 채우기 핸들을 더블 클릭하여 계산을 완성한다.

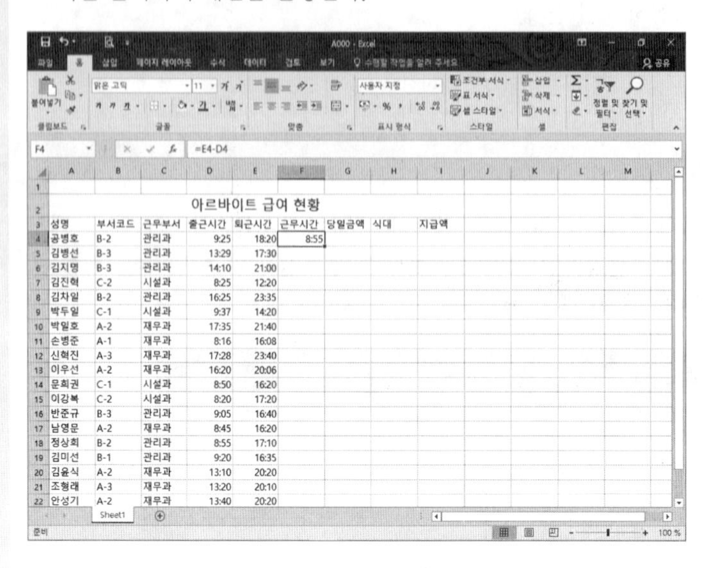

❸ **당일금액** : 근무시간을 기준으로 1시간당 4,800원, 1분당 80원으로 계산하시오.

③ 당일금액 계산을 위해 [G4] 셀을 선택하고 「=(HOUR(F4)*4800)+(MINUTE(F4)*80)」을 입력한다. Ctrl+1을 눌러 [셀 서식] 대화상자–[표시 형식] 탭–[범주] 항목에서 '일반'을 선택하고 [확인]을 클릭한다. [G4] 셀의 자동 채우기 핸들을 더블 클릭하여 계산을 완성한다.

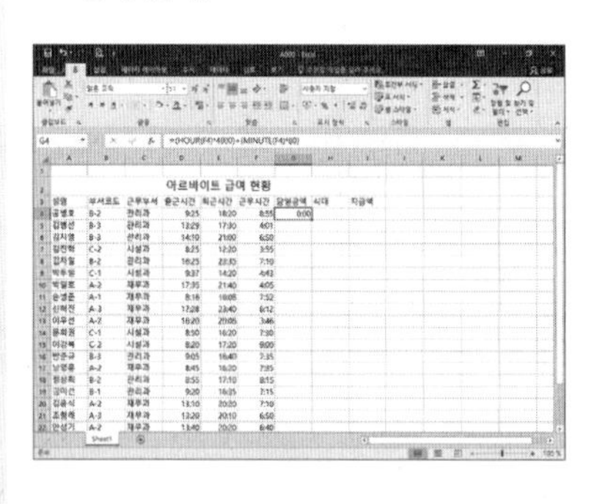

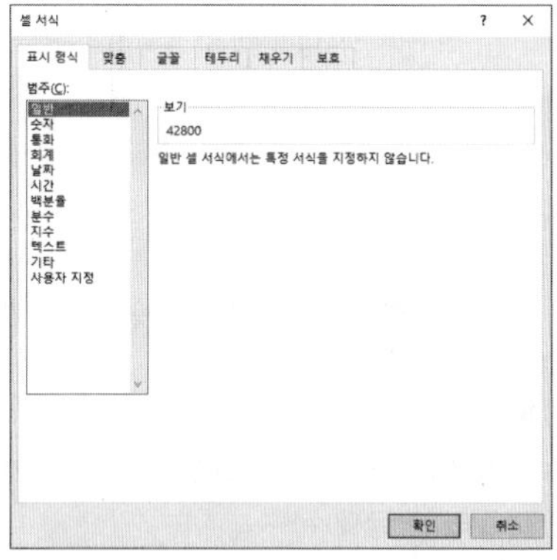

기적의 TIP

- **HOUR 함수** : 시간을 0부터 23까지의 숫자로 나타냅니다. 예 HOUR("4:27") : 4
- **MINUTE 함수** : 분을 0부터 59까지의 숫자로 나타냅니다. 예 MINUTE("4:27") : 27

※ HOUR, MINUTE 함수는 시간을 다루는 함수입니다. 결과도 시간 형태로 나타납니다. 일반 숫자 형태로 표시하기 위해서는 [셀 서식] 대화상자에서 표시 형식을 바꿔야 합니다.

※ 함수 인수에 바로 시간을 입력할 경우 " "로 묶으며, 셀 값을 인수로 가져올 때는 셀 주소만 입력합니다.

❹ 식대 : 근무시간이 6시간이 이상이면 10,000원, 6시간 미만이면 2,000원으로 계산하시오.

④ 식대 계산을 위해 [H4] 셀을 선택하고 「=IF(HOUR(F4)>=6,10000,2000)」을 입력한 뒤 자동 채우기 핸들을 더블 클릭하여 계산을 완성한다.

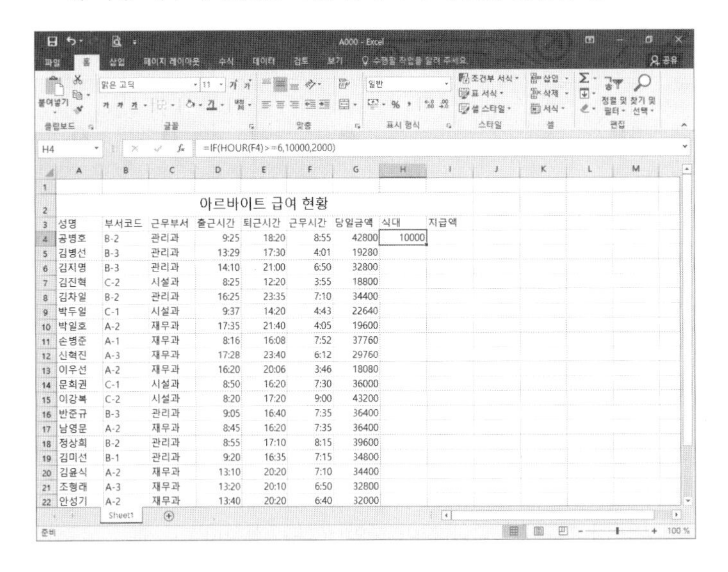

H4 =IF(HOUR(F4)>=6,10000,2000)

아르바이트 급여 현황

성명	부서코드	근무부서	출근시간	퇴근시간	근무시간	당일금액	식대	지급액
공병호	B-2	관리과	9:25	18:20	8:55	42800	10000	
김병선	B-3	관리과	13:29	17:30	4:01	19280		
김지명	B-3	관리과	14:10	21:00	6:50	32800		
김진혁	C-2	시설과	8:25	12:20	3:55	18800		
김차일	B-2	관리과	16:25	23:35	7:10	34400		
박두일	C-1	시설과	9:37	14:20	4:43	22640		
박일호	A-2	재무과	17:35	21:40	4:05	19600		
손병준	A-1	재무과	8:16	16:08	7:52	37760		
신혁진	A-3	재무과	17:28	23:40	6:12	29760		
이우선	A-2	재무과	16:20	20:06	3:46	18080		
문회권	C-1	시설과	8:50	16:20	7:30	36000		
이강복	C-2	시설과	8:20	17:20	9:00	43200		
반준규	B-3	관리과	9:05	16:40	7:35	36400		
남영문	A-2	재무과	8:45	16:20	7:35	36400		
정상회	B-2	관리과	8:55	17:10	8:15	39600		
김미선	B-1	관리과	9:20	16:35	7:15	34800		
김윤식	A-2	재무과	13:10	20:20	7:10	34400		
조형래	A-3	재무과	13:20	20:10	6:50	32800		
안성기	A-2	재무과	13:40	20:20	6:40	32000		

❺ 지급액 : 당일금액 + 식대

⑤ 지급액을 계산하기 위해 [I4] 셀을 선택하고 「=G4+H4」을 입력한 뒤 자동 채우기 핸들을 더블 클릭하여 계산을 완성한다.

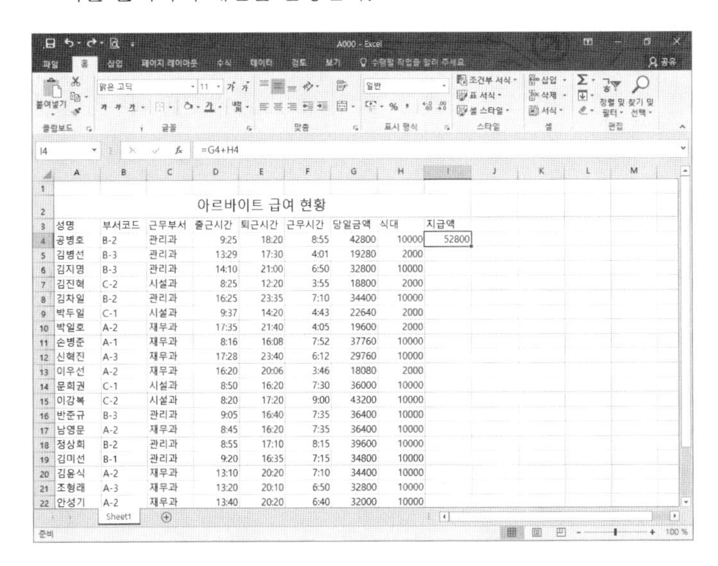

I4 =G4+H4

아르바이트 급여 현황

성명	부서코드	근무부서	출근시간	퇴근시간	근무시간	당일금액	식대	지급액
공병호	B-2	관리과	9:25	18:20	8:55	42800	10000	52800
김병선	B-3	관리과	13:29	17:30	4:01	19280	2000	
김지명	B-3	관리과	14:10	21:00	6:50	32800	10000	
김진혁	C-2	시설과	8:25	12:20	3:55	18800	2000	
김차일	B-2	관리과	16:25	23:35	7:10	34400	10000	
박두일	C-1	시설과	9:37	14:20	4:43	22640	2000	
박일호	A-2	재무과	17:35	21:40	4:05	19600	2000	
손병준	A-1	재무과	8:16	16:08	7:52	37760	10000	
신혁진	A-3	재무과	17:28	23:40	6:12	29760	10000	
이우선	A-2	재무과	16:20	20:06	3:46	18080	2000	
문회권	C-1	시설과	8:50	16:20	7:30	36000	10000	
이강복	C-2	시설과	8:20	17:20	9:00	43200	10000	
반준규	B-3	관리과	9:05	16:40	7:35	36400	10000	
남영문	A-2	재무과	8:45	16:20	7:35	36400	10000	
정상회	B-2	관리과	8:55	17:10	8:15	39600	10000	
김미선	B-1	관리과	9:20	16:35	7:15	34800	10000	
김윤식	A-2	재무과	13:10	20:20	7:10	34400	10000	
조형래	A-3	재무과	13:20	20:10	6:50	32800	10000	
안성기	A-2	재무과	13:40	20:20	6:40	32000	10000	

⓹ 자료(DATA)를 이용하여 하단 작업 표 형식에 맞게 입력하기

앞선 작업 표 상단 작업에 이어 작업 표 하단의 통계 계산을 위한 부분을 처리하기 위해 작업표 하단의 형식을 구성해 보도록 한다.

	A	B	C	D	E	F	G	H	I
2	성명	부서코드	근무부서	출근시간	퇴근시간	근무시간	당일금액	식대	지급액
3 ~ 23			❶			❷	❸	❹	❺
24	부서별 합계			시설과			❻		
25				관리과			❼		
26				재무과			❽		
27	부서코드에 "1" 또는 "3"을 포함한 합계						❾		
28	지급액이 20000 이상 40000 미만인 사람들의 합								❿
29	⓫								
30	⓬								

① '2. 작업 표 형식'의 24행부터 참고하여 그림과 같이 작업 표를 구성한다.

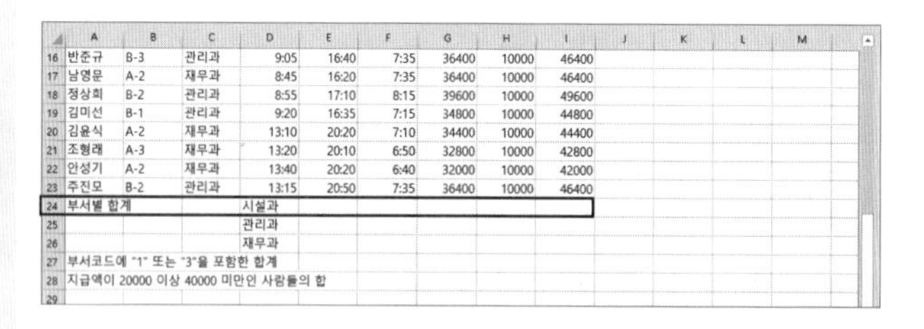

	A	B	C	D	E	F	G	H	I
16	반준규	B-3	관리과	9:05	16:40	7:35	36400	10000	46400
17	남영문	A-2	재무과	8:45	16:20	7:35	36400	10000	46400
18	정상회	B-2	관리과	8:55	17:10	8:15	39600	10000	49600
19	김미선	B-1	관리과	9:20	16:35	7:15	34800	10000	44800
20	김윤식	A-2	재무과	13:10	20:20	7:10	34400	10000	44400
21	조형래	A-3	재무과	13:20	20:10	6:50	32800	10000	42800
22	안성기	A-2	재무과	13:40	20:20	6:40	32000	10000	42000
23	주진모	B-2	관리과	13:15	20:50	7:35	36400	10000	46400
24	부서별 합계			시설과					
25				관리과					
26				재무과					
27	부서코드에 "1" 또는 "3"을 포함한 합계								
28	지급액이 20000 이상 40000 미만인 사람들의 합								
29									

기적의 TIP

29행과 30행에는 현재 입력된 값은 없으나, 작성 조건 중 다)의 ⓫과 ⓬의 작업을 위해서 [I30]까지 범위를 지정합니다.

② 셀 병합 작업 시 구분을 쉽게 할 수 있도록 작업 표 전체([A3:I30])에 모든 테두리를 설정한다.

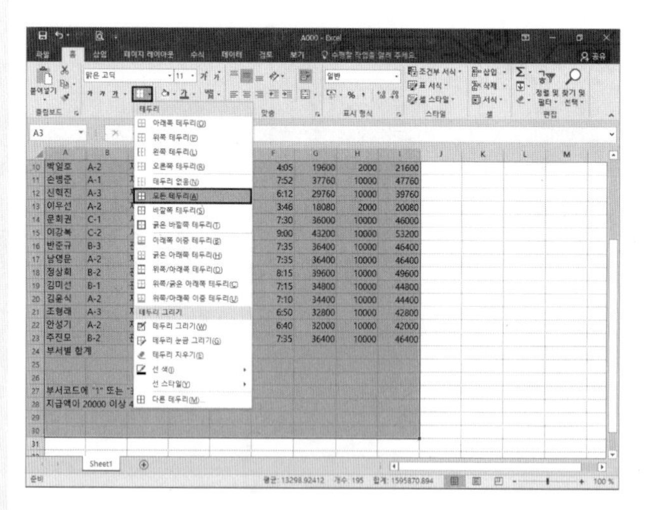

③ '2. 작업 표 형식'에 따라 셀을 병합한다.

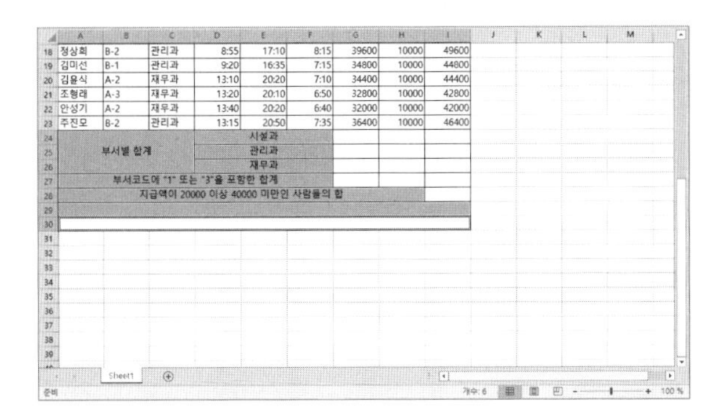

	A	B	C	D	E	F	G	H	I
18	정상희	B-2	관리과	8:55	17:10	8:15	39600	10000	49600
19	김미선	B-1	관리과	9:20	16:35	7:15	34800	10000	44800
20	김용식	A-2	재무과	13:10	20:20	7:10	34400	10000	44400
21	조형래	A-3	재무과	13:20	20:10	6:50	32800	10000	42800
22	안성기	A-2	재무과	13:40	20:20	6:40	32000	10000	42000
23	주진모	B-2	관리과	13:15	20:50	7:35	36400	10000	46400
24	부서별 합계			시설과					
25				관리과					
26				재무과					
27	부서코드에 "1" 또는 "3"을 포함한 합계								
28	지급액이 20000 이상 40000 미만인 사람들의 합								

06 작업 표 하단 함수식 작업

작업 표 하단에는 조건 합계, 평균, 개수 등의 계산 결과와 작업 표 작성 시 사용된 함수식을 구성하는 문제가 출제된다. 최근에는 SUMPRODUCT 함수를 이용한 배열 수식이 거의 빠지지 않고 출제되고 있으며, 사용할 함수를 정확히 제시하고 있다. 예전에는 작업 표 하단 계산 시 한 문제에 여러 가지 함수를 사용해서 수험생이 사용할 수 있는 함수를 사용했지만 현재는 문제에 제시된 함수만 사용해야 한다는 점에 유의한다.

❻ 시설과의 당일금액과 식대, 지급액의 합을 각각 산출하시오.

① 시설과 행 계산을 위하여 [G24] 셀을 선택하고 「=SUMIF($C$4:$C$23,$D24,G$4:G$23)」을 입력한 뒤 채우기 핸들을 이용하여 오른쪽으로 자동 채우기를 한다.

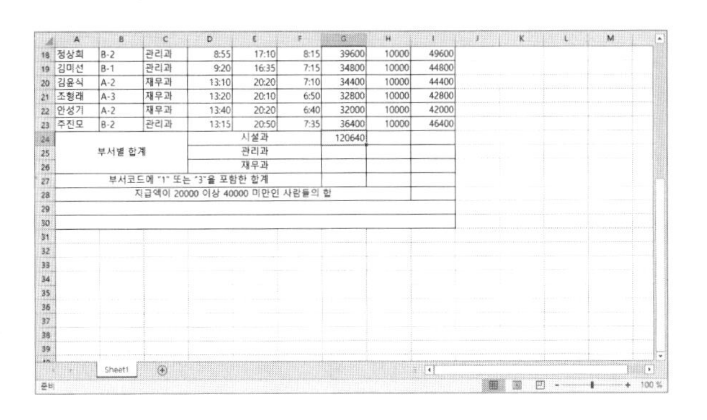

	A	B	C	D	E	F	G	H	I
18	정상희	B-2	관리과	8:55	17:10	8:15	39600	10000	49600
19	김미선	B-1	관리과	9:20	16:35	7:15	34800	10000	44800
20	김용식	A-2	재무과	13:10	20:20	7:10	34400	10000	44400
21	조형래	A-3	재무과	13:20	20:10	6:50	32800	10000	42800
22	안성기	A-2	재무과	13:40	20:20	6:40	32000	10000	42000
23	주진모	B-2	관리과	13:15	20:50	7:35	36400	10000	46400
24	부서별 합계			시설과			120640		
25				관리과					
26				재무과					
27	부서코드에 "1" 또는 "3"을 포함한 합계								
28	지급액이 20000 이상 40000 미만인 사람들의 합								

기적의 TIP

- 수식에서 입력하는 셀 주소는 기본적으로 상대 주소로 입력됩니다. 채우기 핸들을 이용해 채우기를 할 경우 수식에 사용된 셀 주소도 변경됩니다.
- 절대 주소를 사용하면 자동채우기를 했을 때 셀 주소가 변경되지 않고, 고정되어 있습니다.
- 셀 주소를 입력하고 F4를 눌러서 절대 주소와 혼합 주소 등으로 변경할 수 있습니다.

❼ 관리과의 당일금액과 식대, 지급액의 합을 각각 산출하시오.

② 관리과 행 계산을 위하여 [G25] 셀을 선택하고 「=SUMIF($C$4:$C$23,$D25,G$4:G$23)」을 입력한 뒤 채우기 핸들을 이용하여 오른쪽으로 자동 채우기를 한다.

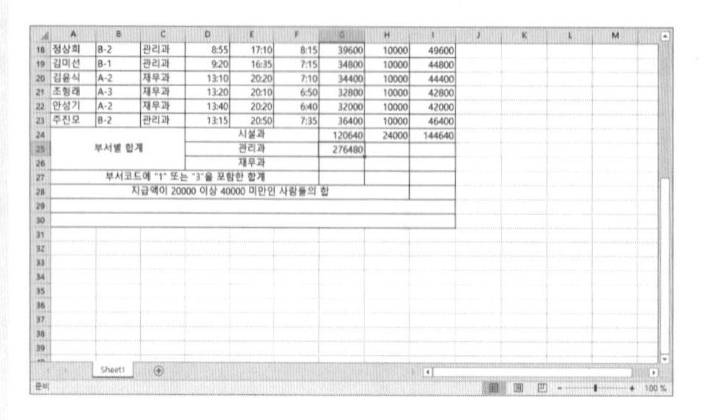

	A	B	C	D	E	F	G	H	I
18	정상희	B-2	관리과	8:55	17:10	8:15	39600	10000	49600
19	김미선	B-1	관리과	9:20	16:35	7:15	34800	10000	44800
20	김윤식	A-2	재무과	13:10	20:20	7:10	34400	10000	44400
21	조형래	A-3	재무과	13:20	20:10	6:50	32800	10000	42800
22	안성기	A-2	재무과	13:40	20:20	6:40	32000	10000	42000
23	주진모	B-2	관리과	13:15	20:50	7:35	36400	10000	46400
24	부서별 합계			시설과			120640	24000	144640
25				관리과			276480		
26				재무과					
27	부서코드에 "1" 또는 "3"을 포함한 합계								
28	지급액이 20000 이상 40000 미만인 사람들의 합								

❽ 재무과의 당일금액과 식대, 지급액의 합을 각각 산출하시오.

③ 재무과 행 계산을 위하여 [G26] 셀을 선택하고 「=SUMIF($C$4:$C$23,$D26,G$4:G$23)」을 입력한 뒤 채우기 핸들을 이용하여 오른쪽으로 자동 채우기를 한다.

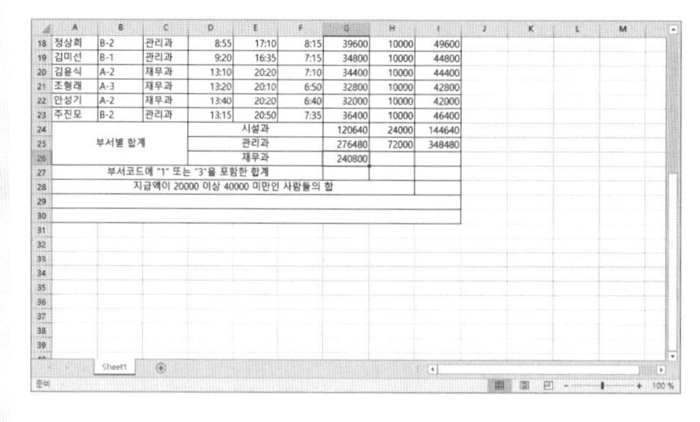

	A	B	C	D	E	F	G	H	I
18	정상희	B-2	관리과	8:55	17:10	8:15	39600	10000	49600
19	김미선	B-1	관리과	9:20	16:35	7:15	34800	10000	44800
20	김윤식	A-2	재무과	13:10	20:20	7:10	34400	10000	44400
21	조형래	A-3	재무과	13:20	20:10	6:50	32800	10000	42800
22	안성기	A-2	재무과	13:40	20:20	6:40	32000	10000	42000
23	주진모	B-2	관리과	13:15	20:50	7:35	36400	10000	46400
24	부서별 합계			시설과			120640	24000	144640
25				관리과			276480	72000	348480
26				재무과			240800		
27	부서코드에 "1" 또는 "3"을 포함한 합계								
28	지급액이 20000 이상 40000 미만인 사람들의 합								

❾ 부서코드에 "1" 또는 "3"을 포함한 아르바이트생의 당일금액과 식대, 지급액의 각 합계액을 계산하시오(단, SUMPRODUCT, ISNUMBER, FIND 함수를 모두 사용한 수식을 작성하시오.).

④ 27행 계산을 위하여 [G27]을 선택하고 「=SUMPRODUCT(ISNUMBER(FIND("1",$B$4:$B$23))+ISNUMBER(FIND("3",$B$4:$B$23)),G4:G23)」을 입력하고 Ctrl+Shift+Enter를 눌러 배열 수식을 완성한다. 채우기 핸들을 이용하여 오른쪽으로 자동 채우기를 한다.

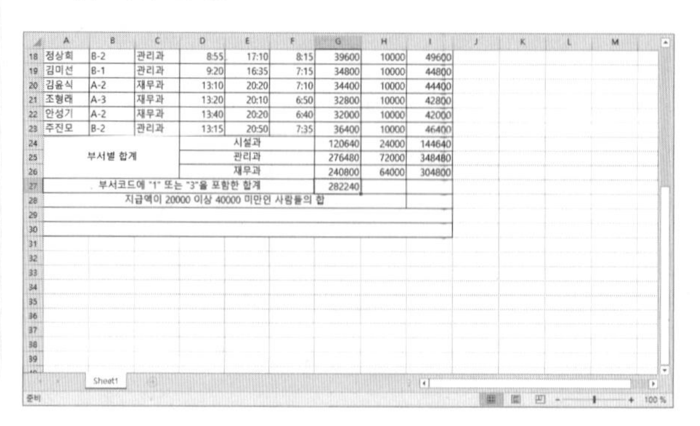

	A	B	C	D	E	F	G	H	I
18	정상희	B-2	관리과	8:55	17:10	8:15	39600	10000	49600
19	김미선	B-1	관리과	9:20	16:35	7:15	34800	10000	44800
20	김윤식	A-2	재무과	13:10	20:20	7:10	34400	10000	44400
21	조형래	A-3	재무과	13:20	20:10	6:50	32800	10000	42800
22	안성기	A-2	재무과	13:40	20:20	6:40	32000	10000	42000
23	주진모	B-2	관리과	13:15	20:50	7:35	36400	10000	46400
24	부서별 합계			시설과			120640	24000	144640
25				관리과			276480	72000	348480
26				재무과			240800	64000	304800
27	부서코드에 "1" 또는 "3"을 포함한 합계						282240		
28	지급액이 20000 이상 40000 미만인 사람들의 합								

기적의 TIP

Ctrl+Shift+Enter가 작동하지 않을 경우 윈도우즈 업데이트를 실행합니다. 특히 스크린샷 프로그램 등 타 프로그램과 충돌로 인해 작동하지 않을 수 있으니 사용하지 않는 프로그램을 모두 삭제합니다.

기적의 TIP

- 배열 수식에서 '+'는 OR, '*'는 AND 조건을 처리합니다.
- 일반 함수에서는 만능문자 '*'를 사용하지 못하므로 꼭 문자열 함수를 사용합니다.

기적의 TIP

함수식 사용에 대한 제한이 바로 다음 함수식 조건에 제시되므로 꼭 함수식 전체 문제를 읽고 작업을 하는 습관을 갖도록 합니다.

⑩ 지급액이 20000 이상 40000 미만인 사람들의 합

⑤ [I28] 셀을 선택하고 「=SUMIFS(I4:I23,I4:I23,">=20000",I4:I23,"<40000")」을 입력한다.

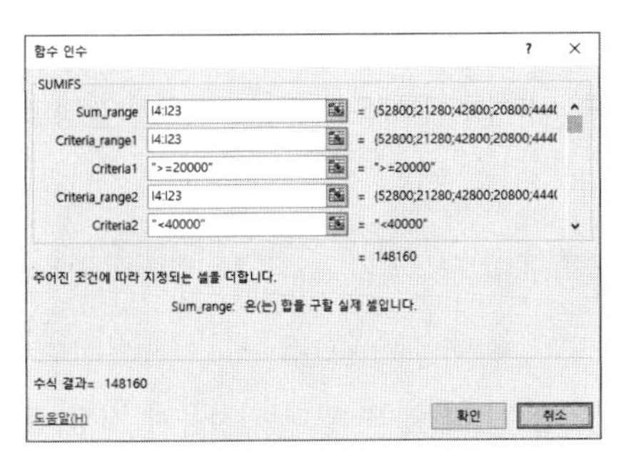

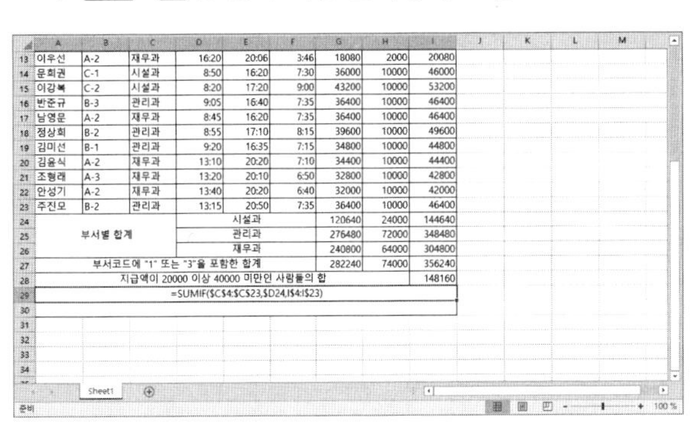

기적의 TIP

AVERAGEIF(S), SUMIF(S) 등의 조건 함수에서 조건(Creteria) 인수는 " "로 묶어야 합니다. 이 작업이 귀찮을 수 있으니 함수 마법사를 사용하는 것을 습관화하세요. 함수 마법사에서 조건인수 입력 후 Tab을 누르면 자동으로 인수에 " "로 묶입니다.

⑪ 작성 조건 ❻의 지급액 합계에 사용된 수식을 기재하시오.

⑥ [I24] 셀을 선택하고 수식입력 줄의 함수식을 마우스로 드래그하여 복사한 뒤, Esc를 한 번 눌러 선택범위를 해제한다. [A29] 셀을 클릭하고 '(키보드 Enter 키 좌측)를 입력한 후 Ctrl+V를 눌러 식을 붙여넣기한다.

기적의 TIP

셀에 붙여 넣을 식의 열이 지정되지 않은 경우에는 식을 입력한 첫 셀의 식을 붙여 넣습니다.

⑫ 작성 조건 ❾에 사용된 수식을 기재하시오.

– 단, 지급액 합계 기준으로

– 수식에 SUMPRODUCT, ISNUMBER, FIND 함수 반드시 포함

⑦ [I27] 셀을 선택하고 수식입력 줄의 함수식을 마우스로 드래그하여 복사한 뒤, Esc를 한 번 눌러 선택범위를 해제한다. [A30] 셀을 클릭하고 '(키보드 Enter 키 좌측)를 입력한 후 Ctrl+V를 눌러 식을 붙여넣기한다.

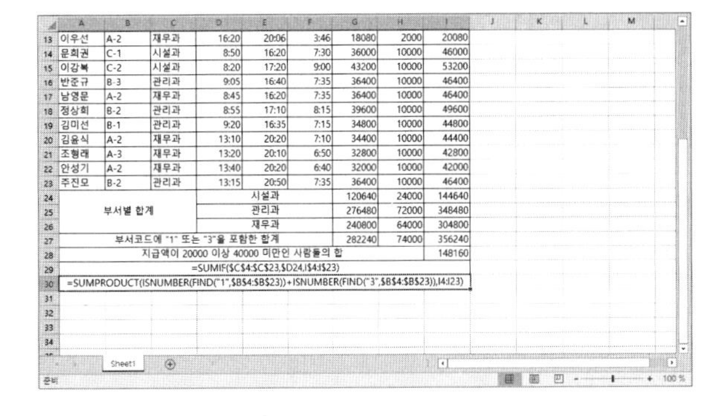

07 정렬 및 행/열 숨기기

사무자동화산업기사 실기는 제시된 입력 데이터를 작성 조건을 참고하여 계산 처리한 뒤 작업 표 형태대로 출력하는 것이 기본 미션이다. 정렬 작업 전 꼭 행/열 숨김이 있으면 안 된다. 모두 펼쳐진 상태로 정렬한 뒤 행/열 숨기기 작업을 진행해야 한다는 것을 절대 잊지 말아야 하며 숨김 행/열 상태로 정렬하면 데이터가 섞일 수 있음에 유의한다. 최근에는 첫 번째 A열이나 특정 행을 사용하지 않도록 제시되는데, 이 경우에 사용하지 않는 행/열은 정렬 후 숨기도록 한다.

> 라) 작업 표의 정렬 순서(SORT)는 부서코드의 오름차순으로 하고, 부서코드가 같으면 지급액의 내림차순으로 한다.

① [A3:I23] 셀을 마우스로 드래그하여 범위를 선택한 뒤 [정렬 및 필터]-[사용자 지정 정렬]을 클릭한다.

② [정렬] 대화상자에서 첫 번째 정렬 기준으로 부서코드-오름차순 정렬을 설정한 뒤 [기준 추가]를 클릭하여 두 번째 기준 항목을 추가한 뒤 지급액-내림차순 정렬을 설정하고 [확인]을 클릭하여 정렬을 완성한다.

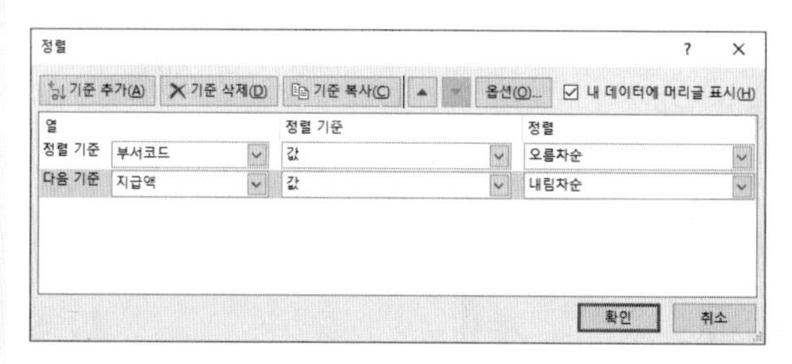

기적의 TIP

셀이 아닌 행/열 머리글을 선택해야 합니다.

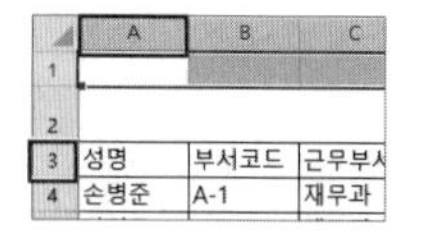

③ **사용하지 않는 행/열 숨기기** : 1행은 사용하지 않으므로 1행 머리글을 클릭하고 마우스 오른쪽 버튼을 클릭하여 바로가기 메뉴에서 [숨기기]를 선택하여 행을 숨긴다.

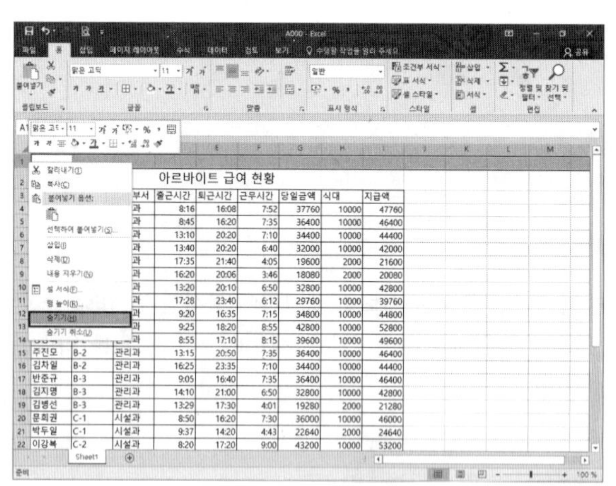

08 글꼴 크기, 행 높이, 열 폭 조절하여 인쇄 영역 설정하기

최근 사무자동화산업기사 실기 문제는 데이터의 양이 많아서 글꼴 크기를 기본 크기인 11포인트로 설정하면 페이지가 넘어가게 된다. 또한 차트를 넣을 공간 확보가 어려우므로 다음과 같이 값을 수정해 주도록 한다.

항목	값
글꼴	9
행 높이	12~13

① 작업 표 글꼴 크기를 9포인트로 설정하기 위해 행 머리글을 3~30행까지 드래그한 뒤 [홈] 탭-[글꼴] 그룹-[글꼴]에서 서체 크기를 9로 변경한다.

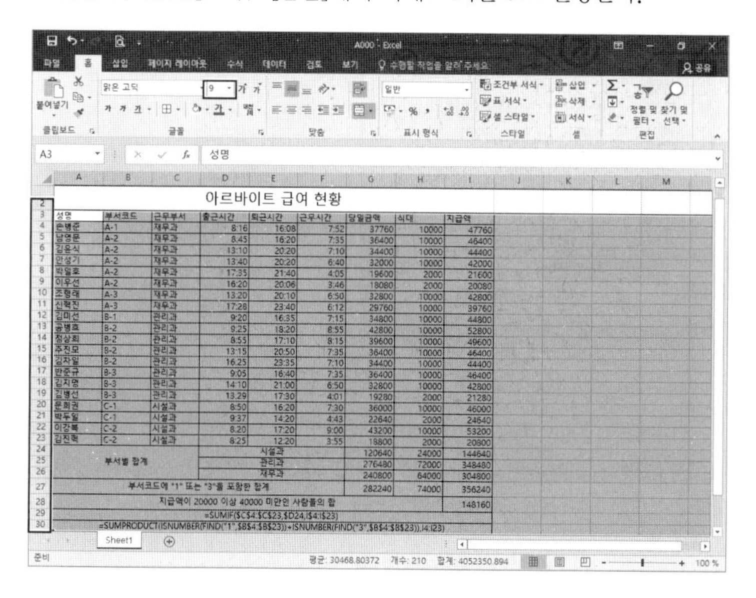

② 행 머리글 범위를 선택한 채로 마우스 오른쪽 버튼을 클릭하여 바로가기 메뉴에서 [행 높이]를 선택하여 [행 높이] 대화상자에서 12를 입력하고 [확인]을 클릭하여 행 높이를 줄인다.

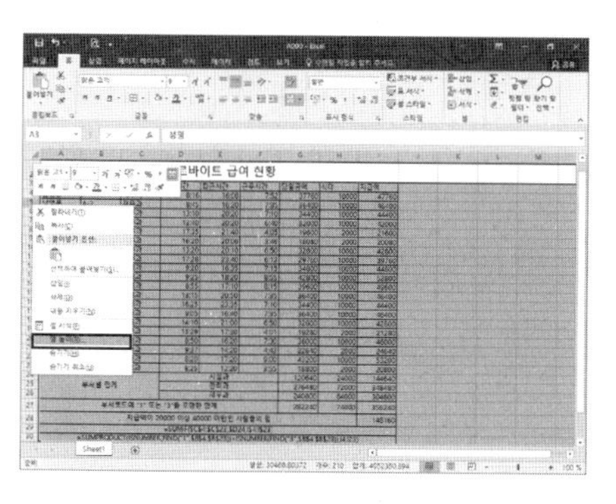

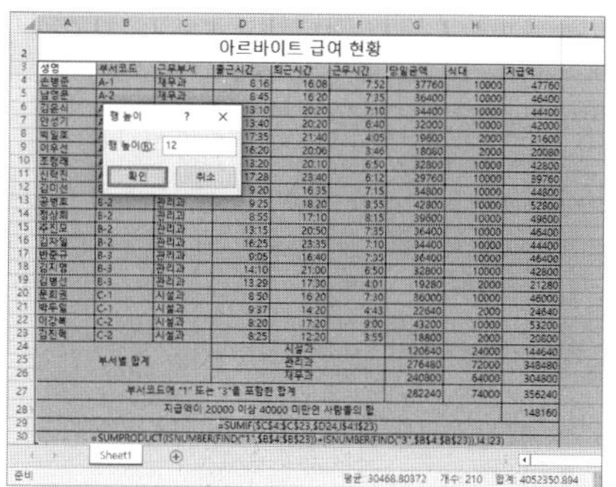

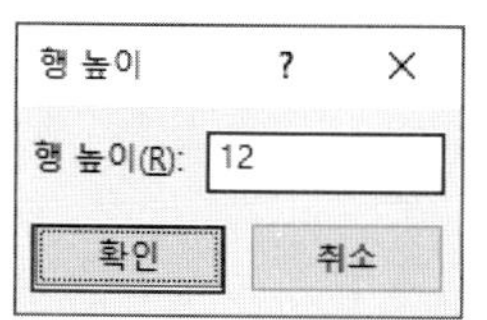

기적의 TIP

- 행 머리글을 선택하고 글꼴 크기를 9포인트로 줄이면 자동으로 셀의 행 높이가 조절됩니다.
- 행 높이 값은 정해져 있지 않으나 12~13 정도로 설정합니다.

09 기타 조건 처리하기

마) 기타

(1) 금액에 대한 수치는 원화(₩) 표시를 하고 천 단위마다 ','(Comma)를 표시하시오(단, 금액 이외의 수치는 ','(Comma)를 표시하지 않도록 하시오.).

① 그림과 같이 금액에 해당하는 부분(그림의 회색 음영)은 마우스와 Ctrl을 이용하여 연속 선택한 뒤 [표시 형식]–[통화]를 선택하여 적용한다.

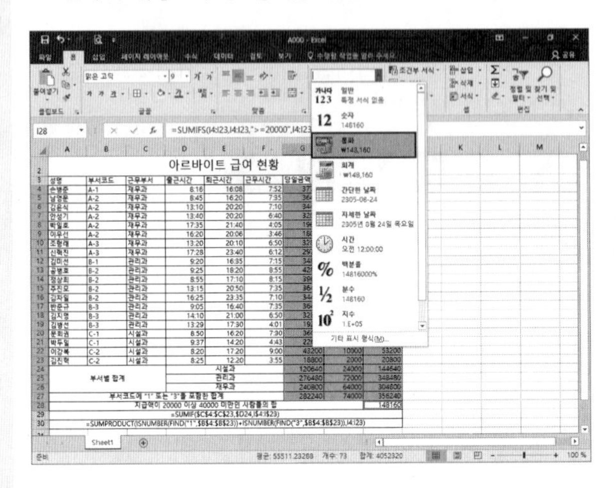

(4) 숫자 셀은 우측을 수직으로 맞추고, 문자 셀은 수평 중앙으로 맞추며 이외 사항은 작업 표 형식에 따르도록 하시오. 특히, 단서 조항이 있을 경우는 단서 조항을 우선으로 하고, 인쇄 출력 시 판독 불가능이 발생하지 않도록 인쇄 미리 보기 등을 통하여 셀의 크기를 적당히 조정하시오.

② 문자 셀(그림의 회색 음영) 부분을 마우스와 Ctrl을 이용하여 연속 선택한 뒤 [홈] 탭–[맞춤] 그룹–[가운데 맞춤]을 클릭하여 가운데 맞춤한다.

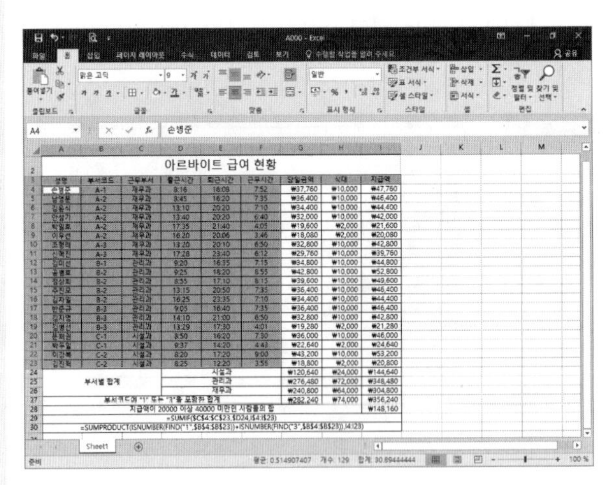

기적의 TIP

[G4:I26]을 마우스로 드래그한 후 Ctrl을 누른 채로 [I28] 셀을 클릭하면 됩니다. 만약 Ctrl 사용이 어렵다면 각 범위를 각각 선택하여 통화를 지정하도록 합니다.

해결 TIP

회계형을 지정하면 안 되나요?

표시 형식을 회계형 "₩"로 사용하면 금액과 "₩" 사이에 공백이 생겨 금액이 "####"과 같이 표시되어 출력되거나 페이지가 넘어가는 경우가 발생할 수 있으니 꼭 통화형인 "₩"를 이용해 주세요.

더 알기 TIP

작업 표의 가로 행 지우기

꼭 필요한 작업은 아니지만 행 높이가 낮아지면 인쇄할 때 행간 선에 데이터가 겹쳐 보이는 경우가 있을 수 있습니다. 이런 경우에는 다음과 같이 작업 표 행간 선을 지웁니다.

① [A4:I24]를 마우스로 드래그하여 선택합니다.
② Ctrl+1을 눌러 [셀 서식] – [테두리] – [중간선 도구]를 클릭하여 선을 삭제합니다.

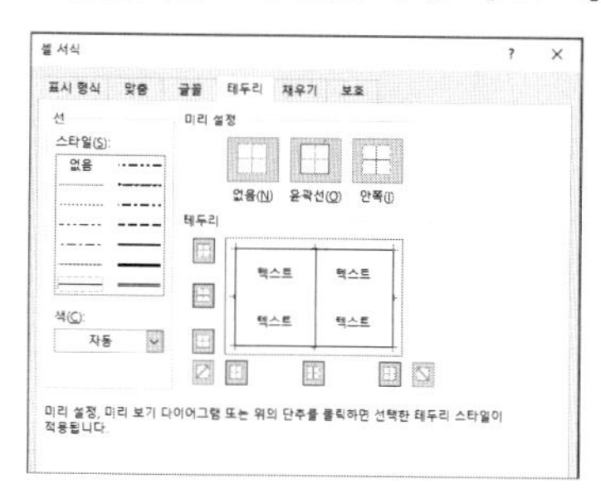

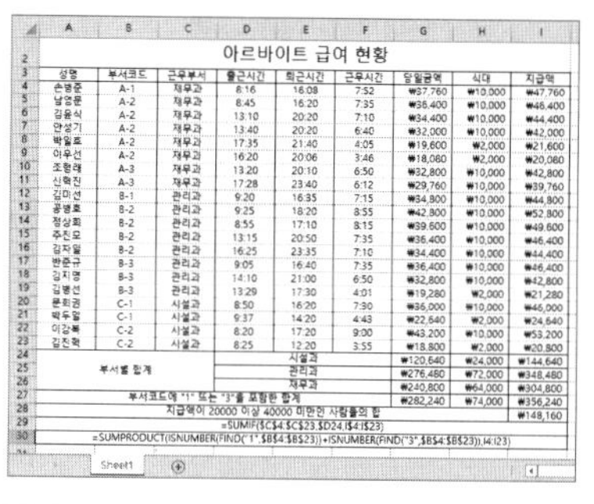

성명	부서코드	근무부서	출근시간	퇴근시간	근무시간	당일금액	식대	지급액
손병준	A-1	재무과	8:16	16:08	7:52	₩37,760	₩10,000	₩47,760
남영문	A-2	재무과	8:45	16:20	7:35	₩36,400	₩10,000	₩46,400
김윤식	A-2	재무과	13:10	20:20	7:10	₩34,400	₩10,000	₩44,400
안성기	A-2	재무과	13:40	20:20	6:40	₩32,000	₩10,000	₩42,000
박일호	A-2	재무과	17:35	21:40	4:05	₩19,600	₩2,000	₩21,600
이우선	A-2	재무과	16:20	20:06	3:46	₩18,080	₩2,000	₩20,080
조형래	A-3	재무과	13:20	20:10	6:50	₩32,800	₩10,000	₩42,800
신혁진	A-3	재무과	17:28	23:40	6:12	₩29,760	₩10,000	₩39,760
김미선	B-1	관리과	9:20	16:35	7:15	₩34,800	₩10,000	₩44,800
공병호	B-2	관리과	9:25	18:20	8:55	₩42,800	₩10,000	₩52,800
정상희	B-2	관리과	8:55	17:10	8:15	₩39,600	₩10,000	₩49,600
주진모	B-2	관리과	13:15	20:50	7:35	₩36,400	₩10,000	₩46,400
김자일	B-2	관리과	16:25	23:35	7:10	₩34,400	₩10,000	₩44,400
반준규	B-3	관리과	9:05	16:40	7:35	₩36,400	₩10,000	₩46,400
김지영	B-3	관리과	14:10	21:00	6:50	₩32,800	₩10,000	₩42,800
김병선	B-3	관리과	13:29	17:30	4:01	₩19,280	₩2,000	₩21,280
문희권	C-1	시설과	8:50	16:20	7:30	₩36,000	₩10,000	₩46,000
박두일	C-1	시설과	9:37	14:20	4:43	₩22,640	₩2,000	₩24,640
이강복	C-2	시설과	8:20	17:20	9:00	₩43,200	₩10,000	₩53,200
김진혁	C-2	시설과	8:25	12:20	3:55	₩18,800	₩2,000	₩20,800
부서별 합계			시설과			₩120,640	₩24,000	₩144,640
			관리과			₩276,480	₩72,000	₩348,480
			재무과			₩240,800	₩64,000	₩304,800
부서코드에 "1" 또는 "3"을 포함한 합계						₩282,240	₩74,000	₩356,240
지급액이 20000 이상 40000 미만인 사람들의 합								₩148,160
=SUMIF($C$4:$C$23,$D24,I$4:I$23)								
=SUMPRODUCT(ISNUMBER(FIND("1",$B$4:$B$23))+ISNUMBER(FIND("3",$B$4:$B$23)),I4:I23)								

⑩ 페이지 설정하기

페이지 설정하기는 차트를 완성한 뒤 진행해도 되지만 차트 크기를 변경하거나 열 폭을 조절하게 되면 다시 페이지 설정을 해야 하는 번거로움이 있다. 그래서 차트를 그리기 전 인쇄에 대한 모든 설정을 완료하고 차트를 그려 넣는 것이 시간 단축에 도움이 된다. 페이지 설정에 관한 지시사항은 시험지 첫 장 중 요구 사항에 다음과 같이 제시되어 있다.

① 빠른 실행 도구에서 [인쇄 미리 보기 및 인쇄] 도구를 클릭하여 인쇄 미리 보기 화면으로 전환한다.

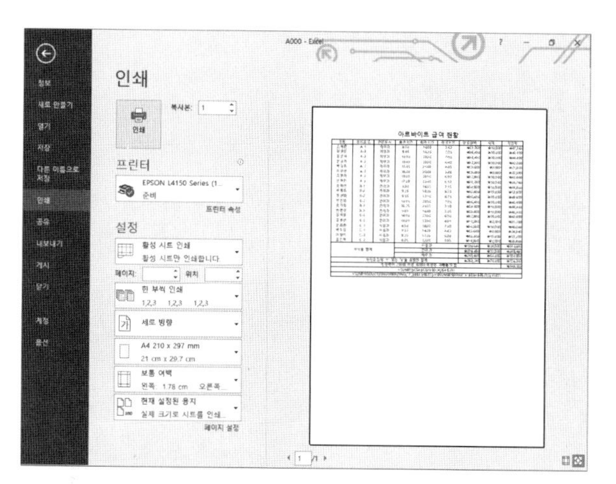

기적의 TIP

빠른 실행 도구에 인쇄 미리 보기 도구가 보이지 않는다면, 그림과 같이 빠른 실행 도구 우측 화살표를 클릭하여 [인쇄 미리 보기 및 인쇄]를 클릭하여 활성화합니다.

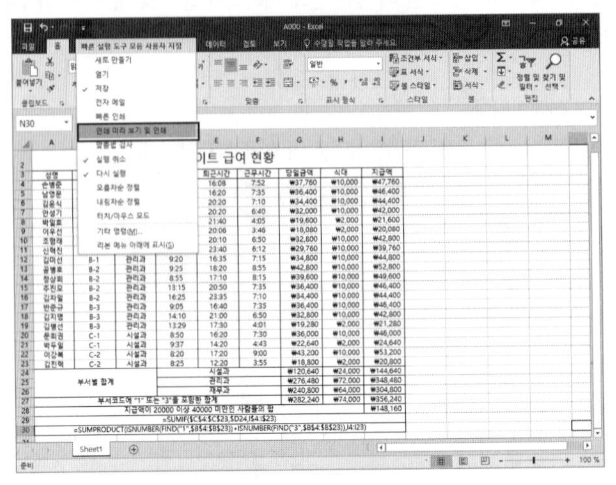

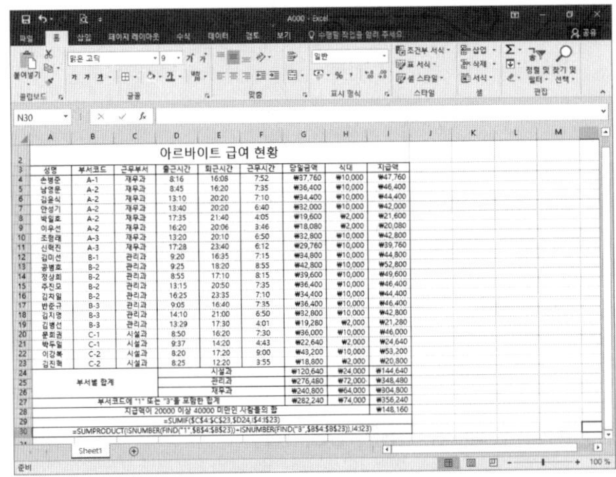

② [인쇄 미리 보기] 창에서 [페이지 설정]을 클릭하여 [페이지 설정] 대화상자–[여백] 탭에서 그림과 같이 여백을 설정한 뒤 [확인]을 클릭하여 설정을 적용한다.

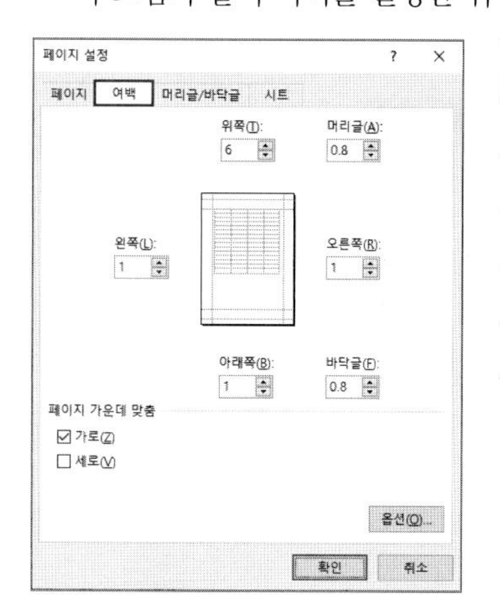

항목	값
위쪽	6
왼쪽	1
오른쪽	1
아래쪽	1
페이지 가운데 맞춤	가로

③ 여백 설정이 완료되면 인쇄 미리 보기 창의 왼쪽 위에 있는 화살표를 클릭한다.

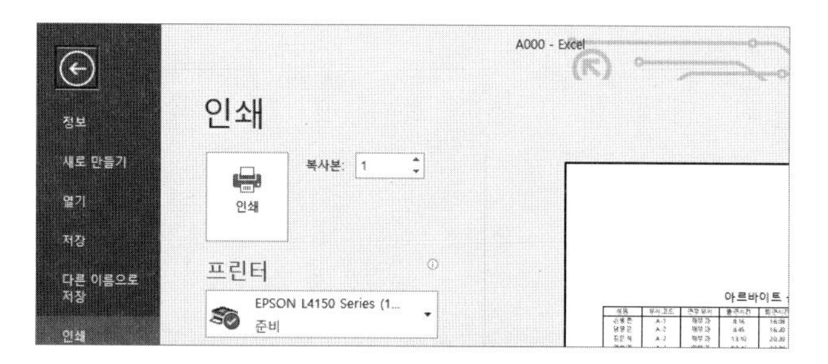

④ 워크시트로 돌아오면 I, J열 사이에 세로로 인쇄 경계선이 활성화되어 표시된다. 이 인쇄 경계선이 실제 페이지를 구분하는 선이다.

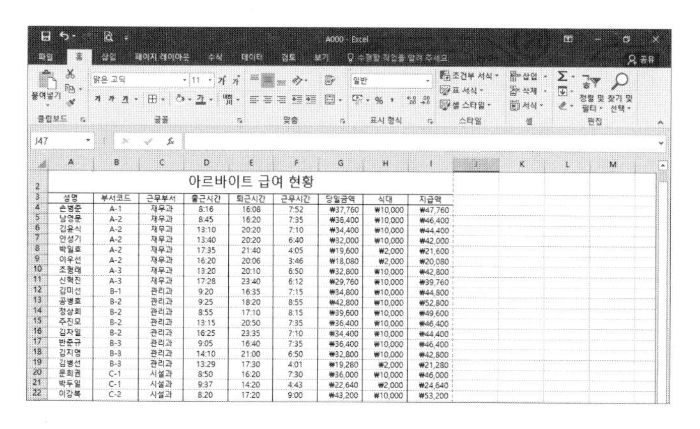

기적의 TIP

간혹 오피스 업데이트가 안 된 경우 '페이지 가운데 맞춤' 설정 시 작업 표가 한쪽으로 쏠리는 경우가 있습니다. 이 경우에는 '페이지 가운데 맞춤'을 해제합니다.

기적의 TIP

- 워크시트에서 작업 표가 좌측으로 몰려 있을 때는 열 폭을 적절히 조정합니다. 열 폭은 인쇄 경계선을 벗어나지 않도록 주의하여 조절합니다.
- 인쇄 경계선 다음 열은 다른 페이지에 출력됩니다.

> **기적의 TIP**
>
> 사무자동화산업기사 실기 시험에서 실제 출력은 문제 '2. 작업 표 형식'에서 표기된 값만을 1장에 인쇄합니다. '2. 작업 표 형식'에 있는 내용만 1장에 인쇄하기 위해서 인쇄 영역을 설정한 것입니다.

⑤ Ctrl을 누른 채로 마우스 스크롤을 당겨서 작업 표 전체가 표시되도록 설정한 뒤 인쇄 경계선만큼 마우스로 블록을 선택하고 [페이지 레이아웃] 탭-[인쇄 영역]-[인쇄 영역 설정]을 클릭하여 인쇄 영역을 설정한다.

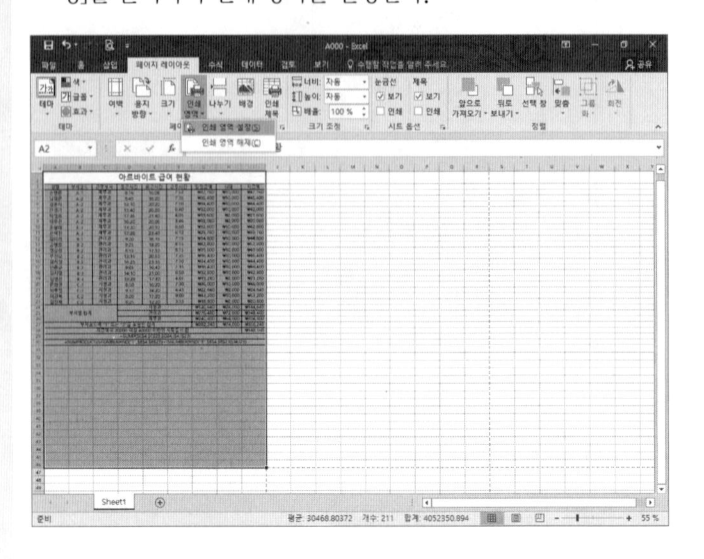

11 그래프 그리기

1. 그래프에 포함될 영역 분석하기

> 작성한 "아르바이트 급여 현황"에서 부서별로 당일금액과 지급액을 나타내는 그래프를 작성하시오.
>
> [작성 조건]
>
> 1) **그래프 형태** : 혼합형 단일축 그래프
>   지급액(묶은 세로 막대형), 당일금액(데이터 표식이 있는 꺾은 선형)
>   (단, 지급액과 당일금액 모두 데이터 레이블의 값이 표시되도록 하시오.)
> 2) **그래프 제목** : 부서별 지급 현황 ---(확대 출력, 제목에 밑줄)
> 3) **X축 제목** : 근무부서
> 4) **Y축 제목** : 금액
> 5) **X축 항목 단위** : 해당 문자열
> 6) **Y축 눈금 단위** : 최소 - 0, 최대 - 400,000, 주 단위 - 50,000
> 7) **범례** : 지급액, 당일금액
> 8) **출력물 크기** : A4 용지 1/2장 범위 내
> 9) **기타** : 작성 조건에 없는 형식이나 모양은 기본 설정값에 따르며, 그래프 너비는 작업 표에 맞추도록 하시오.

① 그래프 영역 조건은 부서별로 당일금액과 지급액을 이용하는 것이다. 문제를 오해해서 모든 부서의 당일금액과 지급액을 이용해야 한다고 생각할 수 있으나, 각 부서별로 당일금액과 지급액의 합계를 이용하라는 지시이다.

② 그래프 영역을 확인하기 위해서는 위의 문제처럼 두 부분을 확인해야 한다. 전체 조건과 X축 제목이 어떤 값인지 확인하도록 한다.

③ 그래프에 포함될 열을 정리하면 다음과 같다.

근무부서	당일금액	지급액
시설과	₩120,640	₩144,640
관리과	₩276,480	₩348,480
재무과	₩240,800	₩304,800

2. 그래프 작성하기

그래프 작성은 앞서 작업한 작업 표를 완성하고 정렬 및 작업 표 구성, 페이지 설정까지 완료된 후 작업한다. 각 지시사항에 따라 작업을 따라 하면서 기능을 익히도록 한다.

> **1) 그래프 형태** : 혼합형 단일축 그래프
> 지급액(묶은 세로 막대형), 당일금액(데이터 표식이 있는 꺾은 선형)
> (단, 지급액과 당일금액 모두 데이터 레이블의 값이 표시되도록 하시오.)

① [D33]을 선택하여 근무부서, 당일금액, 지급액을 차례로 입력하고, [D34]를 선택하여 행 방향으로 시설과, 관리과, 재무과를 차례로 입력한다. [G24:G26]을 마우스로 블록을 설정한 후, Ctrl을 누른 채로 [I24:I26] 범위를 선택한다. Ctrl+C를 눌러 복사한다.

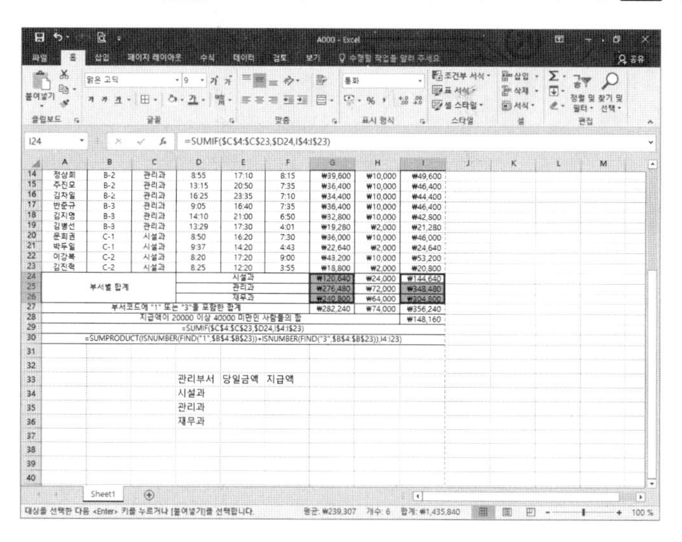

② [E34]를 클릭하여 Ctrl+V를 눌러 그래프에 들어갈 자료를 붙여 넣는다.

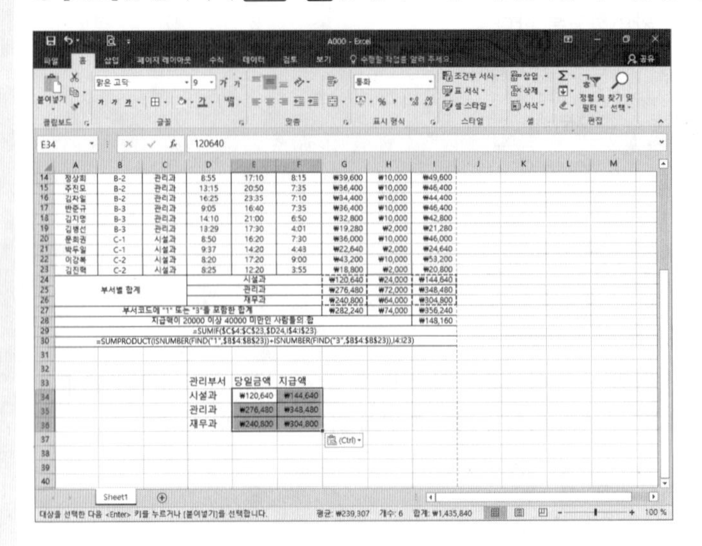

③ [D33:F36]을 범위 지정한 후, [삽입] 탭–[세로 막대형]–[2차원 세로 막대형]–[묶은 세로 막대형]을 클릭하여 차트를 삽입한다.

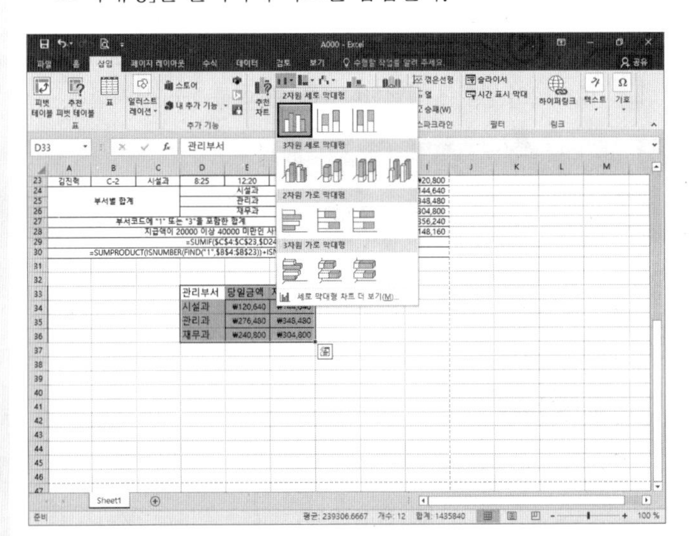

④ 차트를 선택한 채로 [디자인] 탭–[빠른 레이아웃]–[레이아웃 9]를 클릭하여 차트 제목, 가로/세로 축 이름, 범례를 표시한다.

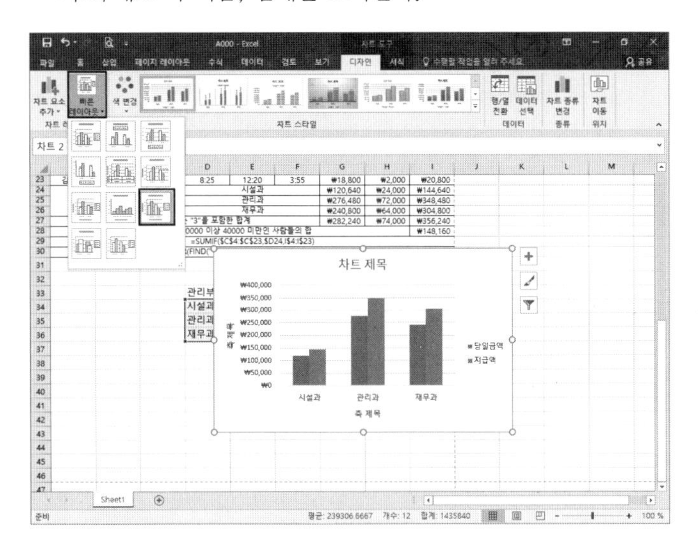

당일금액(데이터 표식이 있는 꺾은 선형)

⑤ 범례의 당일금액은 시간차를 두고 두 번 클릭하여 선택한 뒤 마우스 오른쪽 버튼을 클릭하여 바로가기 메뉴에서 [계열 차트 종류 변경]을 선택한다.

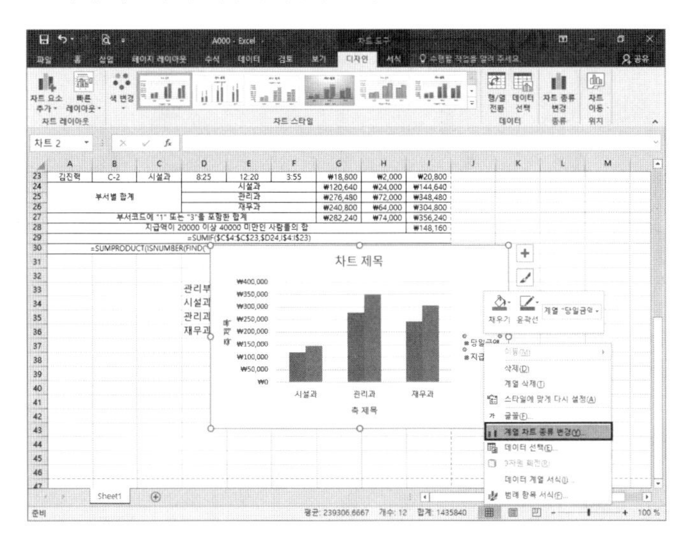

⑥ [차트 종류 변경] 대화상자에서 [모든 차트]–[콤보]를 선택한 후 '당일금액' 계열을 '표식이 있는 꺾은 선형'으로 선택하고 [확인]을 클릭하여 적용한다.

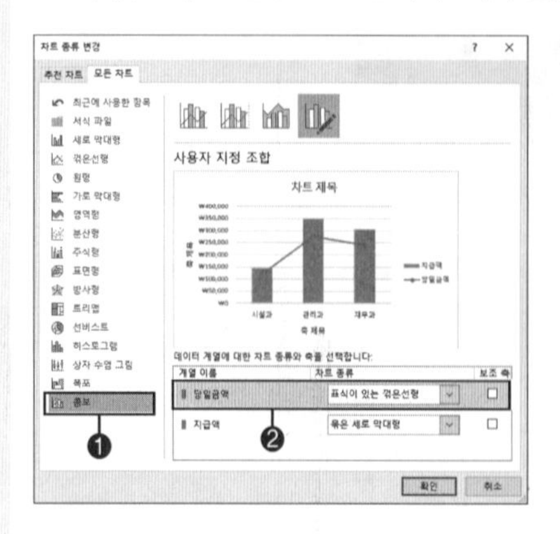

지급액과 당일금액 모두 데이터 레이블의 값이 표시되도록 하시오.

⑦ 지급액 계열을 클릭한 후, 마우스 오른쪽 버튼을 클릭하여 바로가기 메뉴에서 [데이터 레이블 추가]–[데이터 레이블 추가]를 차례로 선택한다. 같은 방식으로 당일금액에도 데이터 레이블을 추가한다.

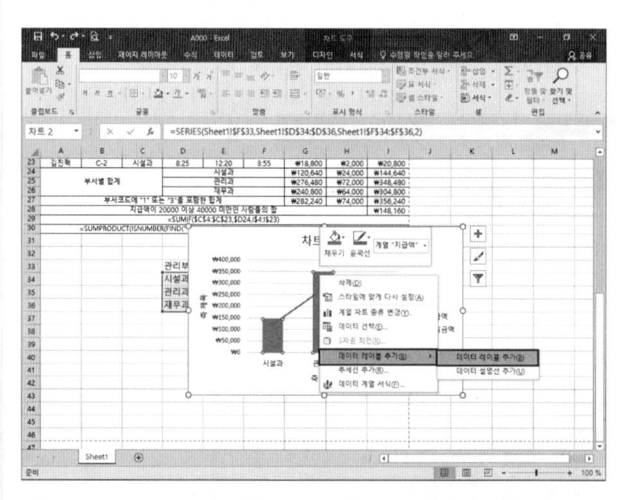

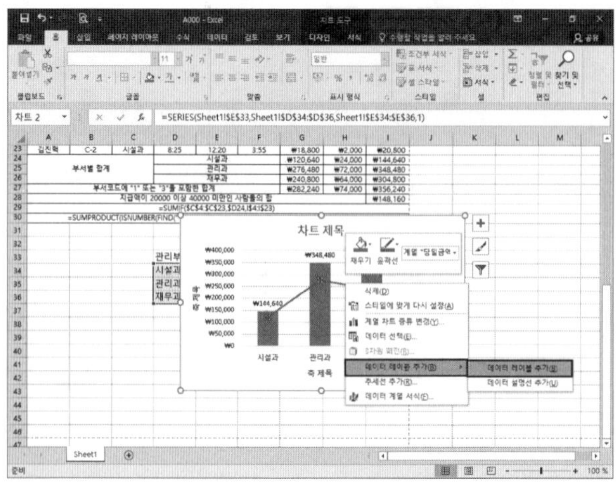

2) **그래프 제목** : 부서별 지급 현황 – – – (확대 출력, 제목에 밑줄)
3) **X축 제목** : 근무부서
4) **Y축 제목** : 금액
5) **X축 항목 단위** : 해당 문자열
6) **Y축 눈금 단위** : 최소 – 0, 최대 – 400,000, 주 단위 – 50,000

⑧ 차트 제목 영역을 마우스로 드래그한다.

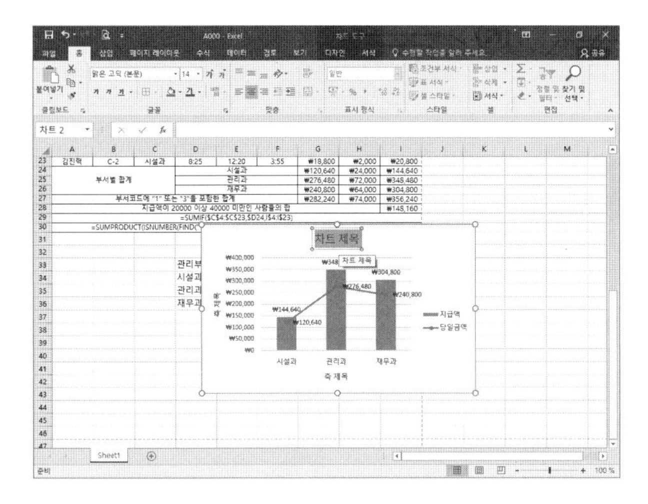

⑨ '부서별 지급 현황'을 제목에 입력한 후, 제목 상자 테두리를 마우스로 클릭하고 밑줄, 글꼴 크기는 16으로 변경한다.

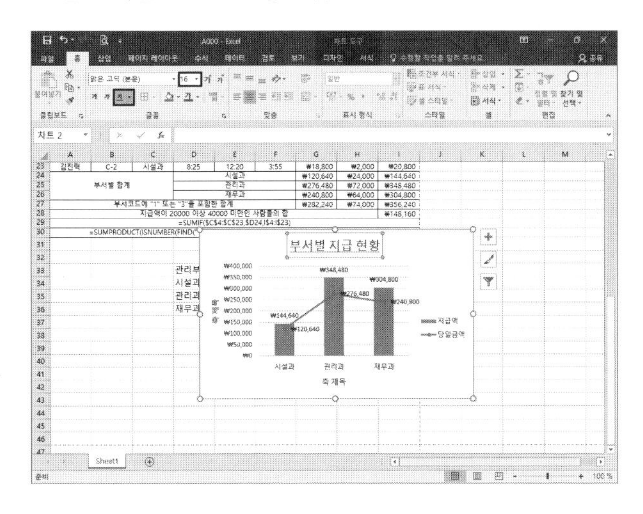

⑩ X축 제목(가로축 제목), Y축 제목(세로축 제목)도 같은 방법으로 입력한다.

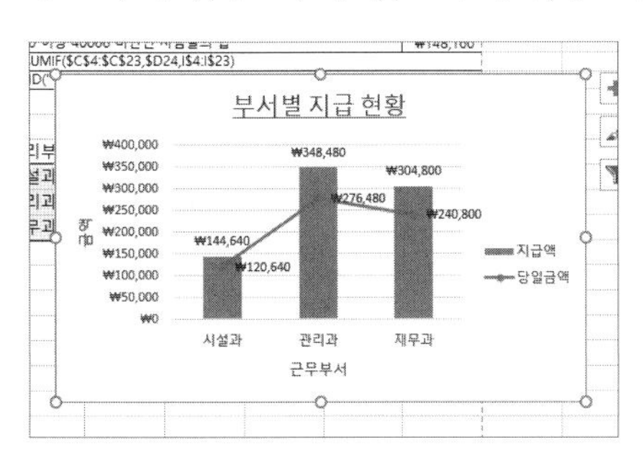

⑪ Y축 계열 값을 선택하고 마우스 오른쪽 버튼을 눌러 바로가기 메뉴에서 [축 서식]을 선택한다. [축 서식] 대화상자에서 그림과 같이 최소 - 0, 최대 - 400000, 주 단위 - 50000을 입력하고 창을 닫는다.

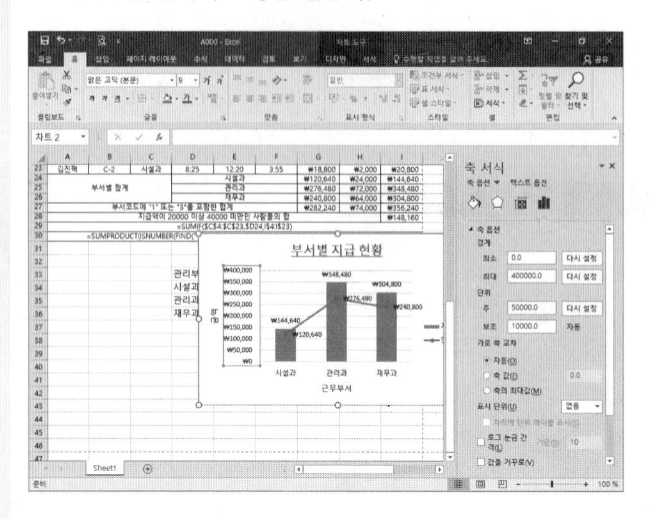

8) **출력물 크기** : A4 용지 1/2장 범위 내

9) **기타** : 작성 조건에 없는 형식이나 모양은 기본 설정값에 따르며, 그래프 너비는 작업 표에 맞추도록 하시오.

⑫ 마우스로 차트를 선택하고 드래그하여 작업 표 하단에 배치한다.

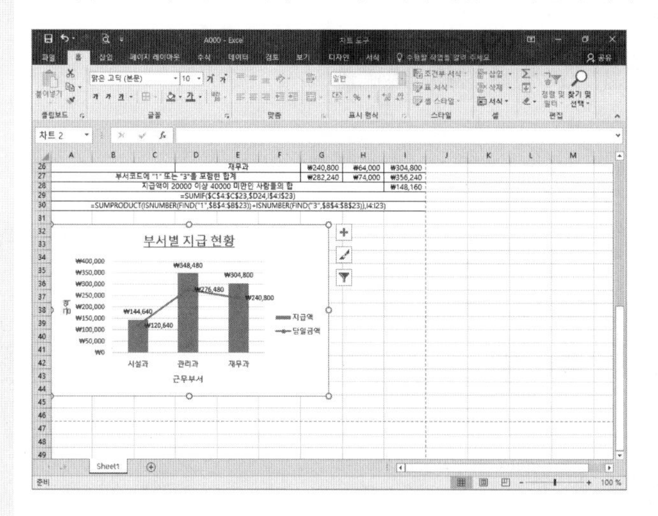

⑬ 차트를 선택하고 차트 오른쪽 하단의 모서리 크기 조절점을 마우스로 누른 채 드래그하여 인쇄 영역에 맞게 크기를 조정한다. 이때 [Alt]를 누른 채로 드래그하면 셀에 맞춰 크기가 조정된다.

기적의 TIP

차트를 마우스로 드래그할 때 [Alt]를 누른 채로 드래그하면 셀에 스냅이 맞게 이동됩니다. 만약 스냅이 안 되면 [Alt]를 한 번 놓았다가 다시 누르면 됩니다.

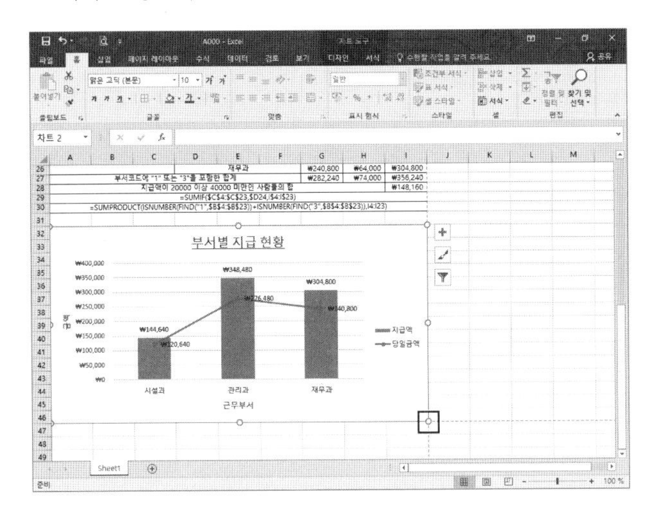

⑭ 차트 오른쪽 경계선을 왼쪽으로 살짝 드래그하여 경계선보다 작게 크기를 조정한다.

기적의 TIP

차트 크기를 줄이는 이유는 인쇄 시 인쇄 경계에 차트 크기가 맞게 되면 다음 페이지에 경계선이 출력되기 때문입니다. 하나의 팁이니 꼭 경계선보다 조금 작게 배치하세요.

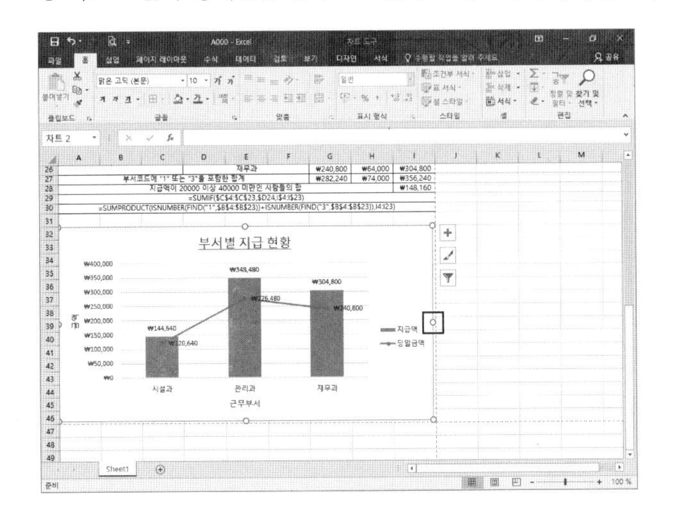

오피스 2007/2010 버전이 같이 설치된 경우의 시험장에서는 차트 하단을 딱 맞추어 출력하면 인쇄 미리 보기 상에서는 문제가 없지만 실제 출력하면 X축 이름까지 잘려 다음 페이지에 출력되는 경우가 있으니 경우에 따라 1/2행이 아니라 1행 정도 여백을 지정하는 것도 좋은 선택이 될 수 있습니다.

⑮ 차트 아래쪽도 인쇄 경계선보다 1/2행 정도 줄인다.

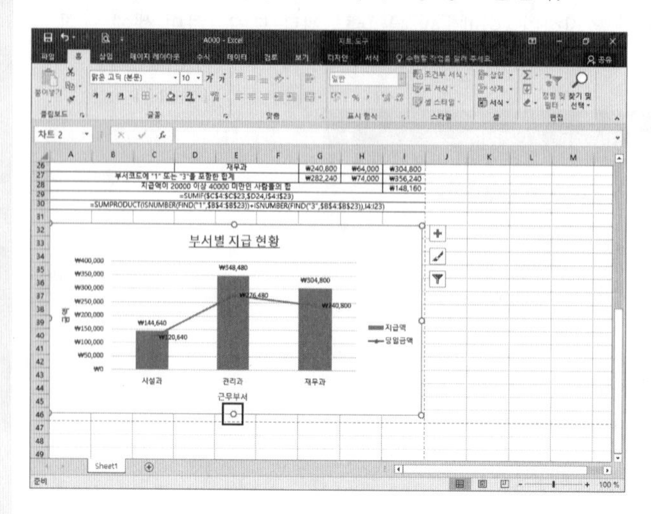

12 인쇄하기

시험장마다 인쇄방법에는 차이가 있다. [머리글 편집]/[바닥글 편집] 시 작업하는 내용 중 일부는 수기 작성을 요구하기도 한다.

① **머리글 편집** : [페이지 설정]–[머리글 편집]–각 구역에 요구하는 정보를 입력한다.

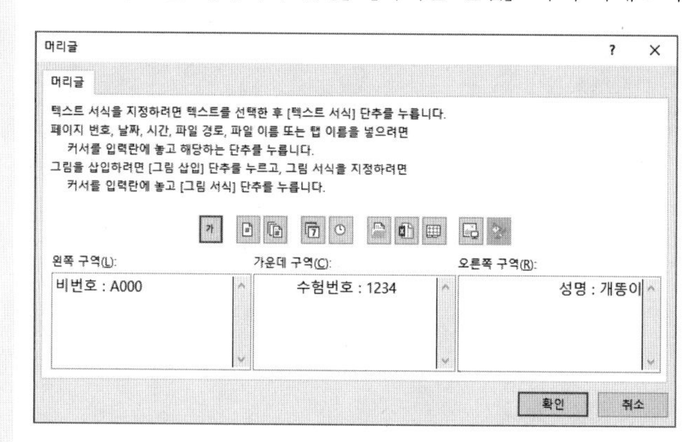

② 바닥글 편집 : [바닥글 편집]–가운데 구역에 출력물 페이지 번호 '4–1'을 입력한다.

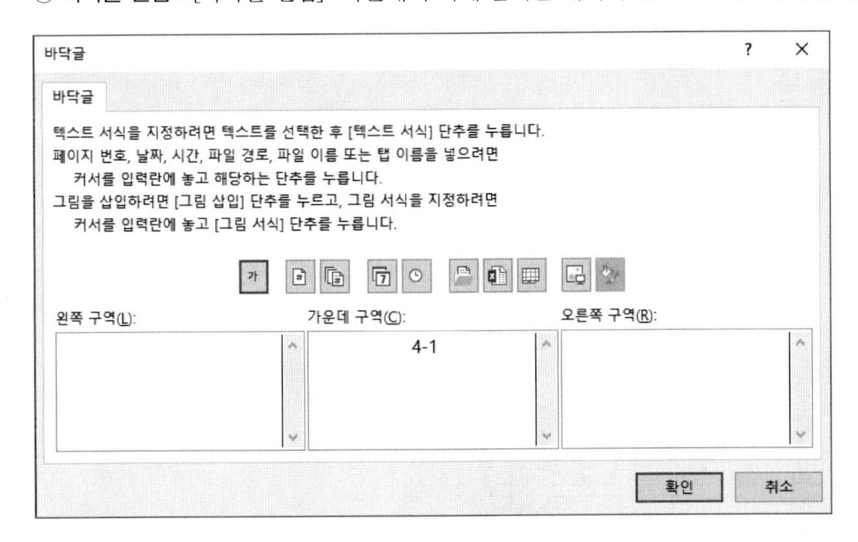

③ 인쇄 미리 보기 상태를 통해 정상적으로 표시되는지 확인한다.

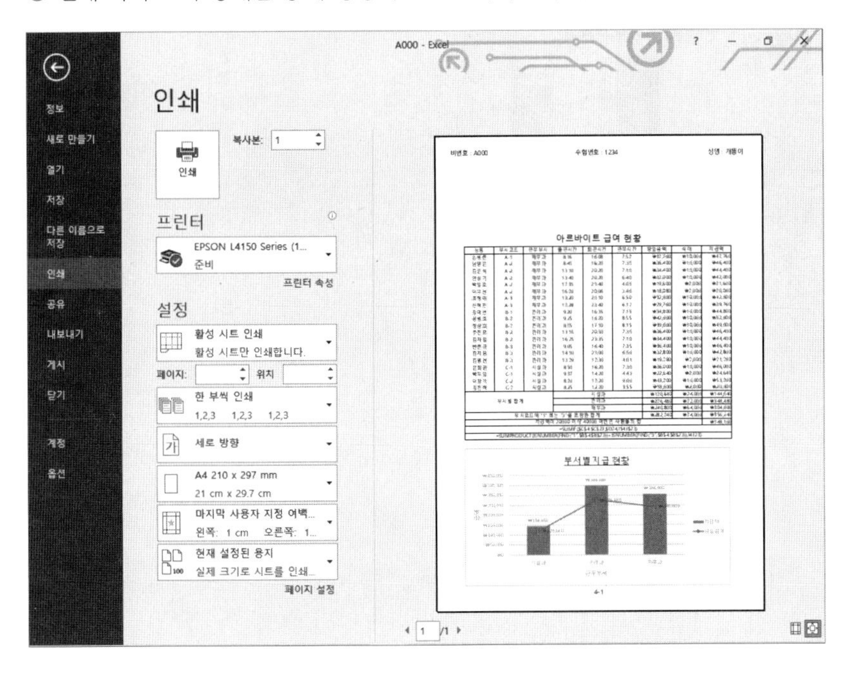

④ 인쇄 를 클릭하여 출력한다.

비번호 : A000　　수험번호 : 1234　　성명 : 개똥이

아르바이트 급여 현황

성명	부서코드	근무부서	출근시간	퇴근시간	근무시간	당일금액	식대	지급액
손병준	A-1	재무과	8:16	16:08	7:52	₩37,760	₩10,000	₩47,760
남영문	A-2	재무과	8:45	16:20	7:35	₩36,400	₩10,000	₩46,400
김윤식	A-2	재무과	13:10	20:20	7:10	₩34,400	₩10,000	₩44,400
안성기	A-2	재무과	13:40	20:20	6:40	₩32,000	₩10,000	₩42,000
박일호	A-2	재무과	17:35	21:40	4:05	₩19,600	₩2,000	₩21,600
이우선	A-2	재무과	16:20	20:06	3:46	₩18,080	₩2,000	₩20,080
조형래	A-3	재무과	13:20	20:10	6:50	₩32,800	₩10,000	₩42,800
신혁진	A-3	재무과	17:28	23:40	6:12	₩29,760	₩10,000	₩39,760
김미선	B-1	관리과	9:20	16:35	7:15	₩34,800	₩10,000	₩44,800
공병호	B-2	관리과	9:25	18:20	8:55	₩42,800	₩10,000	₩52,800
정상희	B-2	관리과	8:55	17:10	8:15	₩39,600	₩10,000	₩49,600
주진모	B-2	관리과	13:15	20:50	7:35	₩36,400	₩10,000	₩46,400
김차일	B-2	관리과	16:25	23:35	7:10	₩34,400	₩10,000	₩44,400
반준규	B-3	관리과	9:05	16:40	7:35	₩36,400	₩10,000	₩46,400
김지명	B-3	관리과	14:10	21:00	6:50	₩32,800	₩10,000	₩42,800
김병선	B-3	관리과	13:29	17:30	4:01	₩19,280	₩2,000	₩21,280
문희권	C-1	시설과	8:50	16:20	7:30	₩36,000	₩10,000	₩46,000
박두일	C-1	시설과	9:37	14:20	4:43	₩22,640	₩2,000	₩24,640
이강복	C-2	시설과	8:20	17:20	9:00	₩43,200	₩10,000	₩53,200
김진혁	C-2	시설과	8:25	12:20	3:55	₩18,800	₩2,000	₩20,800
부서별 합계			시설과			₩120,640	₩24,000	₩144,640
			관리과			₩276,480	₩72,000	₩348,480
			재무과			₩240,800	₩64,000	₩304,800
부서코드에 "1" 또는 "3"을 포함한 합계						₩282,240	₩74,000	₩356,240
지급액이 20000 이상 40000 미만인 사람들의 합								₩148,160
=SUMIF($C$4:$C$23,$D24,I$4:I$23)								
=SUMPRODUCT(ISNUMBER(FIND("1",$B$4:$B$23))+ISNUMBER(FIND("3",$B$4:$B$23)),I4:I23)								

PART

02

액세스(Access)

SECTION 01

출제 문제 유형 살펴보기

난이도 상 중 (하)
반복학습 1 2 3

핵심포인트 사무자동화산업기사 실기 시험 액세스 문제를 살펴보겠습니다. 어떤 식으로 출제되는지, 문제 지문은 어떤 식으로 표현되는지 확인하도록 합니다. 실기 시험은 종이 시험지로 수험생에게 제시되며 입력 자료를 직접 타이핑하여 입력하고 그 입력 자료를 이용하여 작업 표와 그래프를 작성하여 출력합니다.

01 자료 처리(DBMS) 작업

○○대학교는 출신 고등학교별 합격자 현황을 전산화하여 학적 관리 시스템을 개발하려고 한다. 다음의 입력 자료를 이용하여 조회 화면 설계와 조건에 따라 파일을 작성하고, 그 인쇄 출력물을 제출하시오.

01 입력 자료(DATA)

합격자 현황

학과코드	수험번호	출신고	지원자	점수
01	A-001	서울정보고	이재마	250
01	A-927	부산실업고	김준서	190
04	A-875	대전정보고	정지원	200
03	A-145	서울실업고	박은경	300
02	A-178	서울정보고	성미연	240
03	A-685	부산실업고	최현빈	180
03	A-147	대전정보고	김태영	150
02	A-021	서울실업고	박경호	160
04	A-168	부산실업고	윤민정	220
01	A-978	서울정보고	이지후	230
02	A-231	부산실업고	최준기	245
02	A-158	서울정보고	김민호	210
03	A-675	대전정보고	박잔디	284

학과코드표

학과코드	학과명
01	컴퓨터공학과
02	멀티미디어과
03	정보통신과
04	전기전자과

02 조회 화면(SCREEN) 설계

▶ 다음 조건에 따라 출신고에 "서울"이 포함되고 학과명이 "컴퓨터공학과"인 데이터를 조회할 수 있는 화면을 설계하고 해당 데이터를 출력하시오.

1) 학교현황은 목록 상자(리스트 박스)에 점수의 내림차순으로 출력한다.
2) 기타 사항은 [기타 조건]에 따라 처리한다.

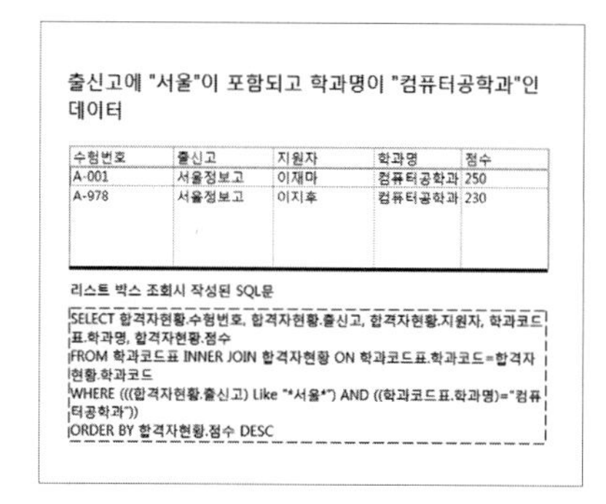
출신고에 "서울"이 포함되고 학과명이 "컴퓨터공학과"인 데이터

수험번호	출신고	지원자	학과명	점수
A-001	서울정보고	이재마	컴퓨터공학과	250
A-978	서울정보고	이지후	컴퓨터공학과	230

리스트 박스 조회시 작성된 SQL문

```
SELECT 합격자현황.수험번호, 합격자현황.출신고, 합격자현황.지원자, 학과코드표.학과명, 합격자현황.점수
FROM 학과코드표 INNER JOIN 합격자현황 ON 학과코드표.학과코드=합격자현황.학과코드
WHERE (((합격자현황.출신고) Like "*서울*") AND ((학과코드표.학과명)="컴퓨터공학과"))
ORDER BY 합격자현황.점수 DESC
```

03 자료 처리 파일(FILE) 작성

▶ 다음 처리조건에 따라 아래 양식과 같이 작성하시오.

[처리 조건]

1) 학과명(멀티미디어과, 전기전자과, 정보통신과, 컴퓨터공학과)별로 정리한 후 같은 학과명 안에서는 지원자의 오름차순으로 정렬(SORT)한다.
2) 1차 합격 : 점수가 200 이상이면 "합격", 200 미만이면 공백으로 표시한다.
3) 작성일자는 오늘 날짜(수검일자)로 한다.
4) 합계 : 출신고별 지원자 수, 1차 합격자 수, 합격률을 표시한다.
5) 총 합계 : 전체 지원자 수, 1차 합격자 수, 합격률을 표시한다.

[기타 조건]

1) 입력 화면 및 보고서의 제목은 '16' 정도의 임의 서체로 한다.
2) 모든 수치는 천 단위마다 ,(Comma)를 표시하고, 수치 계산 시 소수가 나오는 경우 소수 첫째자리에서 반올림하여 정수로 나타낸다. 단, 금액은 통화(₩) 기호를 표시하도록 한다.
3) 데이터의 열과 간격은 일정하게 맞춘다.

고등학교별 합격자 현황

작성일자 : YYYY-MM-DD

학과명	지원자	출신고	수험번호	점수	1차합격
멀티미디어과	XXX	XXX	XXX	XXX	XXX
합계: X명		1차합격자 수: X명		평균: XX점	합격률: XX%
전기전자과	XXX	XXX	XXX	XXX	XXX
합계: X명		1차합격자 수: X명		평균: XX점	합격률: XX%
정보통신과	XXX	XXX	XXX	XXX	XXX
합계: X명		1차합격자 수: X명		평균: XX점	합격률: XX%
컴퓨터공학과	XXX	XXX	XXX	XXX	XXX
합계: X명		1차합격자 수: X명		평균: XX점	합격률: XX%
총 합계: X명		1차합격자 수: X명		평균: XX점	합격률: XX%

02 요구 사항 vs 풀이 방법

사무자동화산업기사 실기 시험을 처음 준비하는 수험생이라면, 엑셀로 하는 표 계산 작업이나 파워포인트로 하는 시상 작업에 비해서 액세스로 하는 자료 처리 작업은 어떻게 해야 할지 어렵게 느껴질 수 있다. 다음 표의 설명은 자료 처리 작업의 요구 사항을 액세스의 어떤 기능을 이용해서 해결하는지 간단히 정리한 것이다.

문제의 요구 사항	액세스에서 풀이 방법
1. 입력 자료	**1. 테이블을 만들고 자료를 입력**
① 입력 자료의 표가 두 개인데요?	① 테이블을 두 개 작성합니다.
② 입력 자료의 항목이 학과코드, 수험번호 등으로 다른데 어떻게 하나요?	② 테이블에서 필드 이름으로 사용합니다.
③ 입력 자료의 종류가 글자, 숫자, 날짜 등으로 다른데 어떻게 하나요?	③ 각 필드의 데이터 형식을 텍스트, 숫자, 날짜 등으로 다르게 설정합니다.
2. 입력 화면 설계	**2. 폼을 만들고 디자인을 조정**
① 어떻게 입력 자료에 있는 값이 입력 화면에 표시될 수 있나요?	① 입력 자료를 저장한 테이블(또는 쿼리)을 데이터 원본으로 해서 폼을 작성합니다.
② 다른 테이블에 있는 학과명은 어떻게 표시하나요?	② 조정단가를 계산하는 쿼리를 작성해서 폼에 사용합니다.
3. 자료 처리 파일 작성	**3. 보고서를 만들고 디자인을 조정**
① 어떻게 입력 자료에 있는 값이 자료 처리 파일에 표시되나요?	① 입력 자료를 저장한 테이블(또는 쿼리)을 데이터 원본으로 해서 보고서를 작성합니다.
② 입력한 적이 없는 1차 합격을 어떻게 표시하나요?	② 1차 합격을 계산하는 쿼리를 작성해서 보고서에 사용합니다.
③ 어떻게 학과명을 구분해서 표시하나요?	③ 보고서 마법사의 그룹화 기능을 사용합니다.
④ 합계나 평균은 어떻게 구하나요?	④ 보고서 마법사의 요약 기능을 사용합니다.
⑤ 통화 기호나 천 단위 콤마는 어떻게 표시하나요?	⑤ 해당 값을 표시하는 컨트롤의 표시 형식을 조정합니다.

03 문제 풀이 과정

Ⅰ. 새 데이터베이스 작성

액세스를 실행해서 새 데이터베이스 파일을 만듭니다.

Ⅱ. 테이블 작성

- 새 테이블을 만듭니다.
- 필드 이름을 입력합니다.
- 각 필드의 데이터 형식을 지정합니다.
- 작업을 편리하게 하기 위해 각 필드의 속성을 조정합니다.
- 입력 자료를 입력합니다.

Ⅲ. 폼을 위한 쿼리 작성

- 새 쿼리를 만듭니다.
- 사용할 테이블을 정합니다.
- 사용할 필드를 테이블에서 선택합니다.
- 테이블에 없는 필드는 정해진 문법에 따라 직접 식을 입력합니다.
- 검색조건, 정렬기준을 설정합니다.

Ⅳ. 폼 작성

- 폼디자인을 이용하여 폼을 만듭니다.
- 폼 제목을 추가합니다.
- 위치와 크기를 문제처럼 조정합니다.
- 인쇄 여백을 조정합니다.

Ⅴ. 보고서를 위한 쿼리 작성

- 새 쿼리를 만듭니다.
- 사용할 테이블을 정합니다.
- 사용할 필드를 테이블에서 선택합니다.
- 테이블에 없는 필드는 정해진 문법에 따라 직접 식을 입력합니다.

Ⅵ. 보고서 작성

- 보고서 마법사를 사용하여 보고서를 만듭니다.
- 만들어진 쿼리를 사용할 데이터 원본으로 선택합니다.
- 보고서 마법사에서 구분 정리, 정렬, 합계, 평균을 어떻게 할지 정합니다.
- 위치와 크기를 문제처럼 조정합니다.
- 표시 형식을 조정합니다.
- 인쇄 여백을 조정합니다.

Ⅶ. 인쇄 출력물 제출

- 작업한 내용을 저장합니다.
- 작업한 파일을 인쇄 전용 컴퓨터에 가져갑니다.
- 액세스를 실행해서 작업한 데이터베이스를 불러옵니다.
- 폼을 열고 지정해 준 데이터로 이동해서 인쇄합니다.
- 보고서를 열고 인쇄합니다.
- 비번호, 수험번호, 성명을 수기로 기재합니다.
- 시험 위원에게 파일과 인쇄 출력물을 제출합니다.

SECTION 02

데이터베이스 만들기

난 이 도 상 중 (하)
반복학습 1 2 3

핵심포인트 사무자동화산업기사 실기 시험은 수험생이 직접 데이터를 입력해야 합니다. 오타를 입력하면 데이터 결과가 달라져 당락을 좌우할 수 있습니다. 또한 컴퓨터는 사람과 다르게 데이터 입력에서 형식을 맞춰 줘야 하는 경우가 있습니다. 사소한 내용이지만 시험에 실격당하는 가장 큰 원인 중 하나이니 데이터 입력 시 주의하시기 바랍니다.

01 액세스 시작하기

① 윈도우 화면 좌측 모서리의 시작 아이콘을 클릭–[Microsoft Office]–[Microsoft Access]를 클릭하여 액세스를 실행한 후 [새 데스크톱 데이터베이스]를 선택한다.

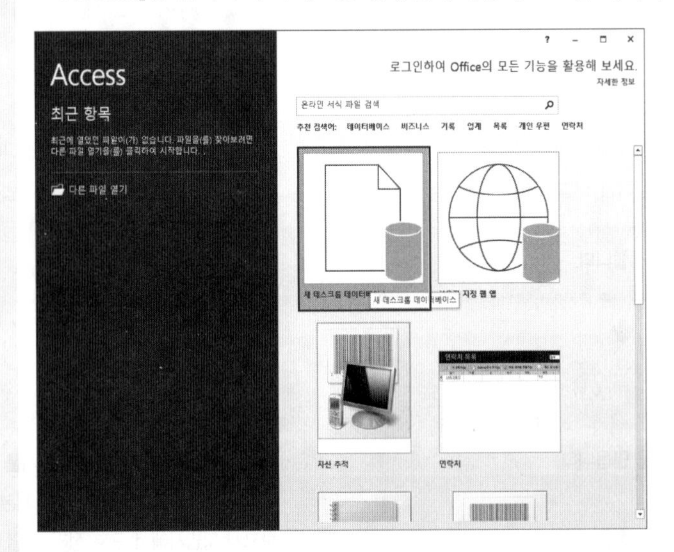

② 기본 생성되는 테이블1을 그림과 같이 [테이블] 탭 – 마우스 우클릭 – [닫기]를 눌러 닫는다.
③ [파일] 탭을 클릭한다.

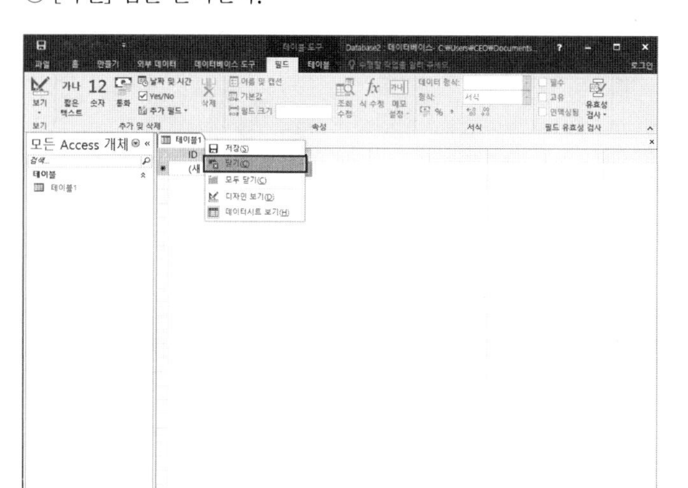

④ [다른 이름으로 저장]–[다른 이름으로 데이터베이스 저장]–[다른 이름으로 저장]을 클릭한다.

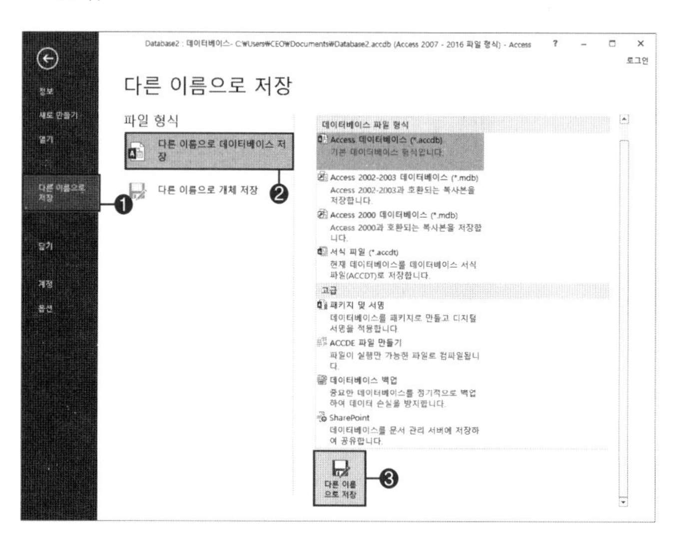

> **기적의 TIP**
> 기본 생성 테이블에는 ID 기본키가 설정되어 있어 사용하지 않습니다.

⑤ [다른 이름으로 저장] 대화상자에서 Excel 작업 시 바탕화면에 생성한 폴더 [A216]으로 이동한다.

⑥ [파일 이름] 항목에 'A216'을 입력하고 [저장]을 클릭하여 파일을 저장한다.

기적의 TIP

폴더 이름과 파일 이름은 시험장에서 부여되는 비번호(시험장 좌석 번호)입니다. 시험장에서 제시되니 시험장에서 제시된 번호로 폴더와 파일 이름을 설정합니다.

⑦ [만들기]를 클릭하여 새 데이터베이스를 생성한다.

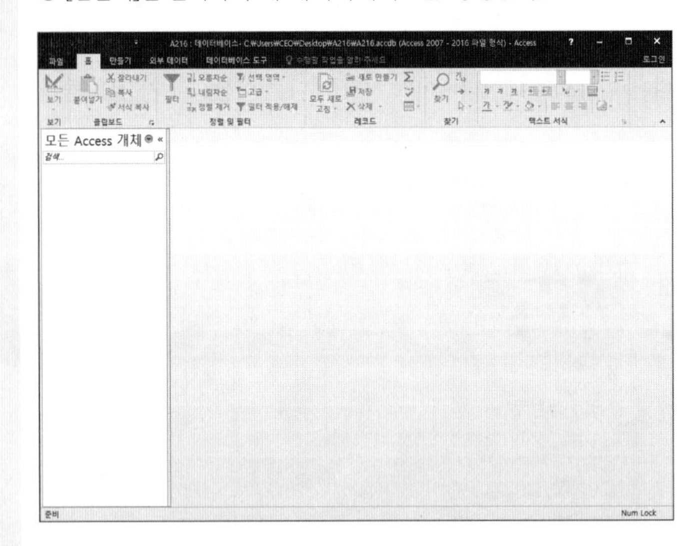

더 알기 TIP

각 프로그램별 차이점

구분	액세스	엑셀, 파워포인트
새 파일을 만들 때	새 파일을 저장한 후에 작업을 시작할 수 있다.	새 파일을 저장하지 않고 작업을 시작할 수 있다.
데이터(값)를 수정했을 때	Enter를 누르는 순간 변경된 데이터는 파일에 저장된다.	저장(💾)을 선택해야 저장된다.
변경된 내용을 저장할 때	현재 작업 중인 한 개의 변경된 디자인만 파일에 저장된다.	모든 시트(슬라이드)의 변경된 데이터와 디자인이 모두 파일에 저장된다.

SECTION 03

테이블 만들기

난이도 상 중 하
반복학습 1 2 3

핵심포인트 입력 자료를 저장하기 위해서는 테이블이 반드시 필요합니다. 테이블에 데이터를 입력하고 그 데이터를 이용하여 폼과 보고서를 만드는 것으로 액세스에서 가장 중요한 작업입니다. 테이블에서 필드 속성과 데이터형식을 정확히 지정하고, 오타 없이 데이터를 입력해야만 폼과 보고서를 정확히 만들 수 있습니다.

01 문제 분석 – 입력 자료

문제에 나온 입력 자료의 표 한 개마다 각각 한 개의 테이블을 만들어야 한다.

합격자 현황

학과코드	수험번호	출신고	지원자	점수
01	A–001	서울정보고	이재마	250
01	A–927	부산실업고	김준서	190
04	A–875	대전정보고	정지원	200
03	A–145	서울실업고	박은경	300
02	A–178	서울정보고	성미연	240
03	A–685	부산실업고	최현빈	180
03	A–147	대전정보고	김태영	150
02	A–021	서울실업고	박경호	160
04	A–168	부산실업고	윤민정	220
01	A–978	서울정보고	이지후	230
02	A–231	부산실업고	최준기	245
02	A–158	서울정보고	김민호	210
03	A–675	대전정보고	박잔디	284

필드 / 두 번째 레코드 / 네 번째 레코드 / 수험번호 필드

학과코드표

학과코드	학과명
01	컴퓨터공학과
02	멀티미디어과
03	정보통신과
04	전기전자과

더 알기 TIP

필드와 레코드

- 필드는 테이블에서 열(세로)을 의미합니다. 합격자 현황 테이블은 학과코드, 수험번호, 출신고, 지원자, 점수 필드로 구성되어 있으며, '학과코드' 필드는 '01', '02', '03', '04'라는 데이터를 가지고 있습니다.
- 레코드는 테이블에서 행(가로)입니다. 합격자 현황 테이블에는 총 13개의 레코드가 있으며, 첫 번째 레코드는 '01', 'A–001', '서울정보고', '이재마', '250'이라는 데이터를 가지고 있습니다.

02 첫 번째 테이블 만들기

01 새 테이블 만들기

[만들기] 탭에서 [테이블] 그룹-[테이블 디자인]을 차례로 선택한다.

02 테이블 디자인

① 필드 이름 입력 : [필드 이름]에 문제에서 지정한 각 입력 자료 항목의 이름을 직접 입력해 필드를 추가한다.

② 데이터 형식 선택 : [데이터 형식]을 선택하면 오른쪽에 나타나는 '콤보 단추'를 눌러 데이터 형식을 선택한다.

기적의 TIP

학과코드는 숫자인데 왜 '텍스트'로 설정하나요?

'01'처럼 앞에 '0'을 붙이려면 '텍스트'로 설정해야 합니다.

테이블1

필드 이름	데이터 형식	설명(옵션)
학과코드	짧은 텍스트	

③ 필드 이름과 데이터 형식을 다음과 같이 설정한다.

필드 이름	데이터 형식	비고
학과코드	텍스트	글자는 텍스트 데이터 형식
수험번호	텍스트	
출신고	텍스트	
지원자	텍스트	
점수	숫자	점수 등은 숫자 데이터 형식

기적의 TIP

액세스에서 데이터 형식은 매우 중요합니다. 데이터 형식을 잘못 지정하면 쿼리, 폼, 보고서에서 오류가 발생할 수 있습니다. 시험장에서 이런 오류는 시간 잡아먹는 귀신입니다. 테이블 작업 시 데이터 형식을 맞게 설정해 주세요.

테이블1

필드 이름	데이터 형식	설명(옵션)
학과코드	짧은 텍스트	
수험번호	짧은 텍스트	
출신고	짧은 텍스트	
지원자	짧은 텍스트	
점수	숫자	

더 알기 TIP

데이터 형식

콤보 상자에 표시된 여러 가지 데이터 형식 중에서 시험에서 사용하는 데이터 형식은 다음과 같습니다.

데이터 형식	용도	예
텍스트	• 글자 • 계산할 필요가 없는 숫자(고정자리숫자, 전화번호 등)	대한민국 001, 002 02-768-1234
숫자	• 계산할 필요가 있는 숫자 • 계산할 필요는 없지만 1, 2, 3 순서대로 정렬할 필요가 있는 숫자	38 1,234 5%
날짜/시간	날짜와 시간	12-10-02 2012/3/5
통화	금액을 표시하는 숫자	₩1,230 ₩100

④ 필드 속성을 다음과 같이 조정한다.

필드 이름	필드 속성
학과코드	
수험번호	❶ 입력마스크 : ₩A-999 ❷ IME 모드 : [영숫자 반자]
출신고	
지원자	
점수	❸ 필드 크기 : [정수(Long)]

기적의 TIP

• IME 모드를 사용할 경우 꼭 [영숫자 반자]를 사용하세요. IME 모드는 [한/영] 전환을 하지 않고 설정된 언어로 바로 입력 가능한 기능을 제공합니다.
• 입력 마스크는 설정하지 않아도 됩니다. 이론적인 것을 알려 드린 것일 뿐 사무자동화 실기에서는 사용하지 않아도 되는 기능입니다.

❶ 입력 마스크

• 수험번호 필드에 데이터를 입력할 때 항상 앞에 'A-'가 입력되어야 하므로, 필드 속성에 [입력 마스크]를 지정하여 자동으로 'A-'가 표시되게 하면 입력하기 편하다.
• 입력 마스크를 사용하여 데이터를 특정 형식으로만 입력할 수 있으므로, 날짜 필드에 전화번호를 입력하는 것과 같이 잘못된 데이터를 입력하지 못 하도록 하는 데 유용하다. 또한 데이터를 일관된 방식으로 입력할 수 있도록 한다.

문자	의미	예	허용되는 값 예	참고
0	숫자(반드시 입력해야 함)	000-0000	123-4567	자리수를 반드시 입력해야 함
9	숫자(입력하지 않아도 됨)	999-0000	123-4567 23-4567-4567	자리수를 입력하지 않아도 됨
L	문자(반드시 입력해야 함)	L-00	K-34	문자 한 글자와 숫자 2개를 입력해야 함
₩	바로 다음 문자를 그대로 표시	₩A-99	A-12	제일 앞에 'A-'를 자동으로 입력함

• 입력 마스크 문자 참조

일반	조회
필드 크기	255
형식	
입력 마스크	₩A-999
캡션	
기본값	
유효성 검사 규칙	
유효성 검사 텍스트	
필수	아니요
빈 문자열 허용	예
인덱스	아니요
유니코드 압축	예
IME 모드	영숫자 반자
문장 입력 시스템 모드	없음
스마트 태그	

❷ IME 모드

데이터를 입력할 때 영문을 먼저 입력하는 필드에서는 IME 모드를 [영숫자 반자]로 조정한다. 데이터를 입력할 때 저절로 [영문 입력기 상태]로 바뀌므로 편리하다.

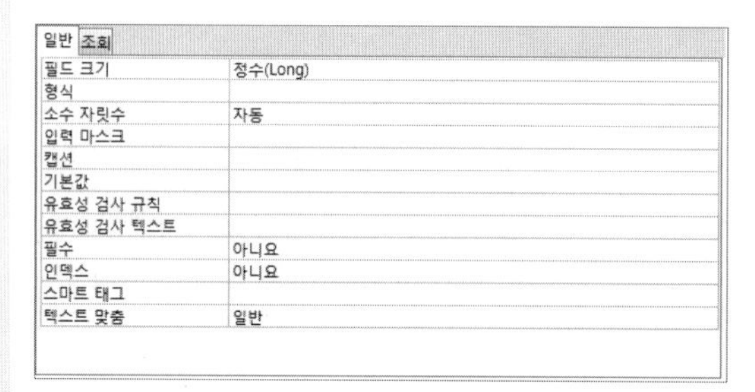

❸ 필드 크기

• 숫자 데이터 형식으로 지정된 필드는 요구 조건에 따라 [필드 크기]를 조정할 필요가 있다.
• 소수 아랫자리 계산이 필요하지 않는 필드는 [정수(Long)], 백분율처럼 소수 아랫자리 계산이 필요한 필드는 [실수(Double)]를 선택한다.

일반	조회
필드 크기	정수(Long)
형식	
소수 자릿수	자동
입력 마스크	
캡션	
기본값	
유효성 검사 규칙	
유효성 검사 텍스트	
필수	아니요
인덱스	아니요
스마트 태그	
텍스트 맞춤	일반

숫자 유형	필드 크기
250	정수(Long)
50%	실수(Double)
0.5	실수(Double)

기적의 TIP

[입력 마스크] 설정이 어렵게 느껴진다면 [입력 마스크] 설정을 하지 않고, 데이터를 모두 입력해도 됩니다. [입력 마스크]는 데이터 입력을 편리하게 할 수 있는 선택사항일 뿐 필수는 아닙니다.

기적의 TIP

[IME 모드]에서 입력기는 [한글], [영숫자 반자] 중에서만 선택합니다. [한글 전자], [영숫자 전자]를 선택하면 입력 화면과 자료 처리 파일에서 엉뚱한 오류가 발생될 수 있습니다.

기적의 TIP

액세스에서는 백분율(%) 입력이 안 됩니다. 만약 75%를 입력해야 할 경우에는 필드 크기를 [실수(Double)]로 지정한 후, 데이터를 '0.75'로 입력해야 합니다.

03 테이블 저장 및 데이터 입력

① 테이블 디자인 우측 상단에 ['테이블1' 닫기]를 클릭한다.

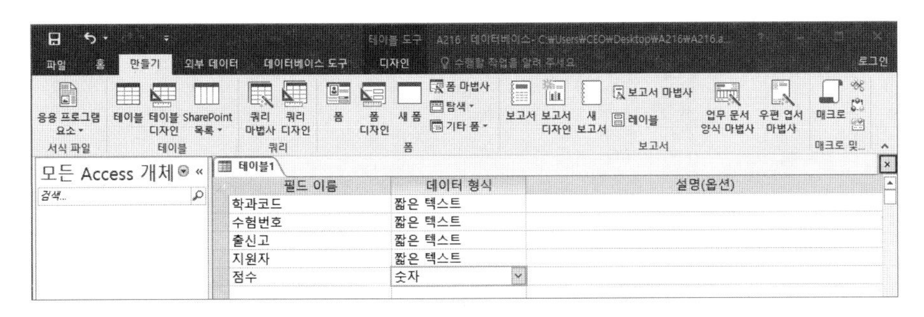

② 테이블의 디자인에서 '테이블 '테이블1'의 디자인에서 변경한 내용을 저장하시겠습니까?' 메시지가 뜨면 [예]를 클릭한다.

③ [다른 이름으로 저장] 대화상자에서는 테이블 이름을 지정한다. 테이블 이름은 제시된 작업표 이름대로 작성해도 되고 임의로 작성해도 된다.

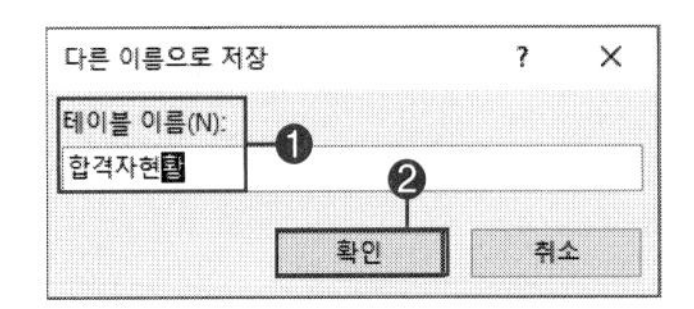

④ [기본 키를 정의하지 않았습니다.] 대화상자에서는 [아니요]를 선택한다. 기본 키를 지정할 경우 해당 필드 기준으로 자동 오름차순 정렬되므로 지정하지 않는다.

기적의 TIP

기본 키는 테이블이 2개일 때 두 테이블을 연결하기 위한 기준이 됩니다. 즉, 첫 번째 테이블에는 기본 키를 지정하지 않고, 두 번째 테이블에 기본 키를 설정해야 합니다. 첫 번째 테이블은 기본 키 지정하지 마세요.

⑤ 테이블 저장이 완료되면 좌측 탐색창에 테이블이 표시되는데 테이블을 더블 클릭하여 실행한다.

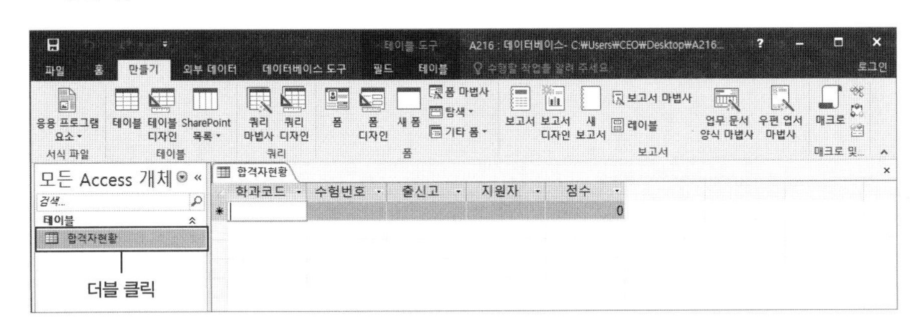

기적의 TIP

- 데이터를 입력하고 Enter 를 누르면 커서가 바로 옆의 필드로 이동하여 레코드(가로)별로 입력할 수 있습니다.
- 데이터를 입력 후 아래쪽 방향키를 이용하여 필드(세로)별로 입력할 수 있습니다.
- 입력 자료는 필드별로 입력하는 것이 시간 절약됩니다.

⑥ 방향키와 Enter 를 사용하여 필드 사이를 이동하면서 문제에서 제시한 입력 자료를 입력한다. 입력한 자료는 입력과 동시에 자동으로 저장된다.

합격자현황

학과코드	수험번호	출신고	지원자	점수
01	A-001	서울정보고	이재마	250
01	A-927	부산실업고	김준서	190
04	A-875	대전정보고	정지원	200
03	A-145	서울실업고	박은경	300
02	A-178	서울정보고	성미연	240
03	A-685	부산실업고	최현빈	180
03	A-147	대전정보고	김태영	150
02	A-021	서울실업고	박경호	160
04	A-168	부산실업고	윤민정	220
01	A-978	서울정보고	이지후	230
02	A-231	부산실업고	최준기	245
02	A-158	서울정보고	김민호	210
03	A-675	대전정보고	박잔디	284
*				0

03 두 번째 테이블 만들기

01 새 테이블 만들기

[만들기] 탭–[테이블] 그룹–[테이블 디자인]을 클릭하여 테이블을 새로 생성한다.

02 테이블 디자인

① [필드 이름]에 문제에서 제시한 각 입력 자료 항목을 직접 입력하며 필드를 추가하고, 해당 필드에 맞는 데이터 형식을 선택한다.

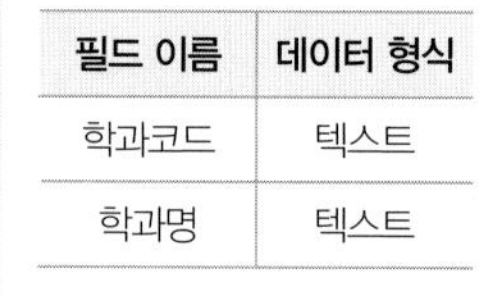

필드 이름	데이터 형식
학과코드	텍스트
학과명	텍스트

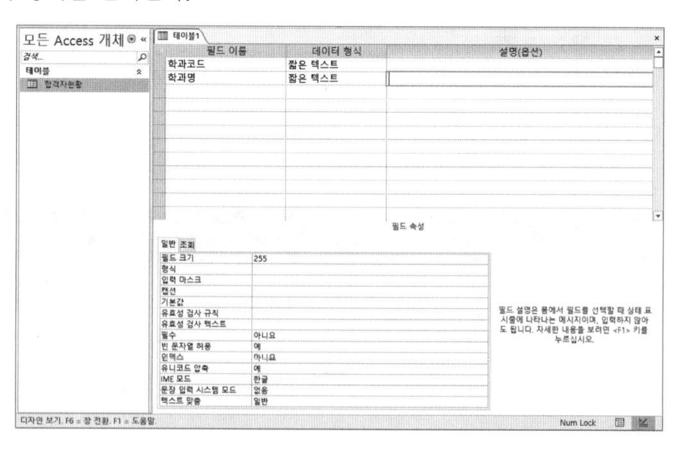

② 기본 키 지정 : [학과코드] 필드를 선택하고 마우스 오른쪽 버튼을 눌러 '기본 키'를 지정한다.

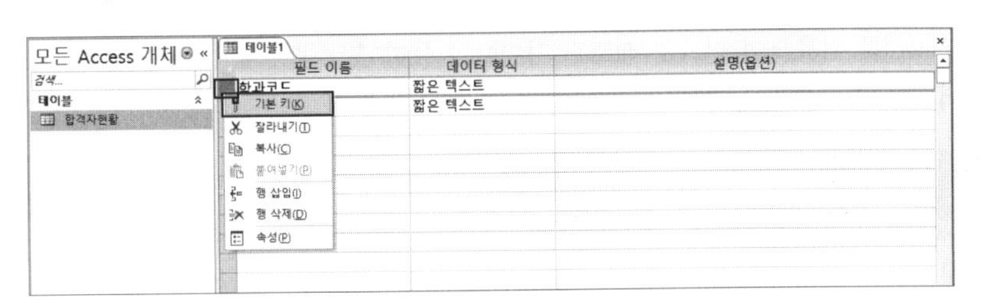

기본 키 지정은 리본 메뉴에서 설정해도 됩니다.

③ ['테이블1' 닫기](×) 버튼을 클릭하고 저장 대화상자에서 [예]를 클릭하고 [다른 이름으로 저장] 대화상자에서 테이블 이름을 지정한다. 테이블 이름은 임의로 지정해도 된다.

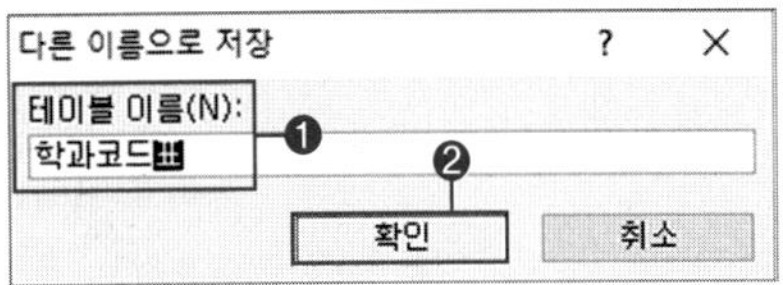

더 알기 TIP

탐색창 유형별 정리하기

액세스 창 좌측의 탐색 창을 보면 아래 그림처럼 좌측의 '테이블 및 관련 보기'로 설정된 화면과 우측의 '개체 유형' 보기 형태가 있습니다. 추후 폼이나 보고서를 분리해 보기 위해서 우측 '개체 유형' 보기로 설정하는 것이 작업하기에 좋습니다.

▶ 테이블 및 관련 보기

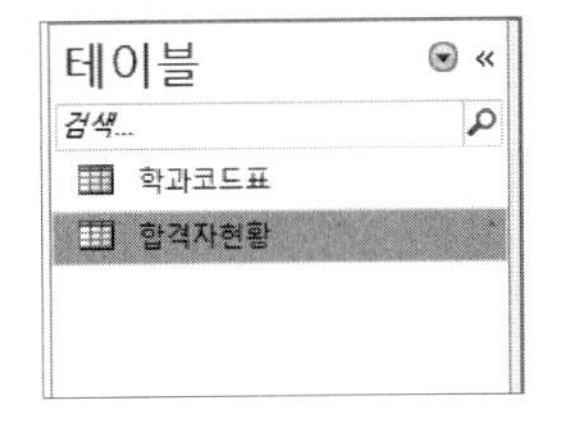

▶ 개체 유형

변경 방법은 아래 그림처럼 탐색창 구분 콤보 버튼을 클릭하여 선택하면 됩니다.

▶ 콤보 버튼 클릭

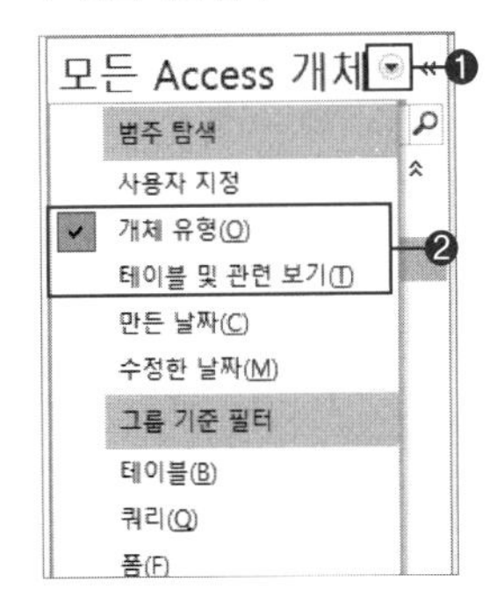

03 테이블 저장 및 데이터 입력

① 좌측 탐색창의 [학과코드표] 테이블을 더블 클릭하여 실행한다.

② 방향키와 Enter 를 이용하여 필드와 레코드 사이를 이동하면서 문제에서 준 입력 자료를 입력하고 테이블을 모두 닫는다.

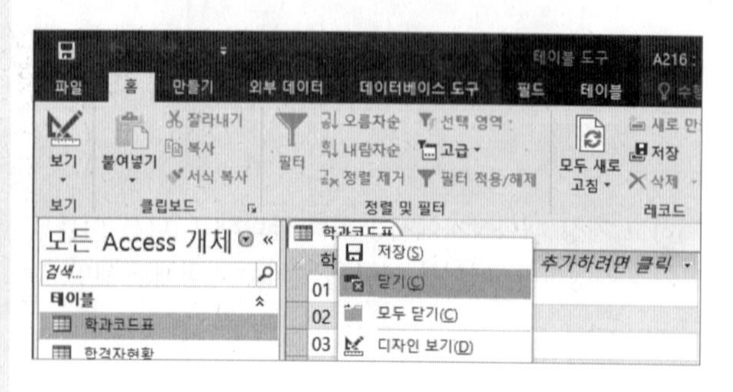

더 알기 TIP

계산할 필요가 없지만 숫자 데이터 형식으로 지정해야 하는 경우

① 아래 데이터를 회원 번호의 오름차순으로 정렬해서 표시할 경우를 생각해 보겠습니다.

회원 번호	회원 이름
1	강감찬
11	이순신
10	권율
2	을지문덕

② 상식적으로 예상하는 결과는 다음과 같을 것입니다.

회원 번호	회원 이름
1	강감찬
2	을지문덕
10	권율
11	이순신

③ 하지만 회원 번호 필드가 텍스트 데이터 형식인 경우 오름차순 정렬 결과는 다음과 같습니다.

회원 번호	회원 이름
1	강감찬
10	권율
11	이순신
2	을지문덕

④ 텍스트 데이터 형식일 경우 글자를 한 개 한 개 비교하기 때문에 '10'과 '11'이 '2'보다 먼저 오게 됩니다. 이런 경우에는 회원 번호가 계산에 사용되는 숫자가 아니지만, 회원 번호를 숫자 데이터 형식으로 지정해야만 합니다.

더 알기 TIP

필드 속성

데이터 형식에 따라 필드에 저장할 수 있는 값의 종류가 달라집니다.

▶ 데이터 형식에 따른 필드 속성

[텍스트]

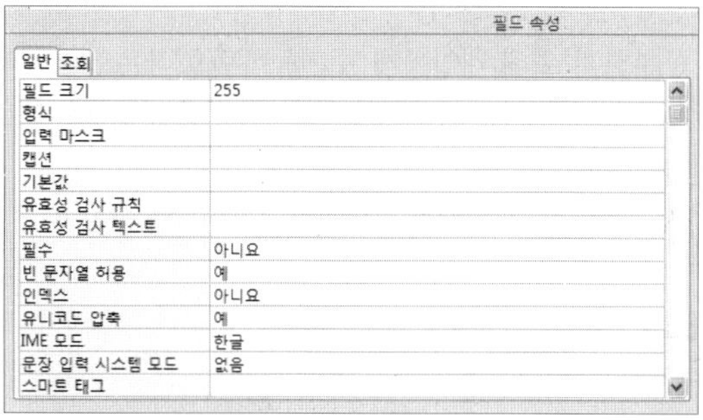

필드 속성

일반 | 조회

필드 크기	255
형식	
입력 마스크	
캡션	
기본값	
유효성 검사 규칙	
유효성 검사 텍스트	
필수	아니요
빈 문자열 허용	예
인덱스	아니요
유니코드 압축	예
IME 모드	한글
문장 입력 시스템 모드	없음
스마트 태그	

[숫자]

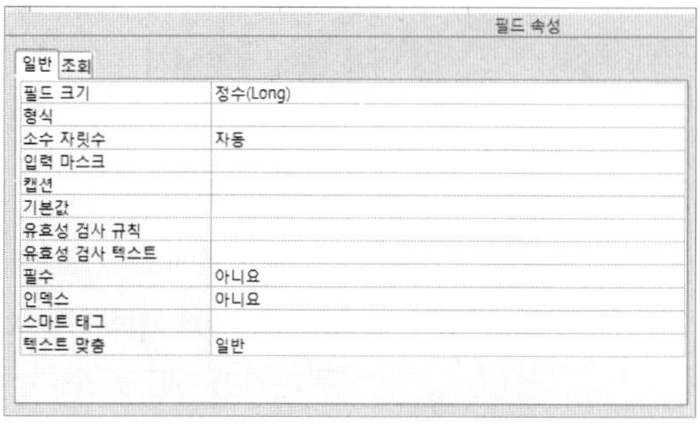

필드 속성

일반 | 조회

필드 크기	정수(Long)
형식	
소수 자릿수	자동
입력 마스크	
캡션	
기본값	
유효성 검사 규칙	
유효성 검사 텍스트	
필수	아니요
인덱스	아니요
스마트 태그	
텍스트 맞춤	일반

[날짜/시간]

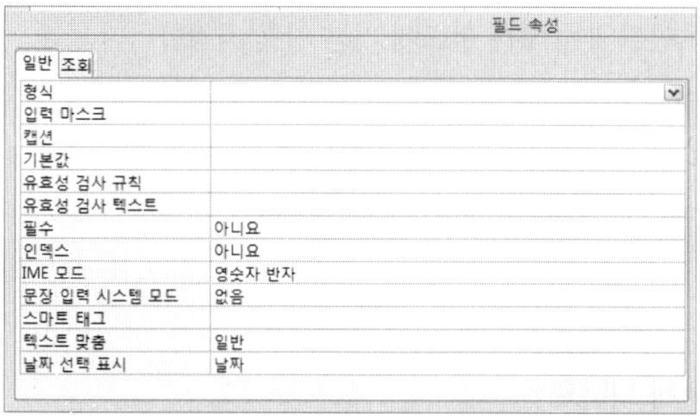

필드 속성

일반 | 조회

형식	
입력 마스크	
캡션	
기본값	
유효성 검사 규칙	
유효성 검사 텍스트	
필수	아니요
인덱스	아니요
IME 모드	영숫자 반자
문장 입력 시스템 모드	없음
스마트 태그	
텍스트 맞춤	일반
날짜 선택 표시	날짜

▶ 필드 속성

속성 이름	데이터 형식	비고
필드 크기	텍스트	입력할 수 있는 최대 글자 수, 기본값은 255
	숫자	• **정수(Long)** : 소수 아랫자리 계산을 할 수 없음 • **실수(Double)** : 소수 아랫자리 계산을 할 수 있음
형식	숫자, 통화	• **통화** : 천 단위구분기호 ,(Comma)와 원화 표시(₩) • **표준** : 천 단위구분기호 ,(Comma) 표시 • **고정** : 천 단위구분기호 ,(Comma) 표시 안 함 • **백분율** : 입력값을 백분율로 표시
	날짜/시간	• **기본 날짜** : 2020-06-19 오후 5:34:23 • **자세한 날짜** : 2020년 6월 19일 화요일 • **보통 날짜** : 20년 06월 19일 • **간단한 날짜** : 2020-06-19 • **자세한 시간** : 오후 5:34:23 • **보통 시간** : 오후 5:34 • **간단한 시간** : 17:34
소수 자릿수	숫자, 통화	• 표시할 소수점 이하 자릿수 설정 • 형식이 [표준], [고정], [통화], [백분율]일 경우에만 지정 가능함
입력 마스크	텍스트, 숫자, 통화, 날짜/시간	데이터를 입력할 때, 입력형식을 설정해서 사용자가 주어진 형식에 따라 입력하도록 함
IME 모드	텍스트	• [한글], [영숫자 반자] 중 선택 • 해당 필드에 데이터를 입력할 때 자동으로 입력기가 상태 전환됨

04 기본 키 설정

01 기본 키란?

테이블의 각 행(레코드)을 고유하게 식별하는 데 사용되는 필드 또는 필드 집합을 기본 키라고 한다.
예를 들어 정부에서는 국민 개개인을 구분하기 위해 개인에게 '주민등록번호'라는 고유한 값을 부여한다. 마찬가지로 테이블에서 각 레코드를 구분해서 사용해야 할 경우 각 레코드마다 고유한 값, 즉 중복되지 않는 값을 가진 필드를 만드는 데 이용한다.

1. 기본 키 사용에 관련한 질문과 대답

Q1. 어떤 경우에 기본 키를 사용할까요?
두 개의 테이블을 연결할 때 사용합니다.

Q2. 어떤 필드에 기본 키를 지정하나요?
양쪽 테이블에 모두 존재하는, 즉 연결해야 하는 필드에 기본 키를 지정합니다.

Q3. 어느 테이블에 기본 키를 설정하나요?
테이블이 두 개이고 레코드 개수가 같은 경우는 두 테이블 모두에 기본 키를 설정해야 합니다. 두 테이블에서 같은 내용의 데이터를 가진 필드를 기본 키로 설정합니다.
테이블이 두 개이고 레코드 개수가 다른 경우에는 레코드 개수가 적은 테이블에만 기본 키를 설정합니다.

> **기적의 TIP**
> 시험에서 기본 키는 사용하지 않아도 인쇄 출력물 제출에는 지장이 없어요. 하지만 두 개 이상의 테이블을 사용할 때는 기본 키를 지정하는 것이 문제를 푸는 정석입니다.

Q4. 기본 키를 지정하지 않으면 어떻게 되나요?
기본 키를 지정하지 않아도 원칙상 틀리지는 않습니다. 하지만 기본 키를 지정하면 쿼리 작성 시에 자동으로 관계(join)가 연결되어 별도로 관계 연결 작업을 하지 않아도 됩니다.

Q5. 기본 키를 지정하니까 기본 키 필드 기준으로 자동으로 레코드가 오름차순 정렬되는데 괜찮은가요?
괜찮습니다. 우리가 기준으로 생각하는 레코드 순서는 첫 번째 테이블의 순서입니다. 두 번째 레코드가 적은 테이블에 기본 키를 지정하고 관계를 연결할 경우에 최종 결과물인 쿼리의 레코드 순서는 달라지지 않습니다.

▶ 기본 키 설정 전

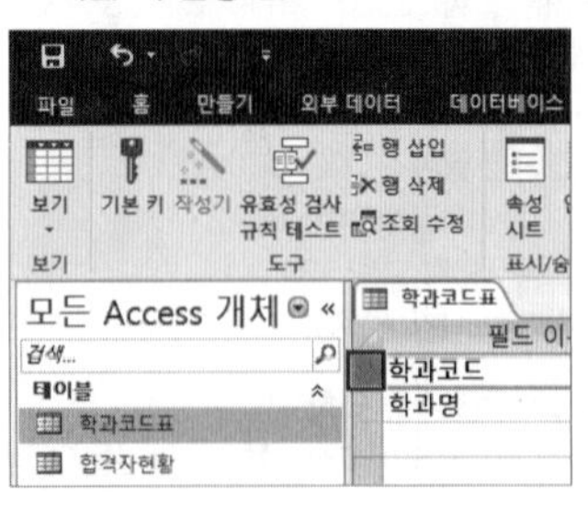

▶ 기본 키 설정 후

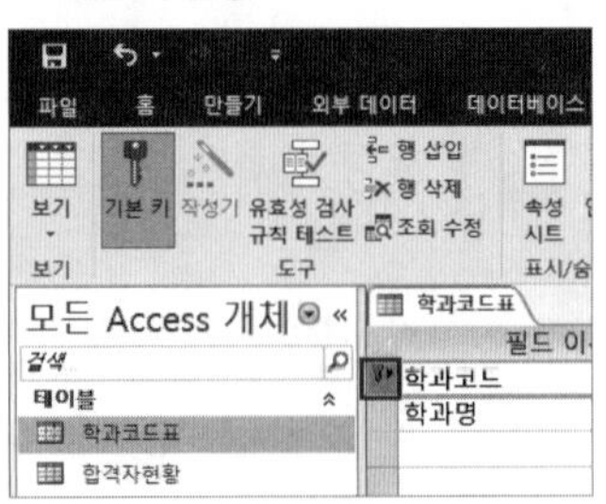

2. 기본 키 설정/해제 방법

- 디자인 보기 상태에서 기본 키를 지정할 필드를 선택하고, [디자인] 탭의 [도구] 그룹에서 [기본 키]를 클릭한다.
- 기본 키로 지정된 필드의 옆에는 기본 키 표시( )가 나타난다.
- 기본 키를 해제할 때는 기본 키로 지정된 필드를 선택하고, [디자인] 탭의 [도구] 그룹에서 [기본 키]를 클릭한다.

3. 관계(Relationship)

- 서로 다른 테이블에 있는 데이터 사이에는 관련이 있을 수도 있고, 없을 수도 있다.
  관련이 있을 경우 어떻게 관련되는지 표시해 주는 것을 데이터베이스에서는 관계(Relationship)라고 한다. 관계에는 일대일 관계와 일대다 관계가 있다.

① **일대일 관계** : 테이블 두 개의 레코드 개수가 똑같은 경우

반	인원
1	26
2	28
3	25

반	담임
1	문익점
2	김부식
3	홍경래

② **일대다 관계** : 테이블 두 개의 레코드 개수가 서로 다른 경우(레코드 개수가 적은 쪽이 부모(일) 테이블, 레코드 개수가 많은 쪽이 자식(다) 테이블이다.)

▶ 부모 테이블(일)

반	담임
1	문익점
2	김부식
3	홍경래

▶ 자식 테이블(다)

반	학생
1	이용진
1	유일표
2	김선오
2	강기수
3	서동철
3	원병균

기적의 TIP

- 기본 키로 지정한 필드는 비어 있거나 null이어서는 안 되며, 반드시 다른 필드와 중복되지 않은 값을 입력해야 합니다.
- 데이터를 입력한 후에 기본 키를 설정하면 오류가 나는 경우가 발생합니다. 따라서 기본 키는 테이블을 처음 만들 때 설정하는 것이 좋습니다.

기적의 TIP

시험에서 관계 설정은 별도로 지정하지 않아도 됩니다. 두 개 이상의 테이블을 이용하여 쿼리를 작성할 때 레코드가 적은 두 번째 테이블에 기본 키를 지정하면 자동으로 관계 설정이 이뤄집니다.

SECTION 04

쿼리 만들기

난 이 도 (상) 중 하
반복학습 1 2 3

핵심포인트 쿼리를 이용하여 입력 자료(테이블)에 없는 내용을 표시할 수 있고, 두 테이블에 나눠져 있는 필드를 동시에 사용할 수도 있습니다. 입력 화면과 자료 처리 파일의 지시사항을 수행하기 위해서는 쿼리를 만들어야 합니다.

01 흐름 파악하기

- 문제에 나온 입력 화면에 사용되는 수험번호, 출신고, 지원자, 점수는 '합격자 현황' 테이블에 입력되어 있고, 학과명은 '학과코드표' 테이블에 입력되어 있다.
- 두 테이블에 나뉘어 있는 필드를 입력 화면에 표시하기 위해서는 쿼리를 사용해야 한다.

테이블

합격자 현황

학과코드	수험번호	출신고	지원자	점수
01	A-001	서울정보고	이재마	250
04	A-875	대전정보고	정지원	200
–	–	–	–	–
–	–	–	–	–

테이블

학과코드표

학과코드	학과명
01	컴퓨터공학과
02	멀티미디어과
03	정보통신과
04	전기전자과

쿼리

학과명	수험번호	출신고	지원자	점수	1차 합격
컴퓨터공학과	A-001	서울정보고	이재마	250	합격
전기전자과	A-875	대전정보고	정지원	200	합격
–	–	–	–	–	–
–	–	–	–	–	–

조회 화면

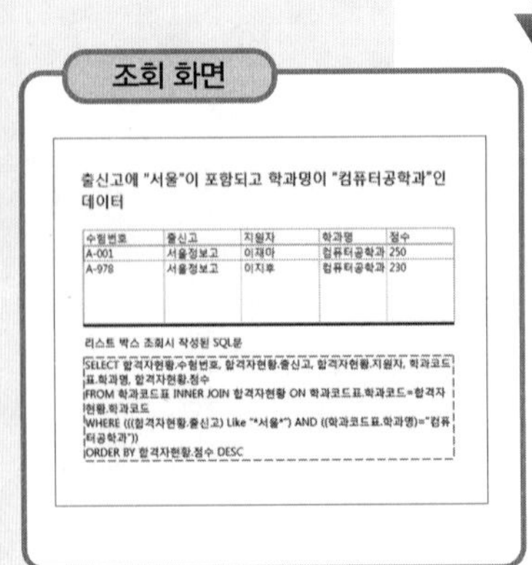

자료 처리 파일

고등학교별 합격자 현황

작성일자 : YYYY-MM-DD

학과명	지원자	출신고	수험번호	점수	1차 합격
멀티미디어과	XXX	XXX	XXX	XXX	XXX
합계: X명		1차합격자 수: X명		평균: XX점	합격률: XX%
전기전자과	XXX	XXX	XXX	XXX	XXX
합계: X명		1차합격자 수: X명		평균: XX점	합격률: XX%
정보통신과	XXX	XXX	XXX	XXX	XXX
합계: X명		1차합격자 수: X명		평균: XX점	합격률: XX%
컴퓨터공학과	XXX	XXX	XXX	XXX	XXX
합계: X명		1차합격자 수: X명		평균: XX점	합격률: XX%
총 합계: X명		1차합격자 수: X명		평균: XX점	합격률: XX%

02 보고서 출력을 위한 전체 쿼리 만들기

01 만들기

① [만들기] 탭–[쿼리] 그룹–[쿼리 디자인]을 선택한다.

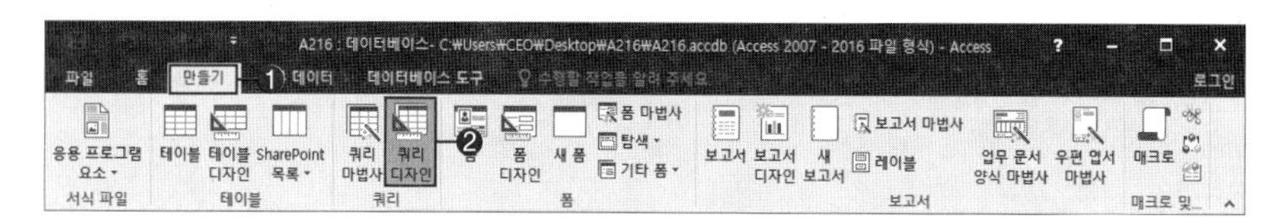

② 필요한 필드가 두 테이블에 나뉘어 있으므로, 두 테이블 모두 필요하다. [테이블 표시] 대화 상자에서 사용할 테이블을 더블 클릭하여 '쿼리 디자인' 창에 추가하고 [닫기]를 누른다.

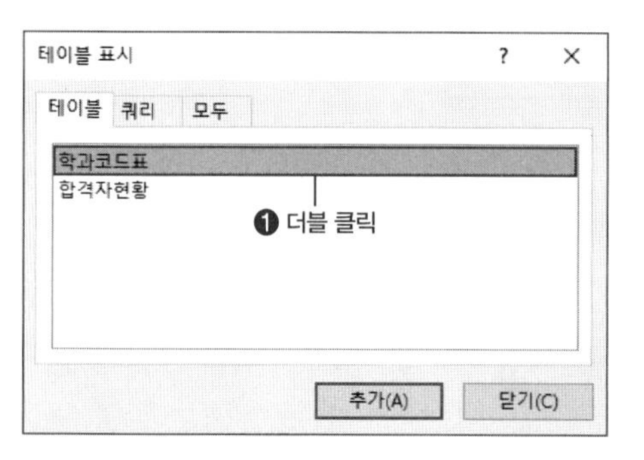

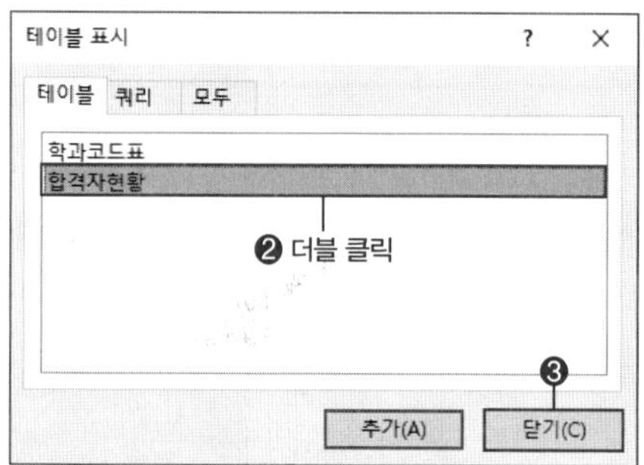

기적의 TIP

[테이블 표시] 대화상자에서 테이블을 선택하고 [추가]를 클릭하여도 테이블을 [쿼리 디자인] 창에 추가할 수 있습니다.

더 알기 TIP

기본 키를 지정하지 않았거나 쿼리 디자인 창에서 조인 선이 표시되어 있지 않을 때 테이블 사이의 조인(join) 설정 방법 알아보기

① 한쪽 테이블에서 '학과코드' 필드를 다른 테이블의 '학과코드' 필드로 드래그하여 놓습니다.

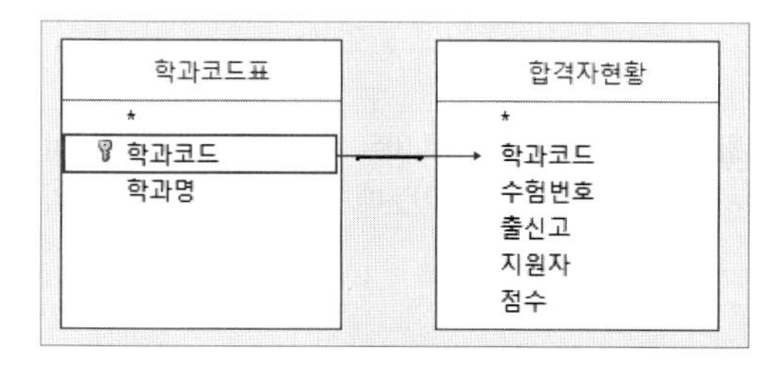

② 두 테이블이 '학과코드' 필드를 기준으로 연결(Join)됩니다.

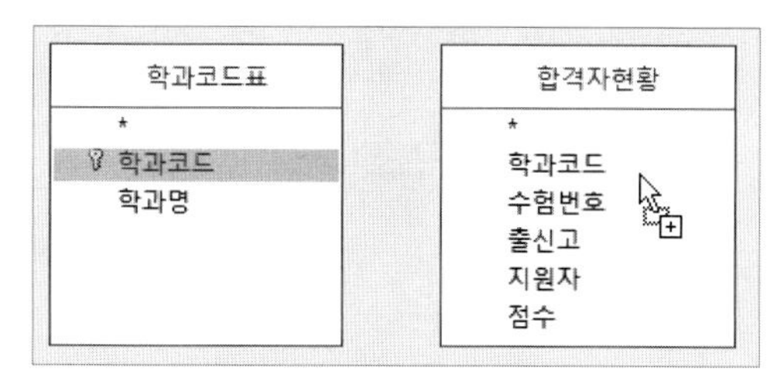

02 사용할 필드의 선택 및 추가

① 디자인 창 윗부분에 표시된 테이블에서 '합격자현황'의 '*'를 더블 클릭하여 '합격자현황' 테이블의 필드를 모두 추가하고 '학과코드표' 테이블에서 조인된 필드를 제외한 '학과명' 필드를 더블 클릭하여 쿼리에 추가한다.

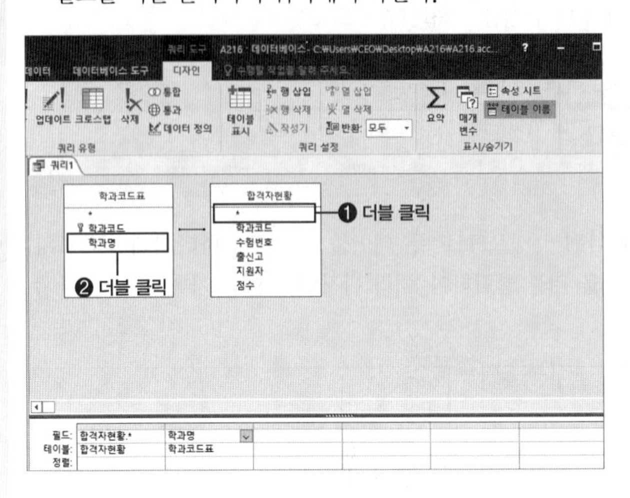

② 1차 합격 필드를 추가하기 위해 빈 칸에 식 「1차합격:IIf(점수>=200,"합격",Null)」를 입력한다.

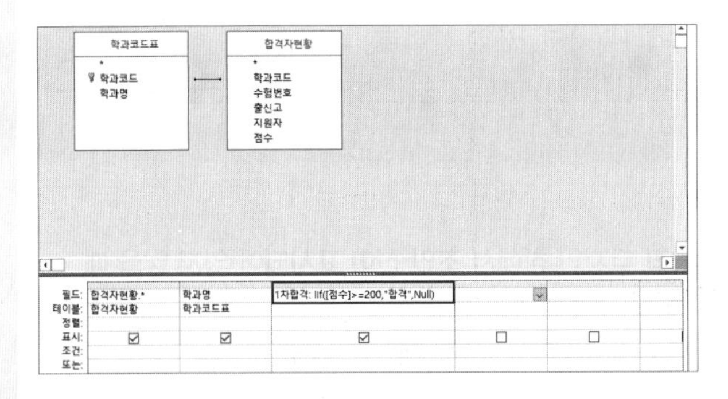

기적의 TIP

- 필드에 식을 입력하면, 쿼리에 이미 존재하는 필드명은 자동으로 [ ](대괄호)로 묶이게 됩니다.
- 「1차합격:iif(점수>=200,"합격",Null)」 식을 입력하는 경우 '1차합격'은 기존 쿼리에 없는 새필드라 [ ](대괄호)가 안 붙지만, '점수'는 기존 쿼리에 있는 필드명이기 때문에 자동으로 [ ](대괄호)로 묶여서 1차합격:iif([점수]>=200,"합격",Null)로 표시됩니다.

기적의 TIP

식이 너무 길어서 필드란에 식의 일부만 표시될 경우, 해당 필드란에서 마우스 오른쪽 단추를 클릭하여 [확대/축소]를 선택한 후 [확대/축소] 창에서 식을 입력하면 식을 한눈에 볼 수 있어 오류를 줄일 수 있습니다.

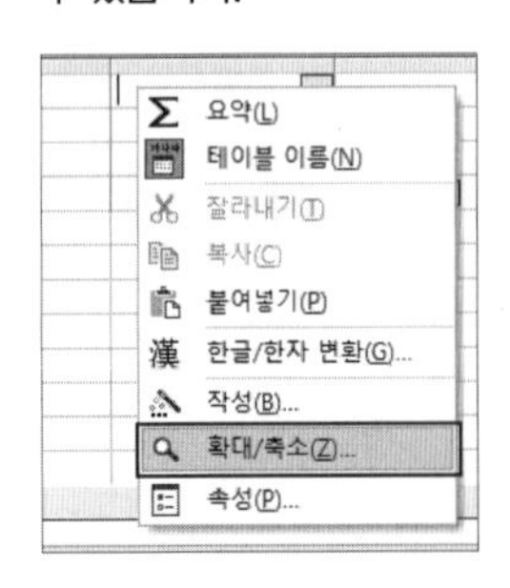

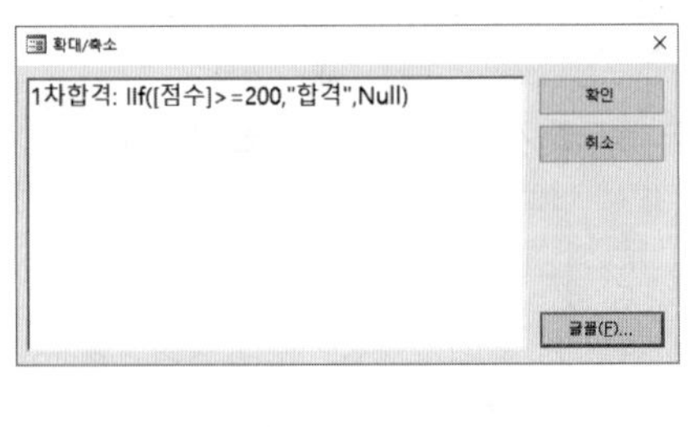

기적의 TIP

함수를 이용하여 공백을 표시할 때는 Null을 이용하는 것이 좋습니다. Null을 이용하면 자료 처리 파일에서 불필요한 함수 사용을 줄일 수 있습니다.

③ [쿼리] 탭–마우스 우클릭–[닫기]를 클릭한다.
④ 쿼리 변경사항 저장 대화상자에서 [예]를 클릭한다.
⑤ [다른 이름으로 저장] 대화상자에서 기본값인 '쿼리1'로 [확인]을 클릭하여 저장한다.

기적의 TIP

테이블, 쿼리 이름은 제약에 없으므로 사무자동화산업기사 실기 시험에서 테이블, 쿼리, 폼, 보고서 이름은 임의로 설정해도 됩니다.

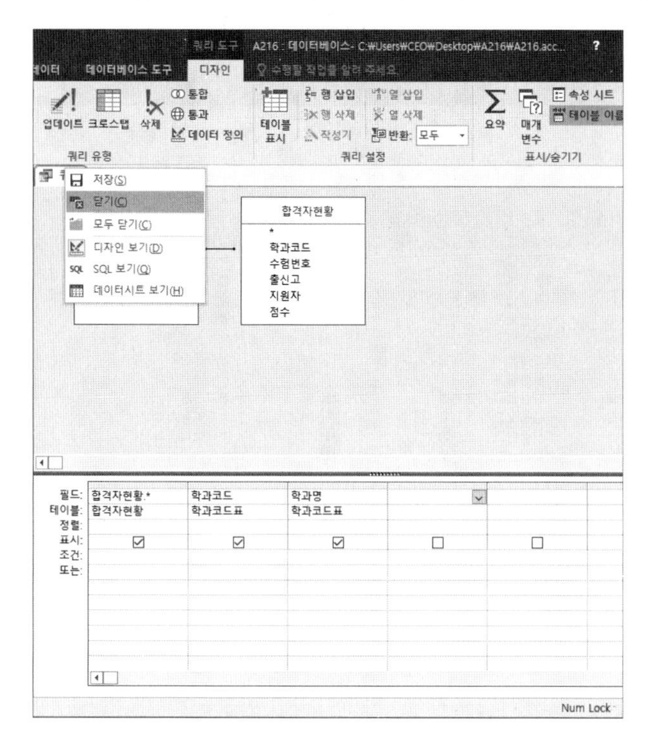

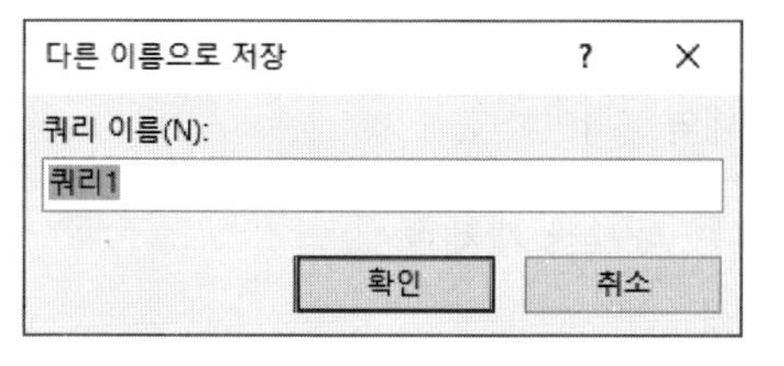

03 쿼리 실행 및 결과 확인

① 좌측 개체 창에서 '쿼리1'을 더블 클릭하여 쿼리를 실행한다.

② 테이블의 레코드 개수 13개와 쿼리 레코드 개수가 같은지 확인한다.

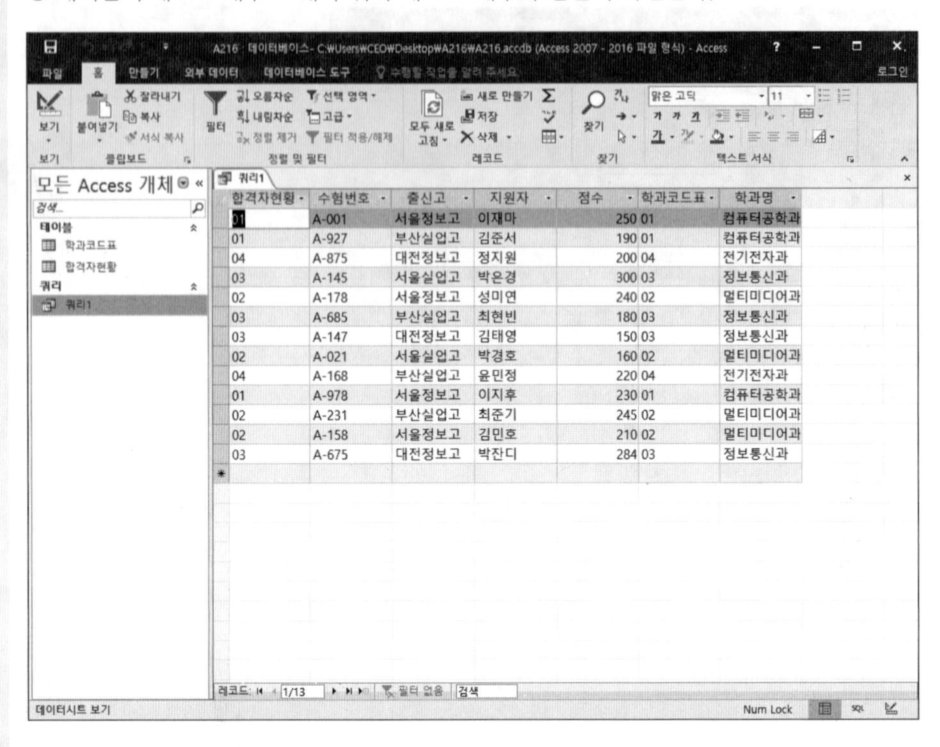

합격자현황	수험번호	출신고	지원자	점수	학과코드표	학과명
01	A-001	서울정보고	이재마	250	01	컴퓨터공학과
01	A-927	부산실업고	김준서	190	01	컴퓨터공학과
04	A-875	대전정보고	정지원	200	04	전기전자과
03	A-145	서울실업고	박은경	300	03	정보통신과
02	A-178	서울정보고	성미연	240	02	멀티미디어과
03	A-685	부산실업고	최현빈	180	03	정보통신과
03	A-147	대전정보고	김태영	150	03	정보통신과
02	A-021	서울실업고	박경호	160	02	멀티미디어과
04	A-168	부산실업고	윤민정	220	04	전기전자과
01	A-978	서울실업고	이지후	230	01	컴퓨터공학과
02	A-231	부산실업고	최준기	245	02	멀티미디어과
02	A-158	서울정보고	김민호	210	02	멀티미디어과
03	A-675	대전정보고	박잔디	284	03	정보통신과

③ 조회 값에 문제가 있다면 개체 창에서 '쿼리1' 마우스 우클릭–[디자인 보기]를 눌러 작업 내역을 확인한다.

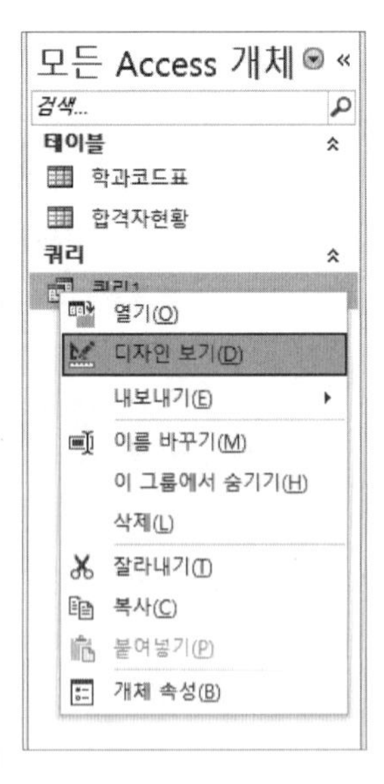

기적의 TIP

쿼리를 저장하고 꼭 결과를 검토하는 습관을 가지세요. 쿼리식에 의한 결과가 맞는지 레코드 개수가 첫 번째 테이블과 같은지 꼭 확인해 주세요.

기적의 TIP

쿼리를 데이터시트 보기 상태로 보니 레코드가 하나도 안 나와요.

- 두 개 테이블을 연결할 때 필드 연결이 잘못되면 데이터시트 보기 상태에서 레코드가 하나도 안 나옵니다.

▶ 필드 연결이 잘못된 상태

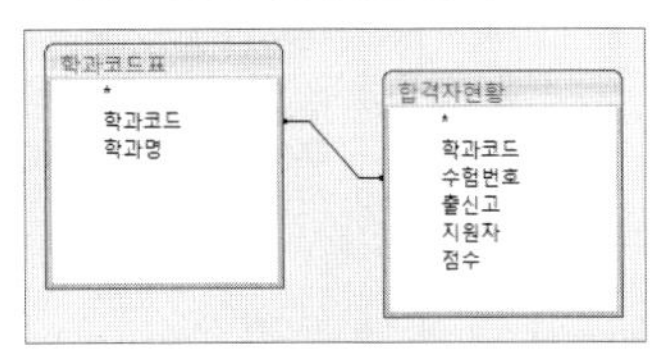

▶ 데이터시트 보기 상태

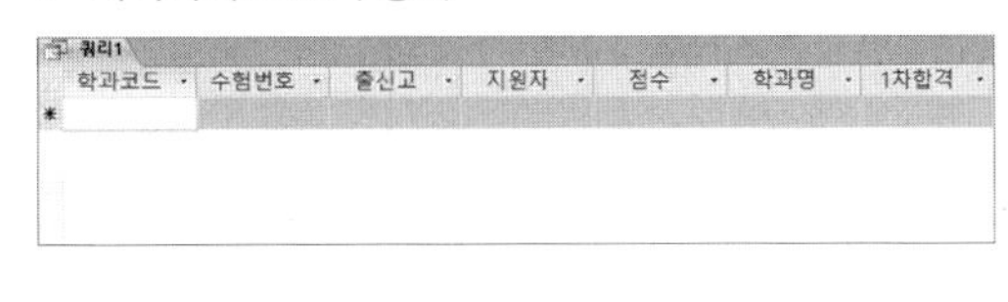

- 디자인 보기 상태로 전환하여 기존 연결선을 삭제한 후 다시 필드를 연결시켜야 합니다.
- 디자인 창에서 필드 연결선을 클릭한 후 Delete 를 눌러 연결선을 삭제할 수 있습니다.

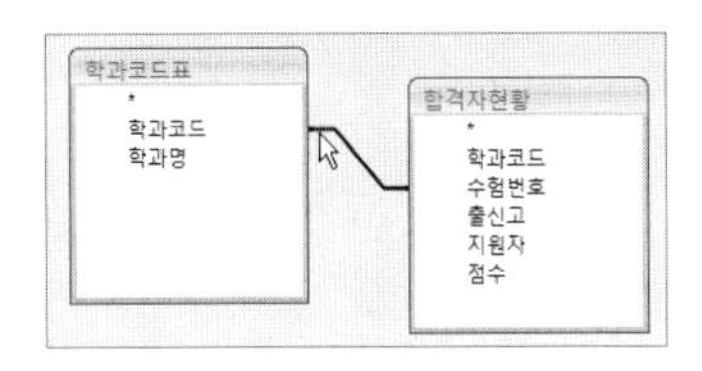

더 알기 TIP

쿼리에서 사용되는 계산 필드 문법

액세스는 엑셀과 파워포인트와는 파일을 다루는 방법에 약간의 차이가 있습니다. 액세스에서 테이블, 쿼리, 폼, 보고서 등의 개체는 하나의 파일 안에 보관되어 있기는 하지만, 각각 별개의 문서 파일처럼 다루어집니다.

- 새 필드 이름 : :(콜론) 기호를 이용해서 새 필드를 만들 수 있습니다. 단, 새 필드 이름은 해당 쿼리에서 이미 사용 중인 필드 이름과 달라야 합니다.
  - 예 입사 연월일 : [입사일] → 입사일 필드의 내용을 입사 연월일이라는 새 필드 이름으로 표시
  - 예 판매금액 : [판매량]*[판매단가] → 판매량 필드와 판매단가 필드의 내용을 곱하여 판매금액이라는 새 필드 이름으로 표시
- [](대괄호) : 식에 사용되는 필드 이름은 [](대괄호) 안에 넣어서 표기합니다. 이 경우 필드 이름이 엑셀에서 셀 주소의 역할을 수행합니다.
  - 예 조정단가 : [단가]*2
  - 예 판매이윤 : [판매금액]-[원가]
- [테이블이름].[필드이름] : 테이블 두 개를 가지고 쿼리를 만들 때 같은 이름의 필드가 두 테이블에 다 있을 경우 어느 테이블의 필드인지 표시해야 합니다.
  - 예 [합격자현황].[학과코드] → '합격자현황' 테이블의 '학과코드' 필드를 의미합니다.
- 새 필드 이름과 같은 이름을 가진 필드를 식에서 사용할 수 없습니다.
  - 예 조정단가 : [단가]*2 (O)
  - 예 조정단가 : [조정단가]*2 (X)
- 해당 쿼리에서 만들어진 새 필드 이름을 다른 계산 필드에서 사용할 수 있습니다.
  - 예 조정단가 : [단가]*2
  - 예 판매금액 : [수입량]*[조정단가]
- 식에 사용되는 값이 텍스트라면 ""(큰따옴표)로 에워싸야 합니다. 공백을 표현할 때는 NULL을 씁니다.
  - 예 1차합격 : iif([점수]>=200,"합격", NULL)

▶ 계산 필드식에 사용되는 연산자

종류	설명	예	종류	설명	예
+	더하기	3+4=7	>	초과(크다)	5>3
–	빼기	5–2=3	<	미만(작다)	3<5
*	곱하기(×)	6 * 3=18	>=	이상(크거나 같다, ≥)	5>=3
/	나누기(÷)	6/2=3	<=	이하(작거나 같다, ≤)	3<=5
MOD	나머지	10 MOD 3 = 1	=	같다(동일)	5+3=8
&	연결	"A"&"B" = "AB"	<>	같지 않다(≠) ~아니다, 제외한다.	5+4<>8
And	A 이면서 B A 이고 B	학과가 "전기전자과"이면서 점수가 200 이상 → 학과="전기전자과" and 점수>=200			
Or	A 또는 B A 이거나 B	학과가 "전기전자과"이거나 "멀티미디어과"인 자료 → 학과="전기전자과" or 학과="멀티미디어과"			
Like	문자열의 일부 비교	학생 성명이 "김"으로 시작하는 자료 → Like "김*" 출신고가 "정보고"로 끝나는 자료 → Like "*정보고" 출신고에 "서울"이 포함되는 자료 → Like "*서울*"			

▶ 계산 필드식에 사용되는 함수

함수	설명	예
iif(조건식, 참값, 거짓값)	조건식이 참일 경우 참값, 거짓이면 거짓값을 반환 엑셀의 if함수와 사용법이 동일	점수가 200 이상이면 합격, 200 미만이면 불합격 iif([점수]>=200,"합격","불합격")
Left(문자열, 개수)	문자열의 왼쪽에서 지정한 개수만큼의 글자를 돌려줌	Left("ABCD",1) = "A"
Right(문자열, 개수)	문자열의 오른쪽에서 지정한 개수만큼의 글자를 돌려줌	Right("ABCD",1) = "D"
Mid(문자열, 시작위치, 개수)	문자열의 시작위치에서 지정한 개수만큼의 글자를 돌려줌	Mid("ABCD",2,2) = "BC" Mid("ABCD",3,1) = "C"
Year(날짜)	해당 날짜의 연도를 돌려줌	Year(#2011–2–26#) = 2011
Month(날짜)	해당 날짜의 월을 돌려줌	Month(#2011–2–26#) = 2
Day(날짜)	해당 날짜의 일을 돌려줌	Day(#2011–2–26#) = 26
Hour(시각)	해당 시각에서 시를 돌려줌	Hour(#7:01:12#) = 7
Minute(시각)	해당 시각에서 분을 돌려줌	Minute(#7:01:12#) = 1
Second(시각)	해당 시각에서 초를 돌려줌	Second(#7:01:12#) = 12
Int(숫자)	해당 숫자에 가까운 정수로 내림	Int(3.8)=4, Int(–3.8) = –4
Round(숫자, 소수 자릿수)	해당 숫자를 지정한 소수 자릿수까지만 반올림하여 표시	Round(3.65,0) = 4 Round(4.73,1) = 4.7

▶ 반올림/반내림 함수 사용

함수	설명	예
Int()	소수 첫째자리에서 반내림하여 정수로 표시	Int(3.74)=3, Int(3.46)=3
	백 단위에서 반내림	Int(374/100)*100=300
	천 단위 이상 숫자만 표시	Int(37124/1000)=37
Round()	소수 첫째자리에서 반올림하여, 정수로 표시	Round(3.74,0)=4
	소수 둘째자리에서 반올림하여, 소수 첫째자리까지만 표시	Round(3.74,1)=3.7

▶ 시간 계산

시작시각 → 00:00:00
종료시각 → 11:12:13
Hour([종료시각]-[시작시각]) = 11
Minute([종료시각]-[시작시각]) = 12
Second([종료시각]-[시작시각]) = 13
초 단위는 무시하고 분으로 환산하기 Hour([종료시각]-[시작시각])*60+Minute([종료시각]-[시작시각]) =11*60+12=672

더 알기 TIP

식에서 텍스트와 숫자의 구분

- 주민등록번호 필드의 여덟 번째 자리가 '1'이면 "남자", '2'면 "여자"를 표시
  → left, right, mid 함수의 결과는 텍스트이기 때문에, 텍스트 1과 비교해야 합니다.
  iif(mid([주민등록번호],8,1)="1","남자","여자")
- 성별 필드의 숫자가 "1"이면 "남자", "2"이면 "여자"를 표시
  → 성별 필드의 데이터 형식이 숫자라면 숫자 1과 비교해야 합니다.
  iif([성별]=1,"남자","여자")

더 알기 TIP

❶ iif 함수 사용 예 1

[문제] 실기시험은 필기시험 결과가 "합격"이면 응시가능, "불합격"이면 응시불가로 표시한다.

[식] 실기시험 : iif([필기시험]="합격","응시가능","응시불가")

[해설]

필기시험 결과가 합격인가?	
예(참)	아니요(거짓)
응시가능	응시불가

❷ iif 함수 사용 예 2

[문제] 기본급은 직급이 과장인 경우 2,000,000원, 대리인 경우 1,500,000원, 사원인 경우 1,200,000원이다.

[식] 기본급 : iif([직급]="과장",2000000,iif([직급]="대리",1500000,1200000))

[해설]

<table>
<tr><th colspan="3">직급이 과장인가?</th></tr>
<tr><td>예(참)</td><td colspan="2">아니요(거짓)</td></tr>
<tr><td rowspan="3">2,000,000</td><td colspan="2">직급이 대리인가?</td></tr>
<tr><td>예(참)</td><td>아니요(거짓)</td></tr>
<tr><td>1,500,000</td><td>1,200,000</td></tr>
</table>

03 조회목록 출력을 위한 조건 검색 쿼리 만들기

❷ 조회 화면(SCREEN) 설계

▶ 다음 조건에 따라 출신고에 "서울"이 포함되고 학과명이 "컴퓨터공학과"인 데이터를 조회할 수 있는 화면을 설계하고 해당 데이터를 출력하시오.

1) 학교현황은 목록 상자(리스트 박스)에 점수의 내림차순으로 출력한다.

2) 기타 사항은 [기타 조건]에 따라 처리한다.

기적의 TIP

최근 시험 경향은 폼이 조건에 맞는 데이터만 목록 상자 형태로 표시하고 있습니다. 이렇게 보고서에 표시될 데이터와 폼에 표시될 데이터가 다를 경우엔 쿼리를 별도로 작성하는 것이 좋습니다. 꼭 분리하지 않아도 되지만 혼란과 오류를 줄이기 위해 폼용 조건검색 쿼리를 별도로 작성하는 것을 권합니다.

① [만들기] 탭–[쿼리] 그룹–[쿼리 디자인]을 클릭하고 [테이블 표시] 대화상자에서 [테이블] 탭에서 앞서 작성한 테이블 '학과코드표', '합격자현황'을 각각 더블 클릭하여 쿼리 디자인 창에 추가한다.

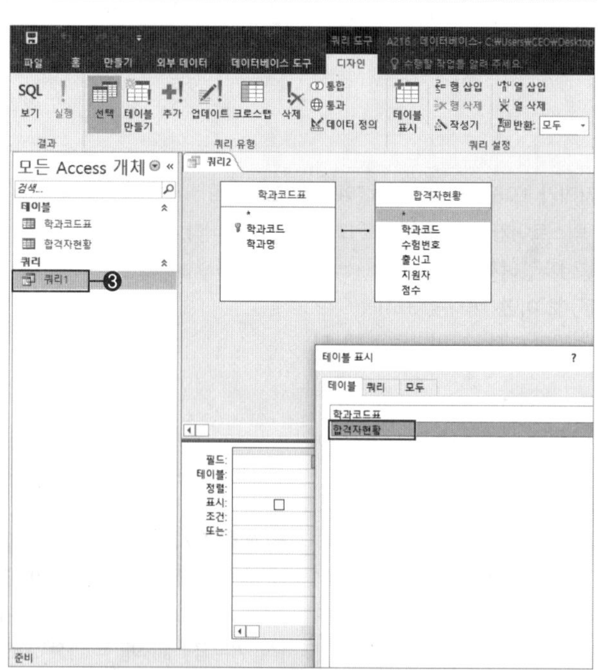

② 폼에 사용되는 필드를 더블 클릭하여 하단 필드 구성표에 추가한다.

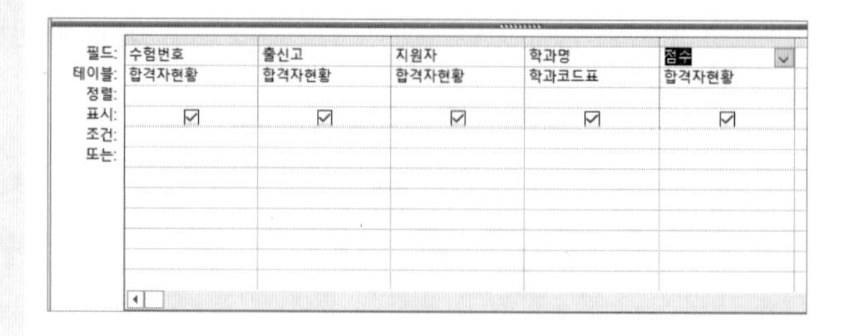

③ 문제에 제시된 조건과 정렬 기준을 설정한다.

출신고에 "서울"이 포함	*서울*
학과명이 "컴퓨터공학과"	컴퓨터공학과
"점수"의 내림차순 정렬	내림차순

필드:	수험번호	출신고	지원자	학과명	점수
테이블:	합격자현황	합격자현황	합격자현황	학과코드표	합격자현황
정렬:					내림차순
표시:	☑	☑	☑	☑	☑
조건:		Like "*서울*"		"컴퓨터공학과"	
또는:					

> **기적의 TIP**
>
> *서울*을 입력하면 자동으로 Like *서울*이 표시됩니다. Like는 데이터베이스 언어에서 비교 연산자 "=" 과 같은 의미입니다. 문자열 조건에는 "="을 사용하지 않고 "Like"를 사용하는데, 이를 액세스에서 자동 인식하여 적용해 주는 것입니다.

④ 쿼리 디자인 창 우측 상단의 닫기(x) 버튼을 눌러 디자인을 종료한다. "다른 이름으로 저장" 창이 나오면 자동으로 작성된 "쿼리2" 이름을 그대로 두고 확인을 클릭하여 저장한다.

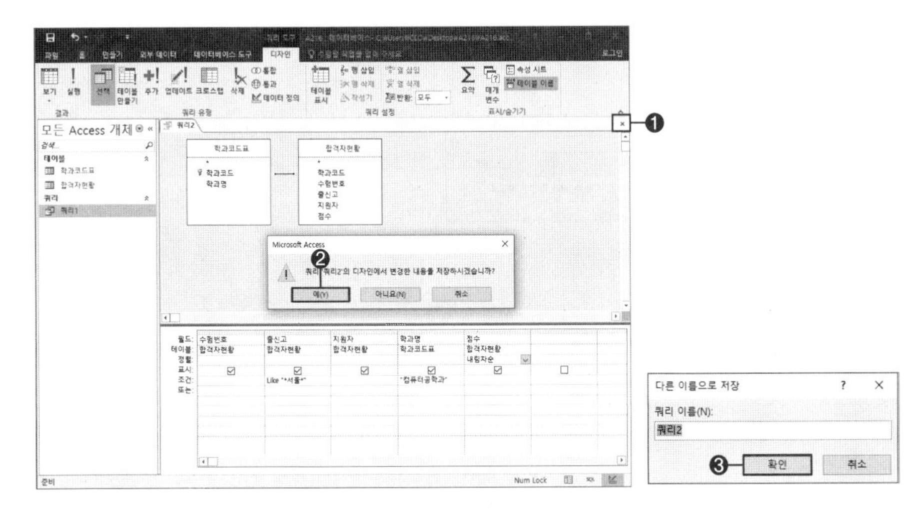

⑤ 좌측의 개체 탐색 창에서 새로 만들어진 쿼리2를 더블 클릭하여 정상적으로 조건이 지정되어 검색되는지 확인한다.

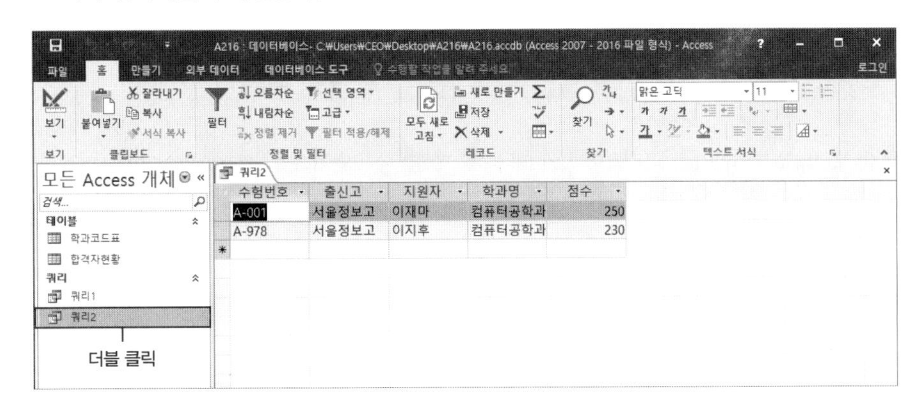

더 알기 TIP

앞서 알아본 테이블을 원본으로 폼용 조건 검색 쿼리를 만드는 방식 외에 다른 방식이 몇 가지 더 있습니다. 본서에서는 두 가지만 알려드리려고 합니다. 간혹 조건 검색 쿼리에 식을 작성하여 생성되는 필드가 있습니다. 그 식 필드에 조건 항목에 조건식을 지정하는 경우 매개변수 오류가 표시될 수 있습니다. 이를 대비해서 보고서용 쿼리를 원본으로 폼용 조건 검색 쿼리를 작업하도록 합니다. 두 방식의 차이는 폼 하단에 작성하는 SQL 식에 INNER JOIN문의 유무 차이입니다. 이 두 방식에 대한 채점의 불이익은 없으니 아래 설명된 방식으로 폼용 검색 쿼리를 작성해도 됩니다.

※ 조건 검색 쿼리 만들기 원본 선택 기준

구분	폼용 쿼리에 식을 작성하고 그 필드에 조건을 지정하는 경우(매개변수 오류 발생 가능성)	폼용 쿼리에 식을 작성해야 하는 필드가 없는 경우
원본	보고서용 쿼리 사용	테이블1, 테이블2 사용
차이	Inner join 표시 안 됨	Inner join 표시됨
채점	차이 없음	차이 없음

① [만들기] 탭–[기타] 그룹–[쿼리 디자인]을 클릭하고 [테이블 표시] 창에서 [쿼리] 탭을 누르고 앞서 만든 [쿼리1]을 디자인 창에 추가한 후 [닫기]를 클릭합니다.

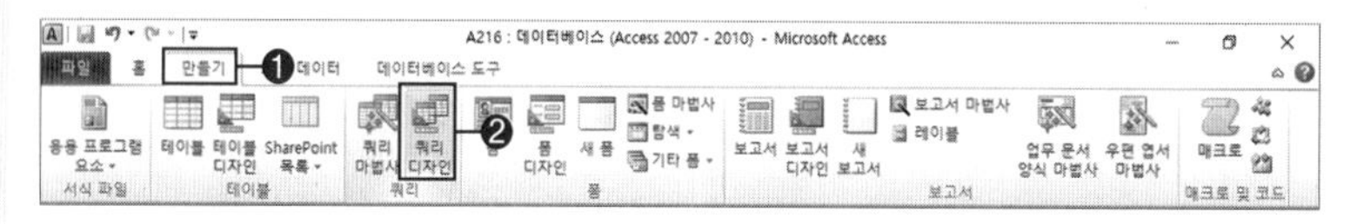

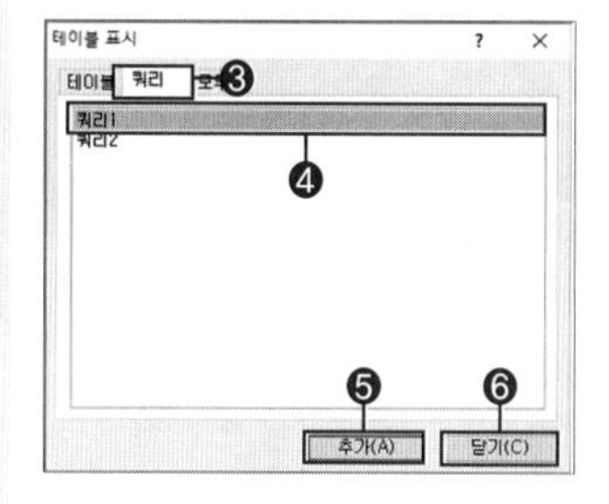

② 목록 상자에 표현되어야 할 필드를 쿼리1 창에서 더블 클릭하여 추가한 다음 조회 조건은 아래 조건 칸에 입력합니다.

출신고에 "서울"이 포함	[출신고]–조건	*서울*
학과명이 "컴퓨터공학과"	[학과명]–조건	컴퓨터공학과
"점수"에 내림차순 정렬	[점수]–정렬	내림차순

다음 조건에 따라 출신고에 "서울"이 포함되고 학과명이 "컴퓨터공학과"인 데이터를 조회할 수 있는 화면을 설계하고 해당 데이터를 출력하시오.

필드:	수험번호	출신고	지원자	학과명	점수	
테이블:	쿼리1	쿼리1	쿼리1	쿼리1	쿼리1	
정렬:					내림차순	
표시:	☑	☑	☑	☑	☑	☐
조건:		Like "*서울*"		"컴퓨터공학과"		
또는:						

③ 쿼리 디자인창 우측 상단의 ['쿼리2' 닫기]를 눌러 디자인을 종료합니다. 창이 나오면 자동으로 작성된 '쿼리2' 이름을 그대로 두고 확인을 클릭하여 저장합니다.

④ 좌측의 개체 탐색 창에서 새로 만들어진 '쿼리2'를 더블 클릭하여 정상적으로 조건이 지정되어 검색되는지 확인하고 창을 닫습니다.

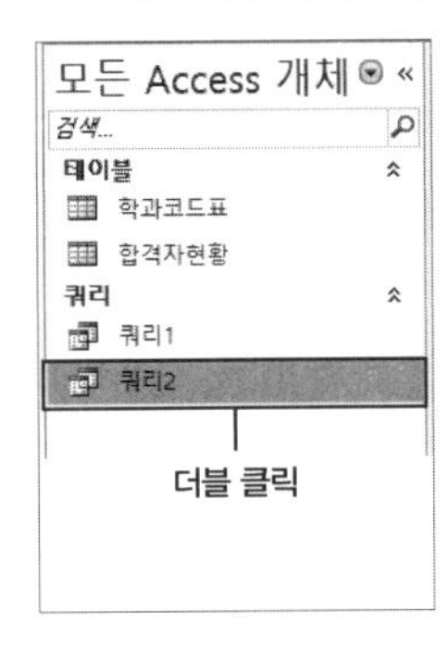

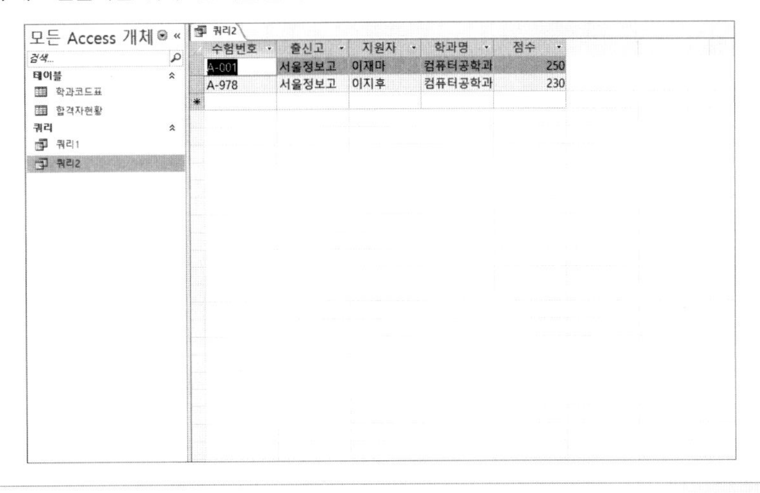

수험번호	출신고	지원자	학과명	점수
A-001	서울정보고	이재마	컴퓨터공학과	250
A-978	서울정보고	이지후	컴퓨터공학과	230

기적의 TIP

출제 유형 살펴보기 문제의 '② 조회 화면(SCREEN) 설계 1) 점수의 내림차순으로 출력한다.' 는 조건을 처리하기 위해 꼭 폼용 조회 쿼리에서 정렬을 적용해야 합니다. 그래야 SQL 문에 정렬을 의미하는 "ORDER BY" 절이 포함됩니다.

더 알기 TIP

쿼리 작성기에서 조건 지정하기

① 조건이 없는 경우

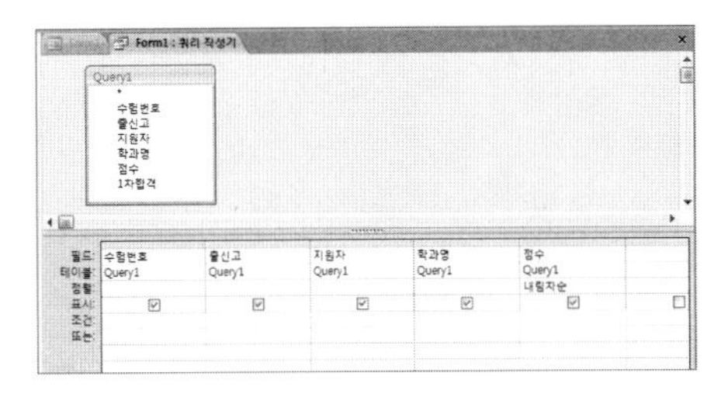

수험번호	출신고	지원자	학과명	점수
A-145	서울실업고	박은경	정보통신과	300
A-675	대전정보고	박잔디	정보통신과	284
A-001	서울정보고	이재마	컴퓨터공학과	250
A-231	부산실업고	최준기	멀티미디어과	245
A-178	서울정보고	성미연	멀티미디어과	240
A-978	서울정보고	이지후	컴퓨터공학과	230
A-168	부산실업고	윤민정	전기전자과	220
A-158	서울정보고	김민호	멀티미디어과	210
A-875	대전정보고	정지원	전기전자과	200
A-927	부산실업고	김준서	컴퓨터공학과	190
A-685	부산실업고	최현빈	정보통신과	180
A-021	서울실업고	박경호	멀티미디어과	160
A-147	대전정보고	김태영	정보통신과	150

② 학과명이 컴퓨터공학과인 자료 조회

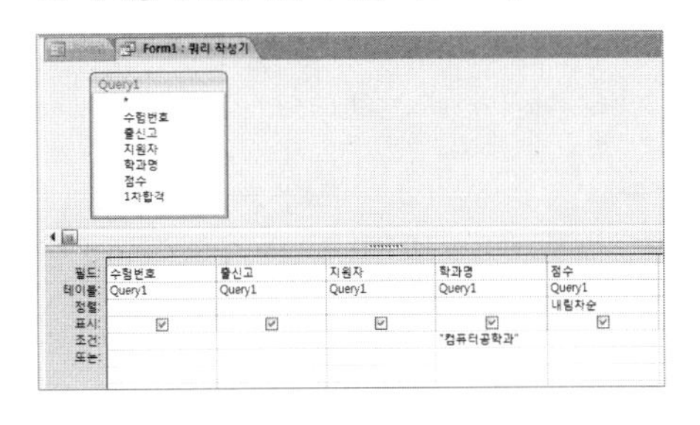

수험번호	출신고	지원자	학과명	점수
A-001	서울정보고	이재마	컴퓨터공학과	250
A-978	서울정보고	이지후	컴퓨터공학과	230
A-927	부산실업고	김준서	컴퓨터공학과	190

③ 점수가 250점 이상인 자료 조회

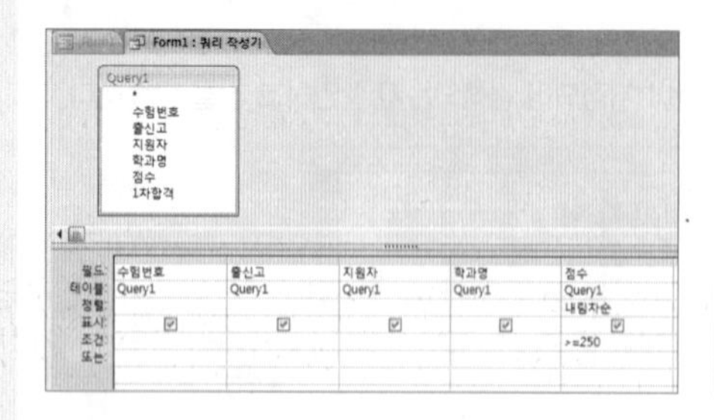

수험번호	출신고	지원자	학과명	점수
A-145	서울실업고	박은경	정보통신과	300
A-675	대전정보고	박잔디	정보통신과	284
A-001	서울정보고	이재마	컴퓨터공학과	250

④ 출신고가 실업고인 자료 조회

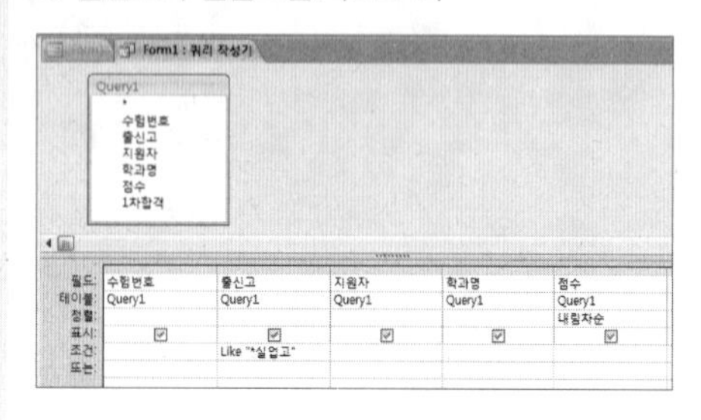

수험번호	출신고	지원자	학과명	점수
A-145	서울실업고	박은경	정보통신과	300
A-231	부산실업고	최준기	멀티미디어과	245
A-168	부산실업고	윤민정	전기전자과	220
A-927	부산실업고	김준서	컴퓨터공학과	190
A-685	부산실업고	최현빈	정보통신과	180
A-021	서울실업고	박경호	멀티미디어과	160

⑤ 학과명이 '컴퓨터공학과'이면서, 점수가 250 이상인 자료 조회

– 여러 개의 조건을 모두 만족해야 하는 경우(And 조건)에는 각 조건을 같은 줄에 입력합니다.

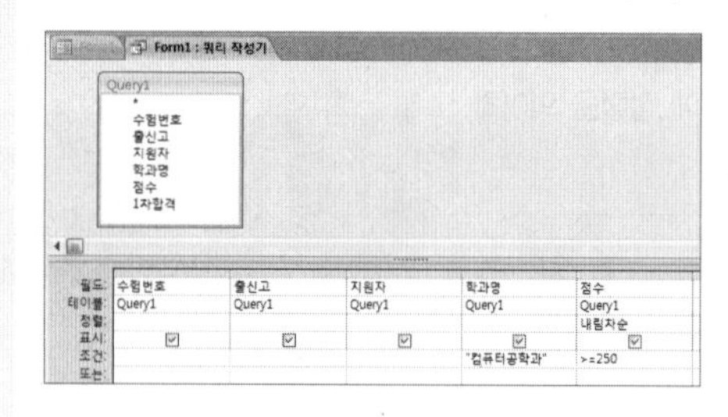

수험번호	출신고	지원자	학과명	점수
A-001	서울정보고	이재마	컴퓨터공학과	250

⑥ 학과명이 '컴퓨터공학과'이거나, 점수가 250 이상인 자료 조회

– 여러 개의 조건 중 하나라도 만족하면 되는 경우(or 조건)에는 각 조건을 다른 줄에 입력합니다.

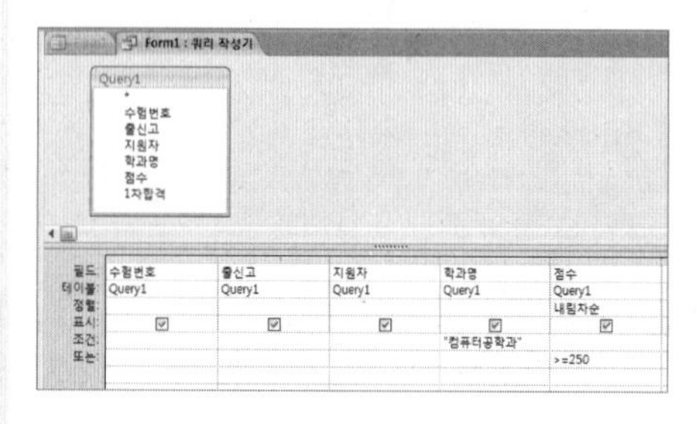

수험번호	출신고	지원자	학과명	점수
A-145	서울실업고	박은경	정보통신과	300
A-675	대전정보고	박잔디	정보통신과	284
A-001	서울정보고	이재마	컴퓨터공학과	250
A-978	서울정보고	이지후	컴퓨터공학과	230
A-927	부산실업고	김준서	컴퓨터공학과	190

※ 'PART 04 함수 사전'에 조금 더 다양한 조건식이 제시되어 있습니다.

SECTION
05
폼 만들기

난 이 도 ㊤ 중 하
반복학습 1 2 3

핵심포인트 액세스에서 조회 화면을 설계하고 출력할 때 만들어야 할 것이 폼입니다. 조회 화면은 반드시 출력이 되어야 하는 것이니 충분한 연습이 필요합니다. 조회 화면은 최근 시험에 나오는 유형과 이전 시험에 나왔던 유형 두 가지를 모두 연습해야 합니다.

01 문제분석 – 조회 화면 작성

01 조회 화면(SCREEN) 설계

▶ 다음 조건에 따라 출신고에 "서울"이 포함되고 학과명이 "컴퓨터공학과"인 데이터를 조회할 수 있는 화면을 설계하고 해당 데이터를 출력하시오.

1) 학교현황은 목록 상자(리스트 박스)에 점수의 내림차순으로 출력한다.

2) 기타사항은 [기타 조건]에 따라 처리한다.

출신고에 "서울"이 포함되고 학과명이 "컴퓨터공학과"인 데이터

수험번호	출신고	지원자	학과명	점수
A-001	서울정보고	이재마	컴퓨터공학과	250
A-978	서울정보고	이지후	컴퓨터공학과	230

리스트 박스 조회시 작성된 SQL문

```
SELECT 합격자현황.수험번호, 합격자현황.출신고, 합격자현황.지원자, 학과코드표.학과명, 합격자현황.점수
FROM 학과코드표 INNER JOIN 합격자현황 ON 학과코드표.학과코드=합격자현황.학과코드
WHERE (((합격자현황.출신고) Like "*서울*") AND ((학과코드표.학과명)="컴퓨터공학과"))
ORDER BY 합격자현황.점수 DESC
```

[풀이 과정]

① 입력 화면에서 목록 상자를 추가하고 목록 상자에 사용할 쿼리를 목록 상자의 속성에서 작성하여 해결한다.

② 목록 상자에서 작성한 쿼리의 SQL문을 복사하여 레이블에 붙여넣으면 된다.

02 폼 만들기

1. 새 폼 작성

① [만들기] 탭에서 [폼] 그룹-[폼 디자인]을 차례로 선택한다.

② 폼의 오른쪽 하단 모서리에 마우스를 위치시킨 후 드래그하여 폼의 크기를 조절한다.

기적의 TIP

폼의 너비가 15 이상이 되면 출력할 때 오른쪽이 잘려서 인쇄될 수 있으므로 눈금선의 15를 넘지 않는 범위에서 크기 조절을 하는 것이 좋습니다.

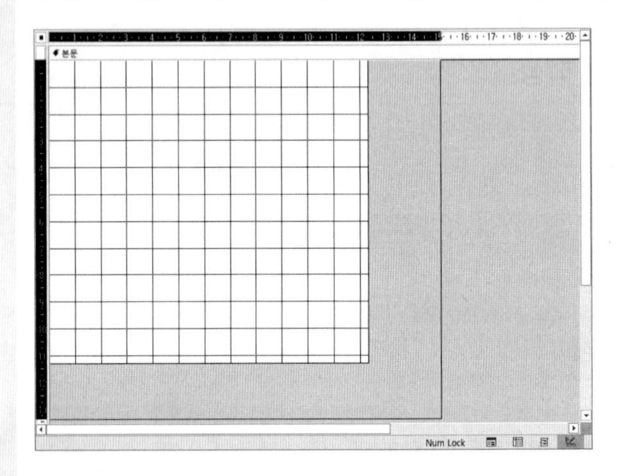

③ 제목을 입력하기 위해서 [디자인] 탭의 [컨트롤] 그룹에서 [레이블]( )을 선택하고, 폼 디자인 창에서 드래그한다.

④ 추가된 레이블에 제목을 입력하고, Enter를 누르면 입력이 마무리되면서 레이블이 선택된 상태가 된다.

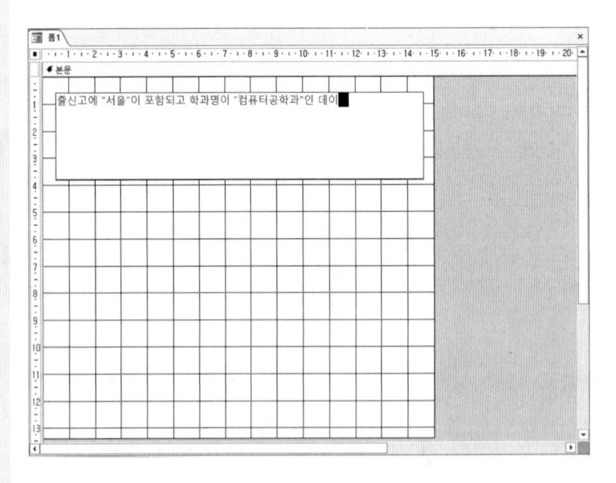

⑤ [기타 조건] 지시에 따라 [디자인] 탭-[글꼴] 그룹에서 제목의 글꼴크기를 '16'으로 조정한다.

⑥ 레이블 우측 하단 모서리를 더블 클릭하여 레이블 크기를 입력한 문자열에 맞춘다.

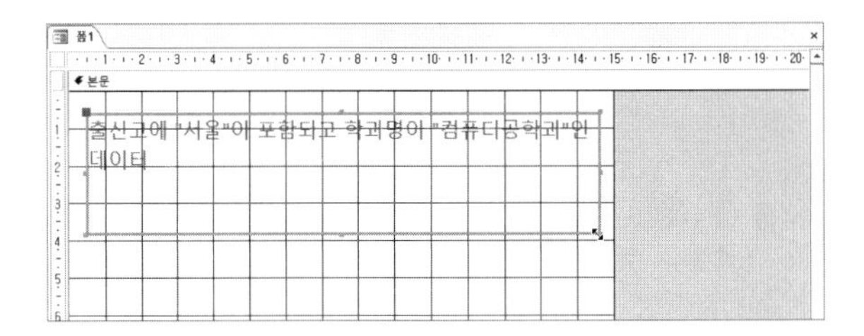

2. 목록 상자 추가하기

① [디자인] 탭-[컨트롤] 그룹에서 [목록 상자]( )를 클릭하여, 폼의 본문영역에 적당한 크기로 드래그한다.

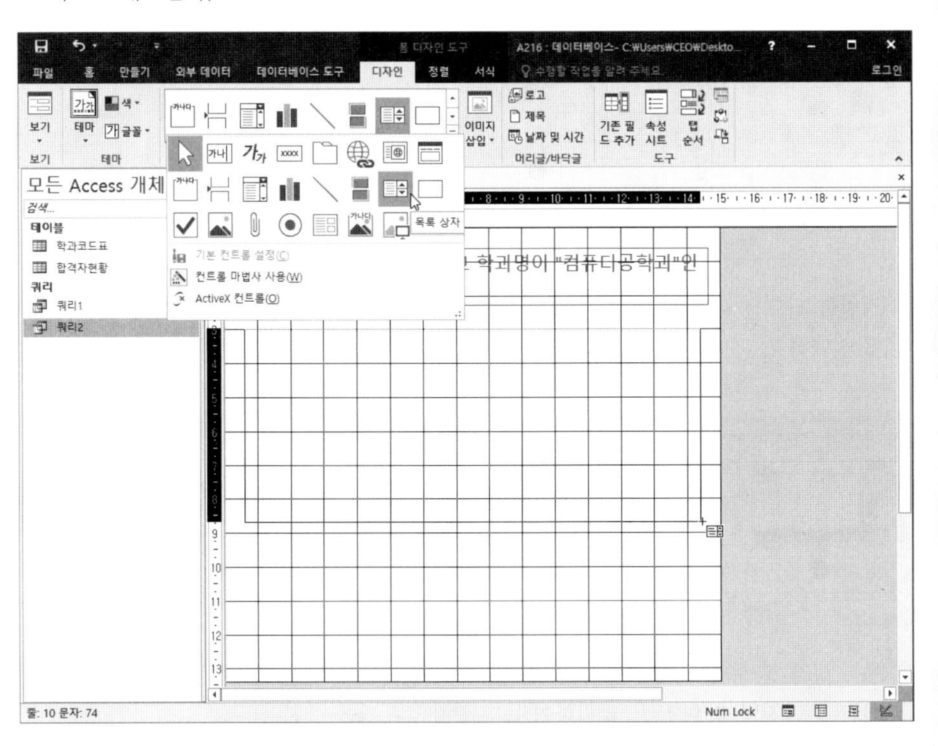

기적의 TIP

폼 디자인의 바탕화면에 나타나는 눈금은 디자인 창에서만 표시되며 출력했을 때 보이지 않습니다. 눈금이 컨트롤과 겹쳐져서 혼란스럽다면, 본문영역에서 마우스 오른쪽 단추를 눌러 [눈금]을 선택하면 눈금을 안 보이게 조절할 수 있습니다.

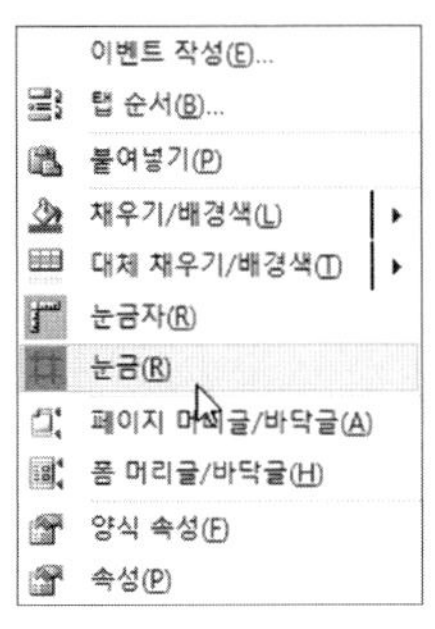

② [목록 상자 마법사]에서 '목록 상자에서 테이블이나 쿼리에 있는 값을 조회하도록 합니다.'를 선택하고 [다음]을 클릭한다.

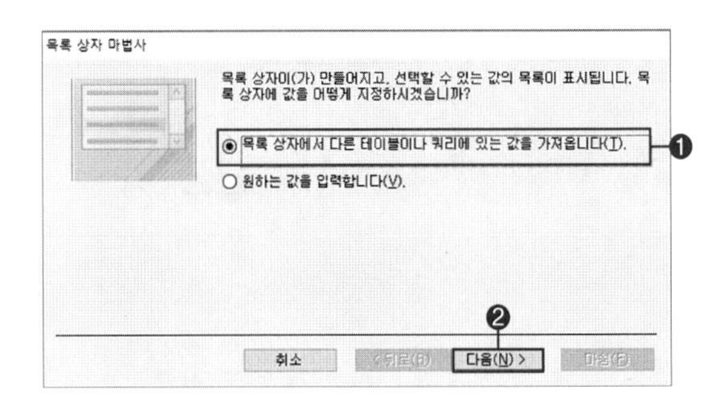

해결 TIP

목록 상자 마법사가 나타나지 않을 때는 디자인 탭의 컨트롤 항목에서 '컨트롤 마법사( )'가 선택된 상태인지 확인해 보세요. '컨트롤 마법사'가 선택된 상태에서만 목록 상자 마법사가 표시됩니다. 컨트롤 마법사가 선택되었을 때는 주황색으로 표시됩니다.

③ 다음 화면에서는 '보기'를 '쿼리'로 선택한 후 폼용 조회 쿼리인 '쿼리: 쿼리2'를 선택하고 [다음]을 클릭한다.

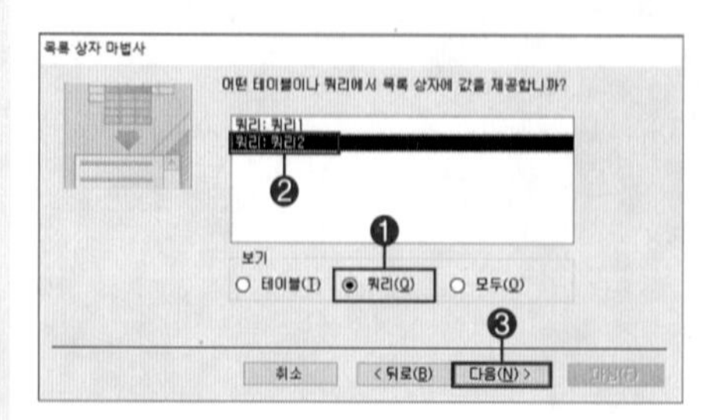

④ '사용 가능한 필드' 목록에서 폼에 표시할 필드를 차례대로 더블 클릭하여 '선택한 필드'로 이동시키고 [다음]을 클릭한다.

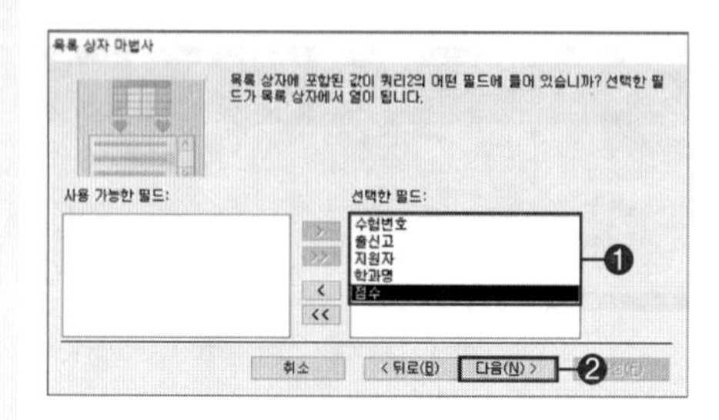

⑤ 정렬할 필드는 문제에서 '점수의 내림차순'으로 제시되어 있으므로 필드목록에서 "점수"를 선택하고, [오름차순]을 한 번 눌러 [내림차순]으로 변경하고 [다음]을 클릭한다.

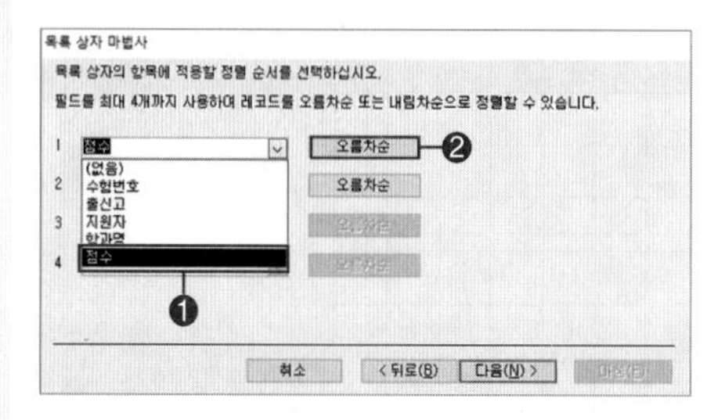

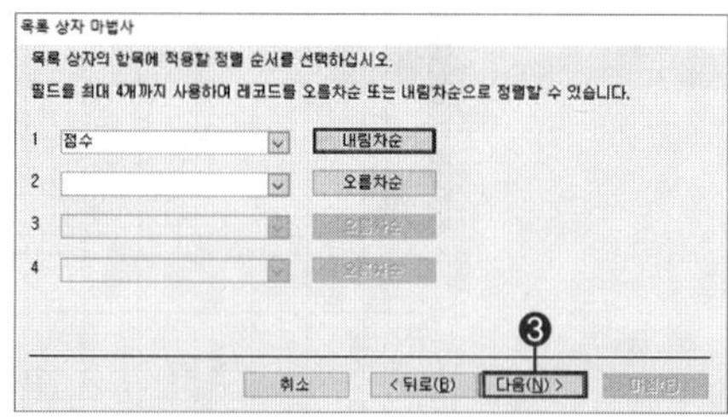

기적의 TIP

열 폭 조정 시에 마지막 필드가 숨겨지지 않을 정도로 조절합니다.

⑥ 목록 상자 열 폭을 그림과 같이 창 폭 정도로 맞춘 뒤 [다음]을 클릭하고 다시 [다음]을 클릭한 후 마지막에 [마침]을 클릭하여 목록 상자의 추가를 마친다.

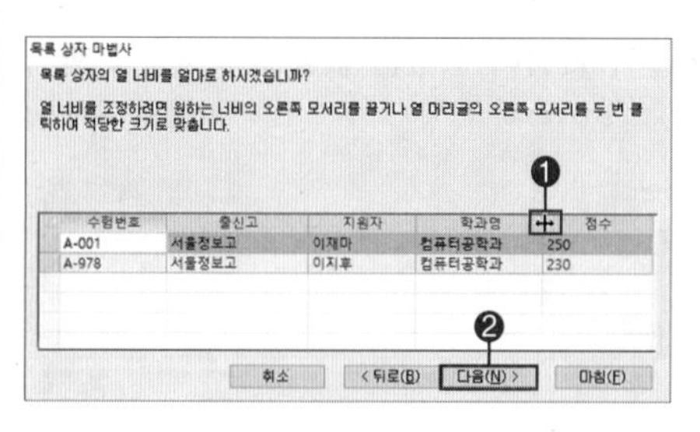

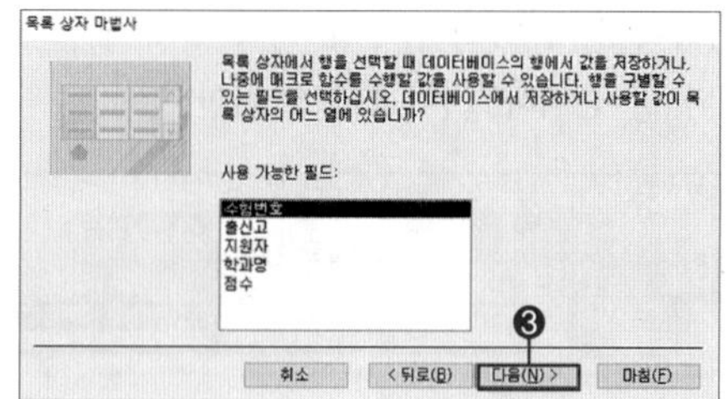

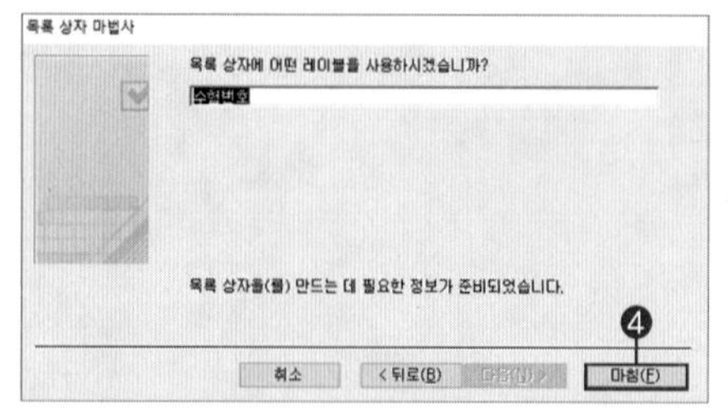

⑦ 폼에 목록 상자가 추가된 후의 화면이다. 목록 상자 테두리를 선택하고 마우스 오른쪽 [속성]을 클릭하여 속성 시트를 활성화하고, 속성 시트 [형식] 탭–[열 이름]을 '예'로 변경한다.

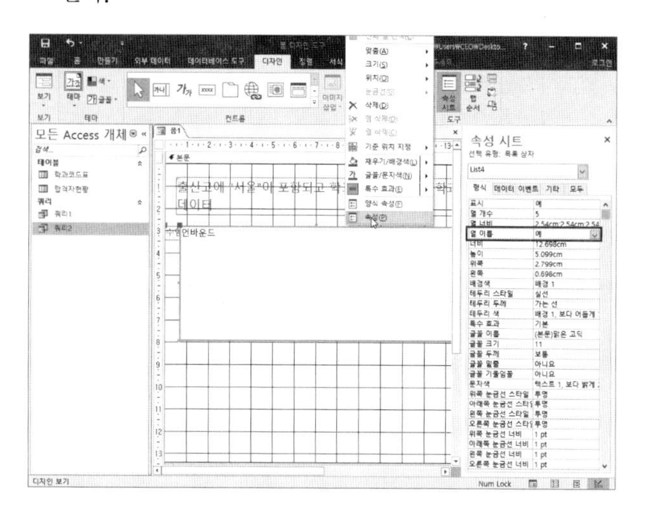

⑧ 목록 상자 삽입 시 생성된 불필요한 레이블을 선택하고 Delete를 눌러 삭제한다.

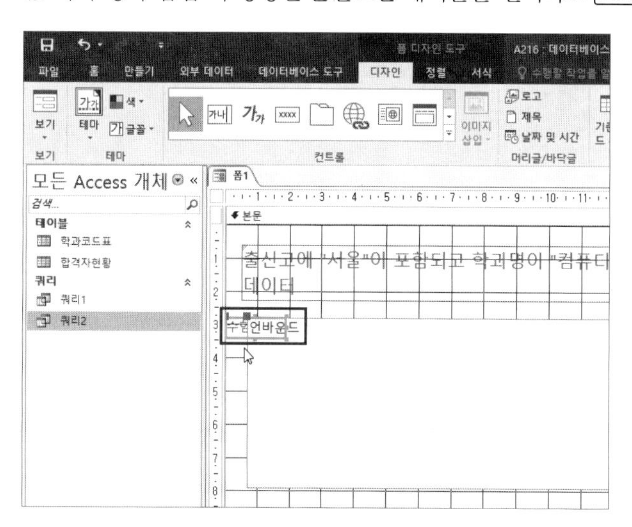

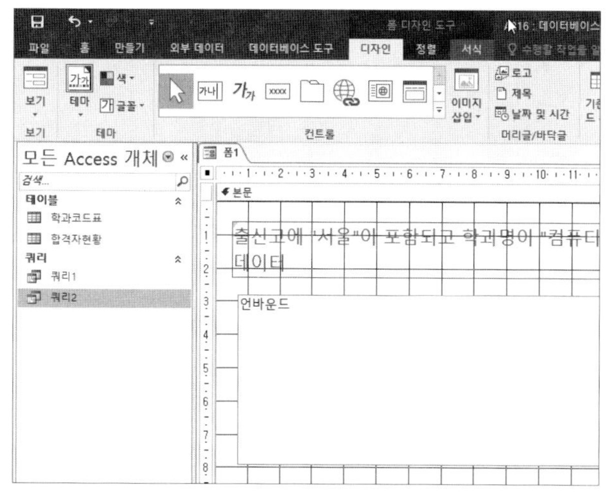

기적의 TIP

열 이름 : [예] 작업을 누락하는 경우

목록 상자에 필드명이 표시되지 않습니다. 많은 수험생이 실수하는 부분이니 꼭 확인하도록 합니다.

3. 목록 상자 하단 선 그리기

① 목록 상자 하단에 선을 그리기 위해 [디자인]–[컨트롤]–[선]을 클릭한다.

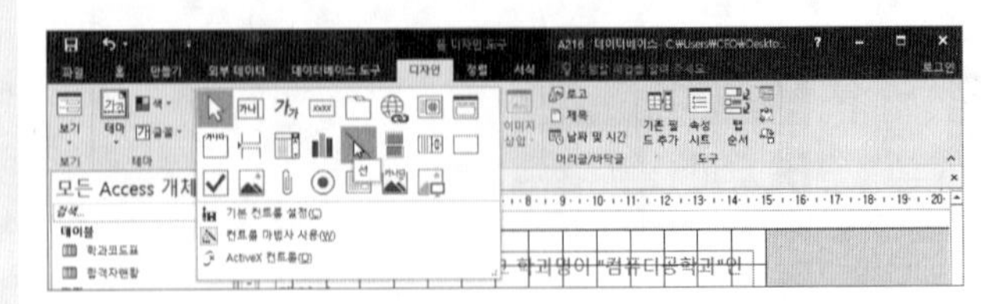

② 목록 상자 하단에 적당한 길이로 선을 그린다.

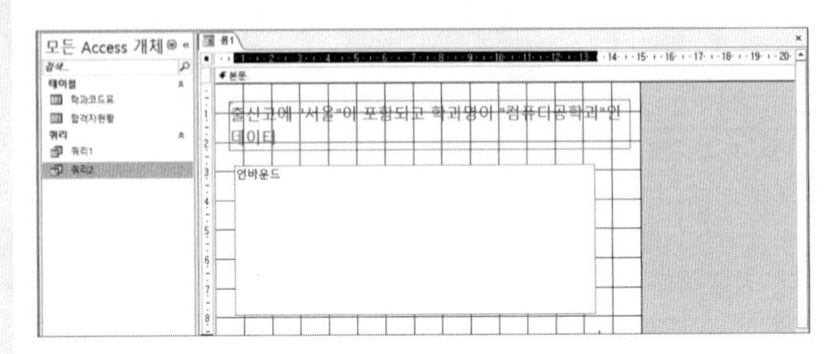

③ 삽입한 선 선택 – 마우스 우클릭 – 속성–[테두리 두께]–4pt를 선택한다.

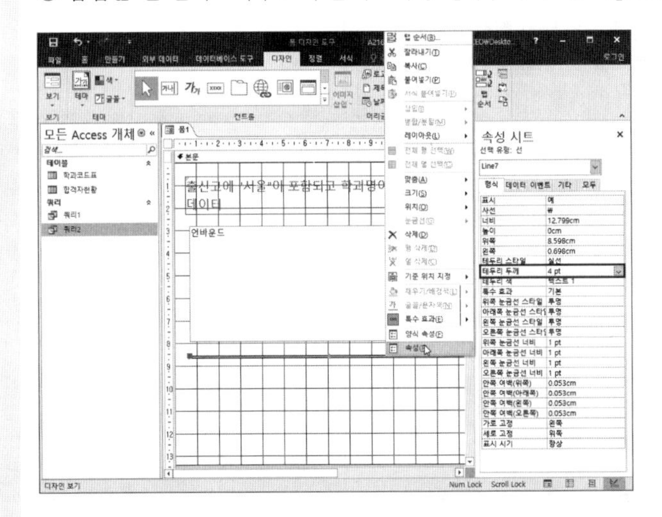

기적의 TIP

- [선] 도구 클릭–[Shift] 누른 채 – 시작점 클릭 – 종료점까지 드래그합니다.
- 중요한 것은 [Shift]를 시작점을 클릭하기 전 누르고 있어야 합니다.

기적의 TIP

선 두께는 4~6까지 선택 가능합니다.

④ 선을 선택하고 키보드 방향키를 이용해 목록 상자 하단에 적당히 배치한다.

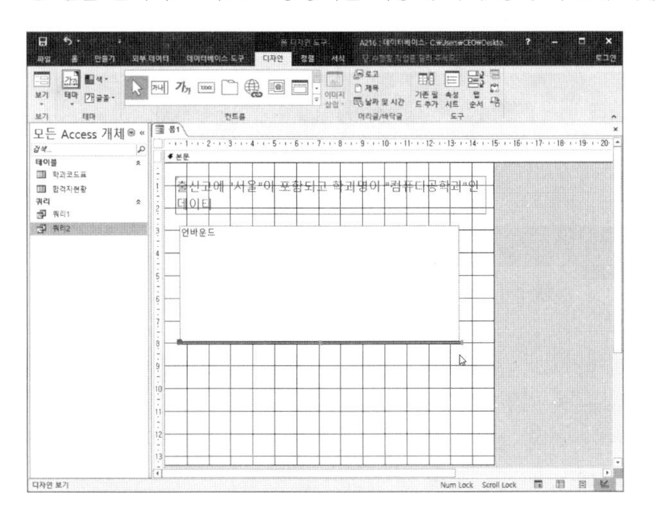

4. 목록 상자 하단에 SQL 식 추가하기

① 좌측 개체 창에서 "쿼리2"를 더블 클릭하여 실행한다.

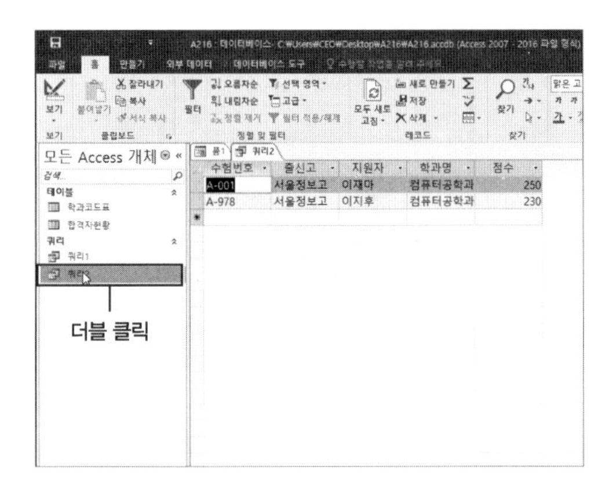

② [보기]–[SQL 보기]를 선택하여 SQL 식을 표시한다.

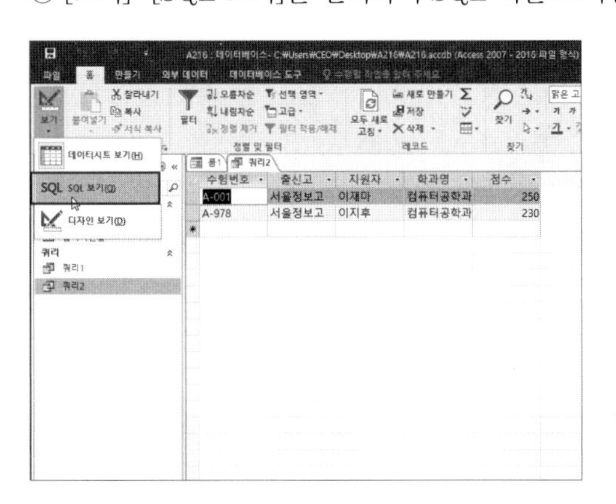

기적의 TIP

선 길이 적당히 하나요?
우선 적당히 맞추고 폼 완성 단계에서 제목, 목록 상자, 하단 SQL 식 창을 한 번에 크기 조절합니다.

기적의 TIP

INNER JOIN, ORDER BY 문이 잘 표시되는지 확인합니다.

③ 표시된 SQL 식은 자동으로 블록이 선택된다. 그대로 Ctrl+C를 클릭하여 식을 복사한다. [닫기]를 눌러서 SQL 식 보기 창을 닫는다.

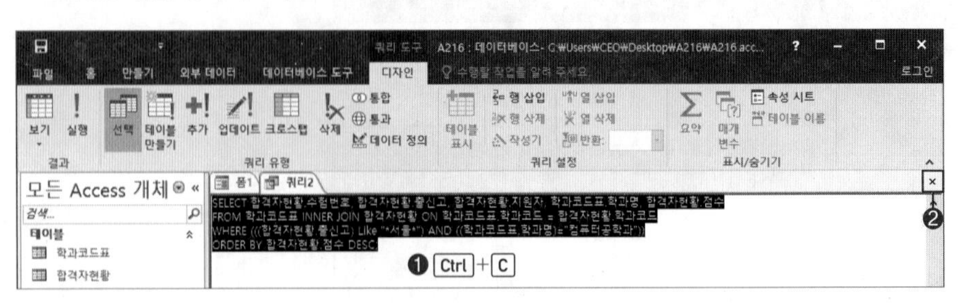

④ [디자인] 탭–[컨트롤] 그룹–[레이블]을 선택하고 목록 상자 하단에 박스를 그리고 "리스트 박스 조회 시 작성된 SQL 문"을 기입한다.

⑤ 이어서 레이블을 다시 한 번 클릭하여 그림과 같이 큰 박스를 그리고 Ctrl+V를 눌러 앞서 복사한 SQL 식을 붙여넣는다.

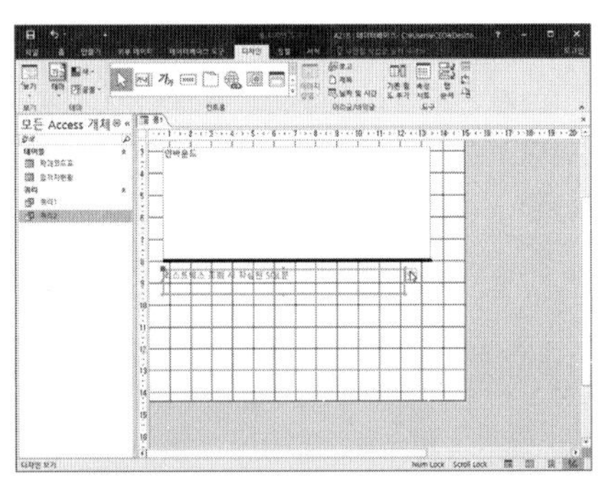

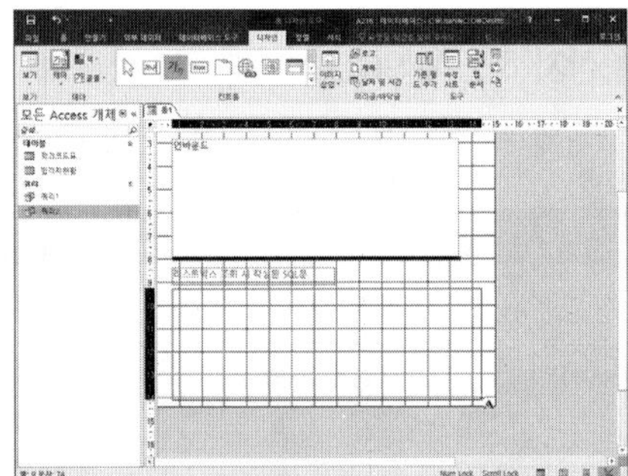

⑥ 폼 바탕 임의 위치를 클릭하고 Ctrl+A를 눌러 모든 객체를 선택한다.

⑦ [홈] 탭–[텍스트 서식]–[글꼴색]–'검정, 텍스트1'을 선택한다.

⑧ [속성 시트]–[테두리 색]–'검정, 텍스트1'을 선택한다.

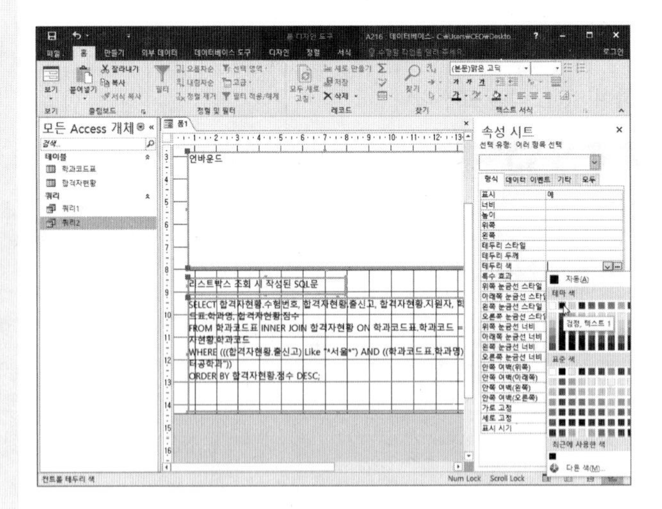

⑨ 하단 SQL 식이 입력된 레이블 테두리 선택–[속성 시트]–[형식]–[테두리 스타일]–'파선'을 선택한다.

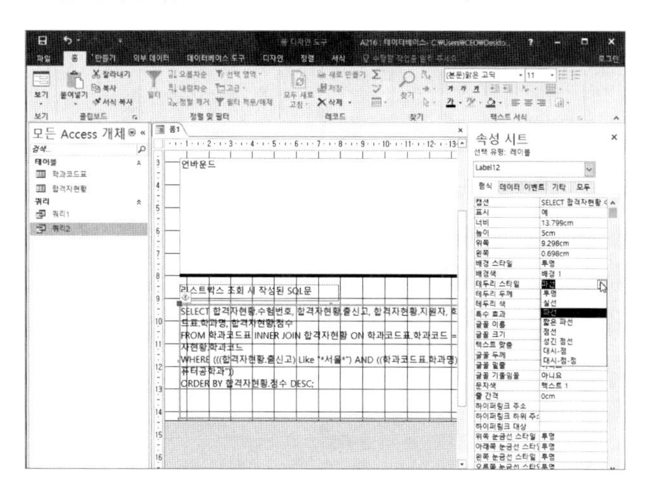

5. 컨트롤 배치하기

① Ctrl+A를 눌러 모든 컨트롤을 선택한다.

② [정렬] 탭–[맞춤]–왼쪽을 선택한다.

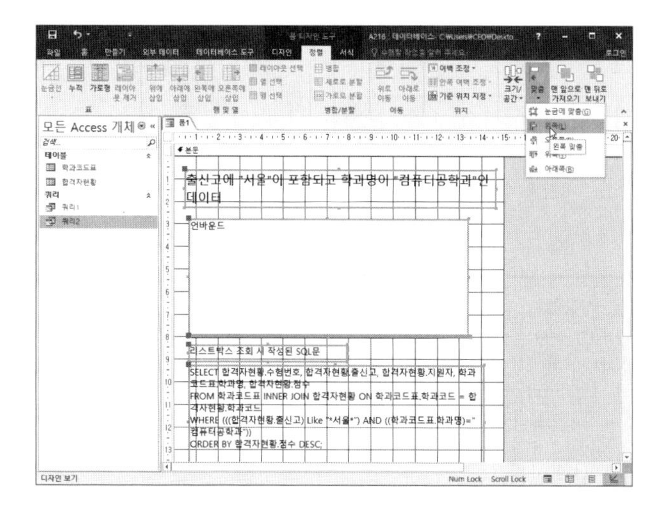

기적의 TIP

제목 레이블을 기준으로 맞추려면 나머지 컨트롤을 조금씩 줄여서 작게 변경한 뒤 [가장 넓은 너비에]를 선택하면 됩니다. 사무자동화산업기사 실기 시험에서 제목 줄 넘김 위치도 채점 대상으로 제목을 맞추고 나머지 컨트롤을 제목 너비에 맞춰 주세요.

③ [크기/공간]–[가장 넓은 너비에] 선택하여 컨트롤 크기를 제목의 크기와 동일하게 맞춘다.

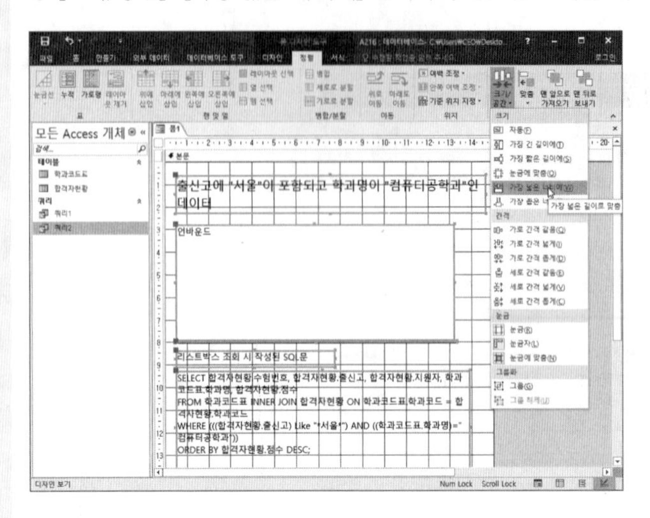

6. 폼 저장하기

① [폼] 탭 – 마우스 우클릭 – [닫기]를 클릭한다.

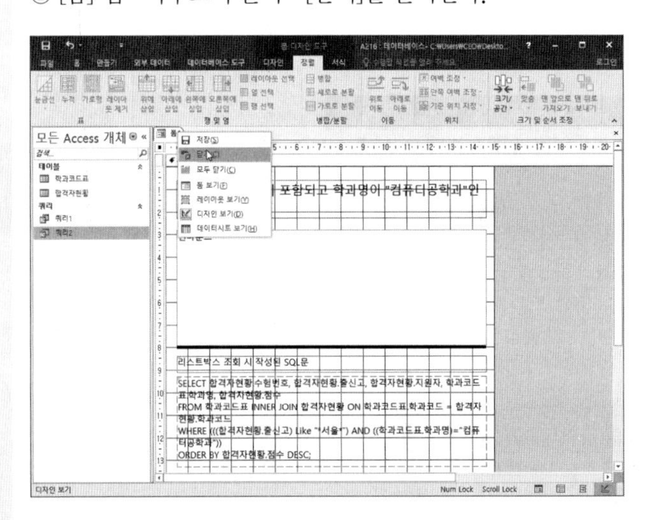

② 저장 여부 대화상자에서 [예]를 선택한다.

③ [다른 이름으로 저장] 대화상자에서 기본값인 '폼1'로 설정한 뒤 [확인]을 클릭하여 폼을 저장한다.

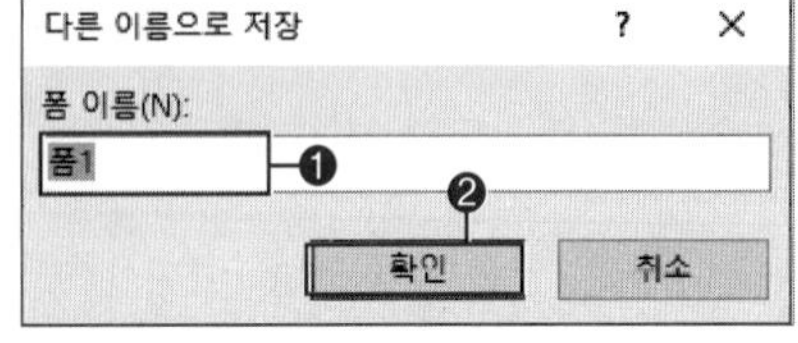

④ [객체] 창에서 '폼1'을 더블 클릭하여 폼을 실행해 정상적으로 표시되는지 확인한다.

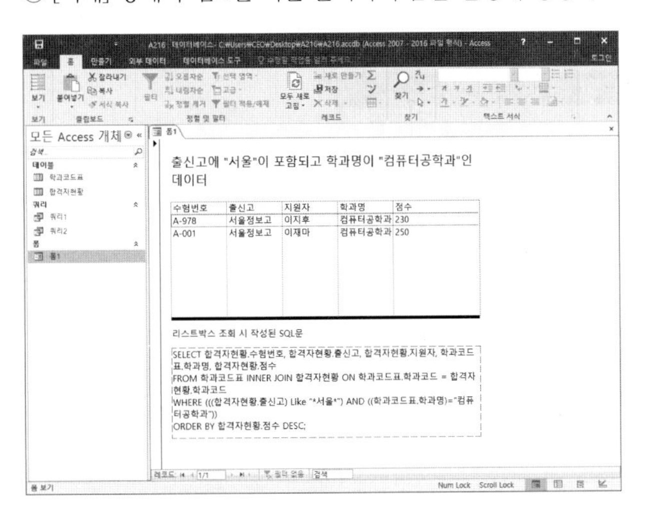

기적의 TIP

목록 상자 높이가 너무 높아요. 줄여도 되나요?

네. 폼용 조건검색 쿼리 결과를 확인하고 당시 레코드 수를 기억했다가 폼 디자인을 할 때 높이를 적당히 줄이거나 늘려도 됩니다. 폼이 별도로 1장 출력물이 나오는 관계로 너무 높게 하지만 않는다면 큰 문제는 안 되니 자유롭게 설정하세요.

7. 폼 페이지 설정하기

① "폼1"을 더블 클릭하여 실행한 뒤 빠른 실행 도구 아래 화살표를 클릭하여 [인쇄 미리 보기]를 빠른 실행 도구에 추가한 뒤 [인쇄 미리 보기] 버튼을 클릭한다.

② [페이지 설정]을 클릭하여 [페이지 설정] 대화상자를 실행한다.

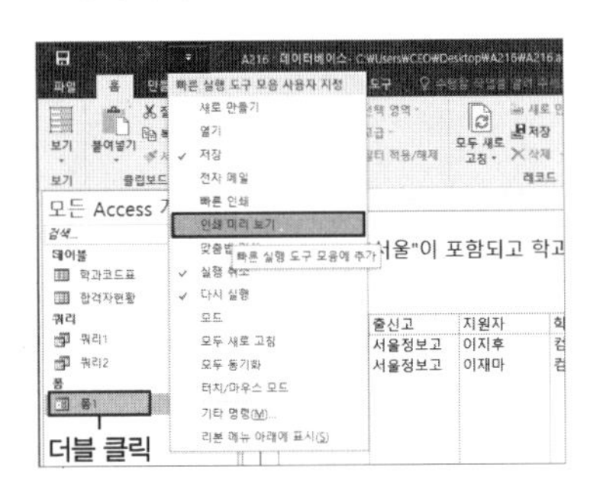

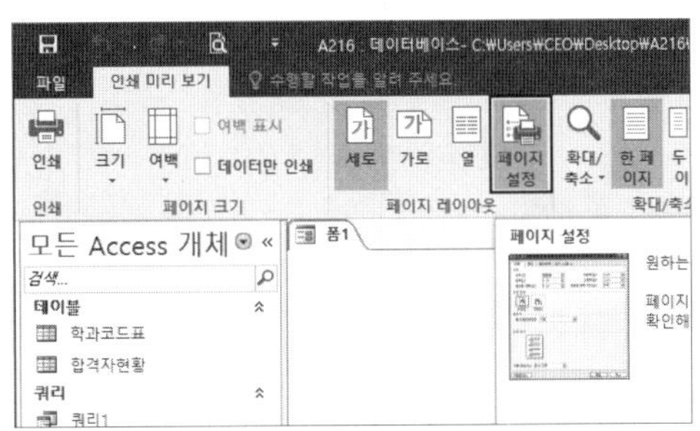

③ 그림과 같이 여백을 설정한 뒤 [확인]을 클릭하여 페이지 설정을 적용한다.

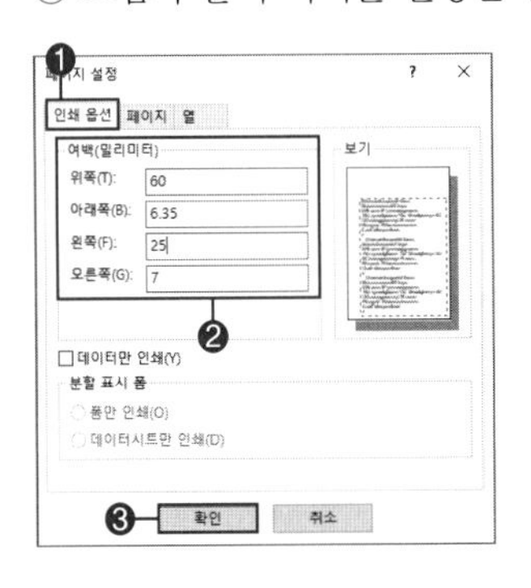

위치	여백	위치	여백
위쪽	60	왼쪽	25
아래쪽	6.35	오른쪽	6.35

기적의 TIP

아래쪽/오른쪽 여백은 기본값으로 두도록 합니다. 앞선 폼 디자인에서 폭과 높이가 설정이 된 상태이므로 위쪽과 왼쪽 여백 설정으로 인해 그 값이 의미가 없어집니다.

④ 인쇄 미리 보기 창에서 여백 설정을 확인하고 [인쇄 미리 보기 닫기]를 클릭하여 인쇄 미리 보기를 종료한다.

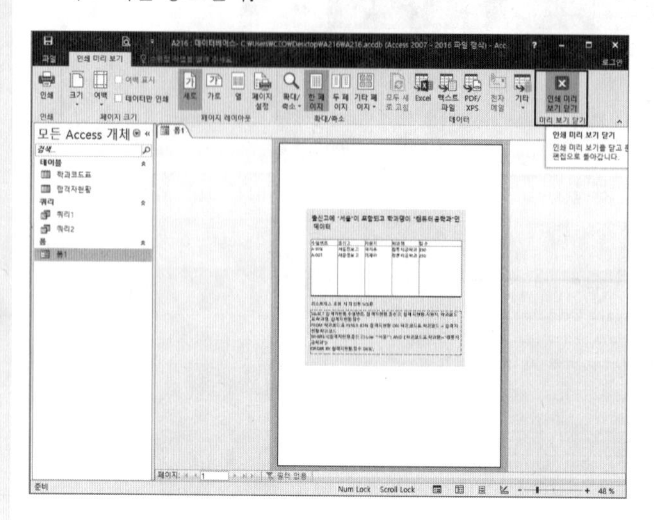

SECTION

06

보고서 만들기

난 이 도 (상) 중 하

반복학습 1 2 3

핵심포인트 문제에서 인쇄 출력물을 요구하는 자료 처리 파일이 바로 액세스에서 보고서입니다. 보고서를 출력하지 못하면 바로 실격되므로 반드시 출력해야 합니다. 또한 시간이 가장 많이 걸리는 작업 중의 하나로 빠른 시간 안에 보고서를 완성할 수 있도록 충분한 연습이 필요합니다.

01 문제분석 – 자료 처리 파일 작성

고등학교별 합격자 현황

작성일자 : YYYY-MM-DD

학과명	지원자	출신고	수험번호	점수	1차합격
멀티미디어과	XXX	XXX	XXX	XXX	XXX
합계: X명		1차 합격자 수: X명		평균: XX점	합격률: XX%
전기전자과	XXX	XXX	XXX	XXX	XXX
합계: X명		1차 합격자 수: X명		평균: XX점	합격률: XX%
정보통신과	XXX	XXX	XXX	XXX	XXX
합계: X명		1차 합격자 수: X명		평균: XX점	합격률: XX%
컴퓨터공학과	XXX	XXX	XXX	XXX	XXX
합계: X명		1차 합격자 수: X명		평균: XX점	합격률: XX%
총 합계: X명		1차 합격자 수: X명		평균: XX점	합격률: XX%

[처리 조건]

1) 학과명(멀티미디어과, 전기전자과, 정보통신과, 컴퓨터공학과)별로 정리한 후 같은 학과명 안에서는 지원자의 오름차순으로 정렬(SORT)한다.
2) 1차합격 : 점수가 200 이상이면 "합격", 200 미만이면 공백으로 표시한다.
3) 작성일자는 오늘 날짜(수검일자)로 한다.
4) 합계 : 출신고별 지원자 수, 1차 합격자 수, 평균점수, 합격률을 표시한다.
5) 총 합계 : 전체 지원자 수, 1차 합격자 수, 평균점수, 합격률을 표시한다.

[기타 조건]

1) 입력 화면 및 보고서의 제목은 '16' 정도의 임의 서체로 한다.
2) 모든 수치는 천 단위마다 ,(Comma)를 표시하고, 수치 계산 시 소수가 나오는 경우 소수 첫째자리에서 반올림하여 정수로 나타낸다. 단, 금액은 통화(₩) 기호를 표시하도록 한다.
3) 데이터의 열과 간격은 일정하게 맞춘다.

기적의 TIP

간혹 기타 조건에 "단, 금액 이외의 수치는 ,(comma)를 표시하지 않는다." 라는 지시가 있을 경우 형식-[0]으로 설정합니다.

지시사항	형식	설명
통화	통화	₩#,##0으로 대치 가능
수치(정수)	표준-소수 자릿수-[0]	• 천 단위 ,(Comma)가 표시됨 • 표준을 선택하지 않으면 소수 자릿수 표시되므로 꼭 표준으로 선택
수치에 ,(Comma) 생략	0	천 단위 ,(Comma) 생략 0은 숫자가 아니라 엑셀에서의 표시형식 0임
백분율	백분율-소수 자릿수-[자릿수]	자릿수는 보고서 그림이나 조건에 제시된 자릿수를 입력

[풀이 과정]

1) 처리 조건의 '2) 1차 합격'은 쿼리1에서 작성하였다.

2) 학과명과 지원자별 정렬은 보고서 마법사의 정렬 및 그룹화 기능을 사용한다.
   ▶ 학과명(멀티미디어과, 전기전자과, 정보통신과, 컴퓨터공학과)별로 정리한 후 같은 학과명 안에서는 지원자의 오름차순으로 정렬(SORT)한다.
   ▶ 그룹 : 학과명, 정렬 : 지원자 오름차순

3) 합계와 총합계 중 평균 점수는 보고서 마법사의 요약 옵션을 사용한다. 그 외는 보고서 디자인 작업 중 함수를 이용하여 계산한다.

4) 기타 조건은 보고서 디자인 작업 중에 컨트롤의 속성을 조정한다.

02 새 보고서 작성

01 새 보고서 작성

① [만들기] 탭-[보고서] 그룹-[보고서 마법사]를 차례로 선택한다.

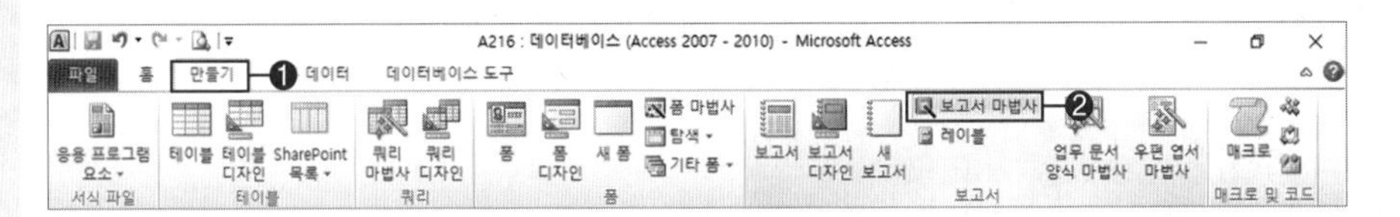

② '테이블/쿼리'에서 '쿼리:쿼리1'을 선택하고, '사용 가능한 필드'에서 보고서에 나타날 필드 순서대로 더블 클릭하여 선택한 필드로 이동시킨다. 필드 선택이 끝나면 [다음]을 클릭한다.

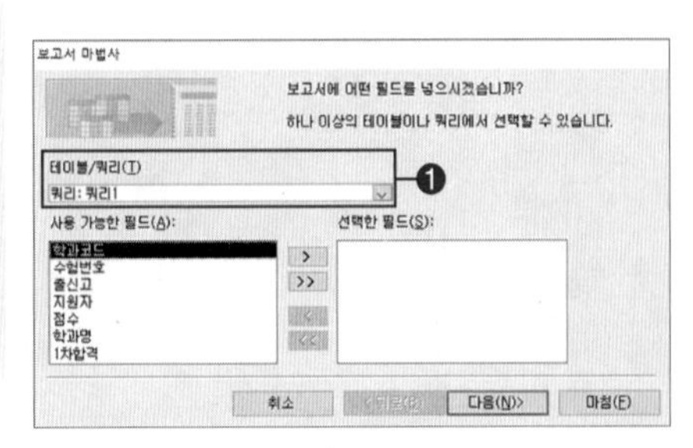

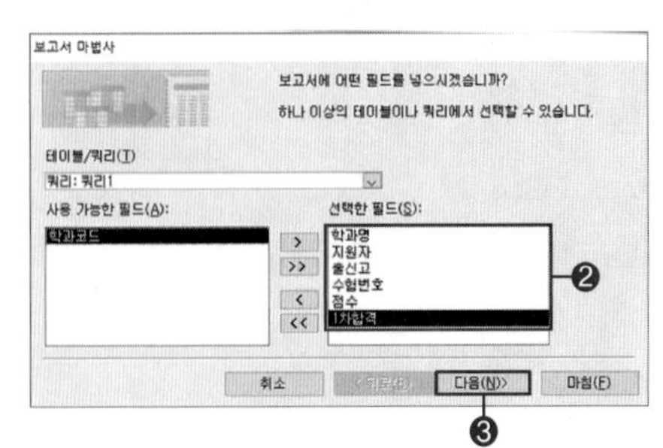

③ '그룹 수준을 지정하시겠습니까?'에서 그룹으로 지정할 '학과명' 필드를 더블 클릭하고, [다음]을 클릭한다.

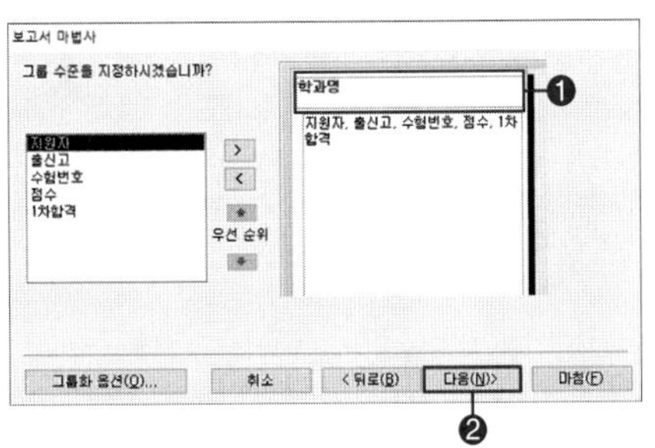

> **기적의 TIP**
>
> 보고서에서 그룹을 지정하지 않으면 요약 옵션과 소계, 총계 란이 표시되지 않습니다. 꼭 그룹을 설정해야 합니다.

④ '세부 레코드에 어떤 정렬 순서를 지정하시겠습니까?' 대화 상자에서 '지원자' 필드를 선택하고, [요약 옵션]을 클릭한다.

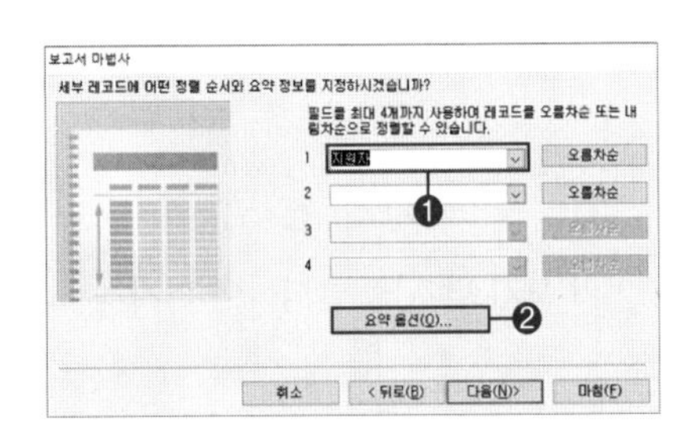

> **기적의 TIP**
>
> [오름차순]을 한 번 누르면 [내림차순]으로 바뀝니다.

⑤ [요약 옵션] 대화상자에서 점수의 평균을 선택하고 [확인]을 클릭한다. 바로 [다음]을 클릭하여 다음 단계로 진행한다.

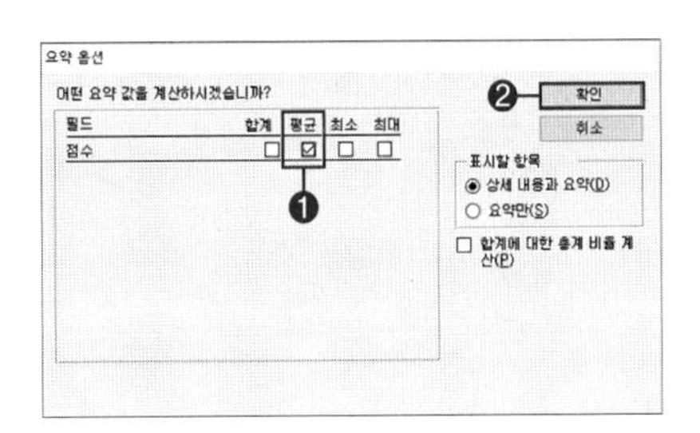

> **기적의 TIP**
>
> - 숫자 데이터 형식 필드의 합계, 평균, 최소, 최대를 구할 경우 [요약 옵션]을 이용하면 편리합니다.
> - 인원수나 개수는 요약 옵션에서 따로 추가할 수 없으므로, 보고서 디자인 작업 중에 텍스트 상자를 추가하여 작업해야 합니다.

> **해결 TIP**
>
> **요약 옵션 단추가 나타나지 않아요.**
>
> 요약 옵션 단추가 나타나지 않는 경우는 그룹 수준이 잘못 지정되었거나, 테이블이나 쿼리에 숫자 데이터 형식 필드가 없는 경우입니다.

⑥ 보고서의 모양은 기본값(모양-단계, 용지 방향-세로)으로 두고 [다음]을 클릭한다.

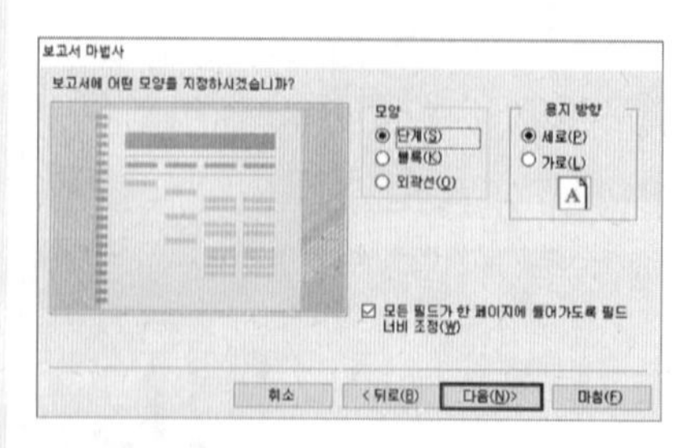

⑦ 보고서의 제목은 '고등학교별 합격자 현황'으로 입력하고 [마침]을 클릭한다.

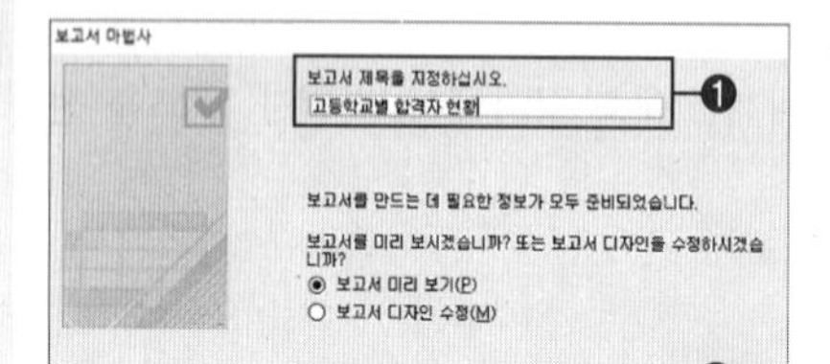

기적의 TIP

보고서 이름은 임의로 지정해도 됩니다.

⑧ 보고서가 인쇄 미리 보기 상태로 나타난다. [인쇄 미리 보기 닫기]를 클릭하여 디자인 보기 상태로 전환한다.

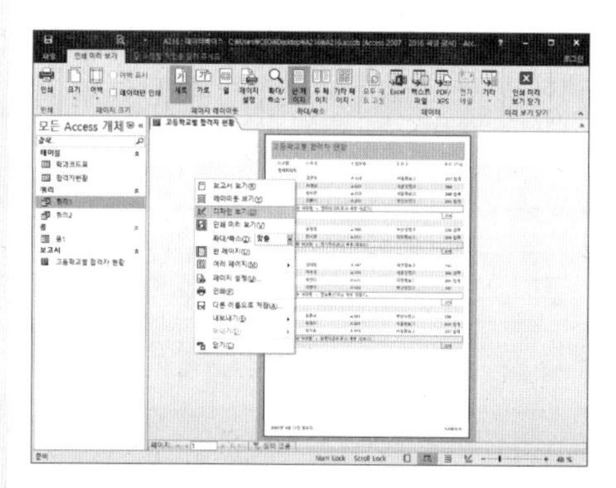

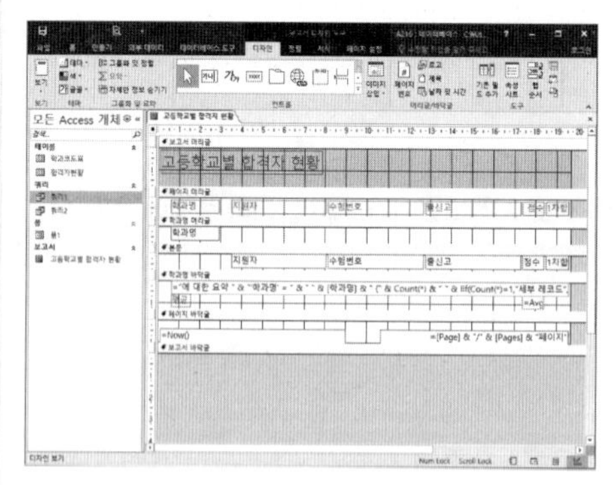

해결 TIP

오피스 2007 사용자
오피스 2007에서는 그림과 같이 음영이 표시되지 않습니다.

해결 TIP

마법사 종료 후 일부 필드가 누락된다면 오피스 오류입니다. 이런 경우 텍스트 상자와 레이블로 그려 넣거나 옆 필드 텍스트 상자와 레이블을 복사해 붙여넣고 이름을 변경합니다.

더 알기 TIP

보고서의 구역

• 보고서는 보고서 머리글, 페이지 머리글, 그룹 머리글, 본문, 그룹 바닥글, 페이지 바닥글, 보고서 바닥글 구역으로 구분되어 있습니다.

구역 종류	설명
보고서 머리글	보고서의 첫 페이지에 한 번만 인쇄되며, 두 번째 페이지부터는 인쇄되지 않는다.
페이지 머리글	보고서의 매 페이지마다 윗부분에 표시된다. 첫 페이지에서는 보고서 머리글의 내용이 인쇄된 다음 페이지 머리글이 인쇄되고, 두 번째 페이지에서는 페이지 윗부분에 표시된다.
그룹 머리글	그룹으로 설정한 필드에 따라서 그룹이 시작되기 전 위치에 인쇄된다.
본문	모든 레코드가 정렬 순서에 따라 인쇄된다. 그룹이 지어져 있다면 그룹에 따라 나뉘어져 인쇄된다.
그룹 바닥글	그룹으로 설정한 필드에 따라서 그룹이 끝나는 위치에 인쇄된다.
페이지 바닥글	매 페이지 아랫부분에 인쇄된다.
보고서 바닥글	보고서의 제일 마지막 페이지에 인쇄된다. 페이지 바닥글 앞에 인쇄된다.

• 보고서 디자인 보기 상태에서 그룹 머리글/그룹 바닥글은 그룹화된 필드의 이름에 따라 바뀌어 표시됩니다. 학과명 필드를 기준으로 그룹화되었으면 학과명 머리글/학과명 바닥글로 표시됩니다.

• 보고서에서는 동일한 텍스트 상자라도 위치한 구역에 따라서 다른 값이 표시됩니다.

예 텍스트 상자의 컨트롤 원본이 '=Avg([점수])'이지만, 이 컨트롤이 그룹 바닥글에 있다면 각 그룹의 평균값이 계산되고, 보고서 바닥글에 있다면 전체에 대한 평균값이 계산됩니다.

02 보고서 디자인 조정

① 보고서에 필요없는 컨트롤을 선택하여 삭제

• 학과명 바닥글에 있는 「="에 대한 요약 " & "'학과명' = " & " " ~」이 표시된 컨트롤

• 페이지 바닥글에 있는 「=[Page] & "/" & [Pages] & "페이지"」 컨트롤

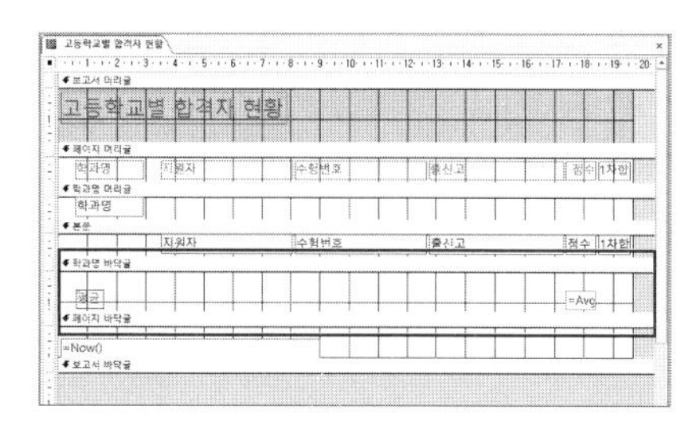

② 페이지 바닥글에 있는 「=Now()」 컨트롤을 보고서 머리글 영역으로 이동시키고 형식에서 yyyy-mm-dd로 수정한 후 크기를 조절한다.

=Now() 컨트롤의 오른쪽 끝이 상단 줄자의 16cm에 위치하도록 배치합니다.

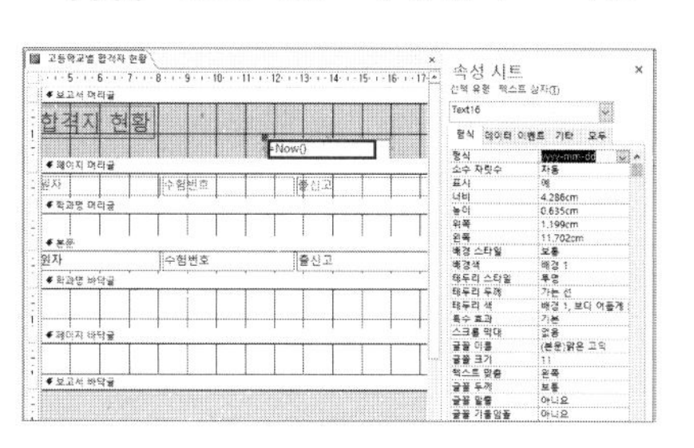

③ 컨트롤의 크기와 간격 조절

• 학과명 머리글에 위치한 [학과명] 텍스트 상자를 본문으로 마우스 드래그하여 이동한다.

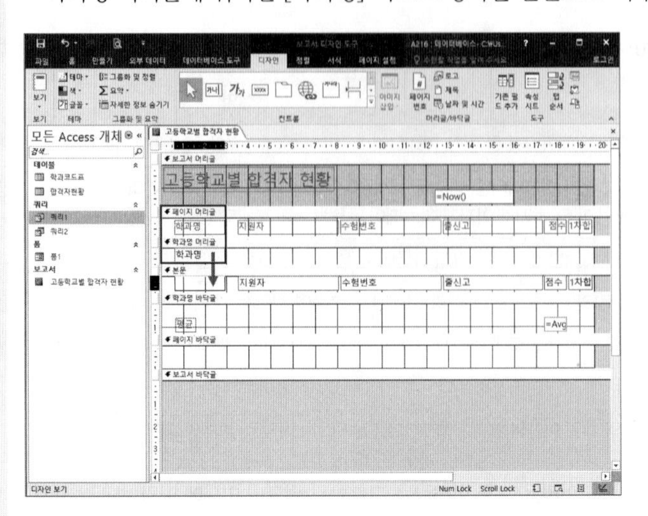

• [학과명 머리글], [페이지 바닥글] 경계를 클릭하고 [속성 시트]–[형식]–높이에서 그림과 같이 높이를 '0'으로 변경한다.

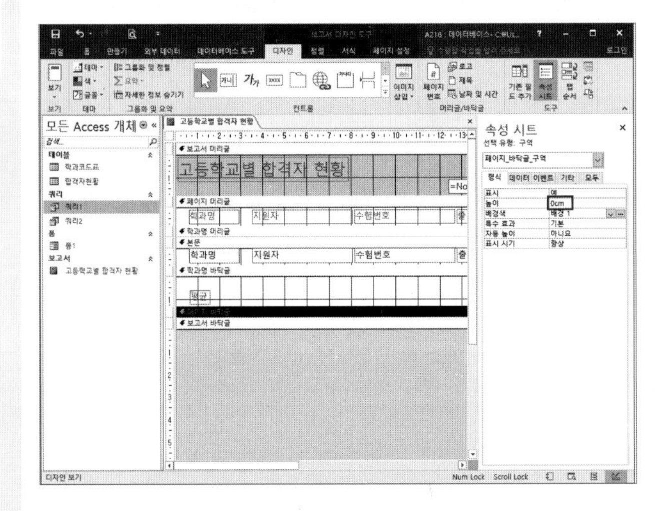

기적의 TIP

[페이지 머리글] 위 경계를 마우스로 아랫 방향 드래그하면 [보고서 머리글] 영역의 높이를 늘릴 수 있습니다.

기적의 TIP

텍스트 상자 이동 시 테두리를 선택하고 마우스로 이동합니다. 왼쪽 상단 모서리를 선택하면 항목별 이동이 안 되니 주의하세요.

기적의 TIP

[학과명 머리글]을 클릭하고 [속성 시트]–[형식]–[높이]를 –으로 변경해도 됩니다.

• 보고서 바닥글 영역이 표시되지 않은 경우 그림과 같이 [보고서 바닥글]을 선택하고 [속성 시트]-[형식]-[높이]-0.7로 변경한다.

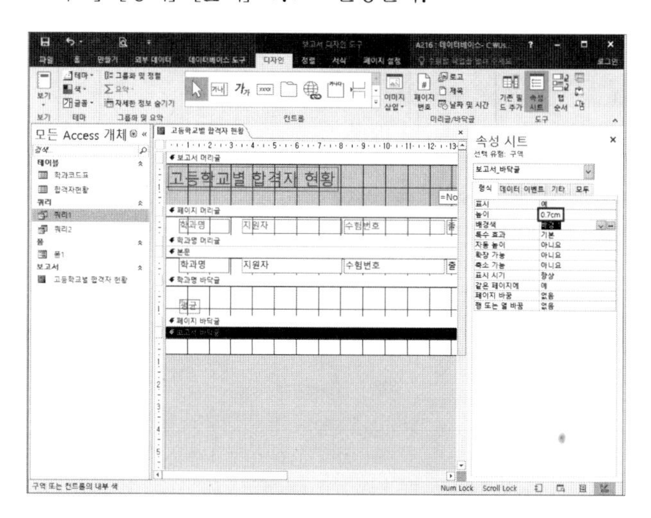

• [학과명 바닥글] 영역의 '평균', 'Avg~~' 컨트롤을 마우스로 선택하고 Ctrl+C를 이용하여 복사한 뒤 [보고서 바닥글] 영역을 클릭하고 Ctrl+V를 눌러 복사한다.

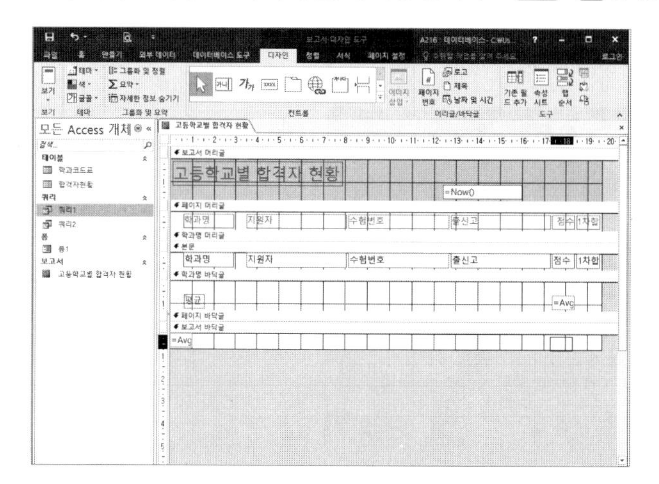

기적의 TIP

붙여넣기하면 보고서 바닥글 왼쪽에 붙여 넣어집니다. 마우스로 드래그하여 우측으로 이동시키세요.

④ 작성일자 배치하기

• [보고서 머리글]에 그림과 같이 [디자인]탭–[레이블] 도구를 이용하여 '작성일자:' 레이블을 그려 넣는다.

기적의 TIP

[페이지 머리글] 위 경계를 마우스로 아랫 방향 드래그하면 [보고서 머리글] 영역의 높이를 늘릴 수 있습니다.

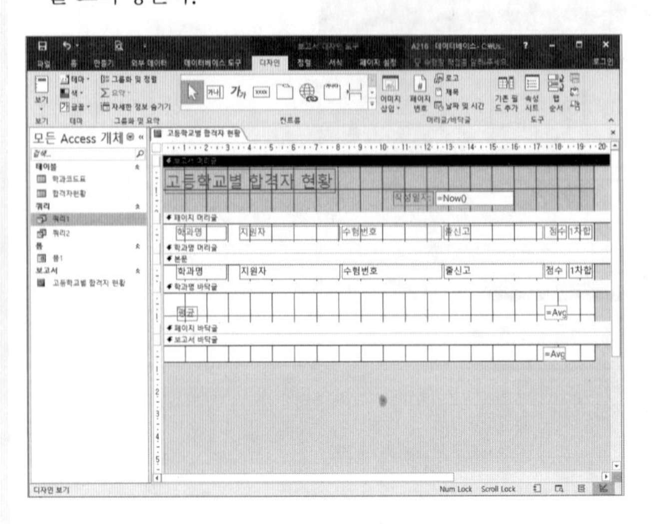

⑤ 보고서 머리글 디자인하기

• 제목 레이블을 그림과 같이 [글꼴 크기]–16, 텍스트 가운데 맞춤한 뒤 가로 줄자 8 위치에 레이블의 가운데 점이 위치하도록 배치한다.

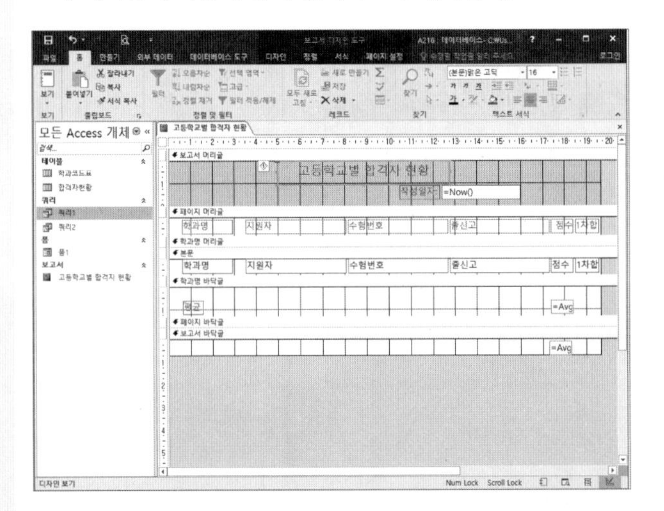

• [보고서 머리글]의 배경색을 [흰색, 배경-1]로 변경한다.

오피스 2007에서는 기본 설정입니다.

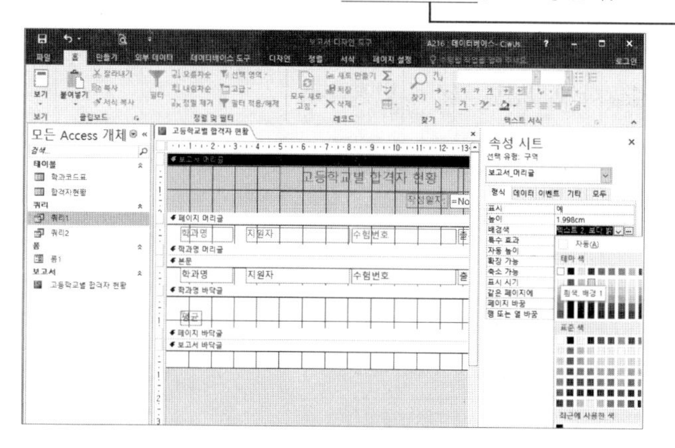

⑥ 보고서 글꼴 색 및 글꼴 크기 변경하기

• Ctrl+A를 이용해 모든 컨트롤을 선택하고 [홈] 탭-[텍스트 서식] 그룹-[글꼴 색]-[검정, 텍스트 1]로 변경한다.

오피스 2007에서는 기본 설정입니다.

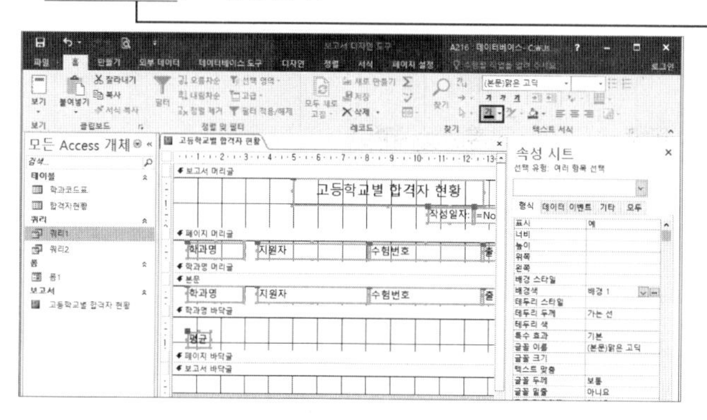

• 제목을 제외한 나머지 컨트롤을 마우스로 드래그하여 선택하고 [홈] 탭-[텍스트 서식] 그룹-[글꼴 크기]-9로 변경한다.

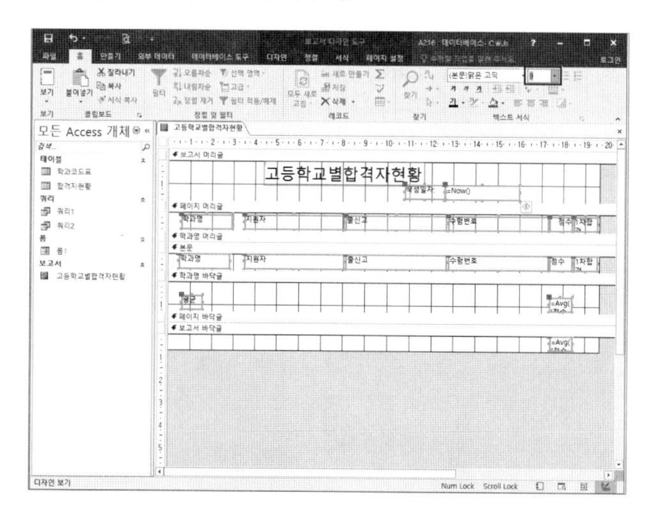

03 보고서 레이아웃 설정하기

① '학과명' 레이블과 텍스트상자를 마우스로 드래그하거나 Ctrl를 누르고 연쇄 선택한 뒤, 우측 테두리를 마우스로 드래그하여 적당한 크기로 변경한다.

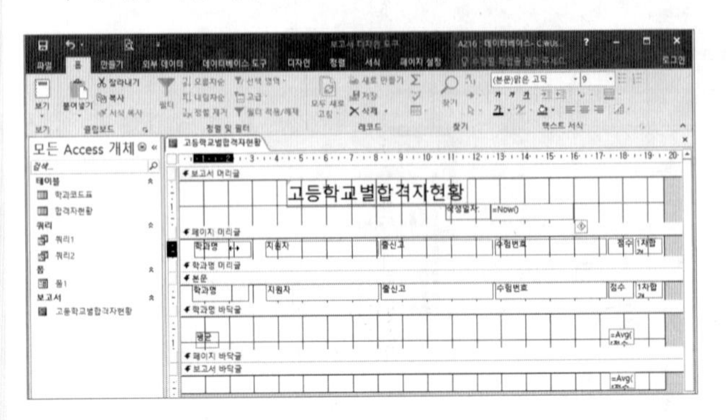

② 나머지 컨트롤도 입력되어 있는 레코드의 길이를 고려하여 컨트롤 폭을 변경한다.

기적의 TIP

만약 필드 순서가 다르다면?

보고서 마법사에서 필드를 추가하는 순서대로 보고서가 만들어지는 게 원칙이지만 간혹 순서가 섞이는 경우가 있습니다. 이때는 컨트롤 폭을 줄인 뒤, 레이블, 텍스트상자를 같이 선택하고 마우스로 드래그하여 배치합니다.

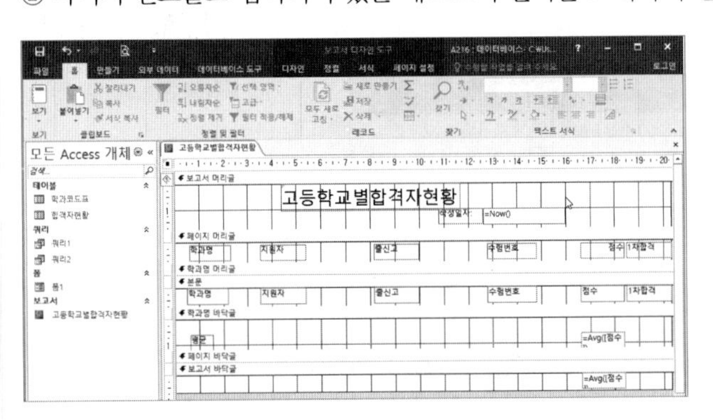

③ '1차 합격' 컨트롤이 가로줄 16cm에 맞도록 배치하고 나머지 컨트롤을 적당한 위치에 재배치한다.

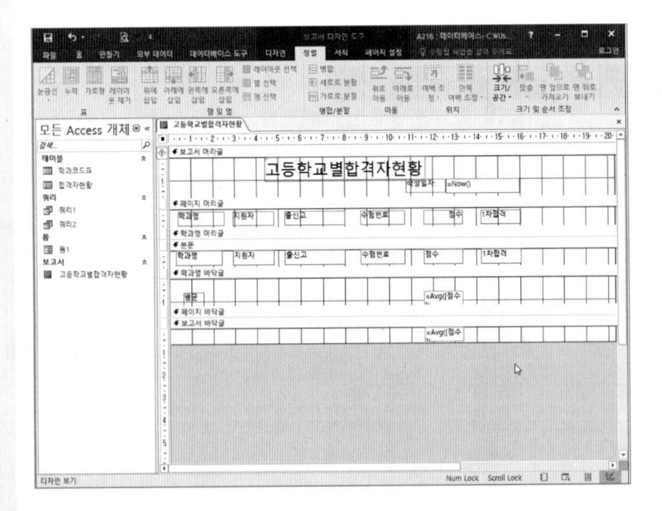

④ 보고서 바탕의 흰색 경계를 마우스로 드래그하여 가로 줄자 16cm 위치로 줄인다.

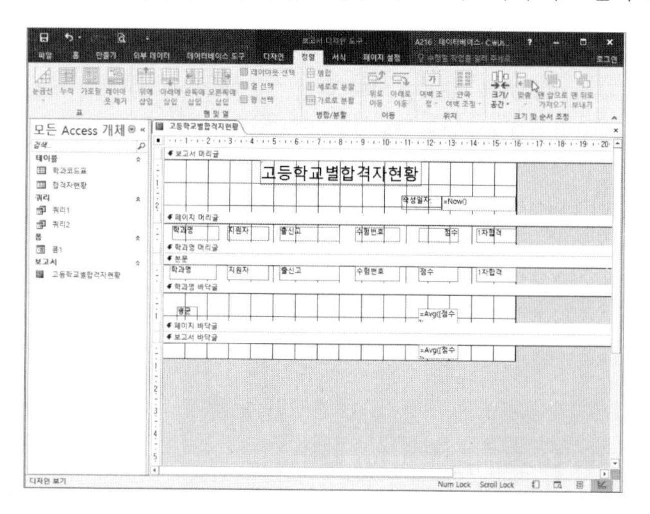

기적의 TIP

컨트롤 정렬을 활용하세요.

컨트롤 배치할 때에는 [크기/공간] 도구와 [정렬] 도구를 십분 활용하세요.

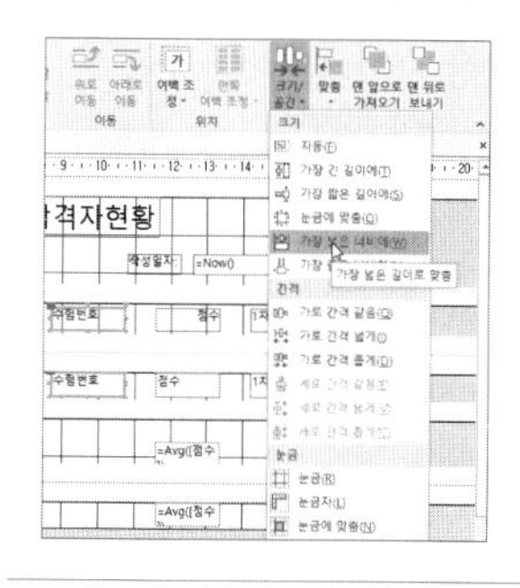

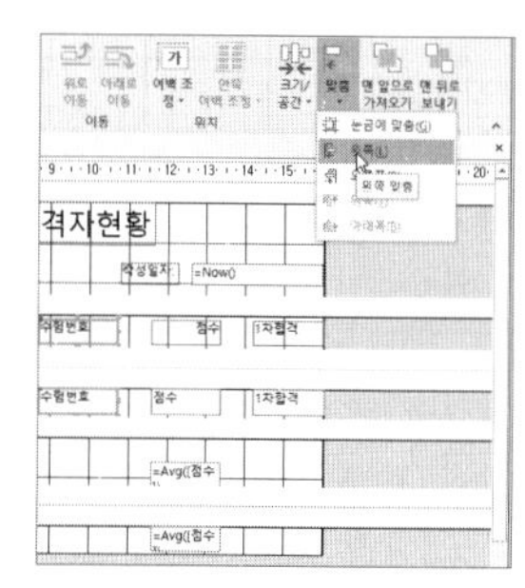

04 그룹 계산식 만들기

① 그룹 계산 텍스트 상자 삽입하기

- [디자인]탭–[텍스트 상자] 도구를 이용하여 [학과명 바닥글에] 그림과 같이 레이블과 텍스트상자를 삽입하고 레이블은 '1차합격자 수:', 텍스트 상자는 '=Count([1차합격]) & "명"' 식을 작성한다.
- 글꼴 색과 글꼴 크기, 컨트롤의 크기를 앞서 다른 컨트롤과 동일하게 검은색, 9, 0.5cm로 변경하고 [학과명 바닥글]의 컨트롤을 복사해 [보고서 바닥글]에 붙여넣는다.

> **기적의 TIP**
> 컨트롤 복사 붙여넣기는 Ctrl+C → 붙여넣기할 위치 클릭 → Ctrl+V입니다.

> **기적의 TIP**
> - count(*) : 그룹 또는 보고서 전체의 레코드 개수를 계산
> - 그룹 바닥글 : 그룹 레코드 개수
> - 보고서 바닥글 : 보고서 레코드 개수

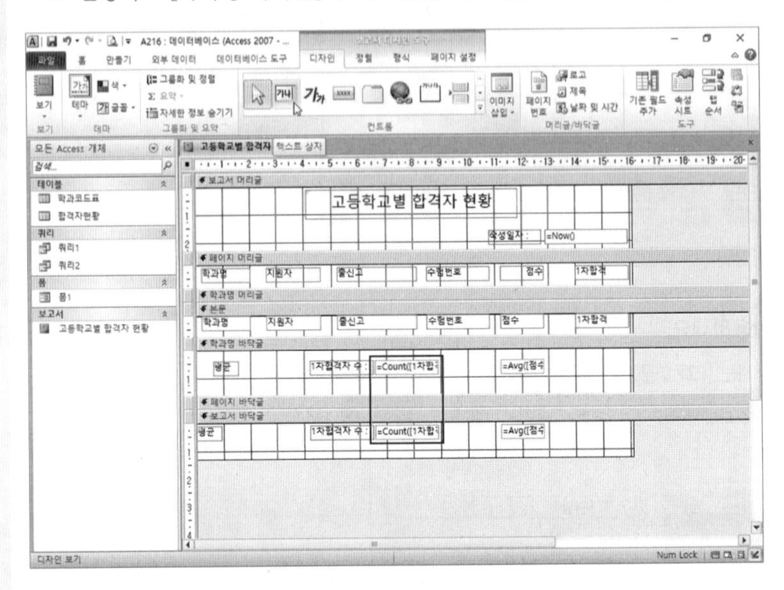

- '1차합격' 열 하단의 [보고서 바닥글]에 '1차합격자 수' 레이블과 텍스트 상자를 복사해 붙여넣고 그림과 같이 레이블 이름을 '합격률:'로 텍스트 상자 식은 '=Count([1차합격])/Count(*)' 로 입력한다.
- 레이블과 텍스트 상자 간격을 텍스트 상자 왼쪽 상단 모서리의 이동점을 마우스로 드래그하여 이동한다.

> **기적의 TIP**
> - 합격률 : 1차 합격/전체 레코드
> - 한 반이 30명인 학급에서 3명이 1차 합격했을 때의 합격률은?
>   3/30=0.1=10%

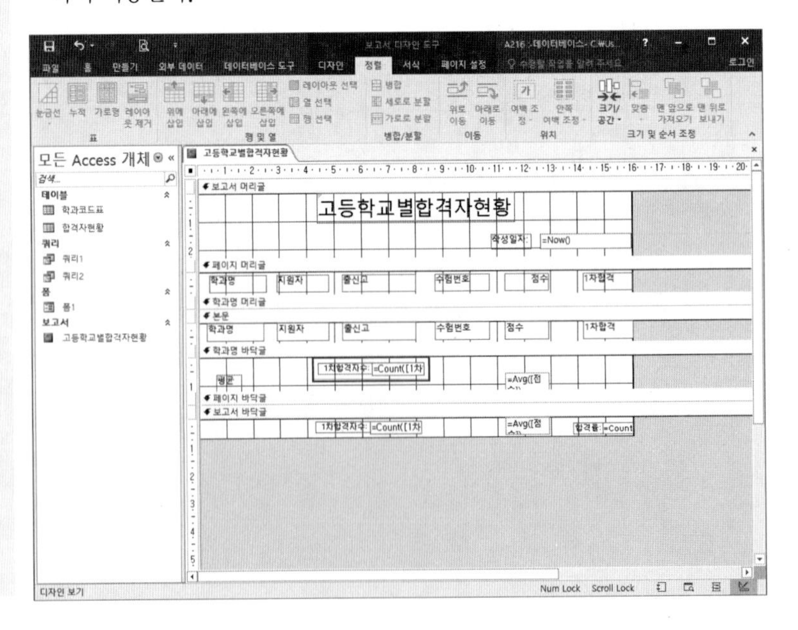

• [보고서 바닥글]에 편집한 '합격률' 컨트롤을 복사해 [학과명 바닥글] 위치에 붙여넣기 한다.

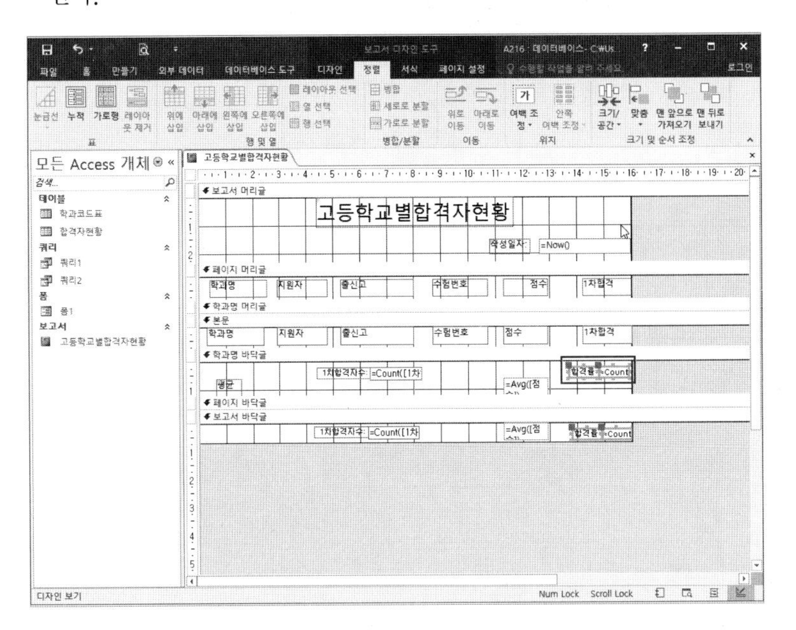

• 평균 레이블을 점수 열의 텍스트 상자 앞에 배치한다.

• 앞선 방식대로 텍스트 상자를 이용하여 '학과명' 필드의 합계를 추가하고 학과명 머리글과 보고서 머리글에 복사해 배치한다.

컨트롤	값
레이블	합계
텍스트상자	=Count(*) & "명"

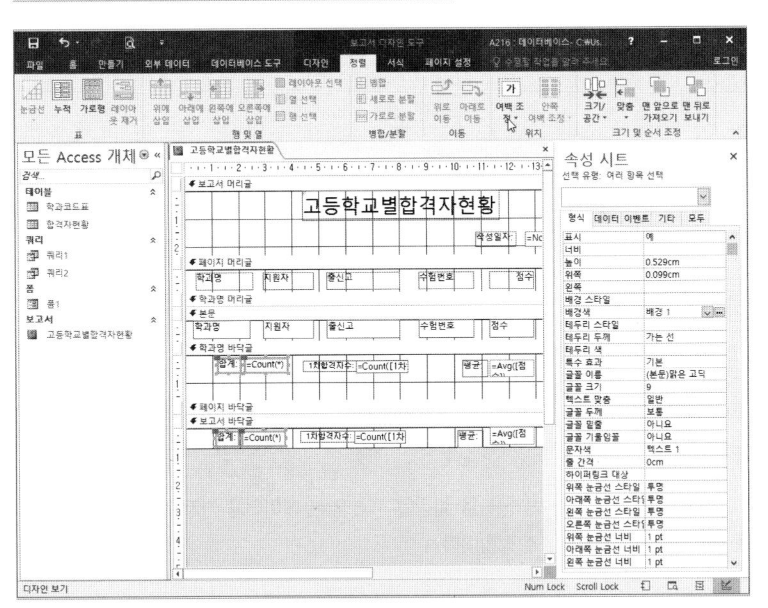

기적의 TIP

[학과명 바닥글]에서 편집해 [보고서 바닥글] 위치에 붙여 넣거나 새롭게 텍스트 상자를 삽입하여 작성해도 됩니다.

기적의 TIP

• 학교명 바닥글과 보고서 바닥글에 텍스트 상자를 같은 방식으로 추가하고 =Count(*)&"명"를 입력합니다.
• 텍스트 상자 앞에 레이블을 추가하고 '합계'를 입력합니다.

• 학교명 바닥글의 컨트롤을 마우스로 드래그하여 모두 선택하고 [정렬] 탭–[맞춤]–[위쪽]으로 설정하여 정렬한다.

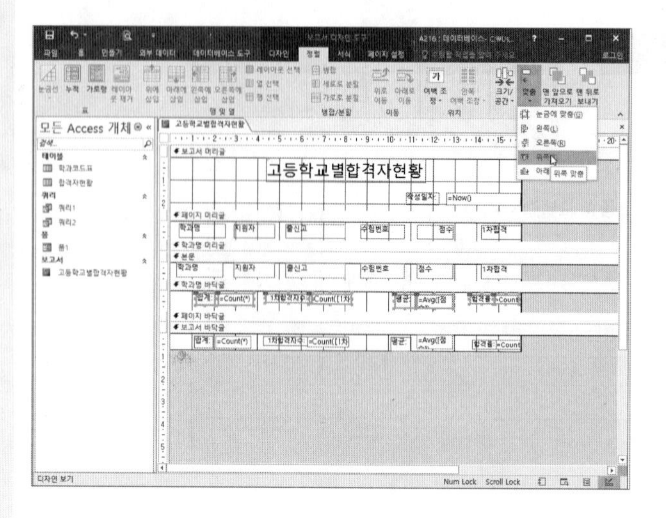

더 알기 TIP

보고서 데이터형식 설정하기

기타 조건에 보면 "수치 계산 시 소수가 나오는 경우 소수 첫째자리에서 반올림하여 정수로 나타낸다."는 지시가 있습니다. 보고서 디자인 상태에서 수치로 표시되는 값을 정수로 표시하는 방법은 다음과 같습니다.

① 보고서의 본문, 그룹 바닥글, 보고서 바닥글에서 수치에 해당하는 텍스트 상자를 Shift를 이용하여 선택합니다.

② [디자인] 탭의 [속성 시트]를 클릭하여 속성 시트를 활성화합니다.

③ [형식] 탭의 형식–[고정], 소수 자릿수–[0]으로 설정하면 값이 정수로 표시되며, 자동으로 값이 반올림됩니다. 절대 별도로 함수(int)를 사용하면 안 된다는 점에 유의합니다.

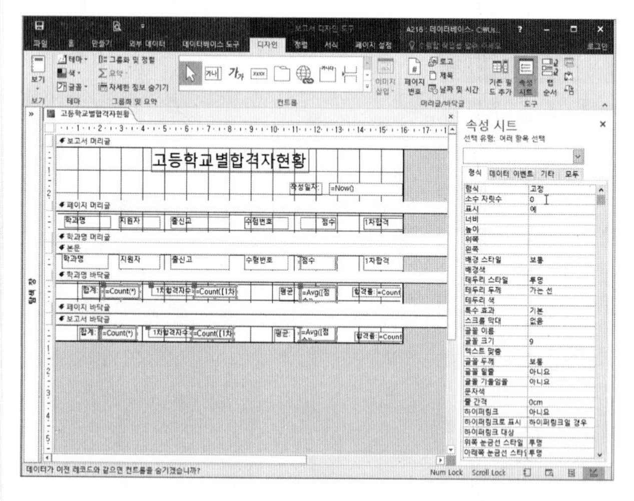

텍스트상자	형식
합격률	백분율, 소수 자릿수 : 0
합계, 1차합격자, 평균	고정, 소수 자릿수 : 0

④ 앞선 테이블, 쿼리에서 형식을 설정했다 하더라도 보고서에서 다시 한 번 형식을 설정합니다. 앞선 데이터를 가져오는 경우 형식도 상속이 되나 보고서에서 추가한 식의 경우 새로운 값이므로 다시 형식을 설정합니다.

② 가로 선 삽입하기

• [디자인] 탭–[컨트롤]–[선]을 클릭한다.

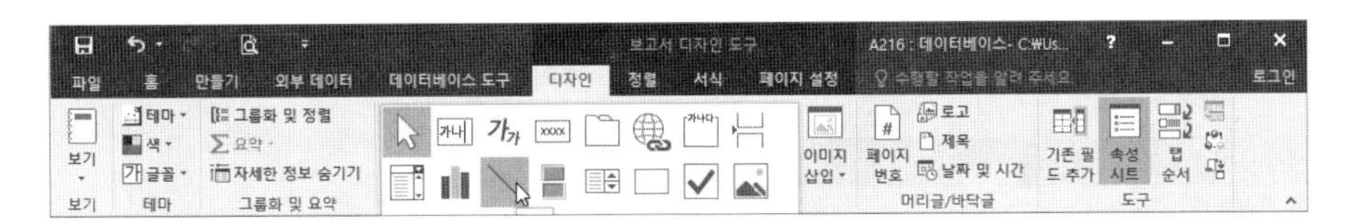

• Shift를 누른 채로 [페이지 머리글] 맨위에 선을 삽입한다.

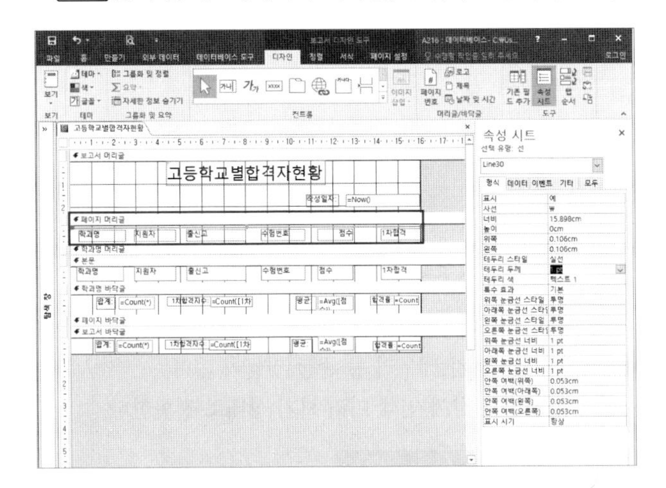

• [페이지 머리글] 맨 위 선을 선택하고 Ctrl+C를 눌러 복사하고 각 영역을 클릭한 뒤 Ctrl+V를 눌러 선을 그림과 같이 총 5개 그려 주도록 한다.

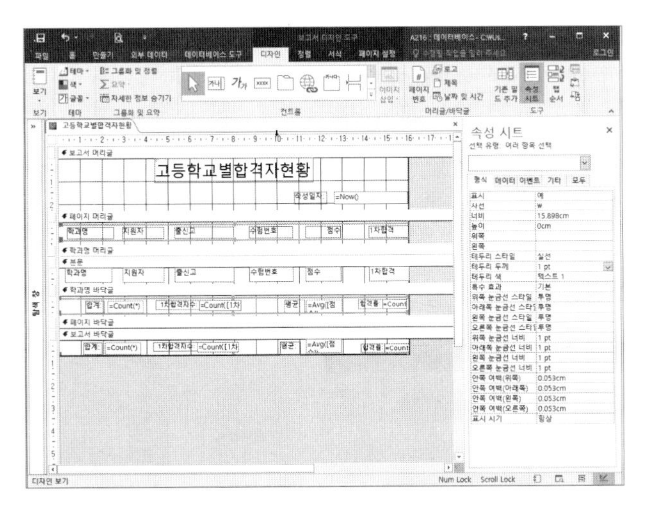

기적의 TIP

Shift를 먼저 누른 채로 시작점부터 끝점까지 마우스로 드래그하면 됩니다. 그러나 살짝 짧게 그려 절대 가로 16cm가 넘지 않도록 주의합니다.

기적의 TIP

- 인쇄 미리 보기에서 불필요한 선이 보일 수 있습니다. 이때는 그림과 같이 마우스로 드래그해 보면 선 위치가 표시됩니다.
- 간혹 [학과명 머리글] 사이에 숨어 있는 경우도 있는데 이때에는 [학과명 머리글] 높이를 늘려 준 다음 마우스로 드래그하여 선을 찾아 삭제하도록 합니다.

ⓑ 기적의 TIP

- 인쇄 미리 보기에서 불필요한 선이 보일 수 있습니다. 이때는 그림과 같이 마우스로 드래그해 보면 선 위치가 표시됩니다.
- 간혹 [학과명 머리글] 사이에 숨어 있는 경우도 있는데 이때에는 [학과명 머리글] 높이를 늘려 준 다음 마우스로 드래그하여 선을 찾아 삭제하도록 합니다.

ⓑ 기적의 TIP

본문 높이를 너무 높게 하면 페이지가 넘쳐서 출력됩니다. 꼭! 본문만큼이라도 최소로 줄이도록 합니다.

③ 보고서 각 영역 높이 변경하기

- 최근 기출문제는 입력 데이터레코드 수가 많아 최대한 글꼴 크기도 줄이고 각 영역의 높이를 최소한으로 줄여 주어야 한다.
- 그림과 같이 전 영역을 선이 가려지지 않는 선에서 높이를 줄여 주도록 한다.

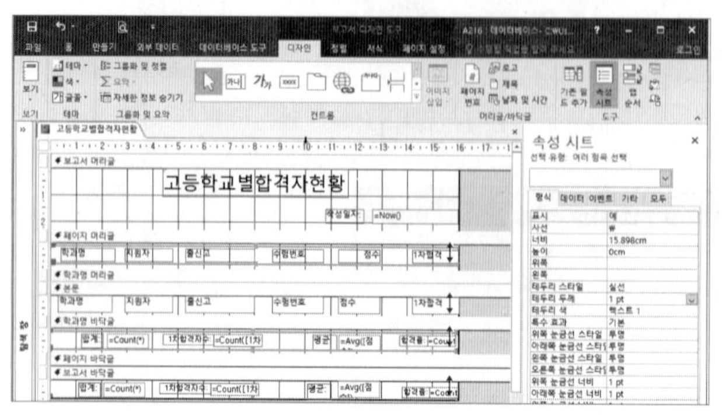

오피스 2007에서는 테두리 기본 설정이 투명이므로 본 작업이 필요 없습니다.

④ 텍스트 상자 테두리 없애기

- Access 2010 버전부터 보고서 그리는 작업이 번거로워졌다.
- 컨트롤 배치부터 시작해서 배경색, 텍스트 상자 테두리 등 손볼 것들이 많다.
- [디자인] 탭–[보기]–[인쇄 미리 보기]를 클릭하여 인쇄 미리 보기 상태로 전환한다.

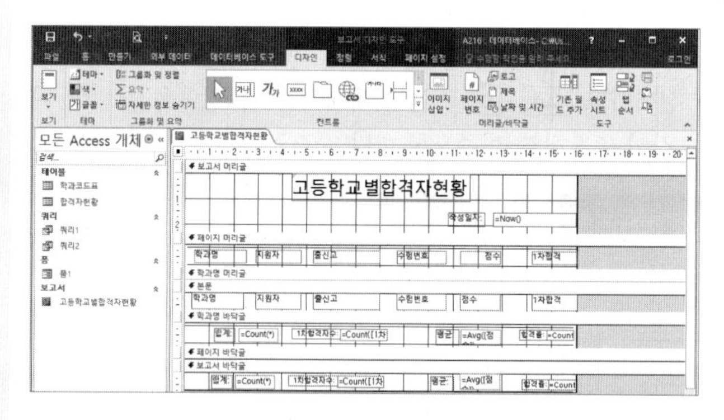

- 그림과 같이 테두리가 있는 컨트롤을 Shift를 이용하여 연속 선택하고 [속성 시트]–[형식]–[테두리 스타일]–투명으로 변경한다.

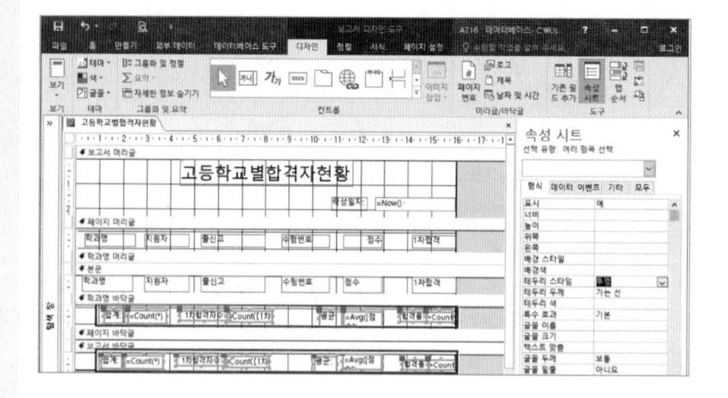

⑤ 중복 내용 숨기기

- 본문에 그룹기준 필드가 위치하는 경우 레코드가 반복 표시되는 것을 방지하는 기능이다.
- [본문] 영역의 '학과명' 텍스트 상자를 클릭하고 [속성 시트]-[형식] 탭의 맨 아래로 스크롤을 내려 [중복 내용 숨기기]-[예] 로 변경한다.

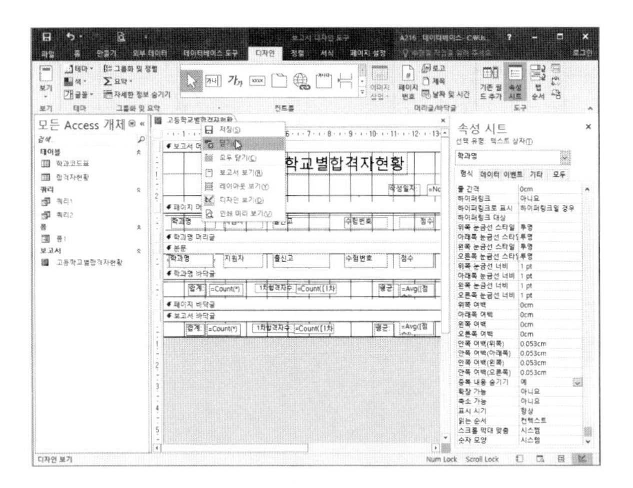

- 보고서 닫기를 하여 작업을 마무리한다.

05 보고서 페이지 설정

① [고등학교별 합격자 현황] 닫기를 클릭하고 저장 여부 대화상자에서 [예]를 클릭하여 보고서를 저장한다.

② 빠른실행 도구에서 [인쇄 미리 보기] 도구를 클릭하여 인쇄 미리 보기 상태로 전환하고 [페이지 설정]을 클릭 [페이지 설정] 대화상자에서 그림과 같이 [위쪽]-60, [왼쪽]-25로 여백을 변경하고 [확인]을 클릭한다.

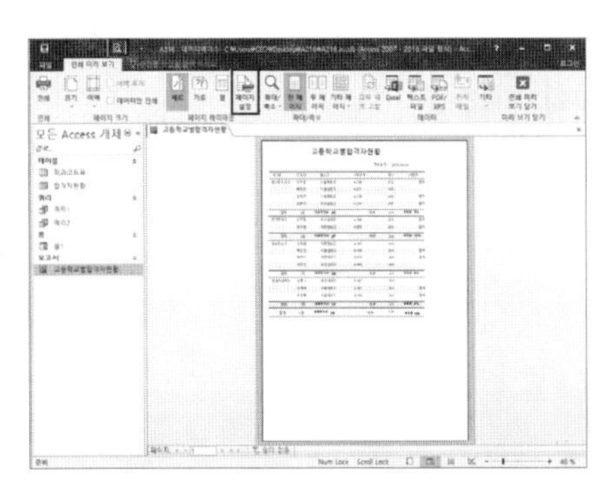

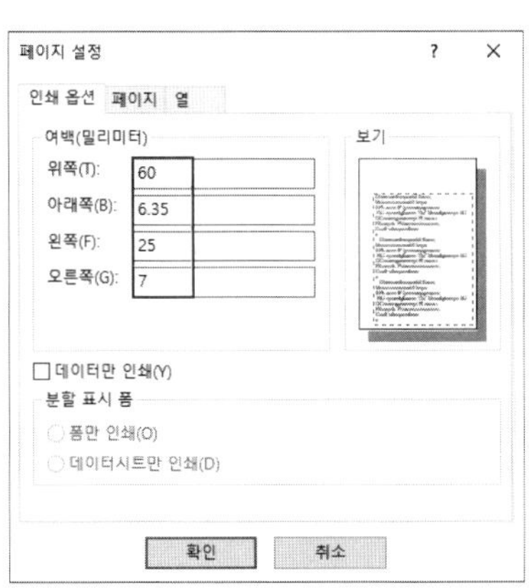

06 폼에 수험정보 작성하기

> **기적의 TIP**
> - 수험정보 작성은 간헐적으로 요구되는 경우가 있습니다.
> - 대부분 시험은 출력 후 답안 종이에 펜으로 본인 수험 정보를 자필 작성합니다.
> - 혹시나 시험장에서 작업물에 정보 작성을 요구할 경우를 대비하여 살펴봅니다.

시험장마다 수험정보 작성방법에 차이가 있다. 일부는 작업하지 않고 수기 작성을 요구하기도 한다. 폼 디자인 상태에서 그림과 같이 레이블을 오른쪽 위, 아래 가운데에 추가하고 수험정보를 입력한 뒤 폼 디자인을 저장한다.

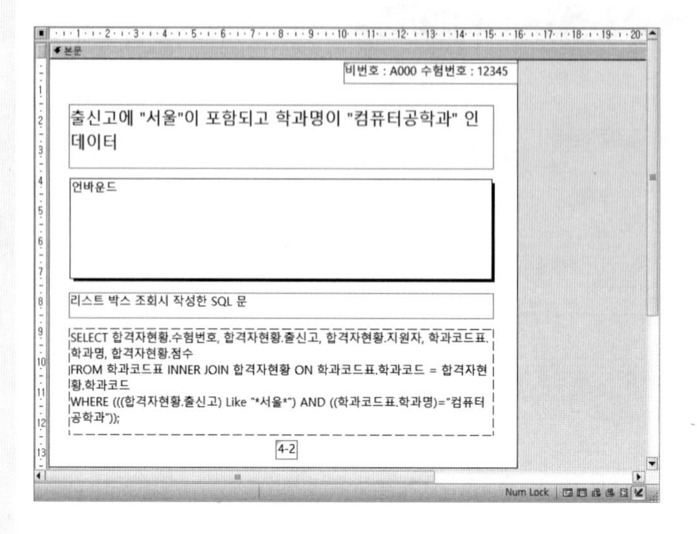

07 보고서에 수험정보 작성하기

> **기적의 TIP**
> 하단 페이지 번호는 지금까지 엑셀 4-1, 액세스 폼 4-2, 액세스 보고서 4-3, 파워포인트 4-4가 기본이었습니다. 시험장 별도의 지시사항이 있으면 그에 맞추어 작성하세요.

폼과 같은 방식으로 보고서 디자인 창에서 그림과 같이 정보를 입력하고 저장한다.

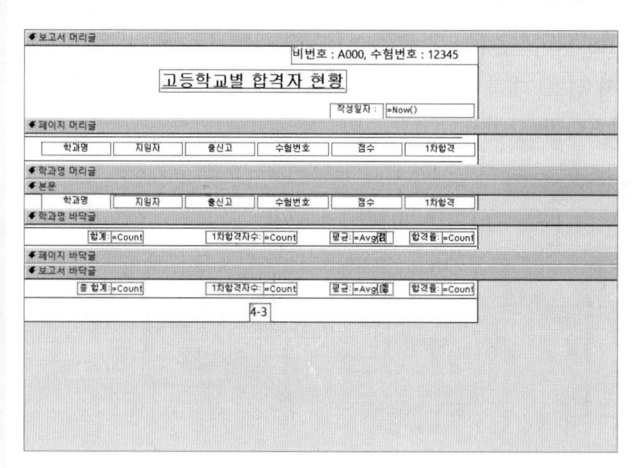

SECTION

07

출력하기

합격 강의

난 이 도 상 중 (하)

반복학습 1 2 3

핵심포인트 엑셀, 액세스, 파워포인트 작업이 모두 끝난 후 시험 감독관에게 작업 종료를 알리고 출력을 진행합니다. 액세스는 입력화면 1장, 자료 처리 파일 1장을 출력해서 제출해야 하며, 제출하지 않을 경우 실격 처리됩니다. 인쇄 작업은 어렵지 않으나 시험 전에 몇 번 연습해 보고 가시는 것이 좋습니다.

01 인쇄 작업

01 폼 출력하기

① '폼1'을 더블 클릭하여 연다.

② 빠른 실행 도구에서 [인쇄 미리 보기]를 클릭한다.

③ 인쇄 미리 보기에서 문제가 되는 부분이 없는지 확인하고 [인쇄]를 클릭한다.

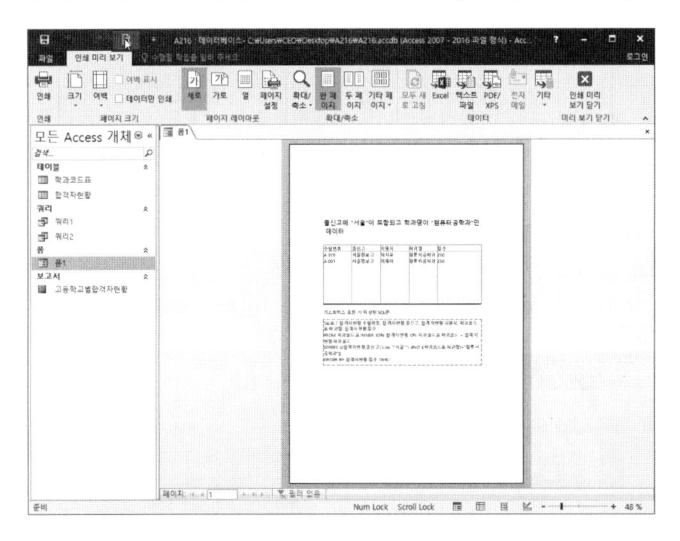

④ [인쇄] 대화상자에서 본인이 사용할 프린터를 선택하고 [확인]을 클릭하여 인쇄를 시작한다.

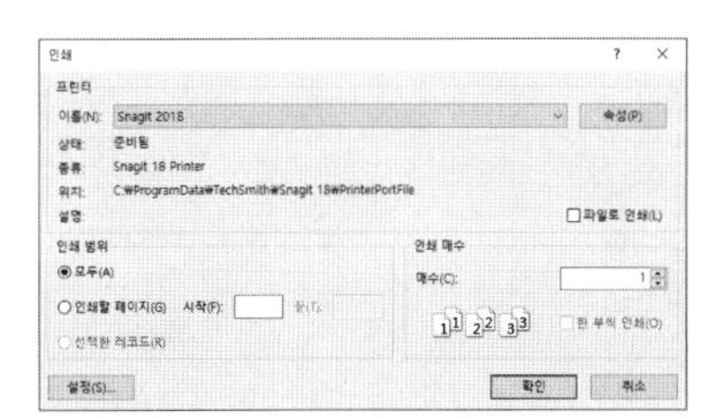

⑤ 결과를 확인한다.

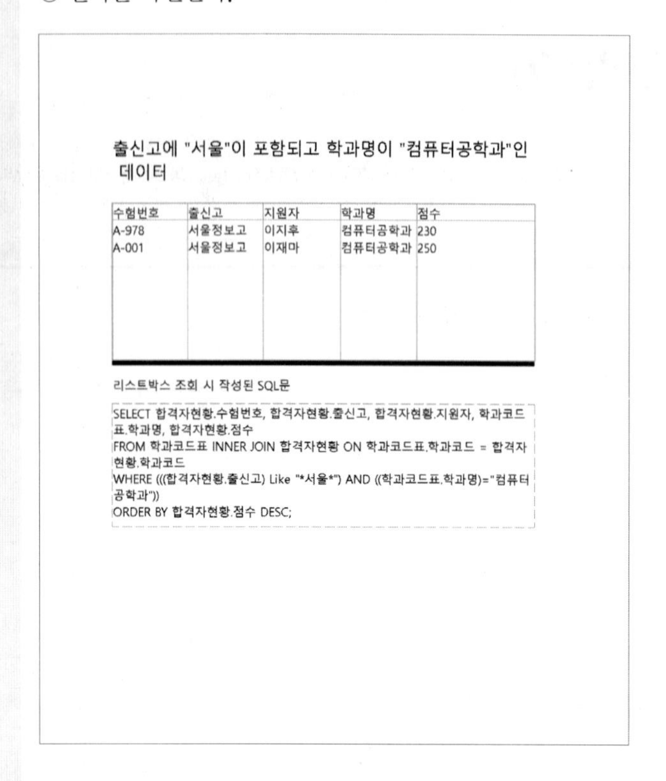

출신고에 "서울"이 포함되고 학과명이 "컴퓨터공학과"인 데이터

수험번호	출신고	지원자	학과명	점수
A-978	서울정보고	이지후	컴퓨터공학과	230
A-001	서울정보고	이재마	컴퓨터공학과	250

리스트박스 조회 시 작성된 SQL문

```
SELECT 합격자현황.수험번호, 합격자현황.출신고, 합격자현황.지원자, 학과코드표.학과명, 합격자현황.점수
FROM 학과코드표 INNER JOIN 합격자현황 ON 학과코드표.학과코드 = 합격자현황.학과코드
WHERE (((합격자현황.출신고) Like "*서울*") AND ((학과코드표.학과명)="컴퓨터공학과"))
ORDER BY 합격자현황.점수 DESC;
```

02 보고서 인쇄하기

① '고등학교별합격자현황' 폼을 실행한다.

② [빠른 실행 도구]에서 [인쇄 미리 보기]를 클릭한다.

③ 인쇄 미리 보기상 문제점이 있는지 확인하고 [인쇄]를 클릭하여 인쇄를 진행한다.

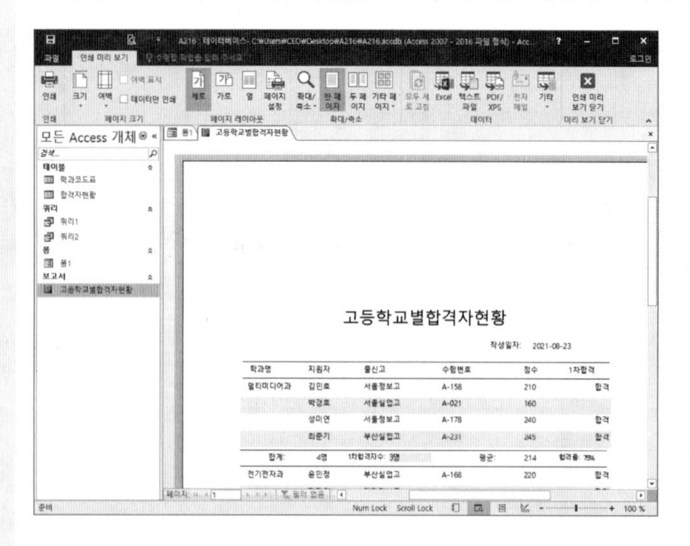

④ [인쇄] 대화상자에서 본인이 사용하는 프린터를 선택하고 [확인]을 클릭하여 인쇄를 진행한다.

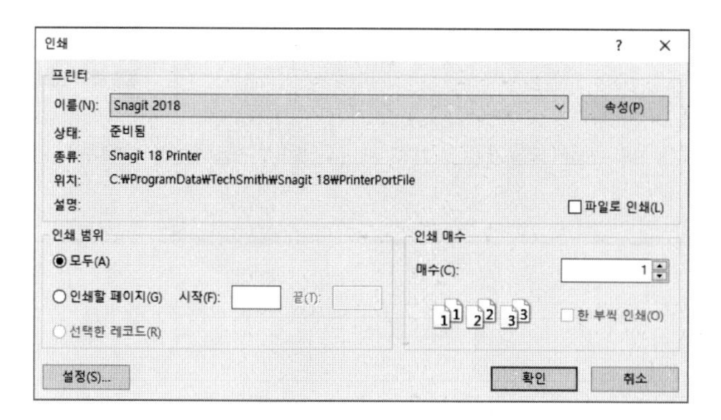

⑤ 인쇄 결과물을 확인한다.

고등학교별합격자현황

작성일자: 2021-08-23

학과명	지원자	출신고	수험번호	점수	1차합격
멀티미디어과	김민호	서울정보고	A-158	210	합격
	박경호	서울실업고	A-021	160	
	성미연	서울정보고	A-178	240	합격
	최준기	부산실업고	A-231	245	합격
합계:	4명	1차합격자수: 3명	평균:	214	합격률: 75%
전기전자과	윤민정	부산실업고	A-168	220	합격
	정지원	대전정보고	A-875	200	합격
합계:	2명	1차합격자수: 2명	평균:	210	합격률: 100%
정보통신과	김태영	대전정보고	A-147	150	
	박은경	서울실업고	A-145	300	합격
	박잔디	대전정보고	A-675	284	합격
	최현빈	부산실업고	A-685	180	
합계:	4명	1차합격자수: 2명	평균:	229	합격률: 50%
컴퓨터공학과	김준서	부산실업고	A-927	190	
	이재마	서울정보고	A-001	250	합격
	이지후	서울정보고	A-978	230	합격
합계:	3명	1차합격자수: 2명	평균:	223	합격률: 67%
합계:	13명	1차합격자수: 9명	평균:	220	합격률: 69%

SECTION 08

Access 따라 하기

난 이 도 상 중 하
반복학습 1 2 3

핵심포인트 자료 처리(DBMS) 작업의 시험문제는 거의 고정된 유형으로 나오기 때문에 문제풀이 과정을 차분히 따라하면서 문제풀이 방법과 과정을 습득하도록 합니다.

액세스 작업 자료 처리(DBMS) 작업

01 입력 자료

❶ 테이블에 입력할 내용이다. 이 내용이 조회 화면(폼)과 자료 처리 양식 보고서에 표시된다.
❷ 금액으로 표시되는 내용은 통화 데이터 형식을 사용할 수 있다.

스포츠센터 사용현황❶

회원번호	회원등급코드	운동종류	사용시간
M8	AA	테니스	59
M1	AA	수영	89
M6	BB	스쿼시	79
M2	CC	헬스	55
M3	DD	테니스	70
M5	AA	스쿼시	80
M4	BB	수영	39
M7	CC	헬스	62
M11	DD	스쿼시	57
M9	AA	테니스	71
M10	BB	스쿼시	67
M12	CC	테니스	75
M13	BB	헬스	52
M14	CC	수영	65
M15	DD	스쿼시	58
M16	AA	헬스	43
M20	CC	수영	56
M18	BB	스쿼시	88
M17	DD	헬스	100
M19	CC	수영	23

기본요금표

회원등급코드	기본요금❷
AA	1,500
BB	2,500
CC	3,500
DD	4,500

02 조회 화면(SCREEN)[3] 설계

※ 다음 조건에 따라 회원등급코드가 AA 또는 BB이면서 운동종류가 수영이고 사용시간이 60 이상인 현황을 조회할 수 있는 화면을 설계하고 해당 데이터를 출력하시오.

1) 해당 현황은 목록 상자(리스트박스)[4]에서 회원등급코드를 오름차순으로 출력하고, 화면 아래에 조회 시 작성한 SQL문[5]을 복사하시오.
   - WHERE 조건절에 회원등급코드, 운동종류, 사용시간 반드시 포함
   - ORDER BY 구문 반드시 포함
   ※ SQL문에 상기 내용 미포함 시 SQL 작성 부분 0점 처리
2) 리스트박스 조회 시 작성된 SQL문이 작성되지 않을 경우에는 "02 조회 화면(SCREEN) 설계" 과제가 0점 처리됨을 반드시 유의하시오.
3) 목록 상자에 표시되어야 할 필수적인 필드명은 다음과 같습니다.
   - 회원번호, 회원등급코드, 기본요금, 운동종류, 사용시간
4) 폼 서식에 제반되는 폰트, 점선 등은 아래 [조회 화면 서식]에 보이는 대로 기재하시오.
5) 기타 사항은 "03 자료 처리 파일(FILE) 작성"의 [기타 조건]을 따르시오.

[조회 화면 서식]

회원등급이 AA 또는 BB이면서 운동종류가 수영이고
사용시간이 60 이상인 현황[6]

회원번호	회원등급코드	기본요금	운동종류	사용시간

리스트박스 조회 시 작성된 SQL문

❸ 조회 화면은 액세스에서 폼과 같다.
❹ 폼에서 목록 상자를 추가해서 사용한다.
❺ 쿼리를 작성하고 쿼리의 SQL 문을 레이블에 복사한다.
❻ 기타 조건에 따라 16 정도 크기의 아무 글꼴이나 사용할 수 있다.

03 자료 처리 파일(FILE) 작성[7]

※ 다음 처리 조건에 따라 아래 양식과 같이 작성하시오.

[처리 조건]

1) 운동종류[8](수영, 스쿼시, 테니스, 헬스)별로 정리한 후, 같은 운동종류 안에서는 회원등급코드[9]의 오름차순으로 정렬(SORT)한다.
2) 사용요금[10] : 사용시간 × 기본요금
3) 보너스점수 : 사용요금의 7%
4) 비고[11] : 보너스점수가 10,000 이상은 "특별",
   보너스점수가 10,000 미만에서 5,000 이상은 "우수",
   보너스점수가 5,000 미만은 "보통"으로 표시한다.
5) 운동종류별 합계[12] : 사용시간, 사용요금, 보너스점수의 합 산출
6) 총평균 : 사용시간, 사용요금, 보너스점수의 전체 평균 산출

❼ 자료 처리 파일은 액세스에서 보고서와 같다.
❽ 보고서 마법사를 사용해서 그룹 수준을 운동종류로 지정한다.
❾ 보고서 마법사에서 정렬 순서를 고객명 오름차순으로 지정한다.
❿ 사용요금처럼 입력 자료에 없는 내용을 표시하기 위해 쿼리를 사용한다.
⓫ 조건에 따라 다른 내용을 표시하려면 쿼리에 iif 함수를 사용한다.
⓬ 합계는 보고서 마법사의 요약 옵션을 사용한다.

⑬ 컨트롤의 소수 자릿수를 0으로 설정하여 정수로 표시한다.

[기타 조건]

1) 입력 화면 및 보고서의 제목은 16 정도의 임의 서체로 한다.
2) 금액에 대한 수치는 원화(₩) 표시를 하고 천 단위마다 ,(Comma)를 표시한다. 단, 금액 이외의 수치는 ,(Comma)를 표시하지 않는다.
3) 모든 수치⑬(숫자, 통화, 백분율 등)는 컨트롤의 속성을 설정하는 과정에서 소수 자릿수를 "0"으로 지정하여 정수로 표시한다.
4) 데이터의 열과 간격은 일정하게 맞춘다.

스포츠센터 사용 현황

회원등급코드	회원번호	사용시간	기본요금	사용요금	보너스점수	비고
XXXX	XXXX	XXXX	₩X,XXX	₩X,XXX	XXXX	XXXX
수영 합계		XXXX		₩X,XXX	XXXX	
XXXX	XXXX	XXXX	₩X,XXX	₩X,XXX	XXXX	XXXX
스쿼시 합계		XXXX		₩X,XXX	XXXX	
테니스 합계		XXXX		₩X,XXX	XXXX	
헬스 합계		XXXX		₩X,XXX	XXXX	
총 평균		XXXX		₩X,XXX	XXXX	

풀이 결과 **자료 처리(DBMS) 작업 정답**

01 조회 화면 설계

회원등급이 AA 또는 BB이면서 운동종류가 수영이고
사용시간이 60 이상인 현황

회원번호	회원등급코드	기본요금	운동종류	사용시간
M1	AA	₩1,500	수영	89

리스트박스 조회 시 작성된 SQL문

```
SELECT 테이블1.회원번호, 테이블1.회원등급코드, 테이블2.기본요금, 테이블1.운동종류,
테이블1.사용시간
FROM 테이블1 INNER JOIN 테이블2 ON (테이블2.회원등급코드 = 테이블1.회원등급코
드) AND (테이블1.회원등급코드 = 테이블2.회원등급코드)
WHERE (((테이블1.회원등급코드)="AA" Or (테이블1.회원등급코드)="BB") AND ((테이블
1.운동종류)="수영") AND ((테이블1.사용시간)>=60))
ORDER BY 테이블1.회원등급코드;
```

02 자료 처리 파일

스포츠센터 사용 현황

회원등급코드	회원번호	사용시간	기본요금	사용요금	보너스점수	비고
AA	M1	89	₩1,500	₩133,500	9345	우수
BB	M4	39	₩2,500	₩97,500	6825	우수
CC	M20	56	₩3,500	₩196,000	13720	특별
CC	M14	65	₩3,500	₩227,500	15925	특별
CC	M19	23	₩3,500	₩80,500	5635	우수
수영	합계	272		₩735,000	51450	
AA	M5	80	₩1,500	₩120,000	8400	우수
BB	M10	67	₩2,500	₩167,500	11725	특별
BB	M18	88	₩2,500	₩220,000	15400	특별
BB	M6	79	₩2,500	₩197,500	13825	특별
DD	M11	57	₩4,500	₩256,500	17955	특별
DD	M15	58	₩4,500	₩261,000	18270	특별
스쿼시	합계	429		₩1,222,500	85575	
AA	M8	59	₩1,500	₩88,500	6195	우수
AA	M9	71	₩1,500	₩106,500	7455	우수
CC	M12	75	₩3,500	₩262,500	18375	특별
DD	M3	70	₩4,500	₩315,000	22050	특별
테니스	합계	275		₩772,500	54075	
AA	M16	43	₩1,500	₩64,500	4515	보통
BB	M13	52	₩2,500	₩130,000	9100	우수
CC	M7	62	₩3,500	₩217,000	15190	특별
CC	M2	55	₩3,500	₩192,500	13475	특별
DD	M17	100	₩4,500	₩450,000	31500	특별
헬스	합계	312		₩1,054,000	73780	
	총평균	64		₩189,200	13244	

풀이 방법 자료 처리(DBMS) 작업 풀이

01 데이터베이스 만들기

① Microsoft Access를 클릭하여 액세스를 실행한 후 [새 데이터베이스]를 선택한다.

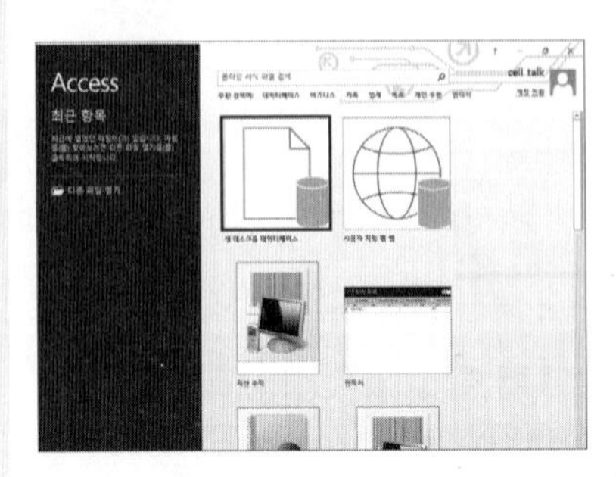

② 데이터베이스 저장 창에서 [불러오기]( )를 클릭한다.

③ 시험 위원이 제시한 [저장 위치]에 비번호(여기서는 A000폴더)폴더를 생성하고, 폴더 안에 파일 이름을 입력한 뒤 [확인]을 클릭한다.

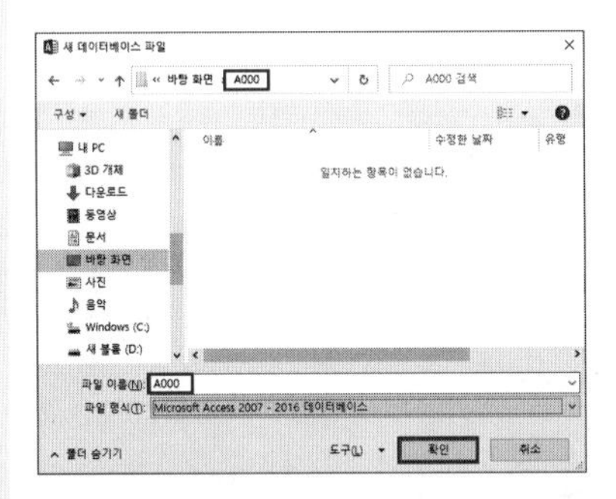

④ [만들기]를 클릭하여 새 데이터베이스를 생성한다.

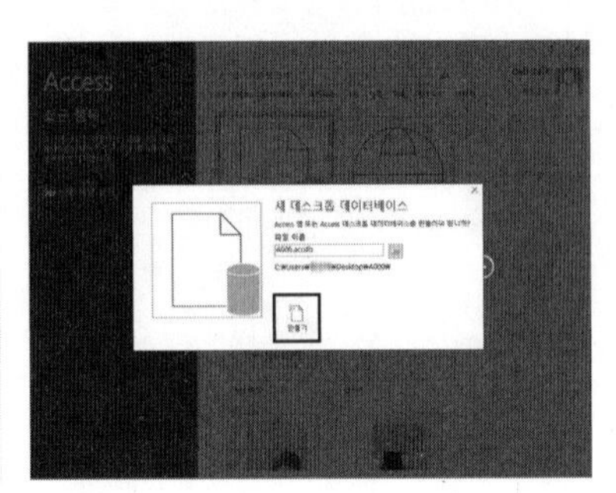

02 첫 번째 테이블 만들기

① 액세스를 실행하면 자동으로 만들어지는 테이블을 ['테이블1' 닫기](×)를 클릭하여 종료한다.

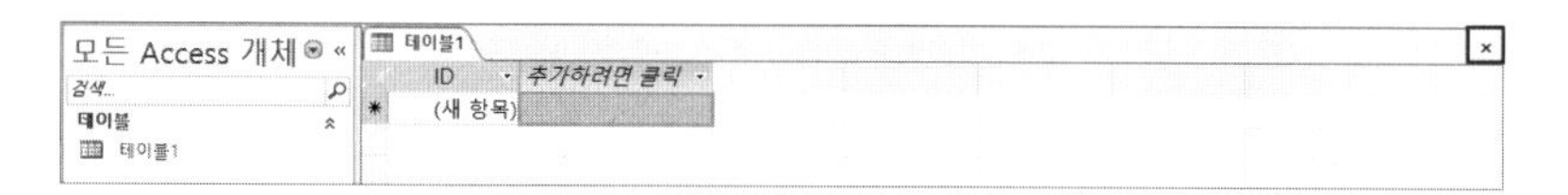

② [만들기] 탭–[테이블] 그룹–[테이블 디자인]을 차례로 선택한다.

③ 필드 이름 입력 : [필드 이름]에 문제에서 정한 데이터 항목의 이름을 써서 필드를 추가한다.
④ 데이터 형식 선택 : [데이터 형식]을 선택하고 원하는 형식을 선택한다.

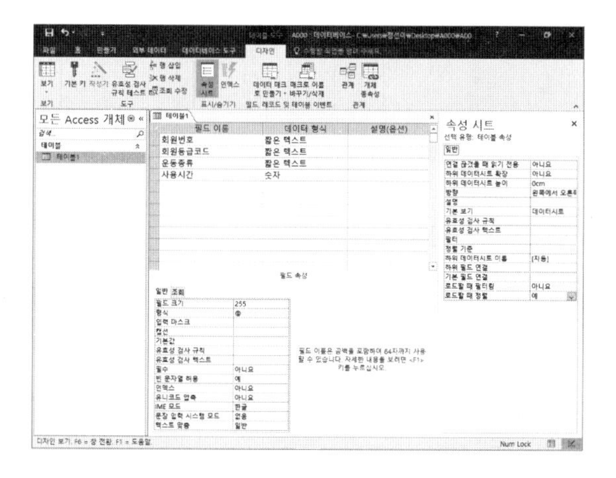

⑤ 테이블 디자인 창 우측 상단의 ['테이블1' 닫기](×)를 클릭하여 테이블 디자인을 종료하면서 표시되는 저장 여부 대화상자에서 [예]를 클릭한다.

⑥ [다른 이름으로 저장] 대화상자에서 테이블 이름으로 "사용현황"을 입력하고 [확인]을 클릭한다.

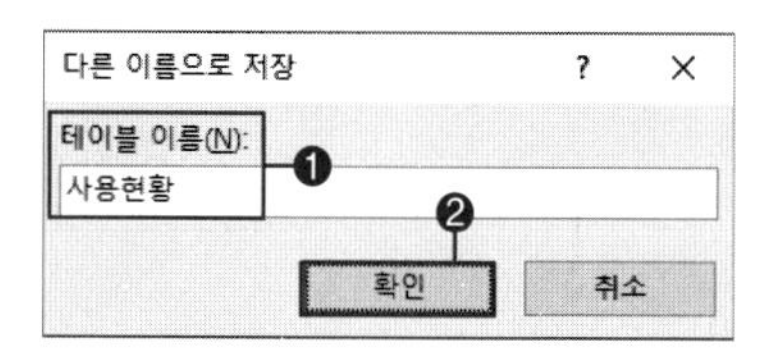

⑦ 테이블에서 기본 키를 지정하지 않으므로 기본 키 정의 대화상자에서 [아니요]를 클릭한다.

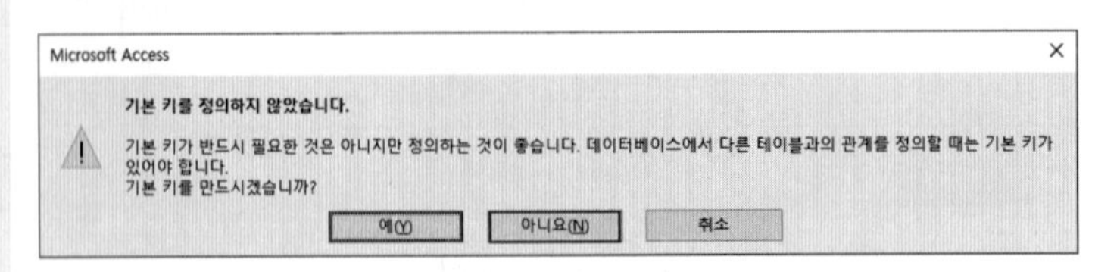

⑧ 개체 탐색창에서 생성된 테이블을 더블 클릭하여 실행한다.

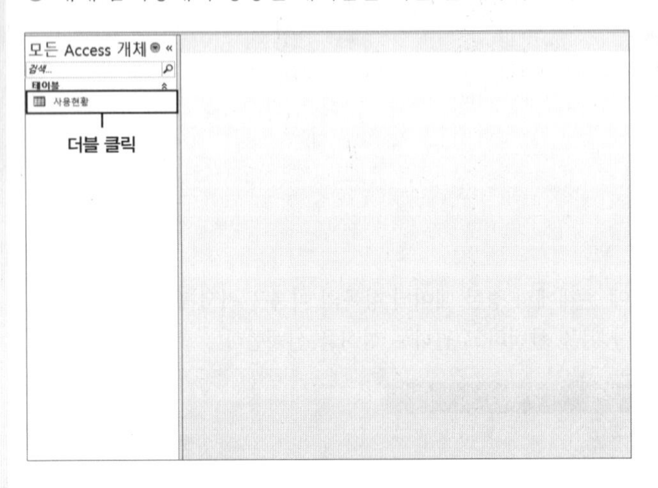

> **기적의 TIP**
>
> 자료를 입력할 때 Enter를 누르면 필드 간 이동을 합니다. 아래쪽 방향키 ↓를 이용하여 세로 방향으로 입력하는 것이 더 편리합니다.

⑨ 방향키와 Enter를 사용하여 문제에서 제시한 입력 자료를 입력한다. 입력한 자료는 입력과 동시에 자동으로 저장된다.

⑩ 입력을 완료하면 테이블을 닫아 테이블 작업을 마친다.

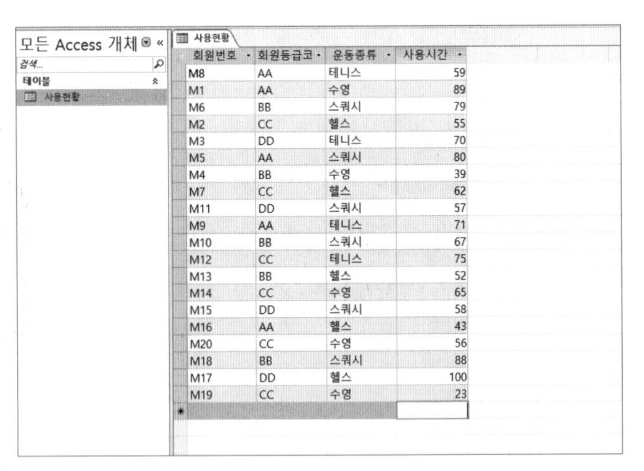

회원번호	회원등급코드	운동종류	사용시간
M8	AA	테니스	59
M1	AA	수영	89
M6	BB	스쿼시	79
M2	CC	헬스	55
M3	DD	테니스	70
M5	AA	스쿼시	80
M4	BB	수영	39
M7	CC	헬스	62
M11	DD	스쿼시	57
M9	AA	테니스	71
M10	BB	스쿼시	67
M12	CC	테니스	75
M13	BB	헬스	52
M14	CC	수영	65
M15	DD	스쿼시	58
M16	AA	헬스	43
M20	CC	수영	56
M18	BB	스쿼시	88
M17	DD	헬스	100
M19	CC	수영	23

03 두 번째 테이블 만들기

① [만들기] 탭–[테이블] 그룹–[테이블 디자인]을 선택한다.

② '사용현황' 테이블과 같은 방법으로 '기본요금표' 테이블을 만든다.

③ [유류명] 필드를 선택하고 [디자인] 탭–[도구] 그룹–[기본 키]를 클릭한다.

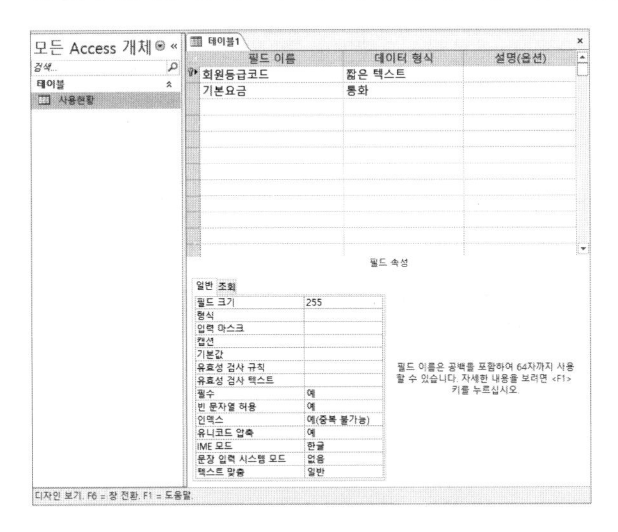

④ 테이블 디자인 창 우측 상단에 ['테이블1' 닫기](×)를 클릭하여 저장 여부 대화상자에서 [예]를 클릭한다. 테이블 이름으로 '기본요금표'를 입력하고 [확인]을 클릭한다.

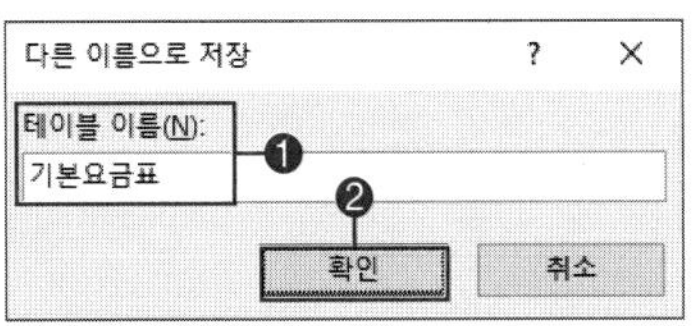

⑤ 개체 탐색 창에서 두 번째 테이블 [기본요금표]를 더블 클릭하여 레코드 입력 상태로 전환한다.

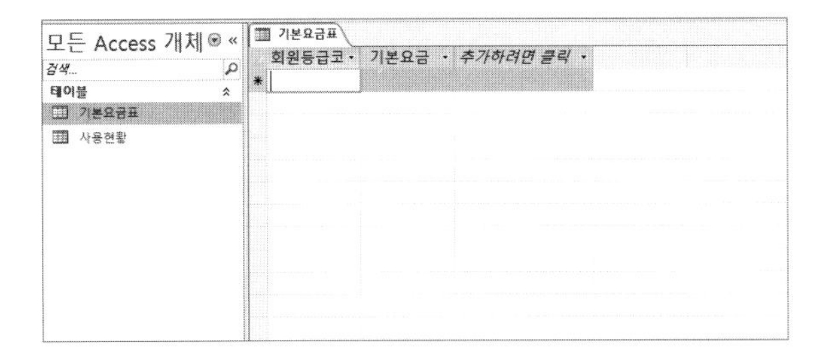

> **기적의 TIP**
>
> 기본요금과 같이 금액을 나타내는 필드의 경우 데이터 형식을 '통화'로 지정해도 되고, 데이터 형식을 '숫자'로 지정한 후 하단에서 [일반]–[형식]을 '통화'로 변경해도 됩니다. 또는 폼이나 보고서에서 컨트롤의 속성을 변경할 수도 있습니다.

⑥ 문제에서 제시된 자료를 입력한다.

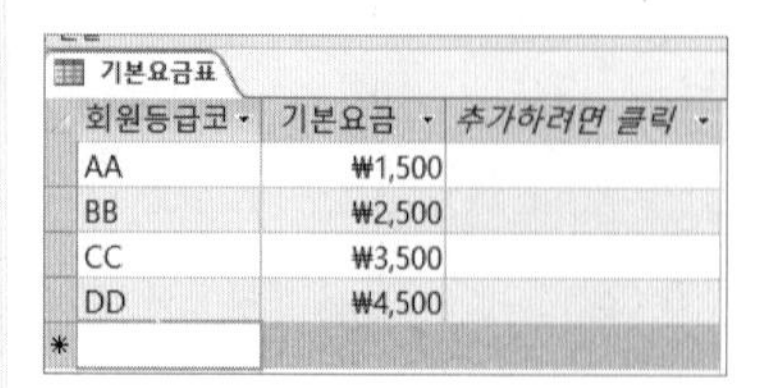

기본요금표

회원등급코	기본요금	추가하려면 클릭
AA	₩1,500	
BB	₩2,500	
CC	₩3,500	
DD	₩4,500	

⑦ 입력을 완료하면 테이블을 닫아 테이블 작업을 마친다.

04 보고서용 전체 쿼리 만들기

① [만들기] 탭–[쿼리] 그룹–[쿼리 디자인]을 선택한다.

② 필요한 필드가 두 테이블에 나뉘어 있으므로, 두 테이블 모두 필요하다. [테이블 표시] 대화상자에서 사용할 테이블을 더블 클릭하여 [쿼리 디자인] 창에 추가한다.

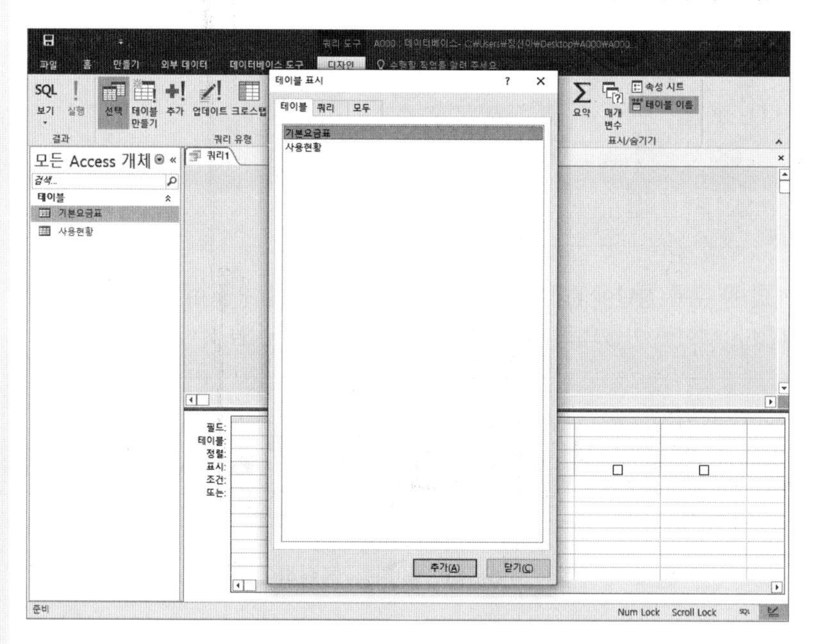

③ 두 테이블의 공통 필드인 '회원등급코드'가 서로 조인(Join)이 되어 있는지 확인하고 만약 조인이 안 되어 있다면 한쪽 테이블의 회원등급코드 필드를 선택한 후에 끌어서 반대편 테이블 회원등급코드 필드 위에 올려놓아 두 테이블을 조인시킨다.

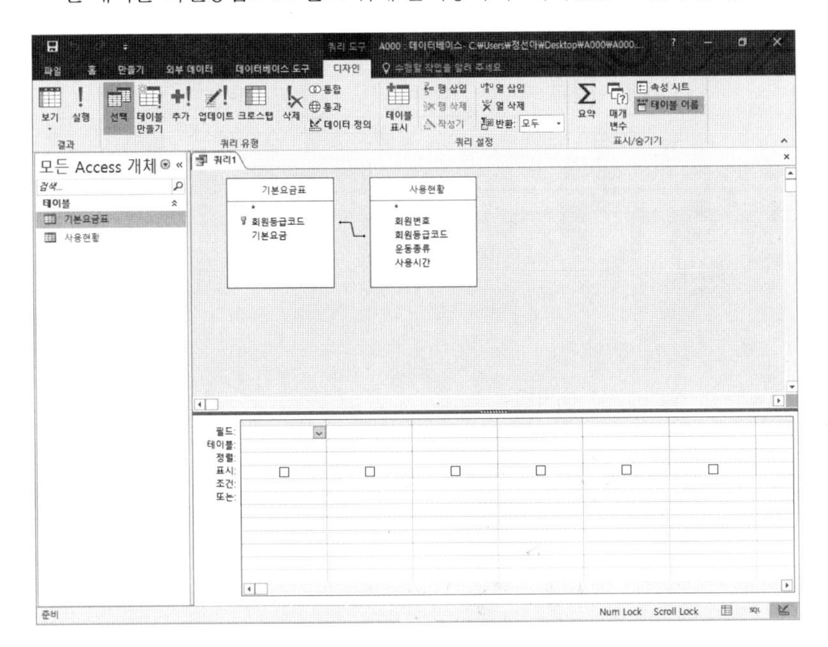

④ 디자인 창 윗부분의 테이블에서 레코드가 많은 "사용현황" 테이블의 '*'를 더블 클릭하여 전체 필드를 쿼리 창에 추가하고 "기본요금표" 테이블에서는 "기본요금" 필드만 더블 클릭하여 쿼리에 추가한다.

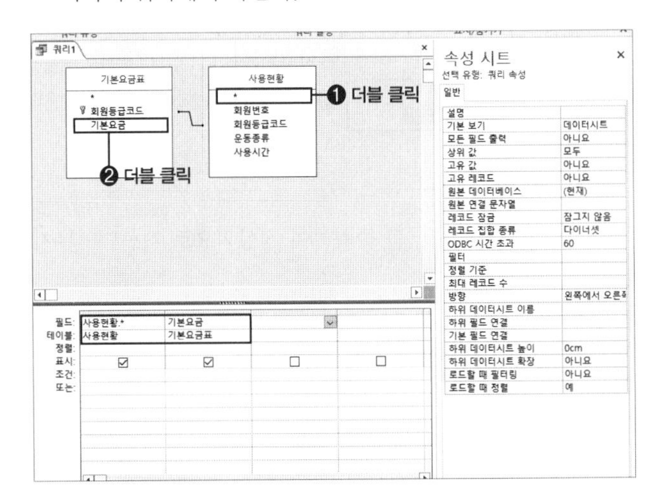

⑤ 사용요금, 보너스점수, 비고 필드와 같은 계산 필드는 필드란에 식을 직접 입력하여 추가한다.

필드 이름	식
사용요금	사용요금 : [사용시간]*[기본요금]
보너스점수	보너스점수 : [사용요금]*0.07
비고	비고 : IIf([보너스점수]>=10000,"특별",IIf([보너스점수]>=5000,"우수","보통"))

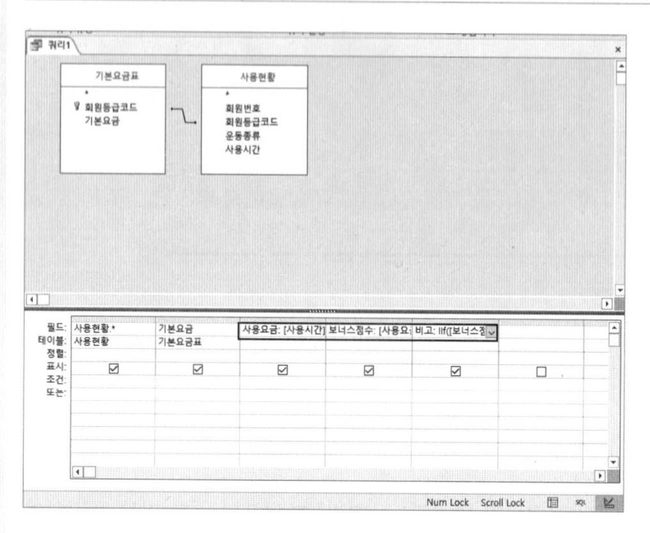

⑥ 쿼리 디자인 창 우측 모서리의 [닫기](×)를 클릭하여 쿼리를 저장한다. 쿼리 이름은 기본값으로 주어진 '쿼리1'로 한다.

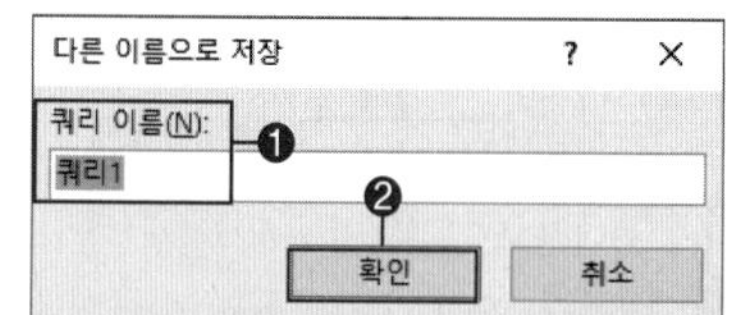

⑦ 개체 탐색 창에서 새로 만들어진 쿼리(쿼리1)를 더블 클릭하여 정상적으로 계산되었는지 확인하고 창을 닫는다.

쿼리1

회원번호	회원등급코드	운동종류	사용시간	기본요금	사용요금	보너스점수	비고
M8	AA	테니스	59	₩1,500	₩88,500	6195	우수
M1	AA	수영	89	₩1,500	₩133,500	9345	우수
M6	BB	스쿼시	79	₩2,500	₩197,500	13825	특별
M2	CC	헬스	55	₩3,500	₩192,500	13475	특별
M3	DD	테니스	70	₩4,500	₩315,000	22050	특별
M5	AA	스쿼시	80	₩1,500	₩120,000	8400	우수
M4	BB	수영	39	₩2,500	₩97,500	6825	우수
M7	CC	헬스	62	₩3,500	₩217,000	15190	특별
M11	DD	스쿼시	57	₩4,500	₩256,500	17955	특별
M9	AA	테니스	71	₩1,500	₩106,500	7455	우수
M10	BB	스쿼시	67	₩2,500	₩167,500	11725	특별
M12	CC	테니스	75	₩3,500	₩262,500	18375	특별
M13	BB	헬스	52	₩2,500	₩130,000	9100	우수
M14	CC	수영	65	₩3,500	₩227,500	15925	특별
M15	DD	스쿼시	58	₩4,500	₩261,000	18270	특별
M16	AA	헬스	43	₩1,500	₩64,500	4515	보통
M20	CC	수영	56	₩3,500	₩196,000	13720	특별
M18	BB	스쿼시	88	₩2,500	₩220,000	15400	특별
M17	DD	헬스	100	₩4,500	₩450,000	31500	특별
M19	CC	수영	23	₩3,500	₩80,500	5635	우수

05 폼용 조건 검색 쿼리 만들기

① 목록 상자에 포함된 필드만 별도로 쿼리를 만들고 제시된 검색조건을 입력하도록 한다.

[조회 화면 설계 문제]

회원등급이 AA 또는 BB이면서 운동종류가 수영이고
사용시간이 60 이상인 현황

회원번호	회원등급코드	기본요금	운동종류	사용시간

리스트박스 조회 시 작성된 SQL문

> 기적의 TIP
>
> **폼용 조건 검색 쿼리를 만드는 데 왜 보고서용 쿼리를 사용할까요?**
> 그건 바로 보고서용 쿼리에 우리가 작업할 모든 필드가 계산되어 있기 때문입니다. 그래서 보고서용 쿼리보다는 전체 쿼리가 더 정확한 용어입니다.

② [만들기] 탭–[쿼리 디자인]을 클릭하여 쿼리 디자인을 실행하고, [테이블 표시] 창에서 "기본요금표", "사용현황" 테이블을 각각 더블 클릭하여 쿼리 디자인 창에 추가한다.

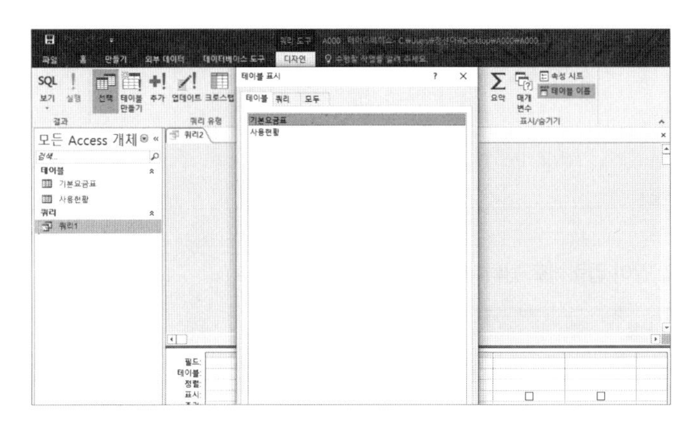

③ 그림과 같이 목록 상자에 표시될 필드를 추가한다.

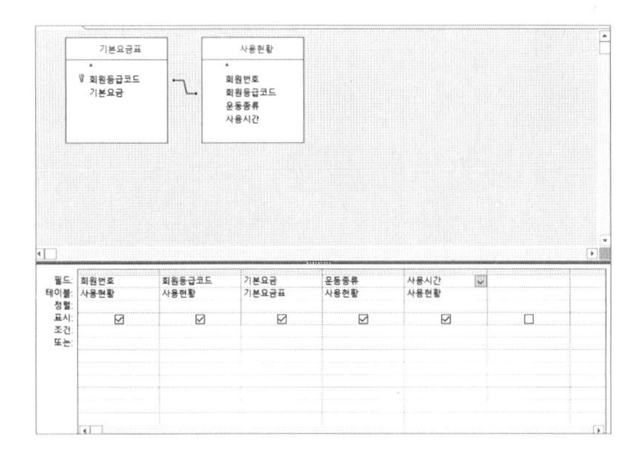

> **기적의 TIP**
>
> 정렬을 설정하지 않으면 후반 작업의 SQL식 작성 시에 ORDER BY 문이 표시되지 않습니다. 이 부분을 누락하면 0점 처리되니 꼭 체크하도록 합니다. "이걸로 실격시켜?"라고 생각할 수 있지만, 모든 문제를 공개하고 시험을 진행하는 이상 제시된 조건을 하나라도 누락시키면 안 됩니다.

④ 회원등급코드필드의 정렬 행에서 "오름차순"을 선택한다.

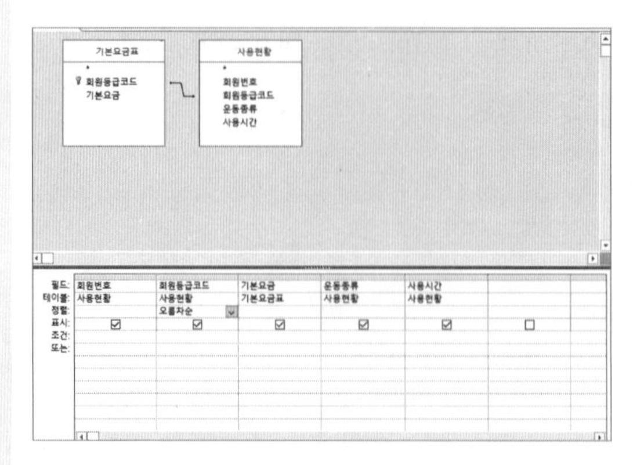

⑤ 문제에 제시된 조건 "회원등급코드가 AA 또는 BB이면서 운동종류가 수영이고 사용시간이 60 이상"인 조건을 그림과 같이 입력한다.

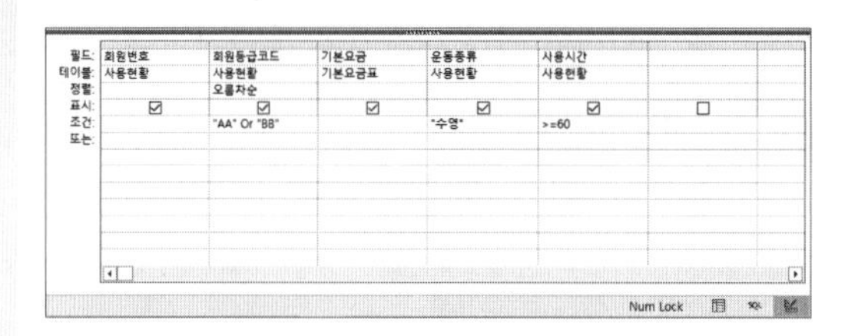

> **기적의 TIP**
>
> 문제에 제시된 조건은 아래와 같이 입력해도 됩니다.
>
> 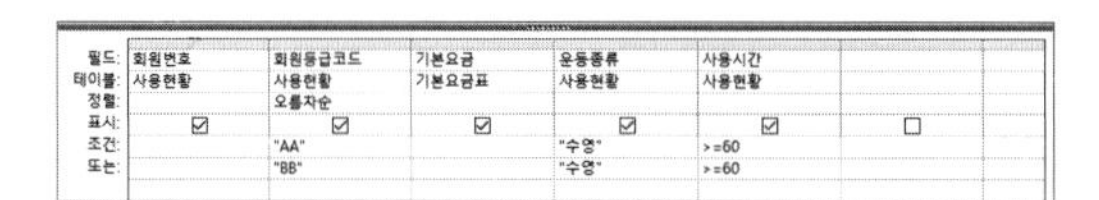
>

⑥ 쿼리 디자인 창 우측 모서리의 ['쿼리2' 닫기](×)를 클릭하여 쿼리를 기본값으로 주어진 "쿼리2"로 저장하고 쿼리 디자인을 종료한다.

06 폼 만들기

1. 제목 입력하기

① [만들기] 탭-[폼] 그룹-[폼 디자인]을 선택한다.

② 폼의 오른쪽 하단에서 마우스 포인터를 위치시킨 후 적당한 크기로 드래그하여 폼의 크기를 조절한다. 이때 폼의 오른쪽 경계선이 '16'을 넘어가지 않도록 주의한다.

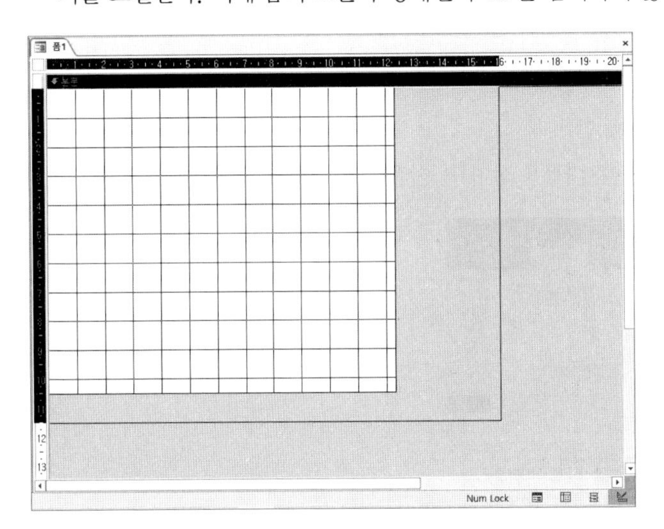

기적의 TIP

왜 '16'을 넘기면 안 될까요?
A4 용지 폭은 '21'이고, 좌우 여백은 '2.5+2.5=5'를 빼면 '21-5=16'이기 때문입니다. 여백 때문에 폼이 잘리는 것을 방지하기 위해서입니다.

세로 높이는 어느 정도로 하면 될까요?
목록 상자에 표시될 데이터 양에 따라 적당히 하시면 됩니다. 표준은 15cm 정도이고 줄이거나 늘려도 됩니다.

③ [디자인] 탭의 [컨트롤] 그룹에서 [레이블](가가)을 선택한 후 폼에서 드래그하여 레이블을 추가한다.

④ 추가한 레이블에 제목「회원등급코드가 AA 또는 BB이면서 운동종류가 수영이고 사용시간이 60 이상인 현황」을 입력하고 Enter 를 누른다.

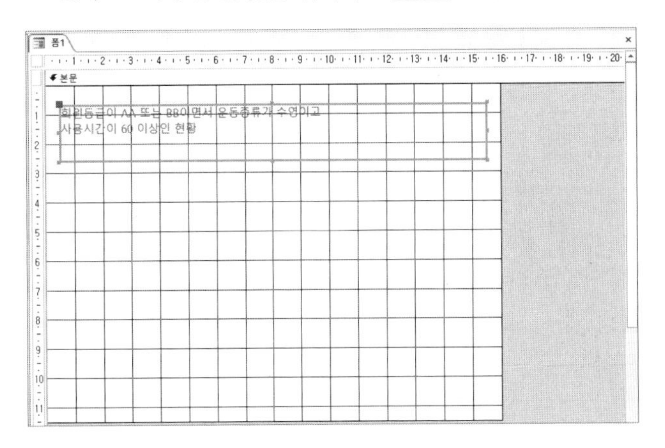

레이블에서 줄을 바꿀 때는 Shift+Enter를 입력합니다.

⑤ 레이블 테두리가 선택된 상태에서 [홈] 탭–[글꼴] 그룹의 글꼴 크기를 [기타 조건]에 따라 '16' 정도로 설정한다.

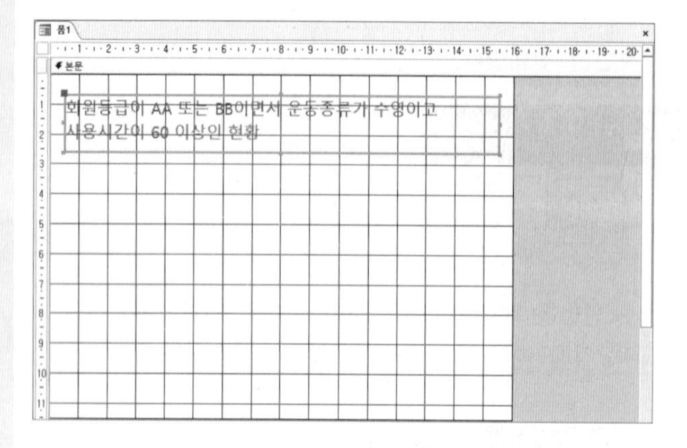

2. 목록 상자 추가하기

① [디자인] 탭의 [컨트롤] 그룹에서 [목록 상자]를 선택한 후 폼에서 드래그한다.

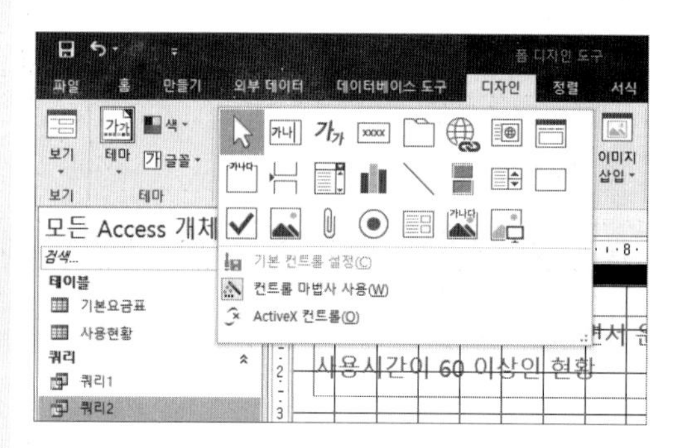

기적의 TIP

처음 폼을 만들 때 [Microsoft Access 보안 알림] 창이 나타날 수 있습니다. 창이 나타나면 [열기]를 클릭하여 진행합니다.

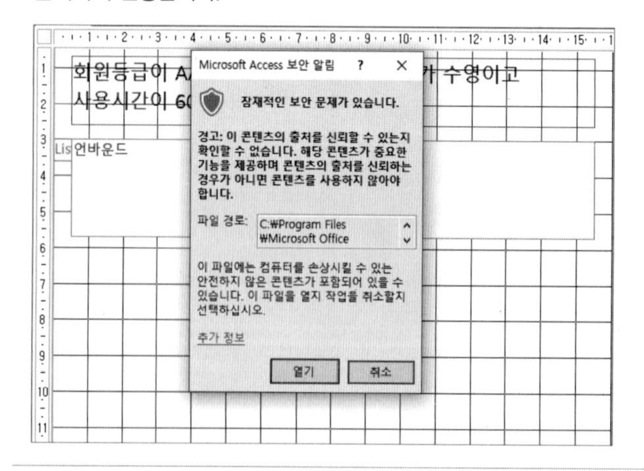

• '목록 상자에서 테이블이나 쿼리에 있는 값을 가져옵니다.'를 선택하고, [Next]를 클릭한다.
• [View]에서 '쿼리'를 선택하고, 목록 창에서 '쿼리 : 쿼리2'를 선택하고 [Next]를 클릭한다.

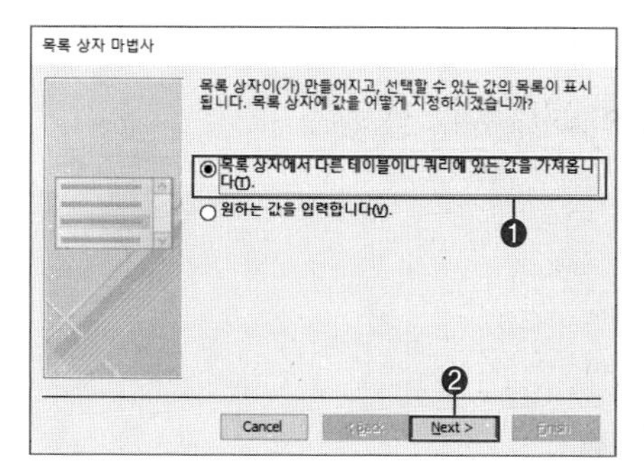

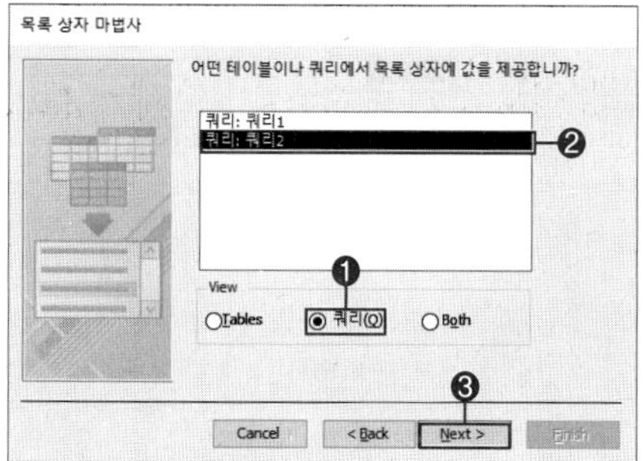

• 사용 가능한 필드 목록에서 폼에 표시할 필드 순서대로 더블 클릭하여 선택한 필드로 이동시킨 후 [Next]를 클릭한다.
• 정렬 순서는 회원등급코드를 기준으로 오름차순으로 설정한 뒤 [Next]를 클릭한다.

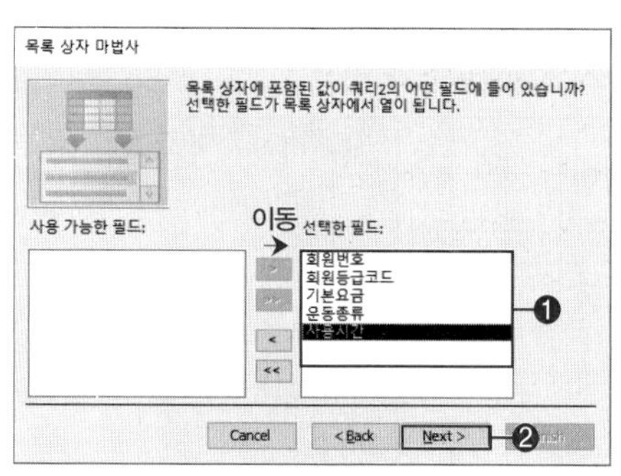

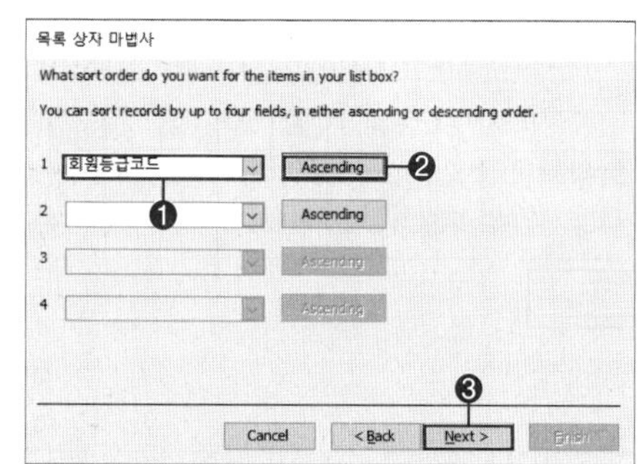

• 목록 상자에 포함될 필드의 폭을 폼에 작성된 목록 상자 폭 정도로 수정하고 [Next]를 클릭한다.
• 사용 가능한 필드에서 "회원등급코드"를 선택하고 [Next]를 클릭한다.

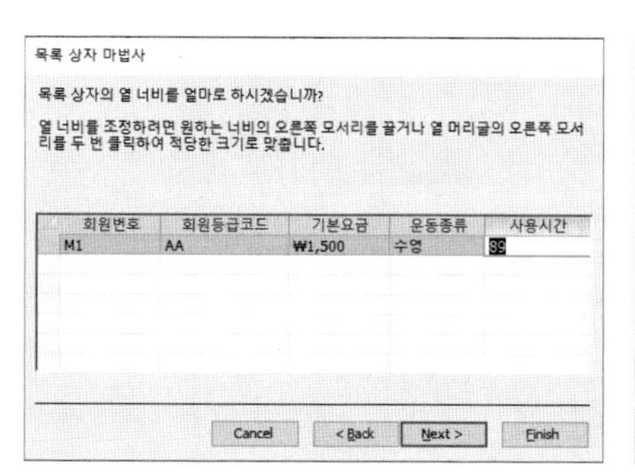

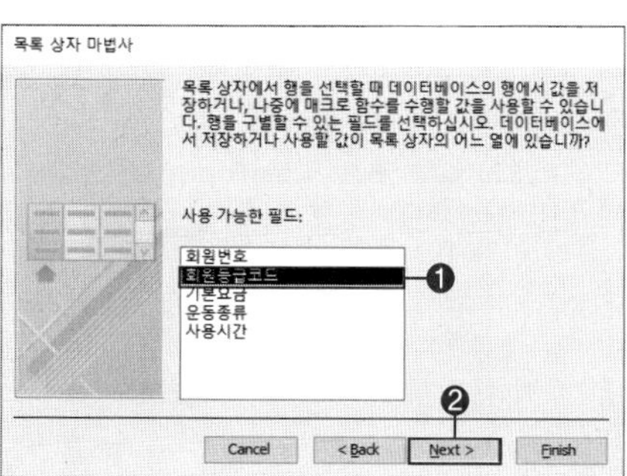

기적의 TIP

앞선 쿼리 디자인 작업에서 이미 정렬을 적용했기 때문에 정렬 단계는 생략해도 됩니다.

• 목록 상자 레이블 이름을 확인하고 [Finish]를 클릭하여 마법사를 종료한다.

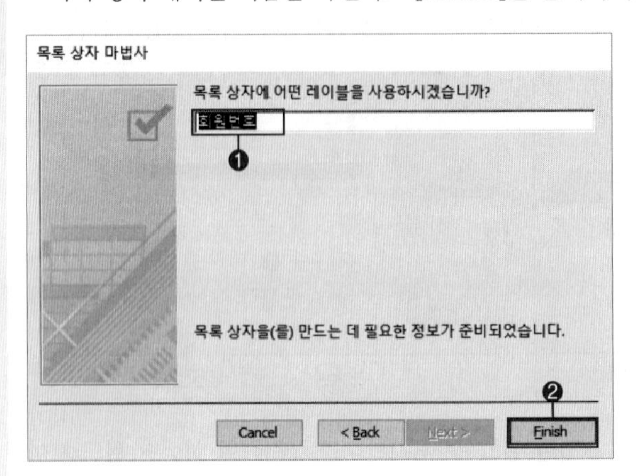

> 💡 해결 TIP
>
> 목록 상자 마법사가 실행이 안 될 때는 [디자인] 탭-[컨트롤] 그룹-[컨트롤 마법사 사용]()을 클릭하여 활성화한 뒤 목록 상자를 작성해야 합니다.

② 폼에 추가된 목록 상자에서 목록 상자 레이블 '회원번호'를 선택한 후 Delete를 눌러 삭제한다.

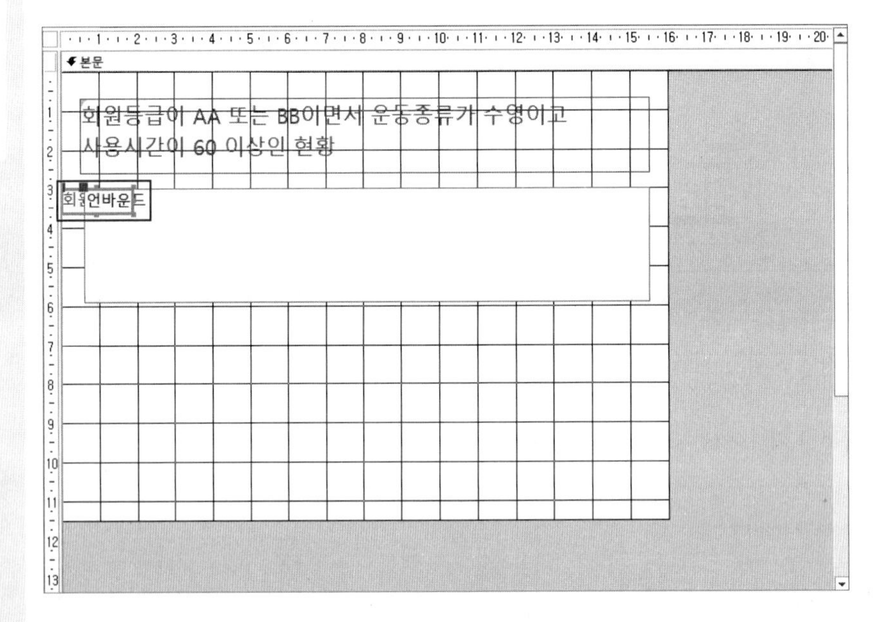

③ 목록 상자의 열 이름을 표시하기 위해 목록 상자 테두리를 더블 클릭하여 [속성 시트]를 활성화하고 '열 이름'을 '예'로 변경한다.

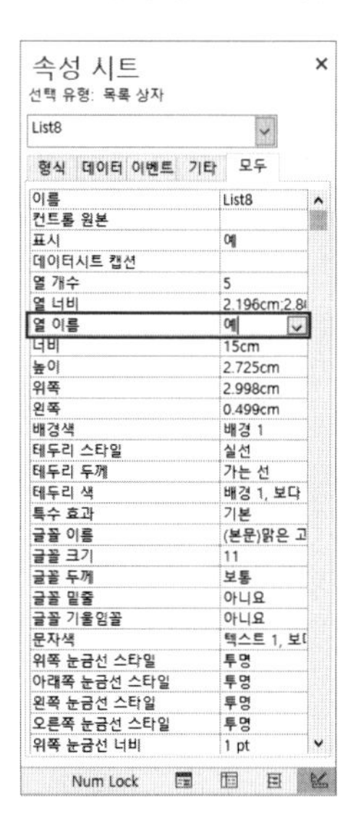

기적의 TIP

• 폼이나 보고서 디자인 화면의 바탕에 표시되는 눈금은 디자인 상태에서 표시되는 보조선으로 작업 과정이나 출력 결과와는 아무 상관이 없습니다.
• 눈금의 표시 여부는 디자인 창에서 마우스 오른쪽 단추를 눌러 [눈금]을 선택하면 됩니다.

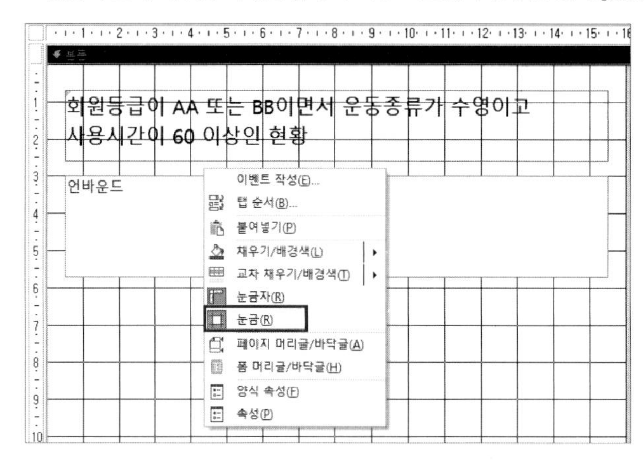

07 SQL문 복사하기

① 폼에 레이블을 추가하고 「리스트 박스 조회 시 작성된 SQL문」을 입력하고, 글꼴 크기를 16으로 지정한다.

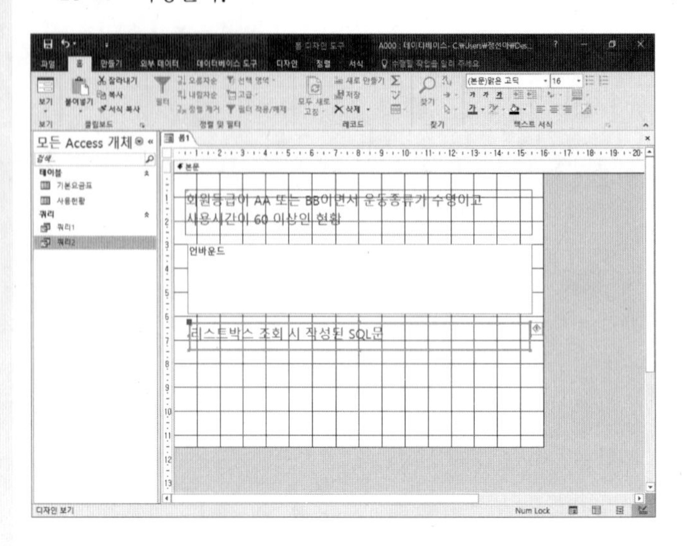

② [레이블]을 폼 아래쪽에 드래그하여 삽입한다.

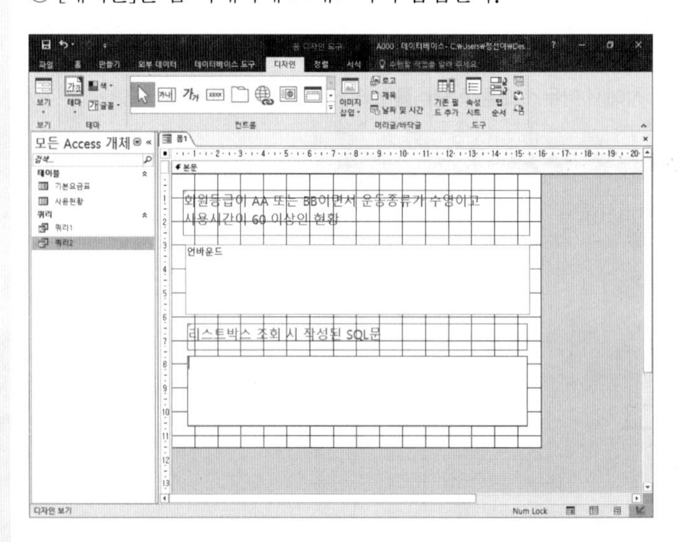

③ 목록 상자에 사용된 조건 검색 쿼리 [쿼리2]를 기체 탐색 창에서 더블 클릭하여 실행하고 [홈] 탭-[보기]그룹-[SQL 보기]를 선택하여 SQL 식을 활성화한 뒤 Ctrl+C로 내용을 복사하고 SQL 식 창을 닫는다.

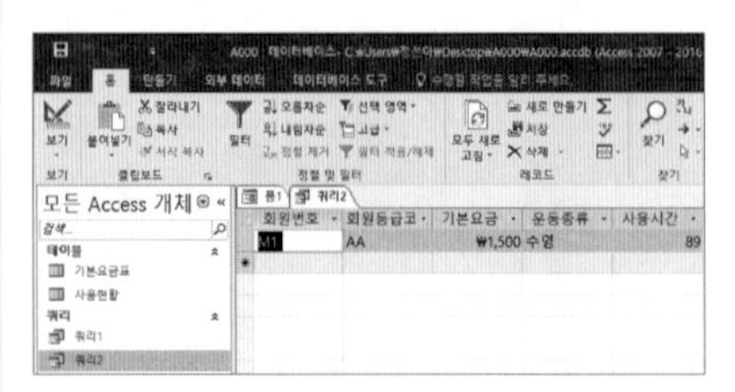

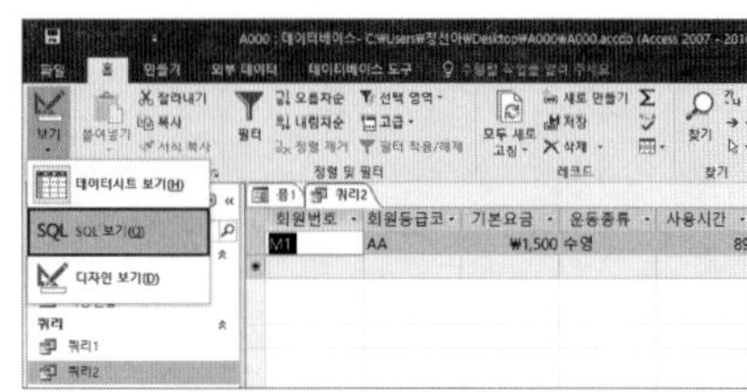

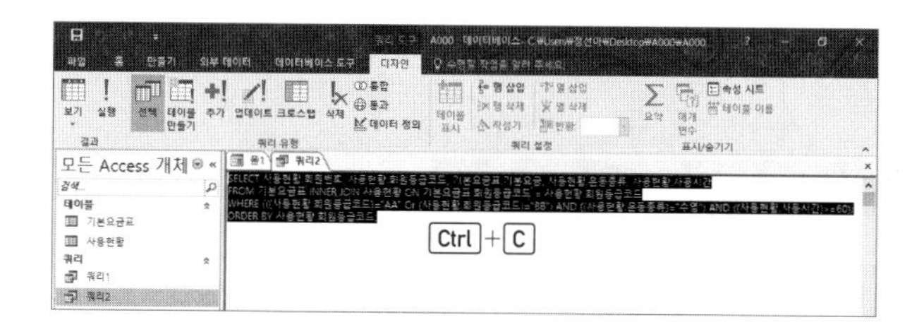

④ 폼의 하단에 만든 레이블 안을 클릭하고, Ctrl+V를 눌러 SQL 식을 붙여 넣는다.

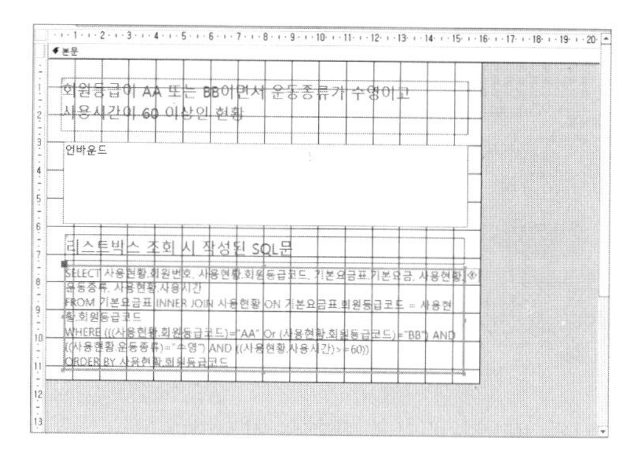

⑤ 레이블 테두리를 더블 클릭하여 [속성 시트]의 [형식] 탭에서 [테두리 스타일]–파선, [테두리 두께]–1pt로 지정한다.

⑥ 폼에서 목록 상자를 선택하고 [속성 시트]의 [모두] 탭에서 [특수 효과]–그림자를 적용한다.

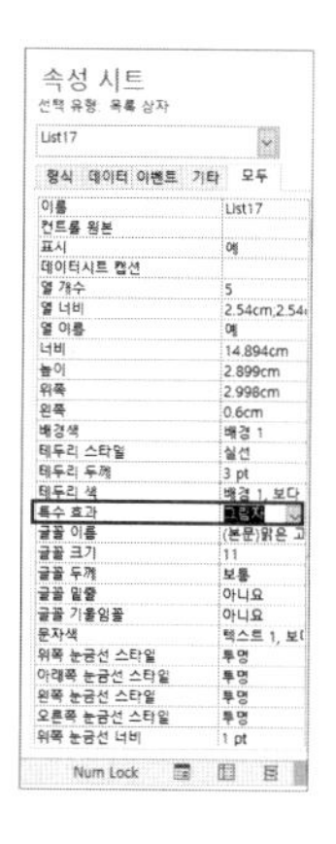

⑦ 폼에서 Ctrl+A를 이용하여 폼의 모든 컨트롤을 선택하고, [홈] 탭에서 글꼴 색을 [자동]으로 변경한다.

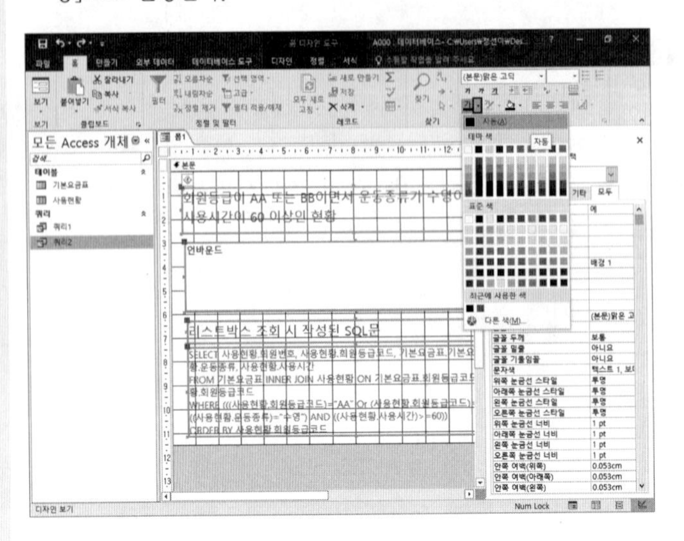

⑧ [정렬] 탭–[크기 및 순서 조정] 그룹–[맞춤]을 클릭하여 왼쪽 맞춤을 지정한다.

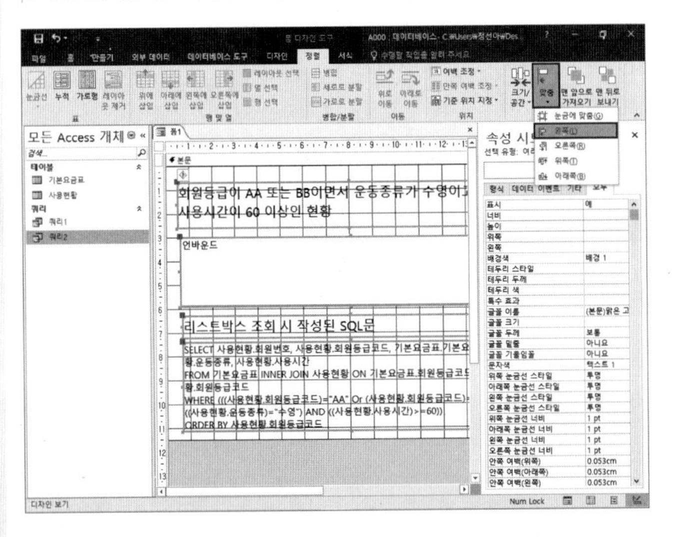

⑨ 폼 디자인 창 우측 상단의 ['테이블1' 닫기(×)]를 클릭하여 폼 디자인을 종료하면서 표시되는 저장 여부 대화상자에서 [예]를 클릭하여, 폼을 저장한다.

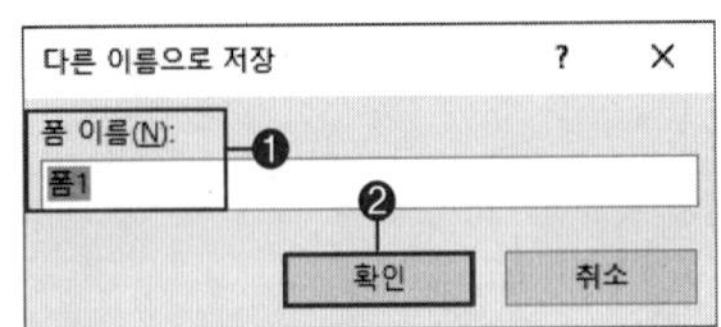

⑩ 개체 탐색 창에서 새로 만들어진 폼을 더블 클릭하여 정상적으로 열리는지와 데이터 값을 확인한다.

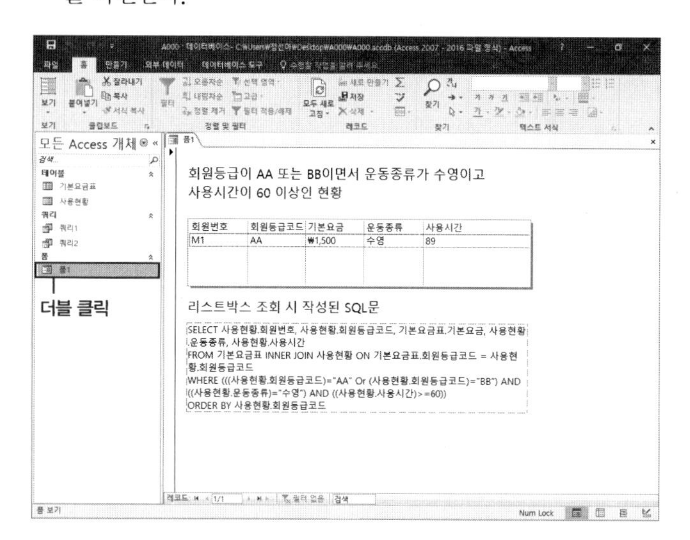

> **기적의 TIP**
>
> SQL 식은 테이블 이름이나 작성 방법에 따라 약간씩 차이가 있을 수 있어 실기 채점 시 WHERE 절을 보고 조건을 잘 작성했는지를 확인하므로 쿼리 이름이나 필드 이름의 순서 등은 상이해도 괜찮습니다.

08 폼 페이지 설정하기

① 폼을 실행한 상태에서 빠른 실행 도구에서 [인쇄 미리 보기]를 클릭하여 인쇄 미리 보기 상태로 전환한다. 인쇄 미리 보기 창에서 [페이지 설정]을 클릭하여 [페이지 설정] 대화상자를 실행한다.

> **기적의 TIP**
>
> 빠른 실행 도구 모음에서 [인쇄 미리 보기]가 안 보일 수 있습니다. 빠른 실행 도구 모음 끝에 있는 ▪을 클릭하여 [인쇄 미리 보기]를 선택하면 빠른 실행 도구 모음에 [인쇄 미리 보기] 도구를 추가할 수 있습니다.

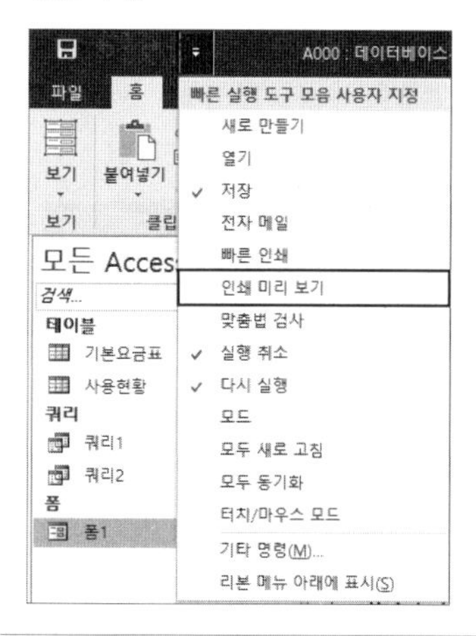

② 페이지 설정 대화상자에서 여백을 아래와 같이 설정한다.

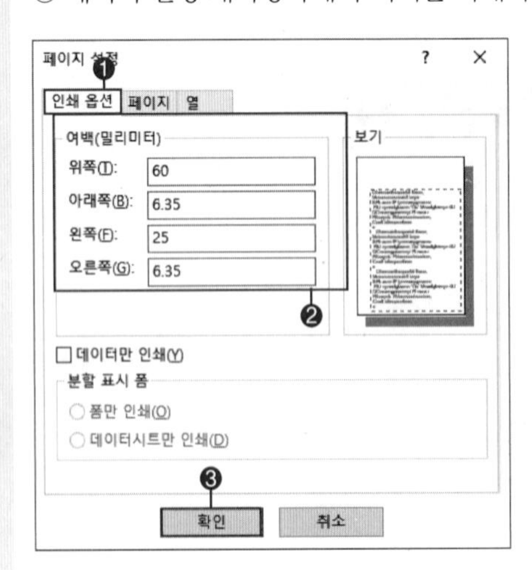

위쪽	60
왼쪽	20~25
아래, 오른쪽	기본값

③ 여백이 잘 적용되었는지 확인하고 [인쇄 미리 보기 닫기]를 클릭하여 설정을 마무리한다.

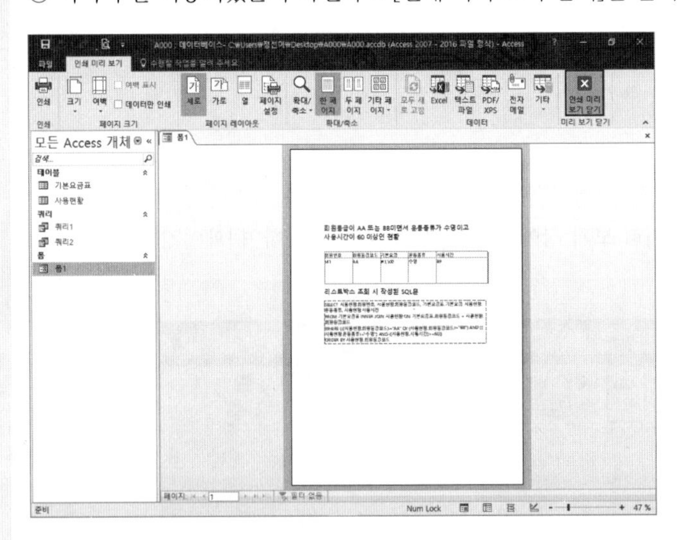

09 보고서 만들기

1. 새 보고서 작성

① [만들기] 탭–[보고서] 그룹–[보고서 마법사]를 차례로 선택한다.

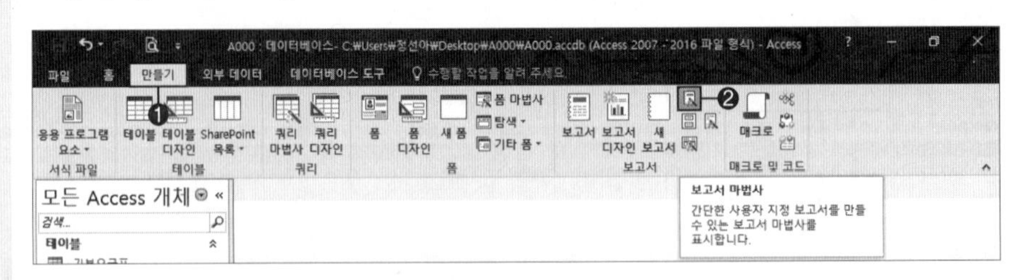

② '테이블/쿼리'에서 '쿼리: 쿼리1'을 선택하고, 사용 가능한 필드에서 보고서에 나타날 필드 순서대로 더블 클릭하여 선택한 필드로 이동시킨다. 필드 선택이 끝나면 [Next]를 클릭한다.

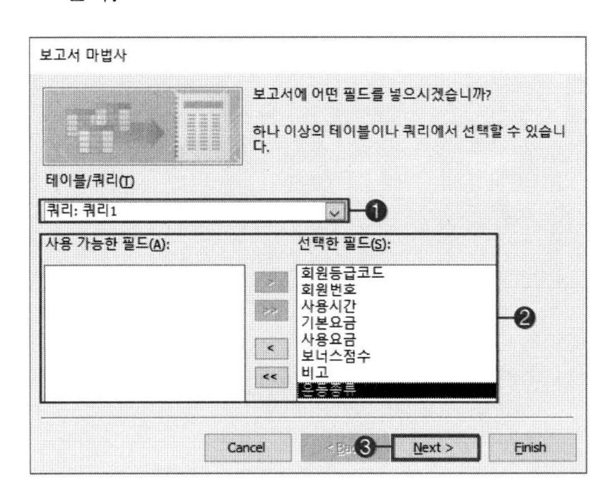

③ '그룹 수준을 지정하시겠습니까?'에서 '운동종류' 필드를 더블 클릭하고 [Next]를 클릭한다.

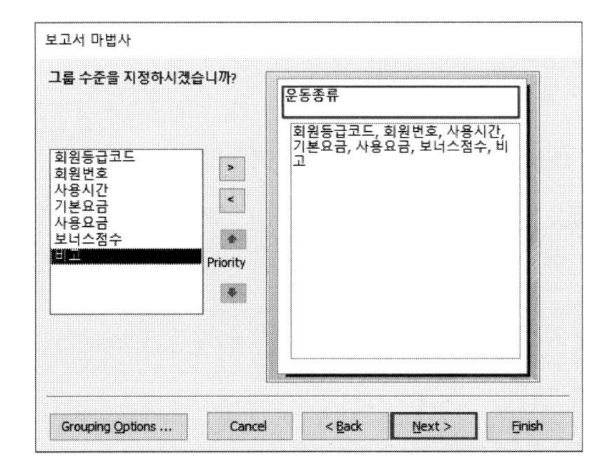

④ 정렬 순서로 '회원등급코드'를 선택하고, [요약 옵션(Summary Options)]을 클릭한다.

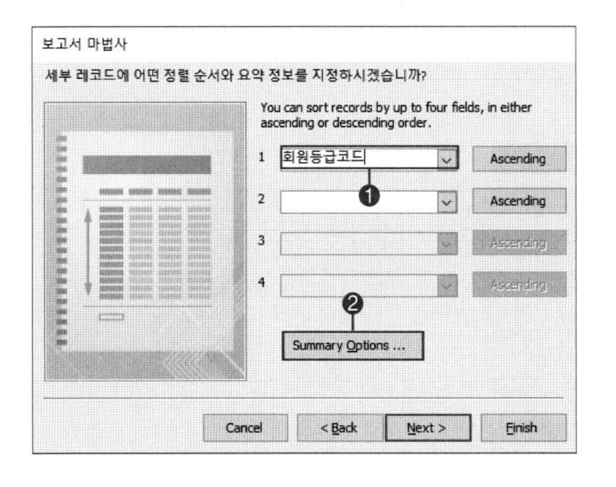

기적의 TIP

보고서에 운동종류 필드는 표시되지 않지만, 운동종류 필드를 기준으로 그룹을 지정해야 하므로, 운동종류 필드도 선택한 필드로 이동시켜야 합니다.

해결 TIP

요약 옵션(Summary Options) 버튼이 나타나지 않는 경우

테이블이나 쿼리에 숫자 데이터 형식의 필드가 없거나, 보고서 마법사에서 그룹 수준이 잘못 지정된 경우에는 요약 옵션 버튼이 나타나지 않습니다. [뒤로] 단추를 클릭하여 그룹 수준을 다시 지정하거나, 테이블(쿼리)을 디자인 보기로 열어서 숫자 데이터 형식을 지정해야 합니다.

> **기적의 TIP**
> - 숫자 데이터 형식 필드의 합계나 평균 등을 구할 경우 [Summary Options]을 이용하면 텍스트 상자를 별도로 추가해서 작업하지 않아도 되므로 편리합니다.
> - 인원 수나 개수는 요약 옵션에서 추가할 수 없으므로 나중에 따로 텍스트 상자를 추가해야 합니다.

⑤ 사용시간, 사용요금, 보너스점수의 합계(Sum)와 평균(Avg)을 선택하고, [OK]를 클릭한 후, [Next]를 클릭한다.

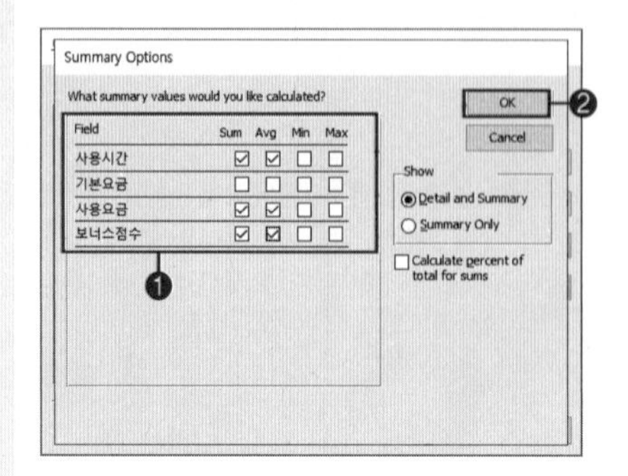

> **해결 TIP**
> **오피스 2007 사용자**
> 2007 버전에서는 보고서 스타일 옵션에서 Access 2003을 선택합니다.

⑥ 보고서의 레이아웃을 지정하는 화면에서는 기본값으로 두고, [Next]를 클릭한다.

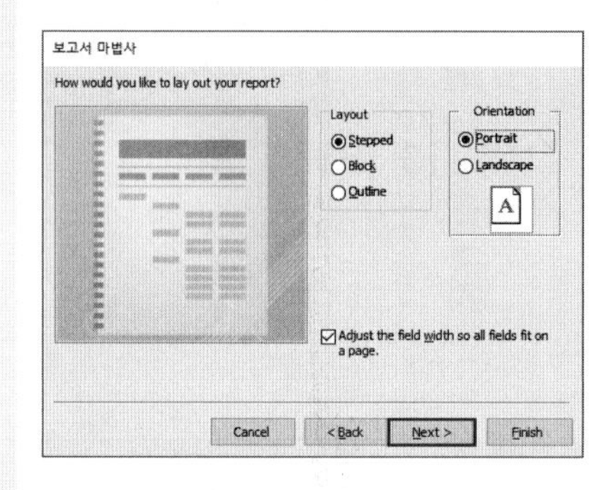

> **기적의 TIP**
> 보고서 이름으로 문제에서 주어진 보고서 제목을 사용하면 제목 작업을 다시 할 필요가 없어 편리합니다. 시험장에서는 보고서 이름은 따로 정해주지 않기 때문에 수험생이 임의로 지정하면 됩니다.

⑦ 보고서 제목으로 '쿼리1'이 입력된 것을 확인하고, '보고서 디자인 수정'을 선택한 후 [Finish]를 클릭한다.

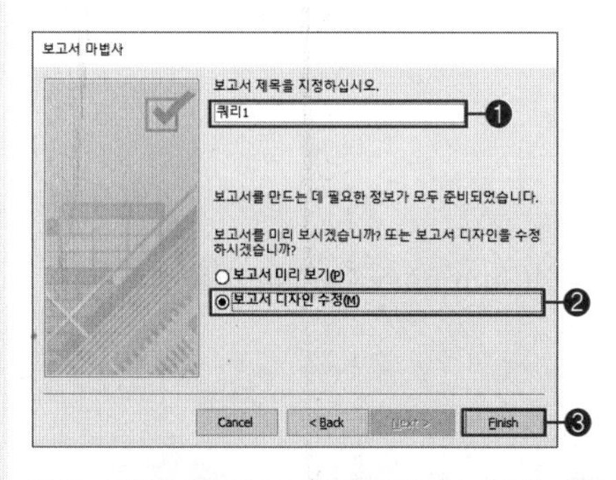

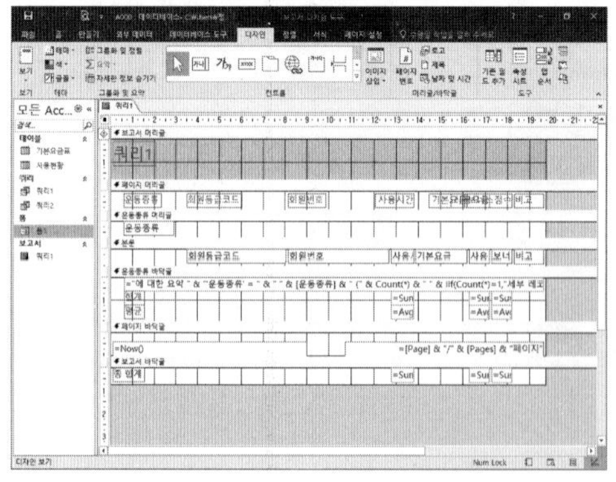

⑧ 보고서 머리글 영역을 더블 클릭하여 [속성 시트]를 열고, [모두] 탭에서 [배경색]을 자동으로 지정합니다.

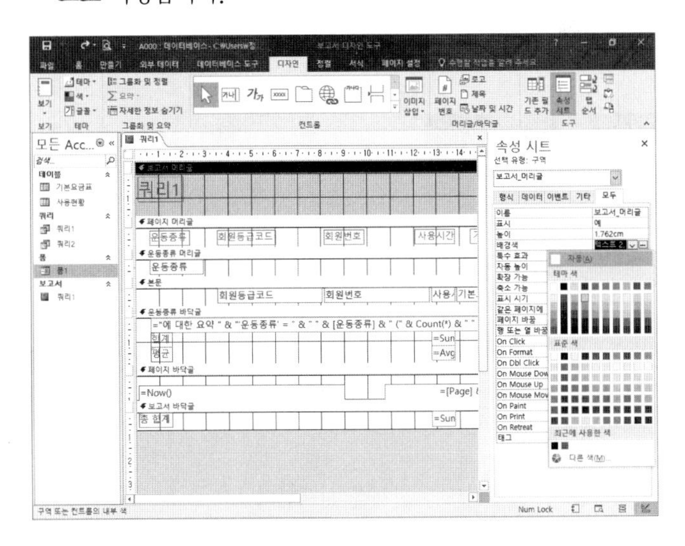

⑩ 보고서 디자인 조정

① 컨트롤 추가 및 삭제

구역	작업
보고서 머리글	'쿼리1'이 입력된 레이블을 '스포스센터 사용 현황'으로 수정
페이지 머리글	'운동종류' 레이블 삭제
운동종류 머리글	'운동종류' 텍스트 상자를 [운동종류 바닥글] 구역으로 이동
운동종류 바닥글	• [="에 대한 …]으로 표시되는 텍스트 상자 삭제 • 평균을 표시하는 레이블과 텍스트 상자를 [보고서 바닥글] 구역으로 이동
페이지 바닥글	레이블 모두 삭제
보고서 바닥글	총합계를 표시하는 레이블과 텍스트 상자 모두 삭제

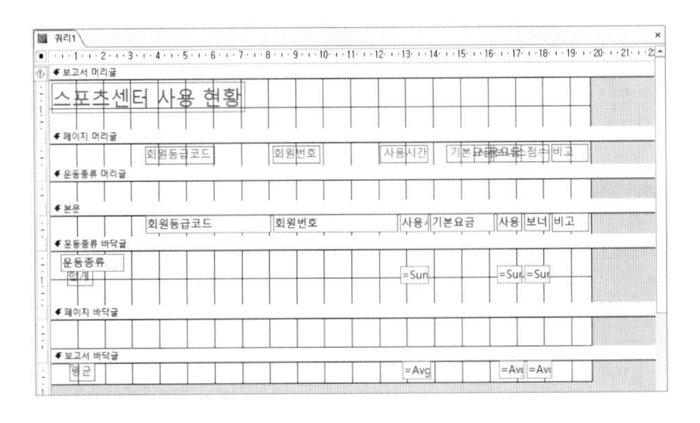

기적의 TIP

각 구역 간에 컨트롤을 이동할 때는 컨트롤을 선택한 후 [잘라내기]–[붙여넣기]를 하면 됩니다.

② 구역 높이 조정

구역 선택기 윗부분에 마우스 포인터를 이동시켜서 마우스 포인터가 바뀌면 드래그하여 [운동종류 머리글], [운동종류 바닥글], [페이지 바닥글], [보고서 바닥글] 구역의 높이를 조정한다.

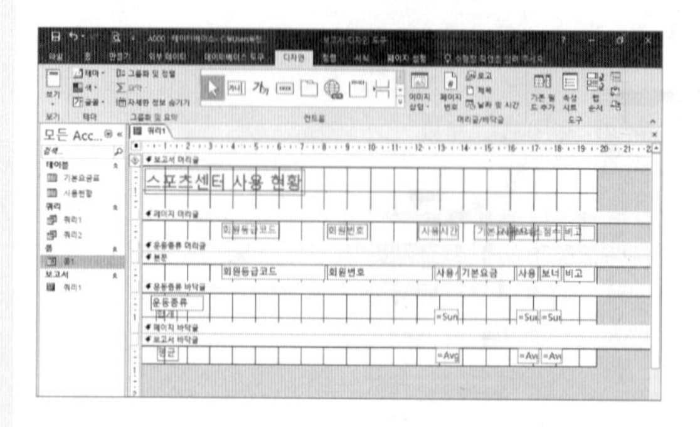

③ 컨트롤의 크기 조정

- 보고서 머리글 구역을 제외한 다른 구역의 컨트롤 전체를 선택한다.
- [정렬] 탭–[크기 및 순서 조정] 그룹에서 [가장 좁은 너비에]를 선택하여, 선택한 컨트롤의 크기를 일정한 크기로 맞춘다.
- 폭이 좁은 컨트롤들은 오른쪽 경계선을 드래그하여 크기를 적당하게 키운다.

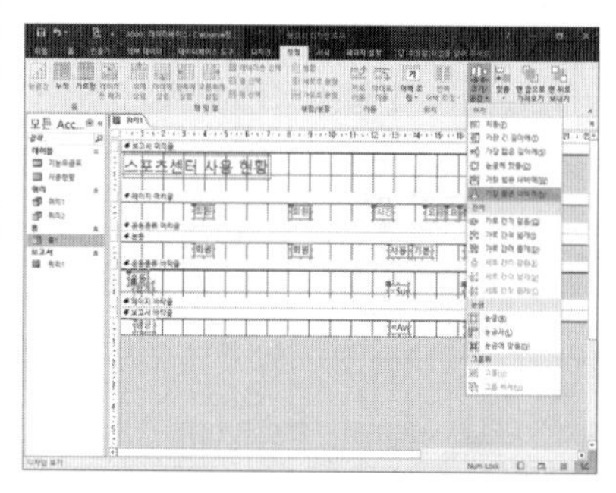

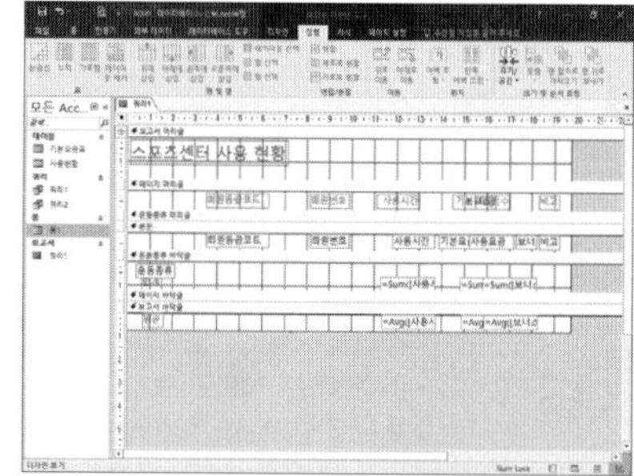

④ 컨트롤의 위치 조정

- 컨트롤들을 각각 드래그하여 적당한 위치로 조절한다. 이때 컨트롤이 눈금자의 '16'을 넘지 않도록 주의한다.
- [정렬] 탭–[크기 및 순서 조정] 그룹–[맞춤] 속성과, [크기/공간] 속성을 적절히 이용하여 컨트롤들의 크기와 위치, 높낮이 간격들을 조절한다.

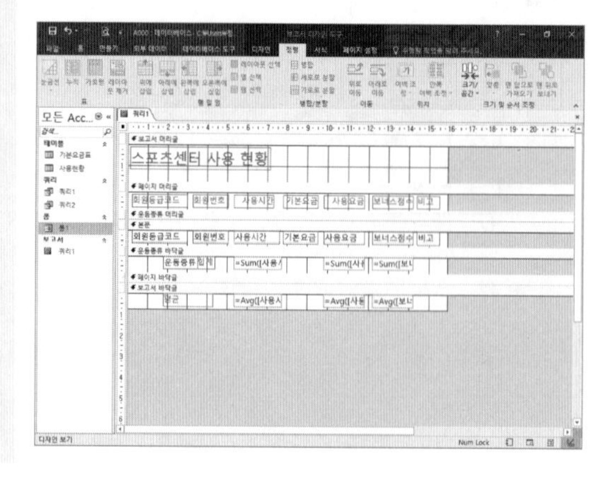

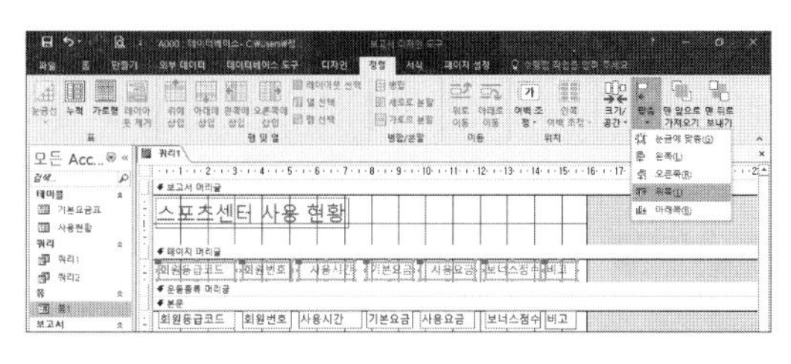

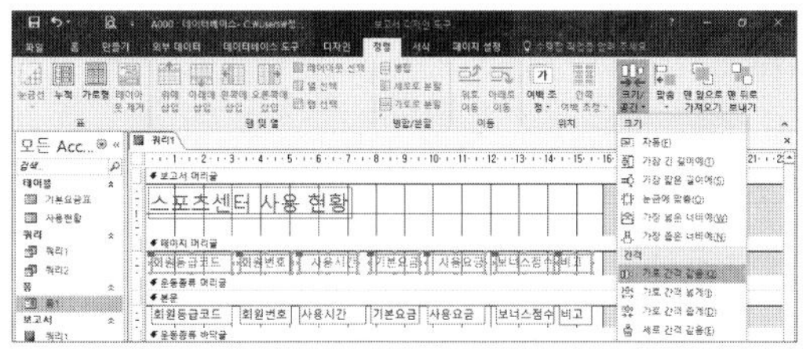

⑤ 속성의 조정

구역	해당 컨트롤	속성 설정값
보고서 머리글	보고서 제목 레이블	• [형식]-[글꼴 크기]-16 • [형식]-[텍스트 맞춤]-가운데 • [형식]-[글꼴 두께]-굵게 • [형식]-[글꼴 밑줄]-예
보고서 바닥글	'평균' 레이블	'총평균'으로 수정
전체	수치 표시 텍스트 상자	• [형식]-[형식]-표준 • [형식]-[소수 자릿수]-0
	금액 표시 텍스트 상자	• [형식]-[형식]-통화 • [형식]-[소수 자릿수]-0
	제목을 제외한 모든 레이블과 텍스트 상자	• [형식]-[텍스트 맞춤]-가운데 • [형식]-[글꼴 두께]-보통 • [형식]-[글꼴크기]-9 • [형식]-[테두리 스타일]-투명 • [형식]-[문자색]-검정텍스트

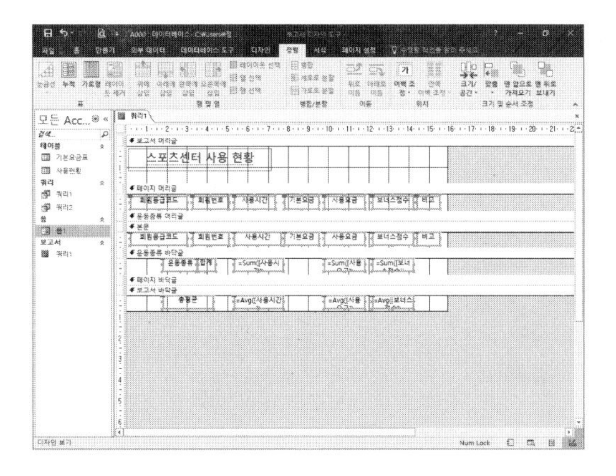

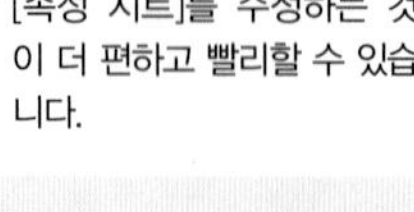

보고서에 선을 추가할 때 Shift를 누른 채 드래그하면 직선을 그릴 수 있습니다. 그러나 임의로 선을 추가한 후 [속성 시트]를 수정하는 것이 더 편하고 빨리할 수 있습니다.

⑥ 선 그리기

- [페이지 머리글] 구역 내 임의의 위치에 선을 추가하고 [속성 시트]에서 [형식] 탭을 선택하여 속성을 설정한다.

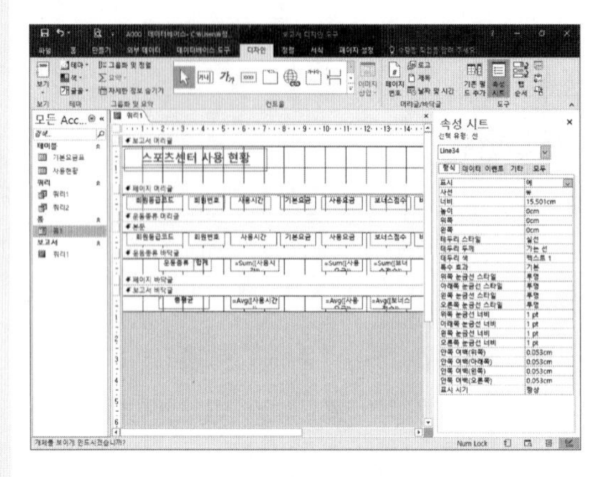

- 선이 선택된 상태에서 [복사]–[붙여넣기]를 하고 위치를 조절한다.

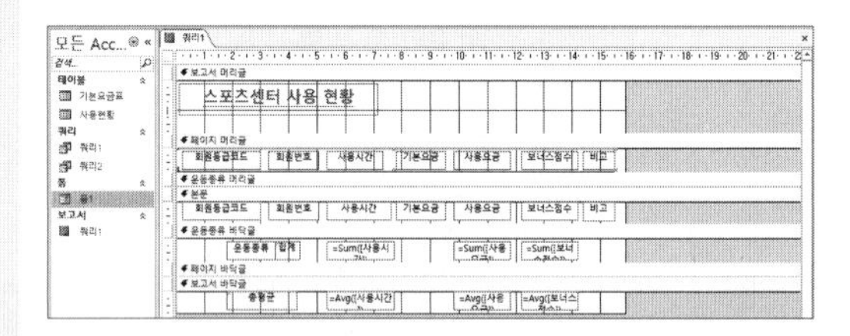

- [운동종류 바닥글] 구역에 2개의 선을 붙여넣기하고 위치를 조절한다.
- [보고서 바닥글] 구역에는 1개의 실선을 붙여넣기하고 위치를 조절한다.

기적의 TIP

보고서 디자인 창 오른쪽 부분 경계 부분을 마우스로 드래그하면 보고서의 너비를 조절할 수 있습니다. 보고서의 너비가 줄어들어 사라지게 될 부분에 컨트롤이 있으면 보고서 너비가 줄어들지 않으니, 먼저 컨트롤의 위치나 크기를 조절해야 합니다.

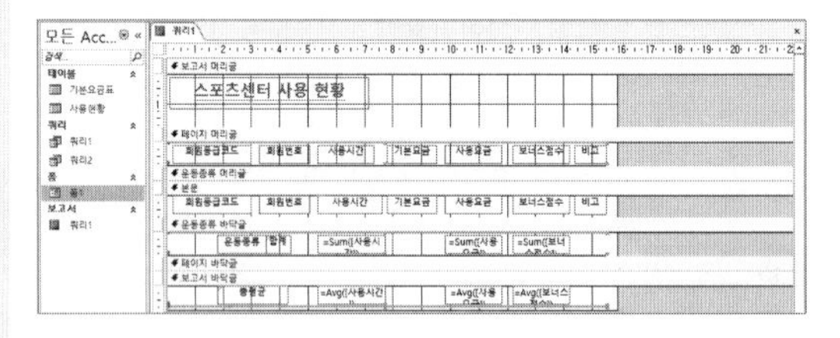

⑦ 보고서 제목을 가운데로 위치시킨다.

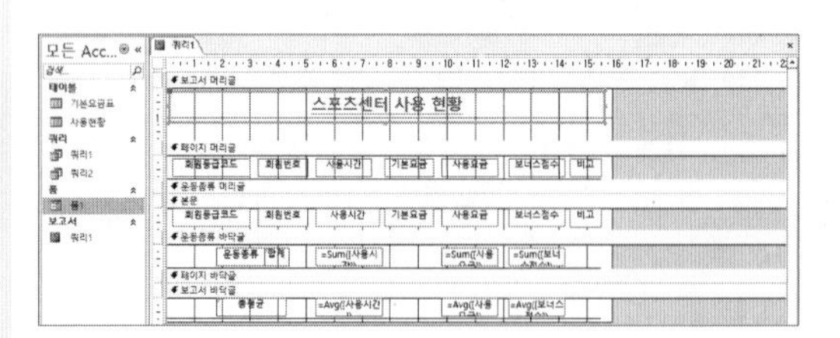

⓫ 보고서 마무리하기

① 보고서의 너비가 '16'을 초과하면 A4 용지 한 장에 인쇄가 안 될 수 있으므로 보고서의 너비를 '16' 이하로 조절한다.

② [인쇄 미리 보기]를 선택한다.

- 컨트롤의 표시영역이 글꼴 크기에 비해 작아서 글자가 잘리는지 확인하고, 글자가 잘리는 경우 해당 컨트롤의 크기를 다시 조정한다.
- 컨트롤의 위치나 간격이 적당한지 확인한다.
- 하단의 페이지 이동 단추를 클릭하여 두 번째 페이지가 있는지 반드시 확인한다.

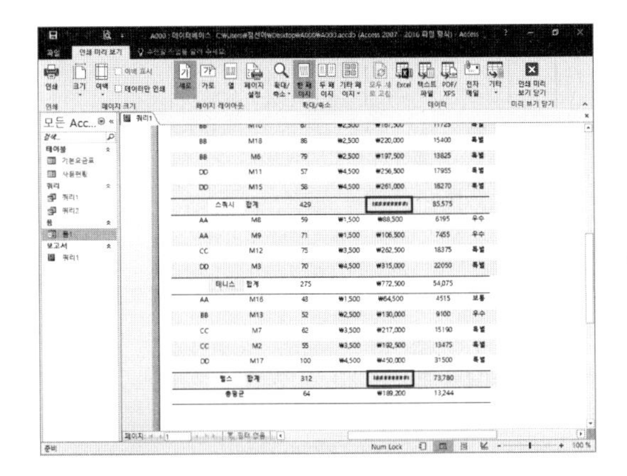

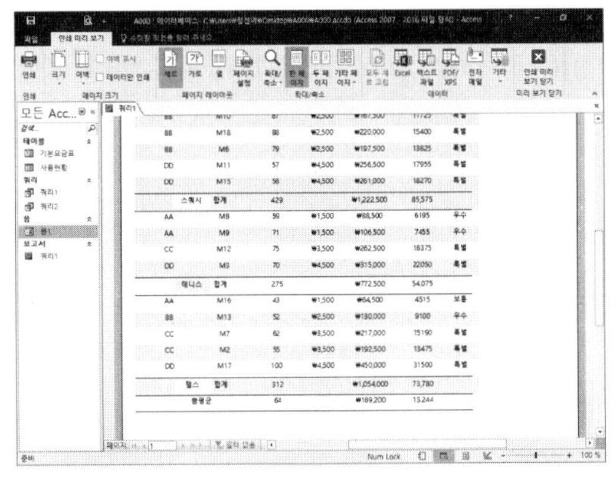

기적의 TIP

'###'이 표시되는 컨트롤은 보고서 디자인에서 텍스트 상자 폭을 다른 텍스트 상자와 겹치지 않는 선에서 충분히 늘리도록 합니다.

기적의 TIP

보고서는 [디자인 보기] 상태와 [인쇄 미리 보기] 상태를 수시로 전환하면서 컨트롤의 위치와 간격, 크기 등을 조정해야 합니다.

더 알기 TIP

보고서 디자인 마무리하기

각 그룹별 음영이나 테두리 선이 아래 그림과 같이 표시가 되는데 이 부분을 변경해야 하는 번거로움이 있습니다.

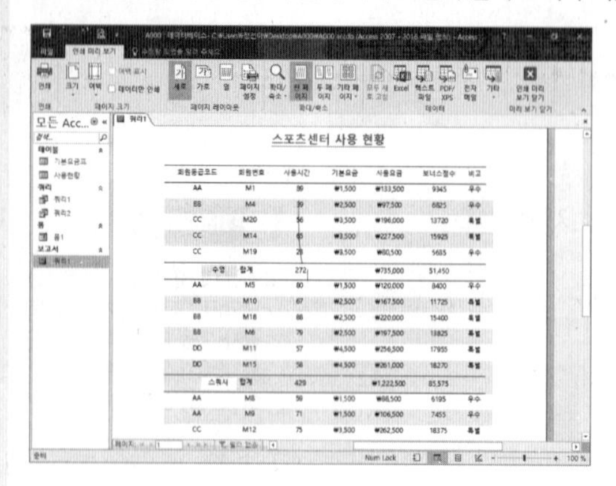

① 보고서 디자인에서 [보고서 머리글]을 선택한 뒤 속성 시트에서 [배경색–배경]으로 변경합니다.
② 그룹 바닥글과 보고서 바닥글의 레이블과 텍스트 상자에 테두리가 있을 경우 마우스로 블록을 설정하고 속성 시트에서 [테두리 스타일 – 투명]으로 변경합니다.
③ 기본 글꼴 색이 검은색이 아닐 경우 Ctrl+A를 눌러 전체 선택한 뒤 글꼴 색을 검은색으로 변경합니다.
④ 앞선 보고서 작업을 저장한 뒤 보고서를 더블 클릭하여 열어서 음영, 테두리, 글꼴 색이 적용되었는지 확인합니다.

③ [인쇄 미리 보기] 상태에서 [페이지 설정]을 클릭하여 위쪽 여백을 '60', 왼쪽 '25'로 지정하고 [확인]을 클릭한다.

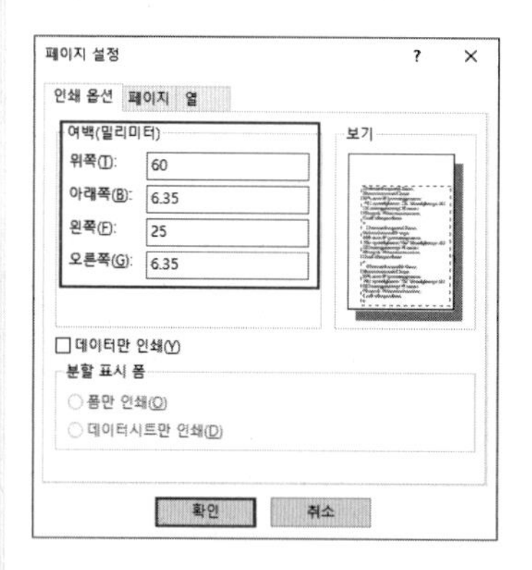

④ [인쇄 미리 보기 닫기]를 클릭하고, ['쿼리1' 닫기(×)]를 클릭하여 변경된 내용을 저장한다.

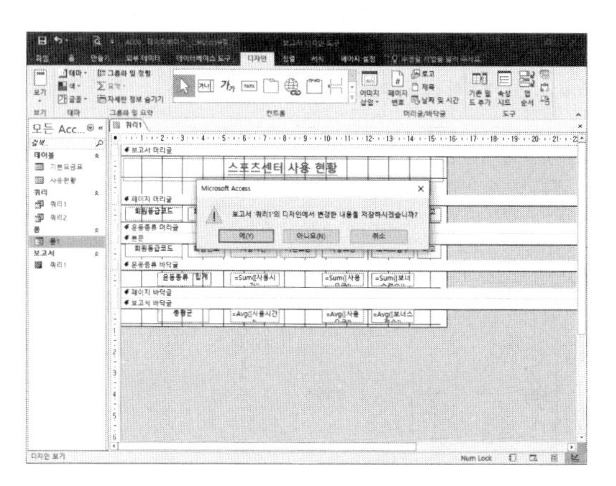

기적의 TIP

개체 탐색 창을 개체 유형별로 설정하기

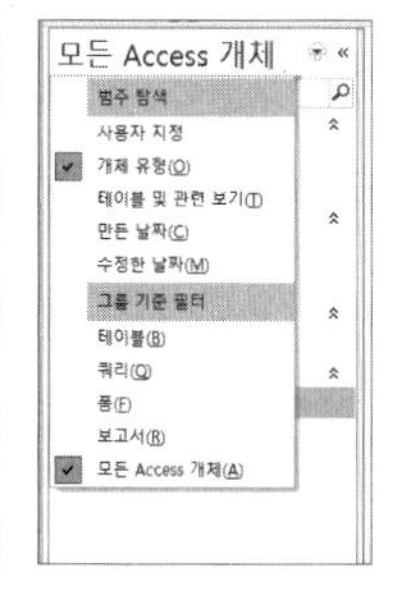

⑫ 인쇄

1. 폼 – 조회 화면 인쇄

① 탐색 창에서 [폼1]을 더블 클릭하여 [폼 보기] 상태로 연다.

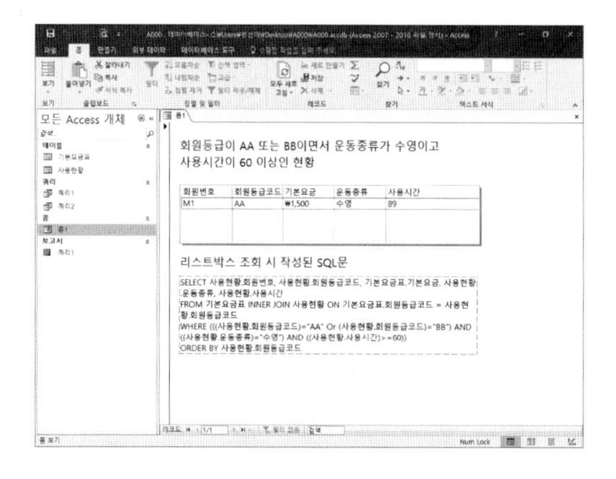

② [인쇄 미리 보기]를 선택한다.
③ [페이지 설정]을 선택하여 위쪽 여백이 '60'으로 지정되어 있는지 확인한다.
④ [인쇄]를 클릭하여 조회 화면을 인쇄한다.

2. 보고서 – 자료 처리 양식 인쇄

① 탐색 창의 보고서 영역에서 [쿼리1]을 더블 클릭하여 [보고서 보기] 상태로 연다.

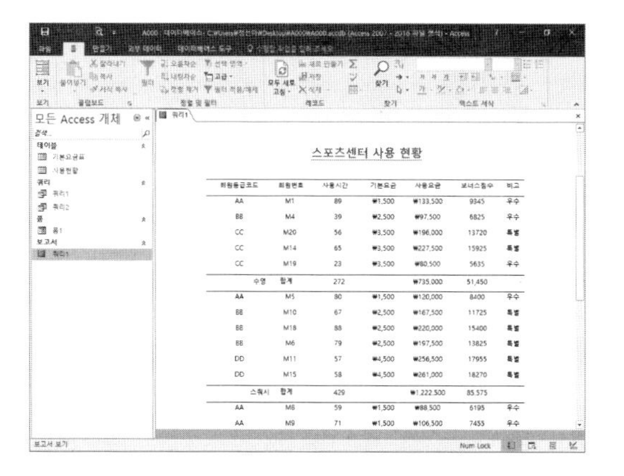

② [인쇄 미리 보기]를 선택한다.

③ [페이지 설정]을 선택하여 위쪽 여백이 '60'으로 지정되어 있는지 확인한다.

④ [인쇄]를 클릭하여 조회 화면을 인쇄한다.

3. 마무리 – 출력물 제출

인쇄된 2장의 출력물에 비번호, 수험번호와 성명을 위쪽 여백에 기재한다.

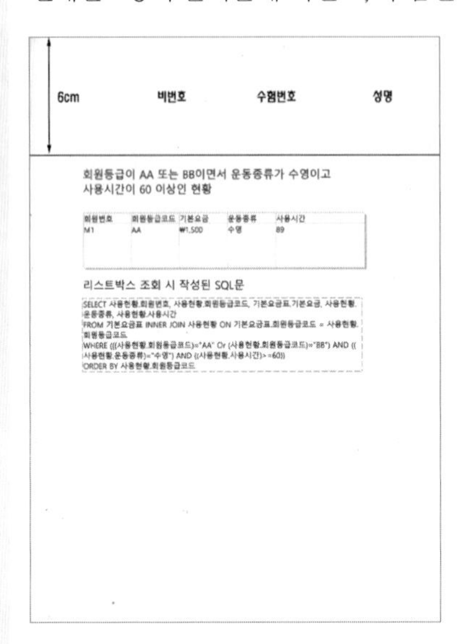

6cm 비번호 수험번호 성명

회원등급이 AA 또는 BB이면서 운동종류가 수영이고
사용시간이 60 이상인 현황

회원번호	회원등급코드	기본요금	운동종류	사용시간
M1	AA	₩1,500	수영	89

리스트박스 조회 시 작성된 SQL문

```
SELECT 사용현황.회원번호, 사용현황.회원등급코드, 기본요금표.기본요금, 사용현황.
운동종류, 사용현황.사용시간
FROM 기본요금표 INNER JOIN 사용현황 ON 기본요금표.회원등급코드 = 사용현황.
회원등급코드
WHERE (((사용현황.회원등급코드)="AA" Or (사용현황.회원등급코드)="BB") AND ((
사용현황.운동종류)="수영") AND ((사용현황.사용시간)>=60))
ORDER BY 사용현황.회원등급코드
```

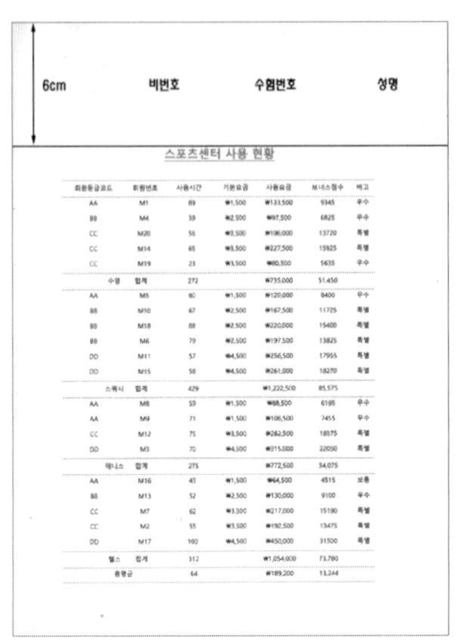

6cm 비번호 수험번호 성명

스포츠센터 사용 현황

회원등급코드	회원번호	사용시간	기본요금	사용요금	보너스점수	비고
AA	M1	89	₩1,500	₩133,500	9345	우수
BB	M4	39	₩2,500	₩97,500	6825	우수
CC	M20	56	₩3,500	₩196,000	13720	특별
CC	M14	65	₩3,500	₩227,500	15925	특별
CC	M19	23	₩3,500	₩80,500	5635	우수
수영	합계	272		₩735,000	51,450	
AA	M5	80	₩1,500	₩120,000	8400	우수
BB	M10	67	₩2,500	₩167,500	11725	특별
BB	M18	88	₩2,500	₩220,000	15400	특별
BB	M6	79	₩2,500	₩197,500	13825	특별
DD	M11	57	₩4,500	₩256,500	17955	특별
DD	M15	58	₩4,500	₩261,000	18270	특별
스쿼시	합계	429		₩1,222,500	85,575	
AA	M8	59	₩1,500	₩88,500	6195	우수
AA	M9	71	₩1,500	₩106,500	7455	우수
CC	M12	75	₩3,500	₩262,500	18375	특별
DD	M3	70	₩4,500	₩315,000	22050	특별
테니스	합계	275		₩772,500	54,075	
AA	M16	43	₩1,500	₩64,500	4515	보통
BB	M13	52	₩2,500	₩130,000	9100	우수
CC	M7	62	₩3,500	₩217,000	15190	특별
CC	M2	55	₩3,500	₩192,500	13475	특별
DD	M17	100	₩4,500	₩450,000	31500	특별
헬스	합계	312		₩1,054,000	73,780	
총평균		64		₩189,200	13,244	

더 알기 TIP

시험장에서 수험정보를 작업물에 작성 후 출력하라는 지시가 있다면 폼, 보고서 디자인 보기에서 다음과 같이 레이블로 작성한 후 출력합니다.

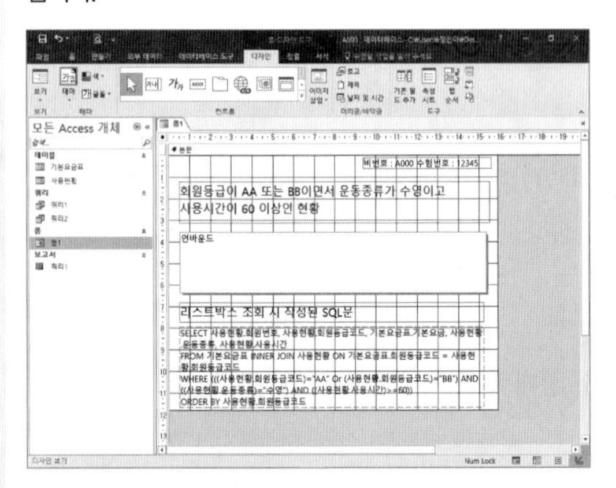

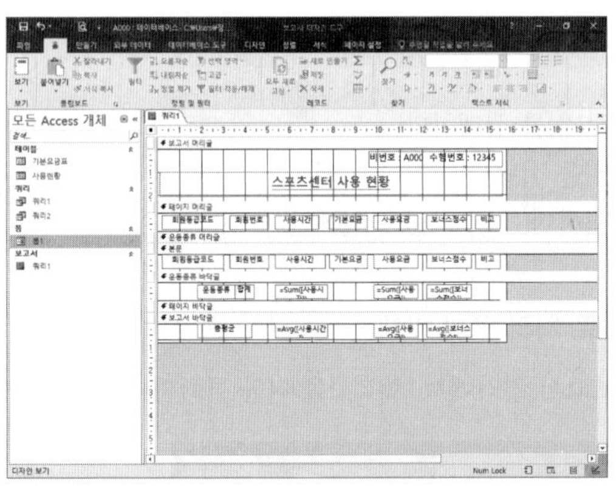

PART

03

파워포인트 (PowerPoint)

SECTION 01

출제 문제 유형 살펴보기

난이도 상 중 (하)
반복학습 1 2 3

핵심포인트 사무자동화산업기사 실기 시험에서 파워포인트 출제 유형을 살펴보겠습니다. 두 개의 슬라이드를 작성하여 슬라이드 유인물로 출력하는 것이 큰 틀이며 전체적으로 글씨 입력보다는 도형 작성이 많습니다. 즉, 도형을 그리고 변형하는 것과 출력에 대한 것이 가장 큰 요구 사항입니다.

01 시상(PT) 작업

▶ 주어진 2개의 슬라이드를 아래의 작성 조건에 따라 작업하여 인쇄 출력하시오.

[슬라이드 작성 조건]

1) 각 슬라이드를 문제의 슬라이드 원안과 같이 인쇄 출력하여 제출하시오.
2) 글꼴은 문제 원안과 같거나 유사한 형태로 하시오.
3) 글자, 그림 및 도형 등의 크기와 모양은 문제 원안과 같거나 유사한 형태로 하시오.
4) 모든 글씨, 선 등은 흑백으로 작업하되, 글상자, 그림 및 도형 등에서 색 채우기는 회색 40% 정도, 투명도 0%를 기준으로 작업하시오.
5) 각 슬라이드는 원안과 같이 외곽선 테두리가 인쇄되도록 하시오.
6) 각 슬라이드 크기는 A4 용지의 1/2 범위 내에 인쇄가 가능한 크기가 되도록 조정하여, 슬라이드 2개를 A4 용지 1매 안에 모두 인쇄하시오.
7) 특히, 인쇄 출력 시 아래의 예시와 같이 출력하시오.

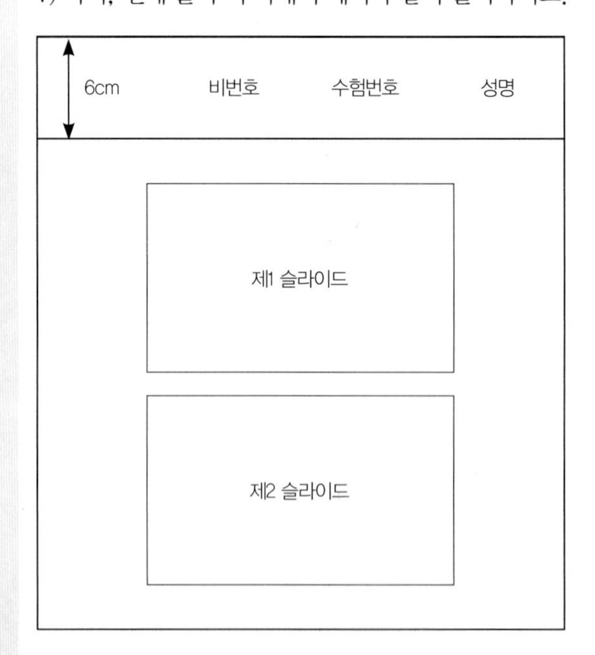

01 제1 슬라이드

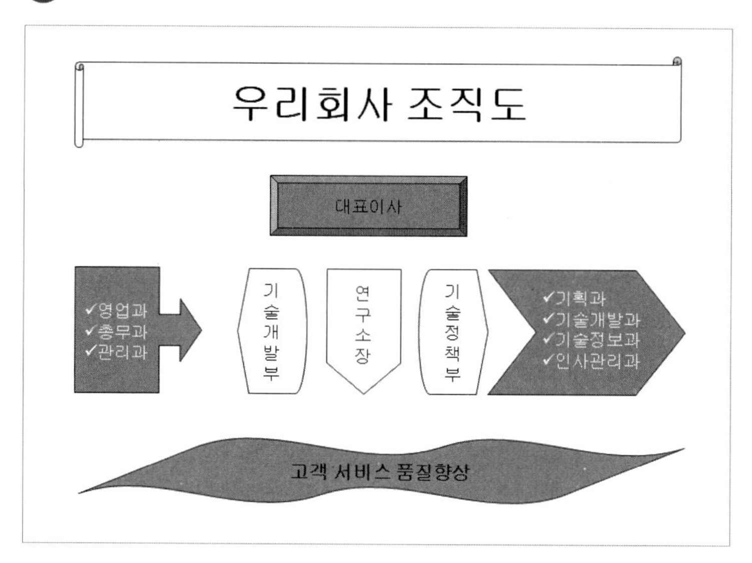

02 제2 슬라이드

2010년 해킹 사고 현황(現況)

분석 결과

1. 국내 해킹 피해접수 건수가 지속적으로 증가
2. 특히 일반기업의 해킹 사고 증가
3. 전문 관리 인력 부족

구분		대학 (ac)	기업 (co)	비영리 (or)	연구소 (or)	기타
사고 기관	기관수	21	80	1	0	27
	비율 (%)	16.3	62.0	0.8	0	20.9

02 요구 사항 vs 풀이 방법

사무자동화산업기사 실기 시험을 준비하는 수험생들은 대부분 엑셀이나 액세스에 비해 파워포인트가 상당히 쉽다고 느낀다. 처음 인상처럼 상당히 쉬운 작업이므로 시간을 오래 지체하지 말고 빠른 시간 안에 해결하도록 하자.

문제의 요구 사항	파워포인트에서 풀이 방법
1. 슬라이드 작성 및 저장	**1. 슬라이드 작성 및 저장**
① 슬라이드는 어느 유형이든지 상관이 없나요?	① 사무자동화산업기사 실기 시험은 인쇄된 A4 용지를 보고 감독관이 채점을 합니다. 그러므로 인쇄된 슬라이드 모양만 문제의 모양과 비슷하다면 슬라이드 유형은 어느 것을 선택해도 상관이 없습니다.
② 글꼴은 문제 원안과 같거나 유사한 형태로 선택해야 하나요?	② 글꼴은 문제의 모양을 보고 판단할 수 있도록 준비가 되어 있어야 하지만 실제 시험에 출제되는 글꼴은 돋움체, 굴림체, 궁서체 정도이니, 이 3가지는 문제의 모양을 보고 선택할 수 있도록 준비하세요. 글자의 크기는 대제목〉중제목〉소제목〉본문 이런 식으로 크기가 조절되기만 하면 됩니다.
③ 글씨, 선, 글상자, 그림, 도형은 색 채우기가 회색 40% 정도, 투명도 0%를 기준으로 작성해야 하나요?	③ 모든 슬라이드의 내용은 흑백 프린터기로 인쇄됩니다. 그러므로 색 채우기 회색 40%와 투명도 0%는 채우기 색을 선택하실 때 주의해야 합니다.
④ 저장할 때 파일 이름은 감독관이 부여하나요?	④ 저장할 때 파일 이름은 감독관이 지정한 이름으로 반드시 저장해야 하고, 폴더의 위치도 마찬가지입니다.
2. 슬라이드 인쇄	**2. 슬라이드 인쇄**
① 슬라이드 2개를 A4 용지 1매 안에 모두 인쇄해야 하나요? ② 슬라이드 인쇄 시 외곽선 테두리가 인쇄되어야 하나요?	①, ② 슬라이드를 다 완성한 후에 [인쇄 미리 보기]를 클릭하여 유인물(2슬라이드/페이지)을 선택하면 슬라이드 2개를 A4 용지 1매에 인쇄할 수 있고, 슬라이드 테두리에 체크하여 테두리가 함께 인쇄되도록 합니다.
③ 비번호, 수험번호, 성명을 자필로 기재하기 위한 6cm 여백은 어떻게 설정해야 하나요?	③ 유인물을 선택하고 인쇄를 하게 되면 비번호, 수험번호, 성명을 입력할 공간 6cm는 자동으로 해결됩니다.
④ 슬라이드를 작성한 컴퓨터에서 인쇄도 함께 하나요?	④ 감독관이 정해준 인쇄 전용 컴퓨터에서 인쇄합니다. 인쇄를 한 번도 해보지 않고 가면 당황할 수 있으니 꼭 인쇄 실습을 해야 합니다.

03 문제 풀이 과정

Ⅰ. 슬라이드 작성 준비	파워포인트를 실행하고, 자신이 시험에 응시하는 오피스 버전이 맞는지 확인합니다.

Ⅱ. 제1 슬라이드 작성	시험감독이 설정한 폴더와 파일 이름으로 저장합니다. 슬라이드의 모양을 보고 제목과 본문을 작성합니다. 도형으로 할 것인지, 텍스트 상자인지, 워드아트인지 파악하여 작성합니다. 작업 중간중간 저장합니다.

Ⅲ. 제2 슬라이드 작성	도형 안이 색 채우기가 되어 있으면 도형에 채우기 색(회색 40% 정도, 투명도 0%)을 설정해야 합니다. 제목과 본문의 텍스트 크기가 차별되었는지 확인합니다. 채우기 색의 설정 시 뒤쪽의 도형이 보이면 '채우기 없음'으로, 아니면 '흰색'으로 선택합니다. 텍스트의 위치를 정확하게 맞추려면 도형 밖에 커서를 위치시켜 텍스트를 완성한 후 이동하도록 합니다. 도형을 세밀하게 이동할 때는 Ctrl+방향키를 이용합니다.

Ⅳ. 저장 및 인쇄	인쇄 대상 '유인물'과 한 페이지에 넣을 슬라이드 수 '2'를 선택합니다. 인쇄 대상은 흑백으로 인쇄할 것이지만 꼭 '컬러'나 '회색조'로 선택합니다. 슬라이드 테두리에 체크합니다. 인쇄 미리 보기의 머리글 / 바닥글을 실행하여 페이지 번호의 설정을 해제합니다. 6cm의 여백 안에 비번호, 수험번호, 성명을 기재합니다. 시험 위원에게 파일과 인쇄 출력물 A4 용지를 제출합니다.

슬라이드 작성 준비

합격 강의

난 이 도 상 중 (하)

반복학습 1 2 3

핵심포인트 파워포인트 슬라이드를 작성하기 위한 준비 단계입니다. 간단히 정리하고 넘어가도록 합니다.

01 작성 준비하기

01 PowerPoint 실행과 종료

① Windows의 [시작] 버튼을 클릭하고, [모든 프로그램]–[Microsoft Office]–[Microsoft PowerPoint]를 선택한다.

② PowerPoint가 실행되면 아래와 같은 화면이 나타난다.

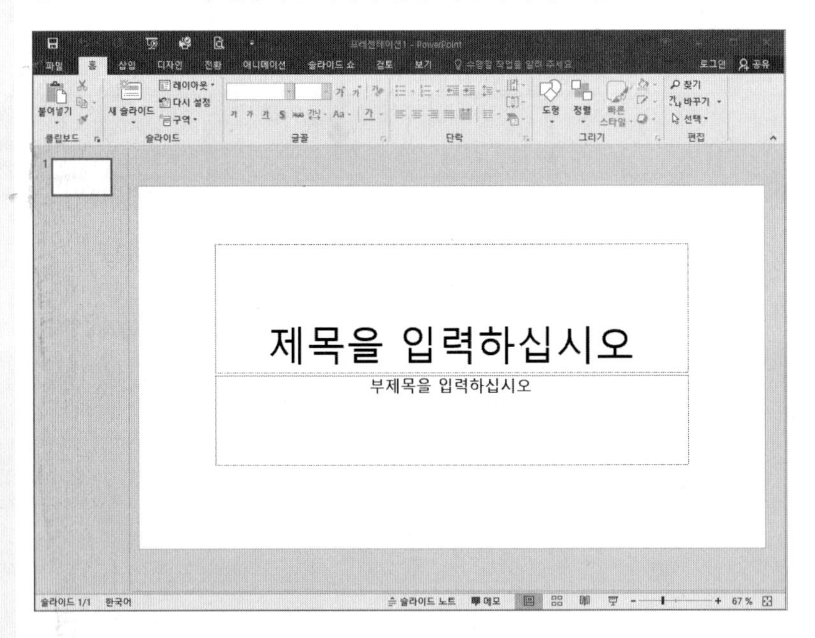

③ PowerPoint를 종료하려면 오른쪽 상단 창 컨트롤 버튼 중 [닫기](✕)를 클릭한다. [파일]–[끝내기]를 선택하여 종료할 수도 있다.

02 화면 구성

다음은 Microsoft PowerPoint의 초기 화면이다.

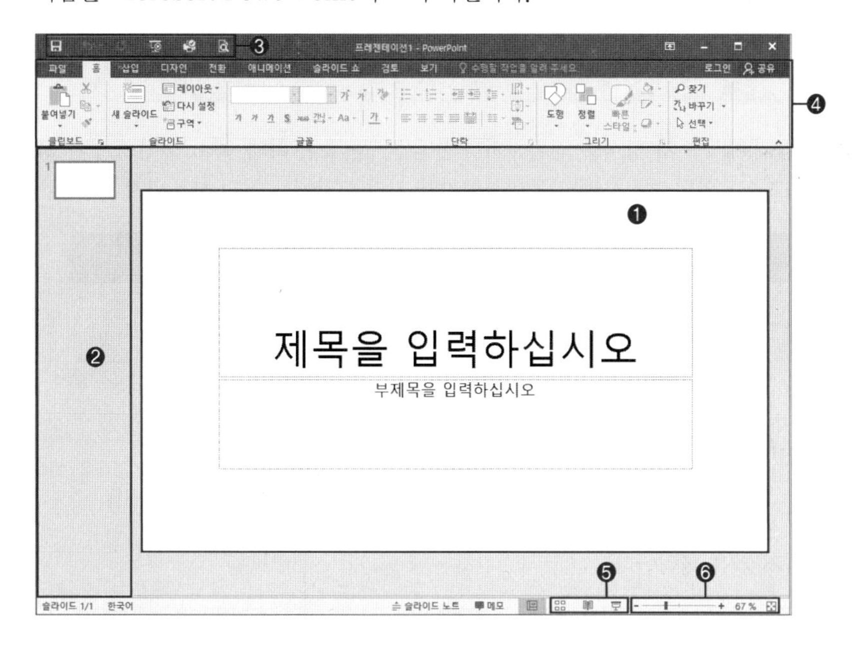

❶ 슬라이드	실제 슬라이드를 작성하는 공간이다.
❷ 슬라이드/개요 보기 창	슬라이드의 축소판을 보여 주거나 개요를 볼 수 있는 창이다.
❸ 빠른 실행 도구 모음	저장이나 작업 취소 등 빠른 처리를 위한 실행 도구이다.
❹ 리본 메뉴	오피스 2007부터 바뀐 메뉴 방식이다. 대부분 사용되는 기능을 리본 형태로 표시된다.
❺ 슬라이드 보기 전환 버튼	슬라이드를 기본, 여러 슬라이드, 슬라이드 쇼로 전환할 수 있는 버튼이다.
❻ 화면 확대/축소	슬라이드 화면을 확대/축소할 수 있다.

03 리본 메뉴 살펴보기

① [홈] 탭 : 자주 사용되는 대부분의 기능을 표시한다. [글꼴] 그룹, [단락] 그룹, [그리기] 그룹을 주로 시험에서 사용한다.

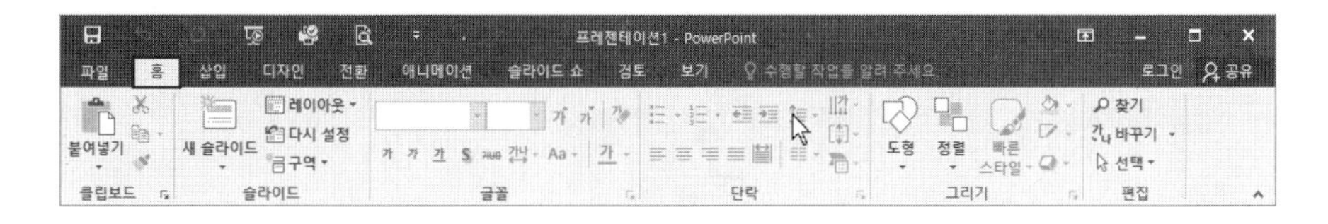

② [삽입] 탭 : 표, 텍스트 상자, WordArt, 도형 등을 삽입할 수 있는 메뉴이다.

③ [보기] 탭 : 슬라이드 보기 방식을 전환하거나 눈금선, 눈금자, 확대/축소 등의 도구가 포함된 메뉴이다. 그 외의 탭은 사무자동화산업기사 실기 시험에는 거의 사용되지 않는다.

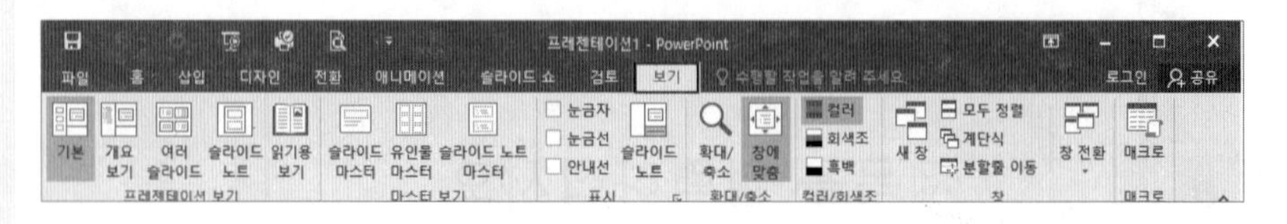

04 시험 준비하기

1. 저장하기

① [파일] 탭- [저장]을 클릭한다.

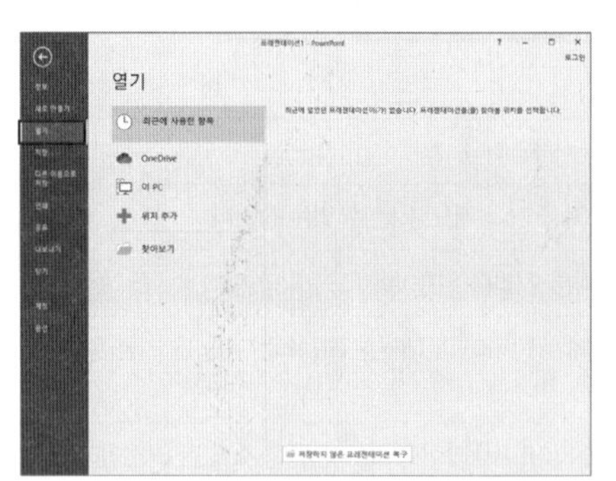

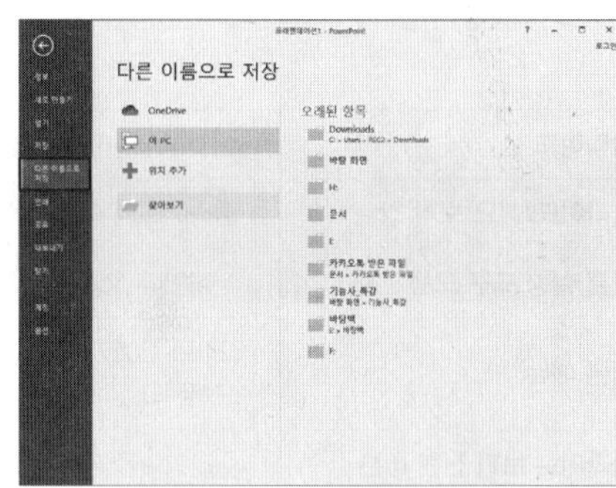

② 시험장에서 지시한 위치를 선택하고 [새 폴더]를 클릭하여 폴더를 생성한다. 폴더 이름은 시험장에서 지시한 비번호로 지정한다.

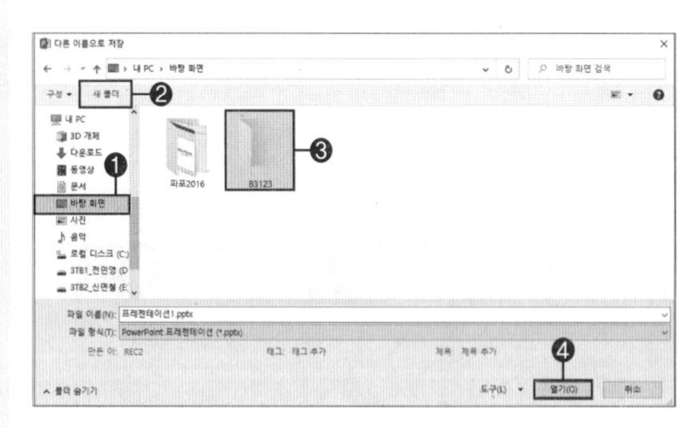

기적의 TIP

최근에는 시험장에서 수험관리 프로그램이 자동으로 저장 위치를 설정하는 경우도 있으니 시험장에서 감독관 지시에 따라 저장 위치를 결정합니다.

③ 시험장에서 지시한 비번호로 파일 이름을 변경하고 [저장]을 클릭한다.

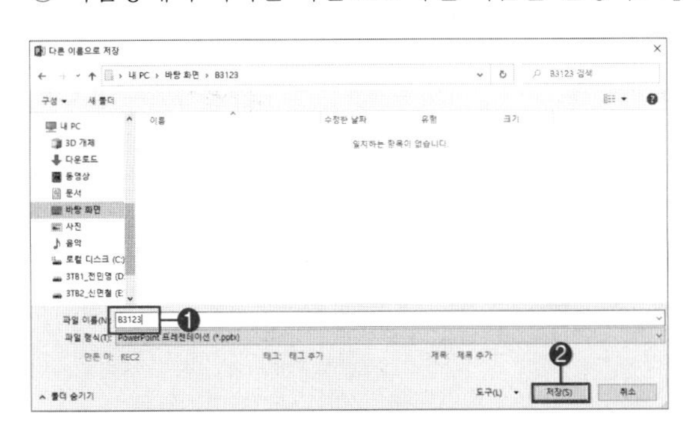

> **기적의 TIP**
> 파일 저장 위치는 엑셀, 액세스, 파워포인트 모두 동일한 폴더에 넣어야 합니다. 저장 위치는 시험장에서 안내해 주므로 시험장 감독관 지시에 따르면 됩니다.

2. 슬라이드 추가하기

사무자동화산업기사 실기 시험에는 두 장의 슬라이드를 사용한다. 슬라이드 추가하는 방법은 다양한데, 가장 간단한 방법은 [슬라이드/개요 보기] 창에서 슬라이드 아래를 클릭하고 Enter를 클릭하면 새로운 슬라이드가 추가된다.

> **기적의 TIP**
> 새 슬라이드를 삽입하는 또 다른 방법은 [홈] 탭-[슬라이드] 그룹-[새 슬라이드]를 이용하는 것입니다.

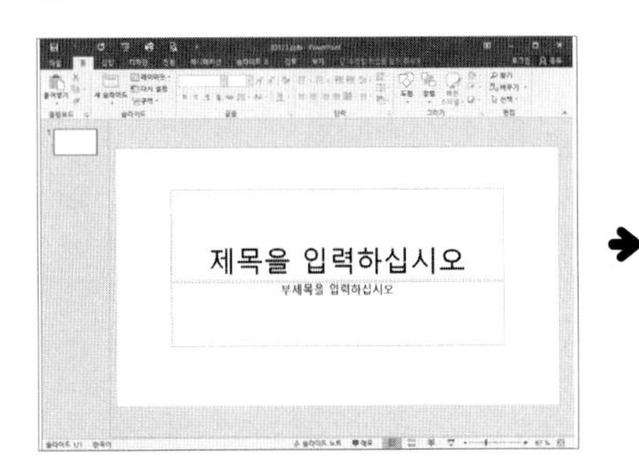

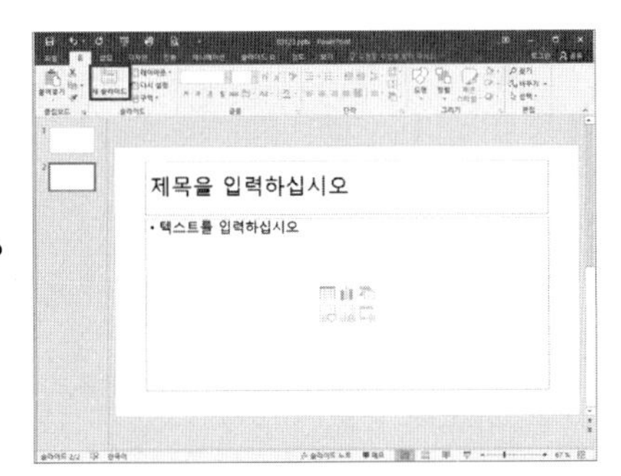

3. 빈 슬라이드 적용하기

① 사무자동화산업기사 실기 시험에서 특별한 경우가 없는 경우 아무런 레이아웃도 적용되지 않은 '빈 슬라이드'로 작업을 한다. 빈 슬라이드로 만드는 방법도 다양한데 가장 간단한 방법 한 가지를 알아보도록 하자.

② 삽입한 두 개의 슬라이드를 함께 선택하기 위해 첫 번째 슬라이드를 선택한 뒤 Shift를 누른 상태로 두 번째 슬라이드를 선택하고 마우스 오른쪽 버튼을 클릭하여 [레이아웃]-[빈 화면]을 선택한다.

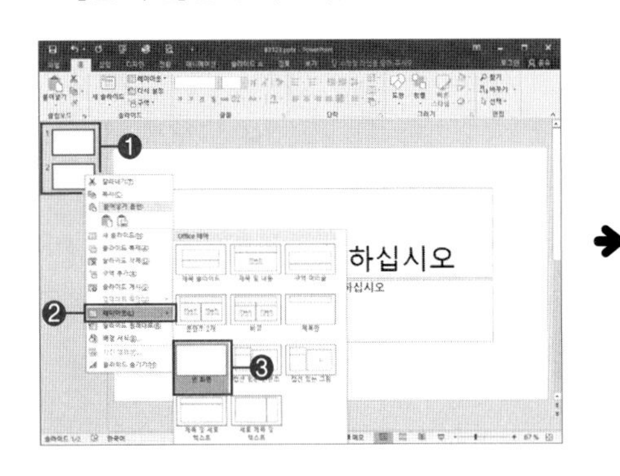

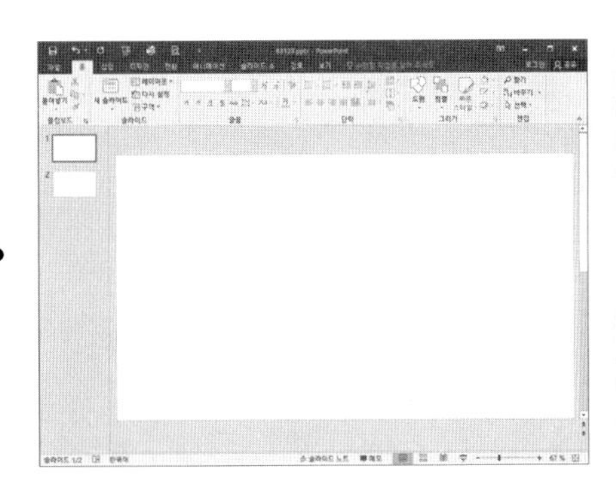

4. 눈금자, 눈금선 표시하기

① 시험에서 도형의 크기나 배치도 채점 사항에 포함된다. 이런 이유로 슬라이드 작도의 편의성을 위해 눈금자와 눈금선을 표시해 놓고 작업하도록 한다. 작도를 잘 할 수 있다면 꼭 필요한 기능은 아니다.

② [보기] 탭–[표시/숨기기] 그룹에서 [눈금자]와 [눈금선]에 체크한다.

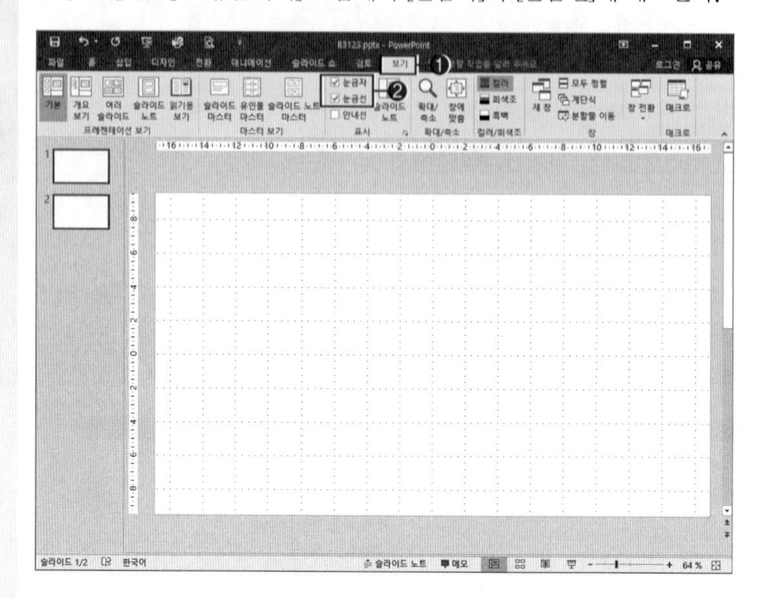

SECTION 03

문자 입력/WordArt

난 이 도 상 (중) 하

반복학습 1 2 3

핵심포인트 파워포인트의 문자 입력에 관한 부분입니다. 특히 오타에 주의하고, 한자나 특수 문자 등을 어떻게 입력하는지 기억하도록 합니다. WordArt를 이용한 슬라이드 문제가 종종 출제되니 WordArt 작성법은 필히 익히도록 합니다.

01 문자 입력하기

01 가로 텍스트 입력하기

① [삽입] 탭–[텍스트] 그룹–[텍스트 상자]–[가로 텍스트 상자]를 선택한 다음 슬라이드의 텍스트를 입력할 위치에 그림과 같이 마우스로 드래그한다.

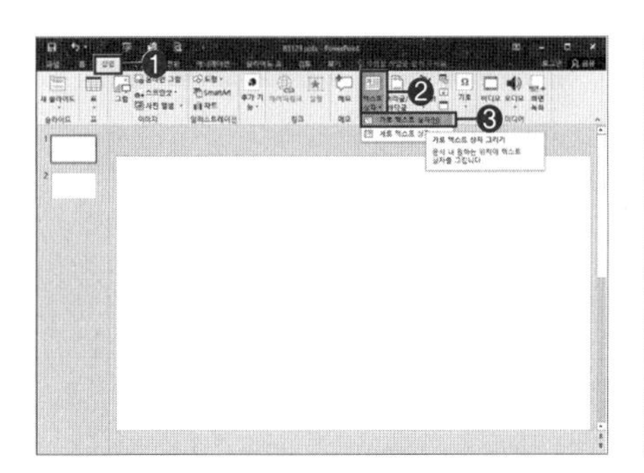

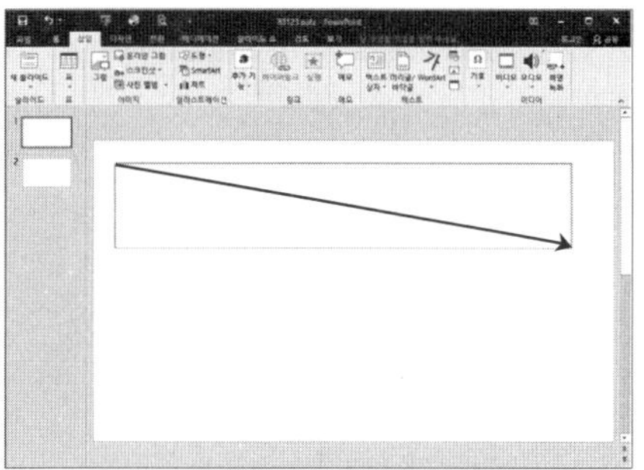

② 만들어진 텍스트 상자에 텍스트를 입력한다.

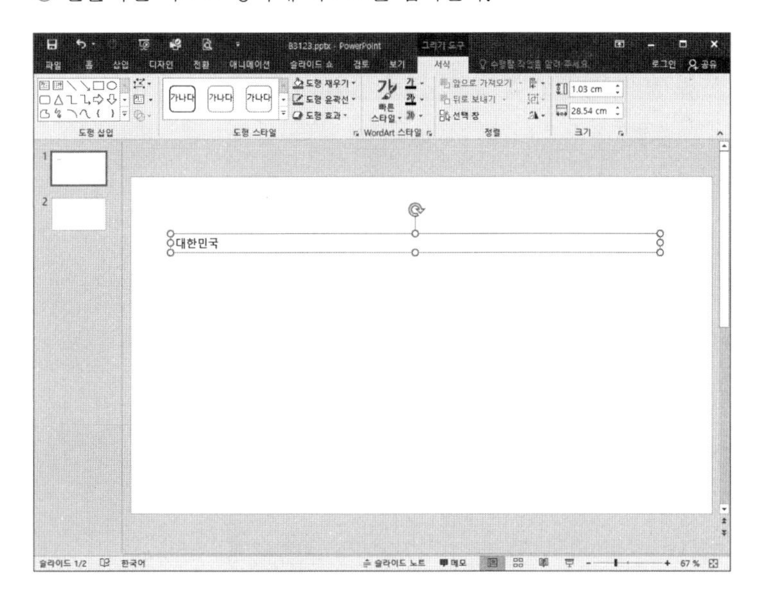

해결 TIP

텍스트 상자를 만들었는데 그림처럼 커지지 않고 바로 작아질 때는 다음과 같이 해보세요.

- 우선 텍스트 상자를 그립니다.
- 그려진 텍스트 상자 테두리 선택–마우스 오른쪽 버튼 클릭–[도형 서식]–[텍스트 상자]–[자동 맞춤 안 함]–[닫기]를 클릭합니다.
- 다음으로 다시 도형 테두리를 선택하고–마우스 오른쪽 버튼–[기본 텍스트 상자로 설정]으로 선택하면 다음부터 그려지는 텍스트 상자의 크기는 원하는 설정으로 지정됩니다. 이와 같은 기능은 도형 등에서도 사용할 수 있습니다.

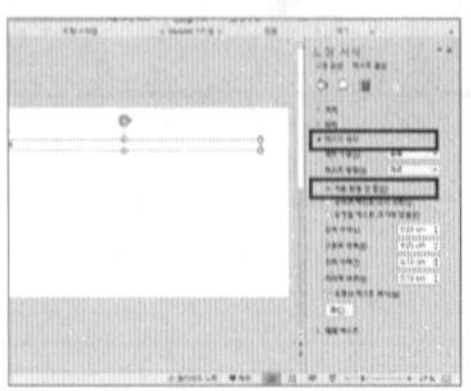

02 세로 텍스트 입력하기

① [삽입] 탭–[텍스트] 그룹–[텍스트 상자]–[세로 텍스트 상자] 선택 후 텍스트를 입력할 위치에 마우스로 클릭하고 드래그하여 텍스트 상자를 만든다.

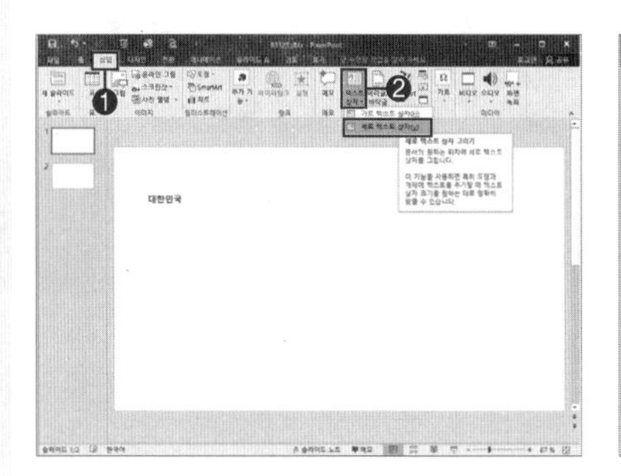
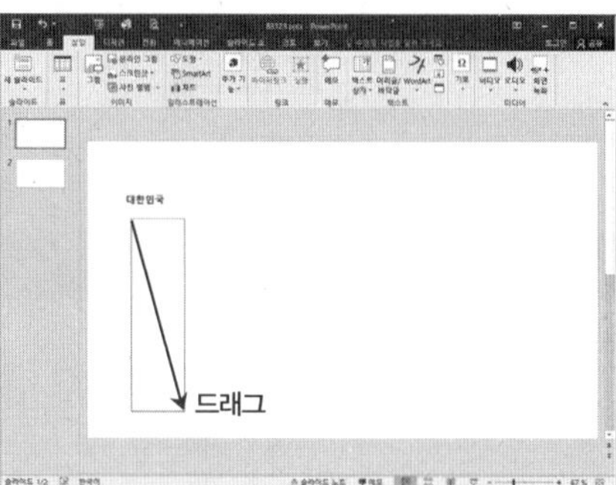

② 원하는 문장을 입력한다.

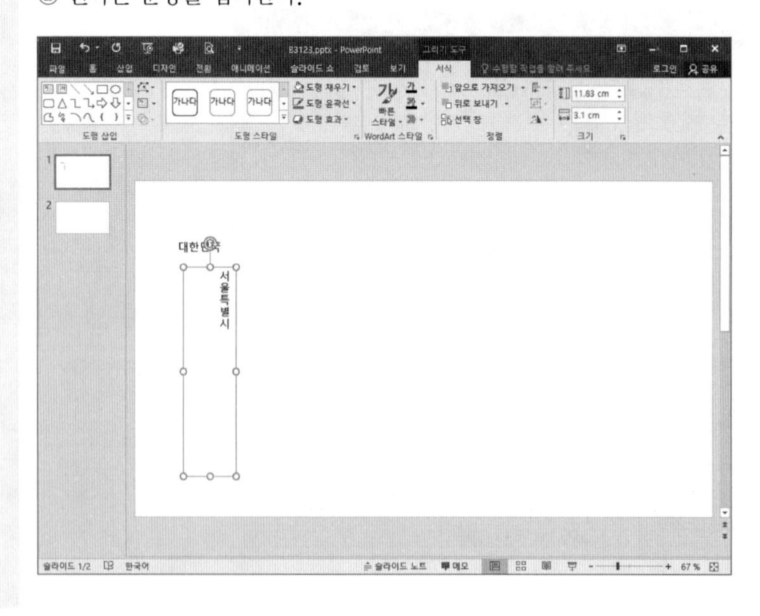

03 글꼴 변경하기

텍스트 상자에 글을 입력하고 텍스트 상자 테두리를 선택한 다음 [홈] 탭–[글꼴] 그룹에서 원하는 글꼴로 변경한다.

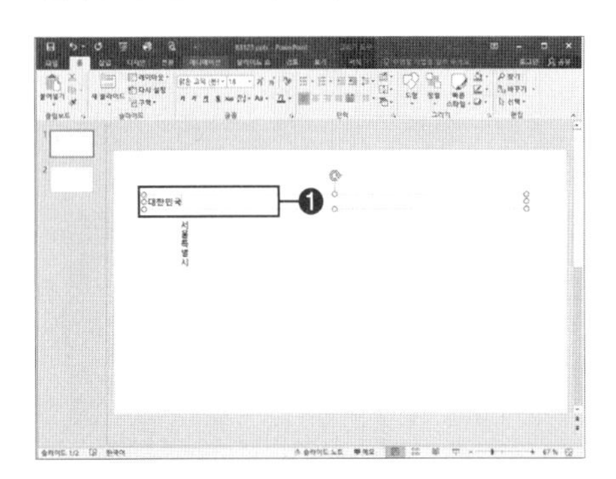

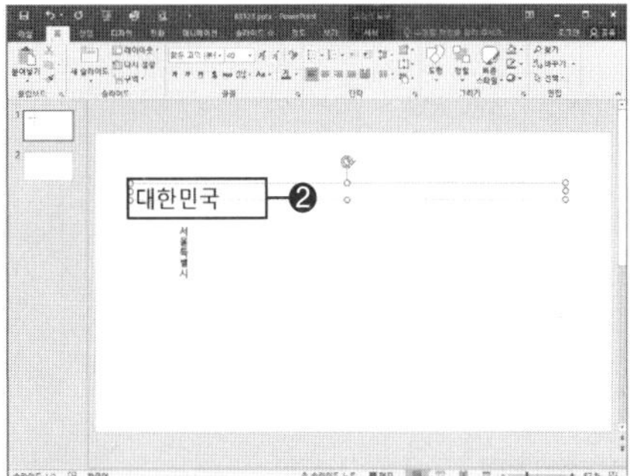

기적의 TIP

글꼴 크기 단계적으로 변경하기

[홈] 탭–[글꼴] 그룹–[글꼴 크기 크게] 및 [글꼴 크기 작게]를 이용하여 글꼴 크기를 변경할 수 있습니다.

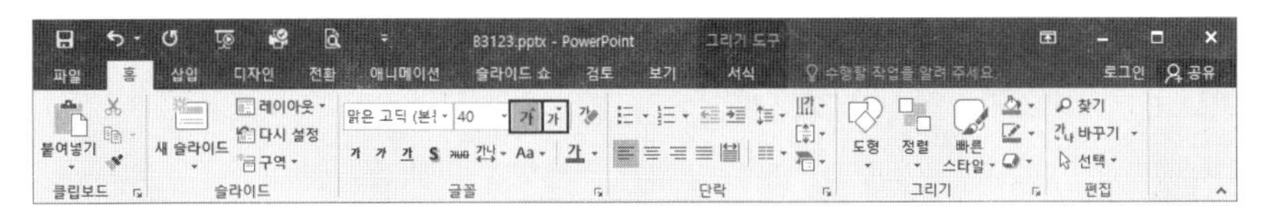

04 한자 입력하기

① 한 글자씩 변환하기 : 「대」를 입력하고 [한자]를 눌러 한자 아래 표시되는 한자 사전에서 알맞은 한자를 선택한다.

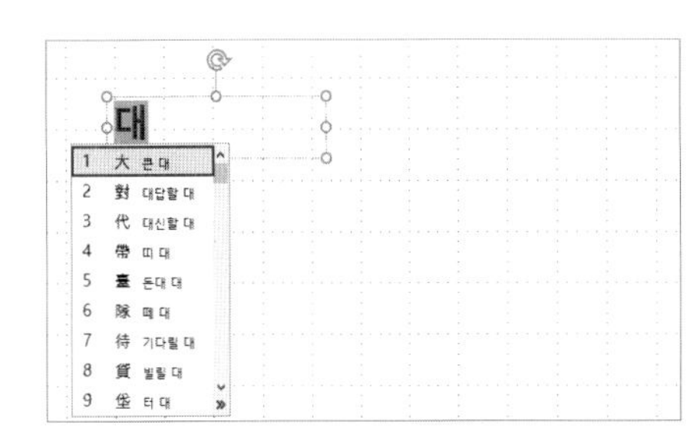

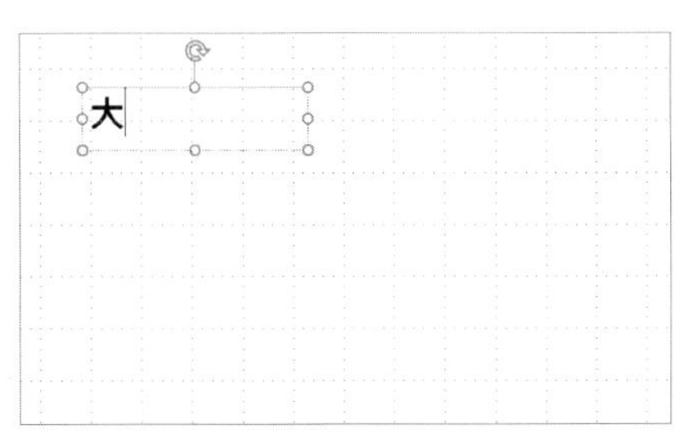

② 단어를 한자로 변환하기 : 「대한」을 입력하고 [한자]를 세 번 누르면 [한글/한자 변환] 대화상자가 실행되며 대화상자에서 원하는 한자를 선택하고 [변환]을 클릭한다.

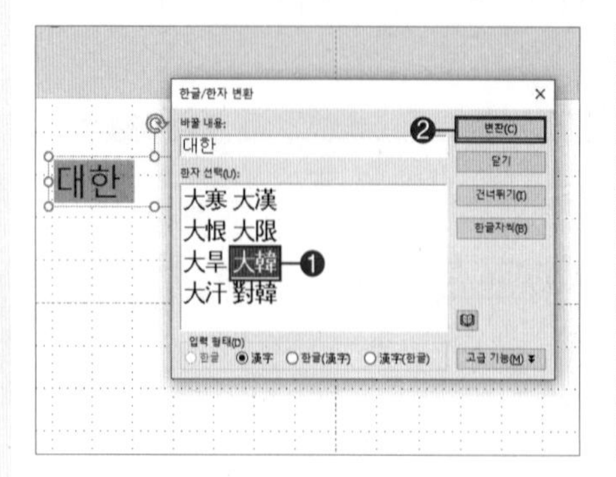

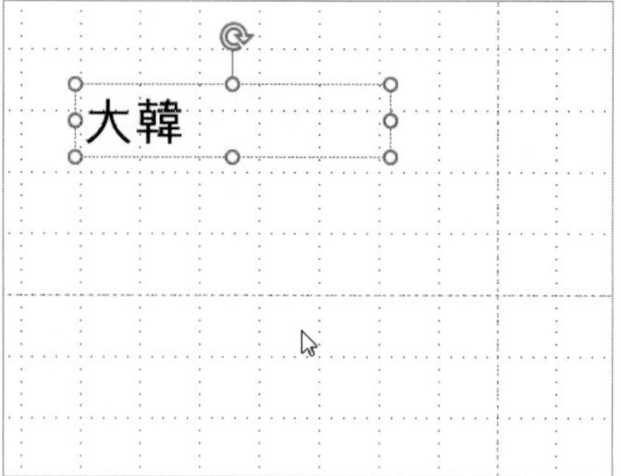

기적의 TIP

한자 의미 찾기

[한글/한자 변환] 대화상자에서 한자를 하나 선택하고 [한자 사전]을 클릭하면 그 한자의 의미를 한자 사전을 통해 볼 수 있습니다.

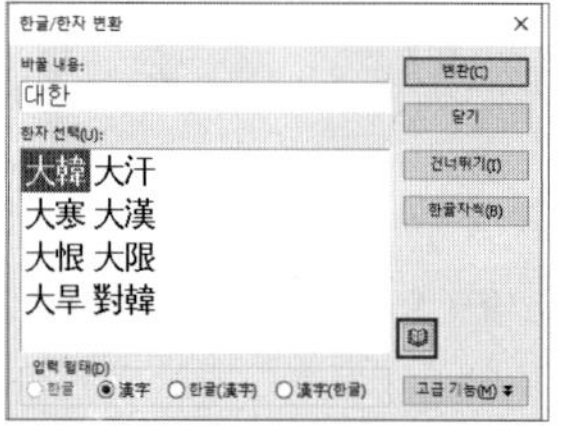

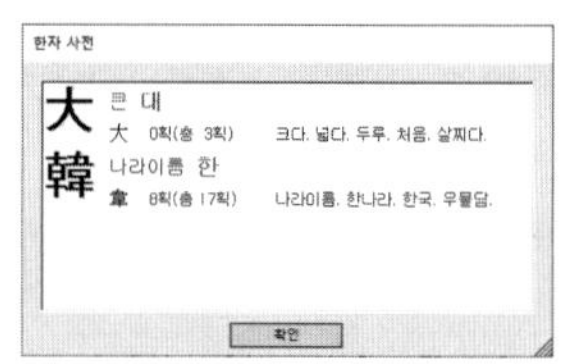

'한글(漢字)' 형태로 변환하기

[한글/한자 변환] 대화상자에서 '입력 형태' 중 원하는 것을 클릭하고 [변환]을 클릭하면 됩니다. 한자(한글) 형태도 같은 방법으로 변환합니다.

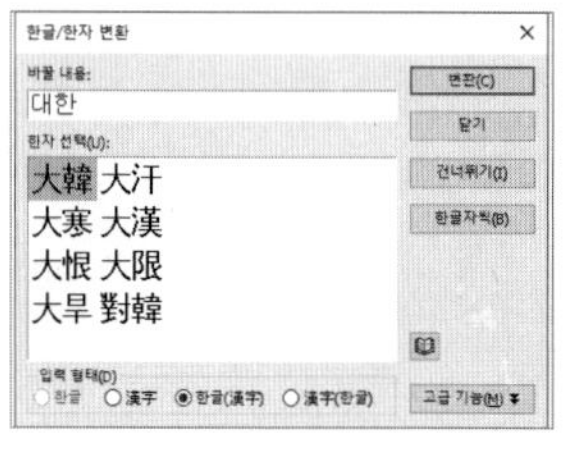

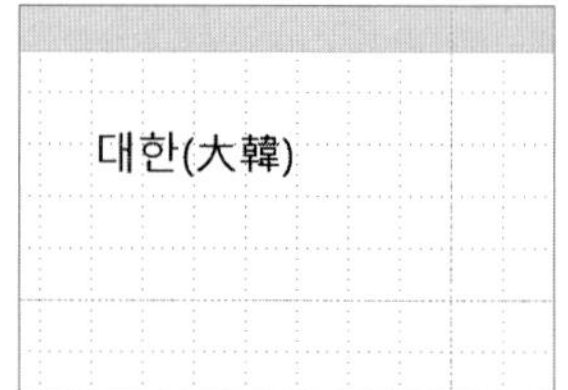

05 기호 입력하기

① 한글 자음을 이용한 방법 : 기호를 입력할 위치에 한글 자음 「ㅁ」을 입력하고 [한자]를 누르면 기호 목록이 표시된다. 목록에서 원하는 기호를 클릭하거나 번호를 입력하면 기호가 삽입된다. 해당 자음의 전체 기호를 보고 싶을 때는 [보기 변경](»)을 선택하면 된다.

> 기적의 TIP
> 엑셀에서 기호 입력하는 방식과 동일하게 한글 각 자음마다 각기 다른 기호를 선택하여 입력할 수 있습니다.

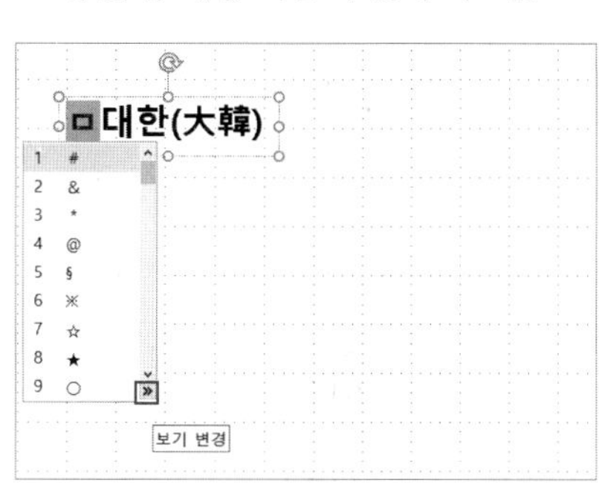

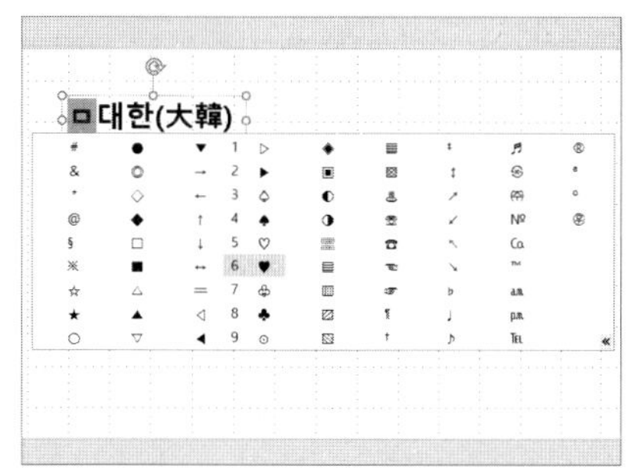

② 리본 메뉴의 [기호]를 이용하는 방법 : 텍스트 상자의 기호를 입력할 위치에 마우스를 클릭하고, [삽입] 탭–[기호]를 선택한다. [기호] 대화상자에서 글꼴을 'Wingdings'로 선택하면 시험에 종종 출제되는 기호를 찾을 수 있다.

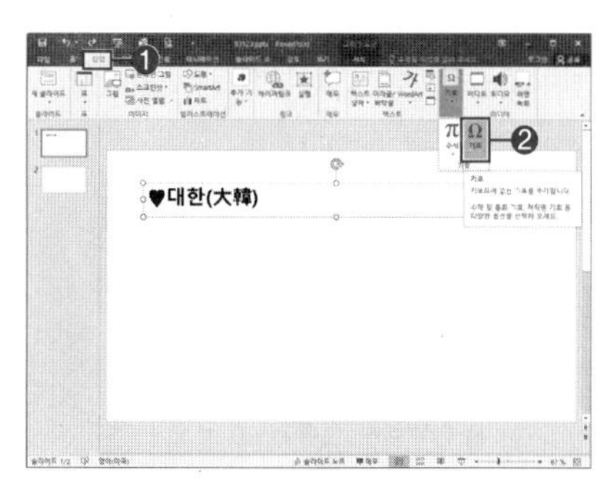

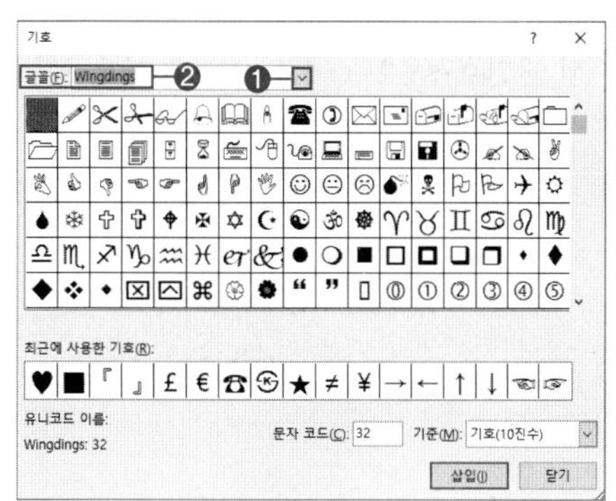

③ 원하는 기호를 옆 스크롤 바를 이동하여 찾아서 선택하고 [삽입]을 클릭하면 기호가 삽입된다.

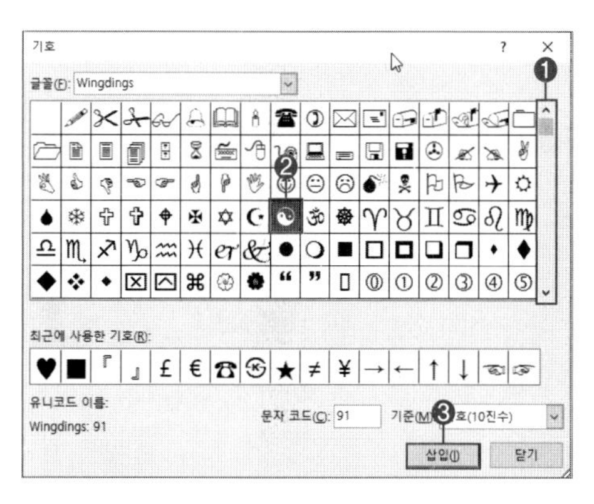

02 WordArt 만들기

01 기본 WordArt 만들기

① [삽입] 탭–[텍스트] 그룹–[WordArt]를 클릭하여 원하는 형태를 선택한다. 시험에는 기본 WordArt만 주로 사용하므로 다른 색이 있거나 효과가 있는 형태가 아닌 첫 번째 형태 '채우기 – 텍스트 2, 윤곽선 – 배경 2'를 선택한다.

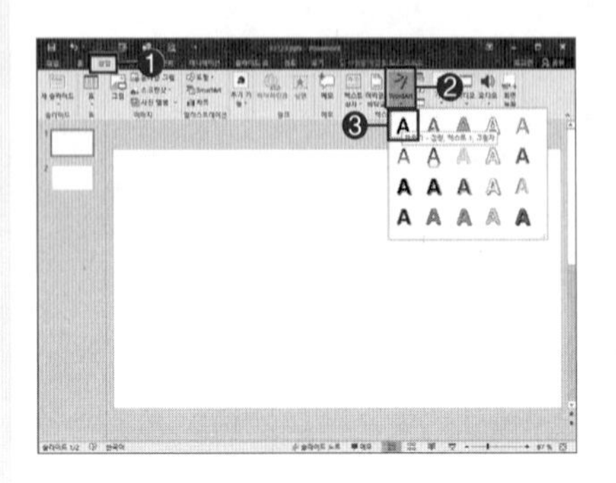

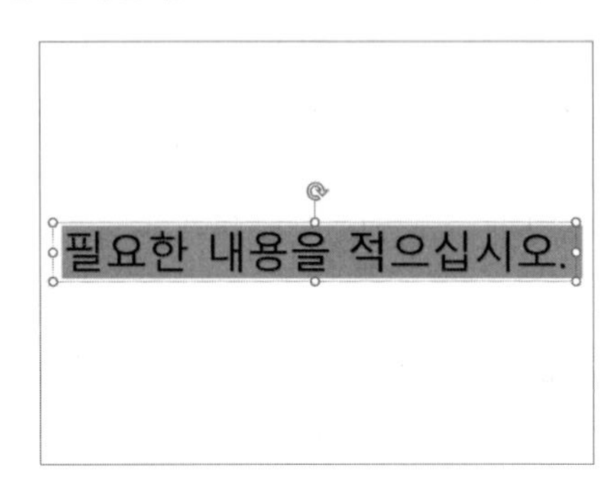

② WordArt 텍스트 상자가 만들어지면 텍스트를 입력하고 텍스트 상자 테두리를 클릭한다.
③ [서식] 탭–[WordArt 스타일] 그룹–[텍스트 효과]–[변환]을 클릭하고 원하는 모양을 선택한다.

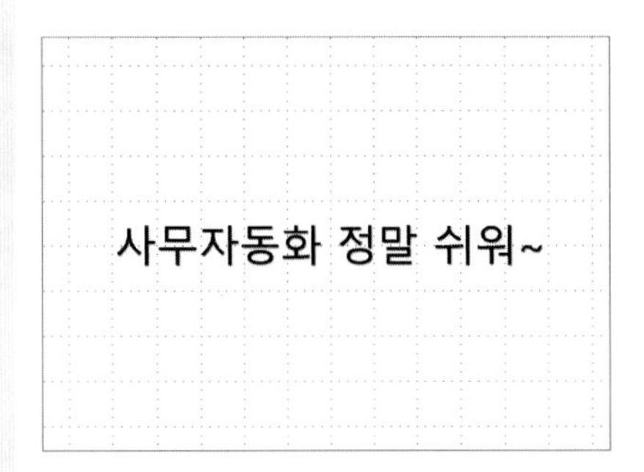

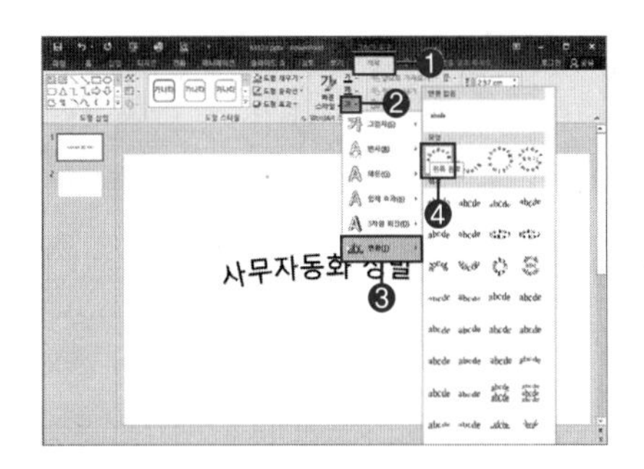

더 알기 TIP

필드와 레코드

시험에서 이렇게 작업할 수도 있습니다.

① 가로 텍스트로 문자를 입력합니다.
② 입력된 텍스트 상자 테두리를 클릭하고 원하는 글꼴로 변경합니다.
③ [그리기 도구]–[서식] 탭–[WordArt 스타일] 그룹–[텍스트 효과]–[변환]을 클릭하고 원하는 모양을 선택하면 간단하게 기본 워드아트를 만들 수 있습니다.

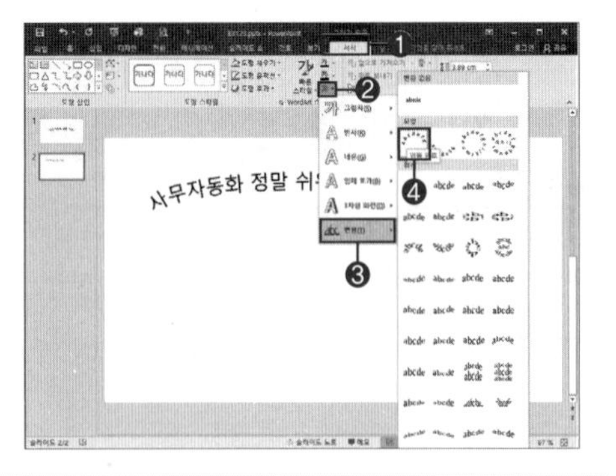

02 WordArt 채우기 색 변경하기

만들어진 WordArt 텍스트 상자 테두리를 선택하고 [서식] 탭–[WordArt 스타일] 그룹–[텍스트 채우기]를 선택하여 채우기 색을 변경할 수 있다.

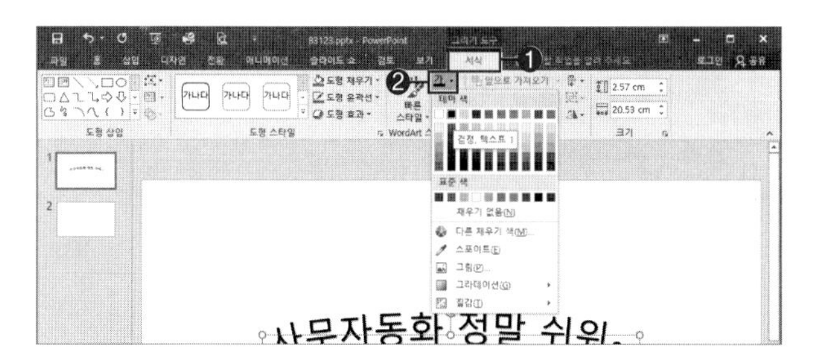

03 WordArt 그림자 지정하기

① WordArt 텍스트 상자를 선택하고 [서식] 탭–[WordArt 스타일] 그룹–[텍스트 효과]–[그림자]–[오프셋 대각선 오른쪽 아래]를 선택한다.

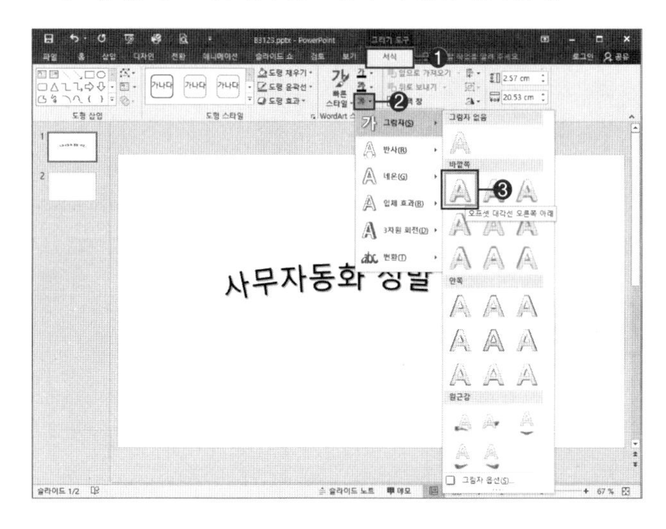

② [텍스트 효과 서식] 대화상자에서 [그림자]에 선택되었는지 확인한 후 투명도를 10~20% 정도로 조정하여 그림자 색을 변경할 수 있다. 또한 이 창에서 그림자 크기, 각도, 거리, 색 등을 변경할 수 있으니 조절하여 변화를 관찰해 보도록 한다.

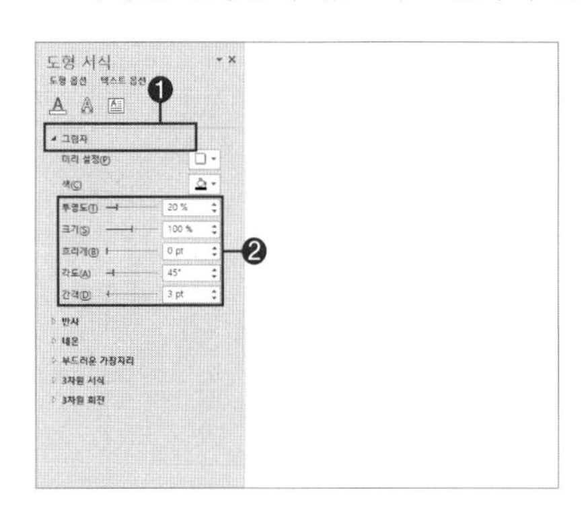

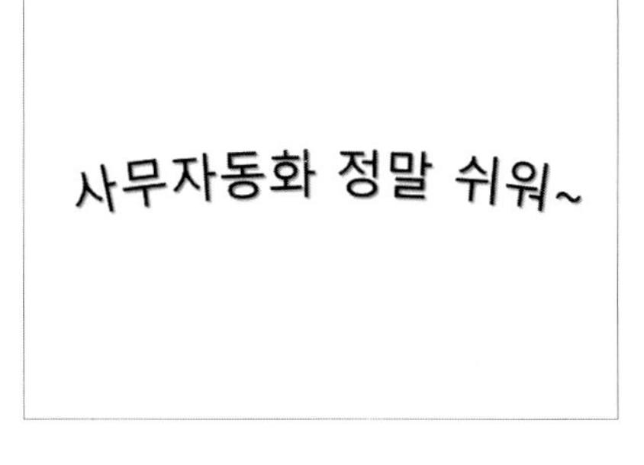

04 WordArt 다른 형태로 변경하기

WordArt의 모양을 변경할 때는 WordArt 텍스트 상자의 테두리를 클릭한 후 [그리기 도구]–[서식] 탭– [WordArt 스타일] 그룹–[텍스트 효과]–[변환]에서 원하는 형태를 선택하면 된다.

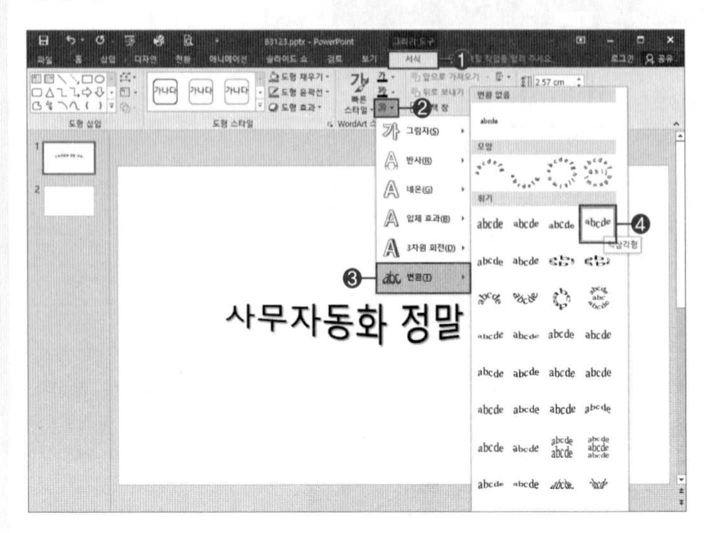

사무자동화 정말 쉬워~

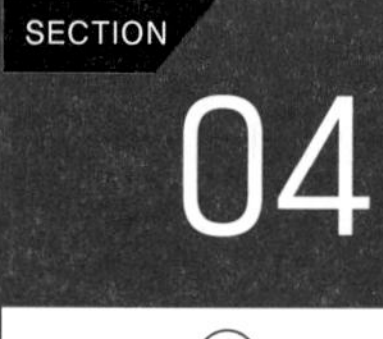

난 이 도 (상) 중 하

반복학습 1 2 3

도형 그리기

핵심포인트 사무자동화산업기사 실기 시험에서 슬라이드 구성의 70%를 차지하는 것이 도형입니다. 문제에서 요구하는 도형이 어떤 모양인지 정확하게 파악하고 해당 도형을 찾아 작성하는 것에 중점을 두고 연습하세요.

01 기본 도형 그리기

[홈] 탭-[그리기] 그룹-[도형]을 선택하여 원하는 도형을 선택한 뒤 슬라이드 원하는 위치에 마우스로 한 번 클릭한 상태로 마우스 모양이 '+'일 때 드래그하여 적당한 크기일 때 마우스를 놓으면 원하는 크기의 도형이 그려진다. [기본 도형] 그룹의 다양한 도형을 한 번씩 그려보도록 한다.

기적의 TIP

[삽입] 탭-[일러스트레이션] 그룹-[도형]에서도 도형을 삽입할 수 있습니다.

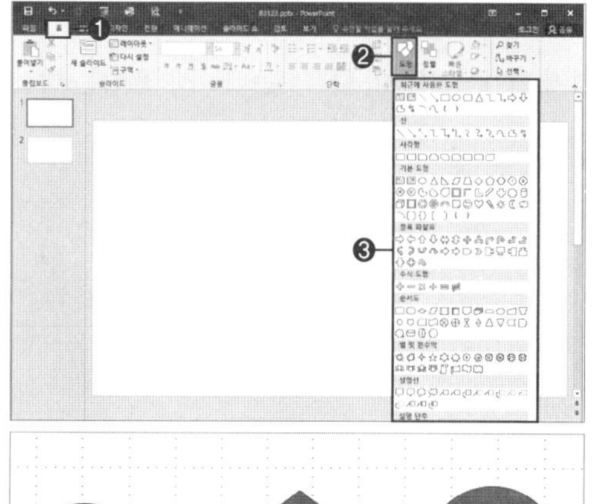

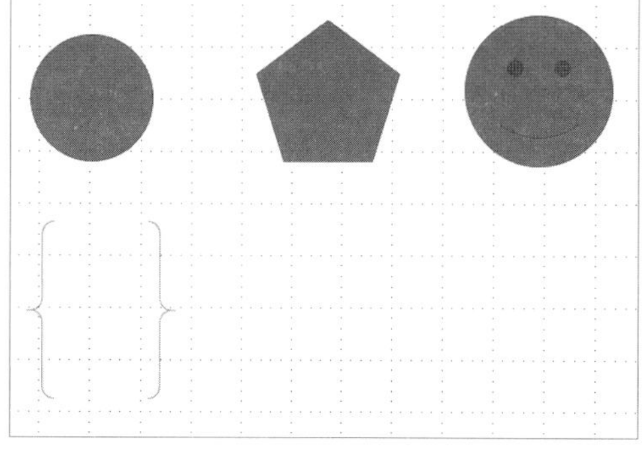

기적의 TIP

정사각형, 정원 등을 그릴 땐 어떻게 하나요?

도형 시작 위치를 마우스로 누른 상태로 마우스 모양이 '+'일 때 Shift를 같이 누르고 마우스를 드래그하여 크기를 조정하면 정사각형, 정원 등을 그릴 수 있습니다.

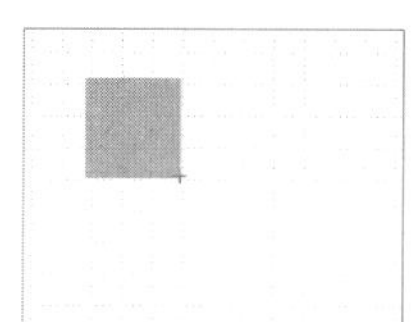

기적의 TIP

[홈] 탭-[그리기] 그룹에 기본 도형이 제시되어 있을 경우, [자세히]를 클릭하면 [기본 도형]을 한 번에 볼 수 있습니다.

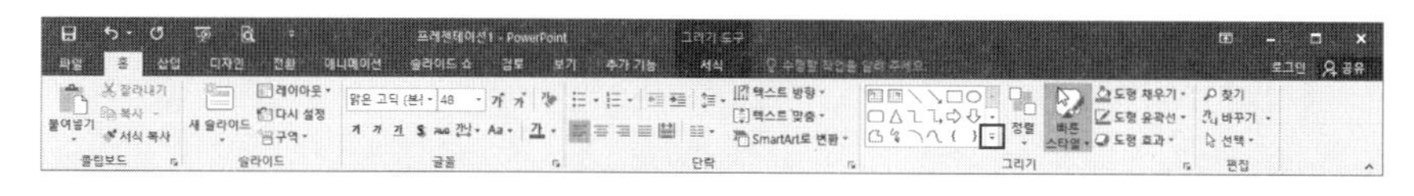

02 연결선 그리기

① [홈] 탭–[그리기] 그룹–[도형]–[사각형] 그룹–[직사각형]을 선택하여 2개의 사각형을 삽입한다.

② [홈] 탭–[그리기] 그룹–[도형]–[선] 그룹에서 선(직선)을 선택한다.

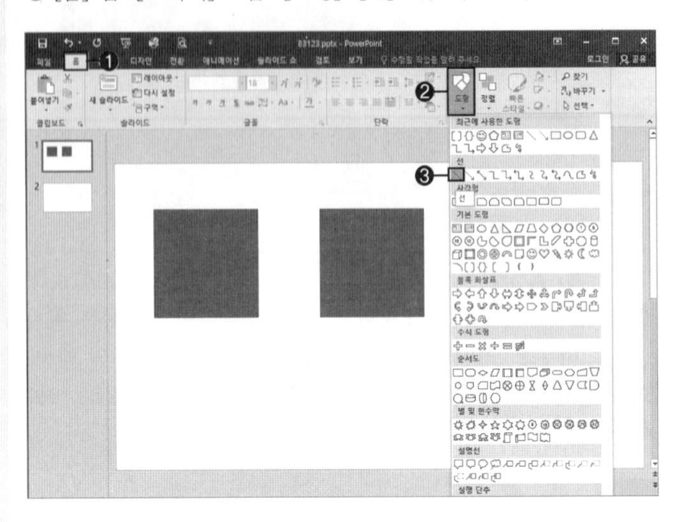

③ 그대로 마우스를 도형에 올려놓으면 도형에 빨간색 점들이 나타나는데 이때 원하는 빨간색 점의 위치에 마우스를 클릭한다.

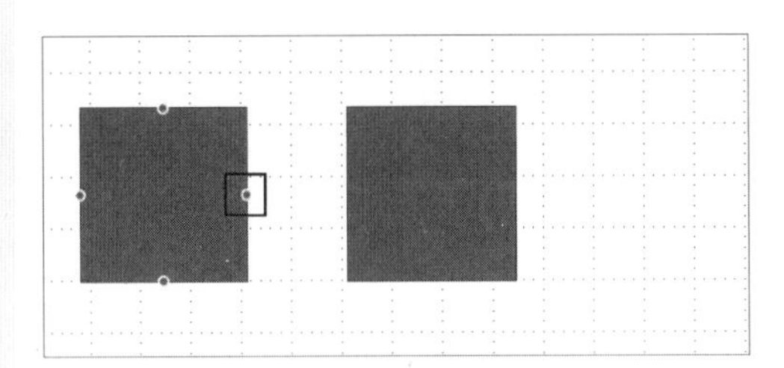

④ 클릭한 상태로 마우스를 이동하여 두 번째 도형 위에 올려놓으면 시작 도형과 마찬가지로 빨간색 점들이 생기는데 이때 원하는 빨간색 점의 위치에 올려 놓으면 된다.

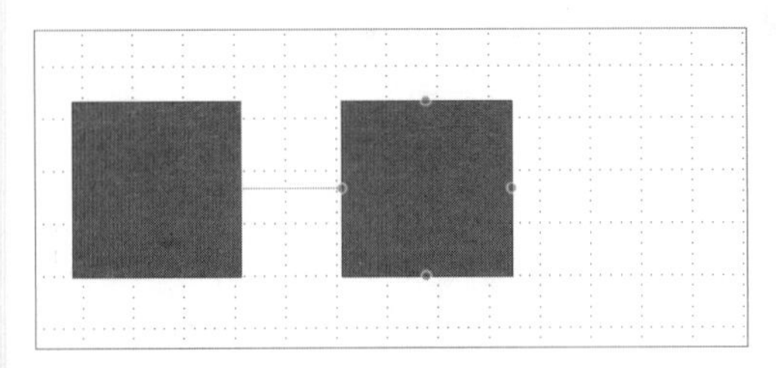

03 기타 도형

① 블록 화살표

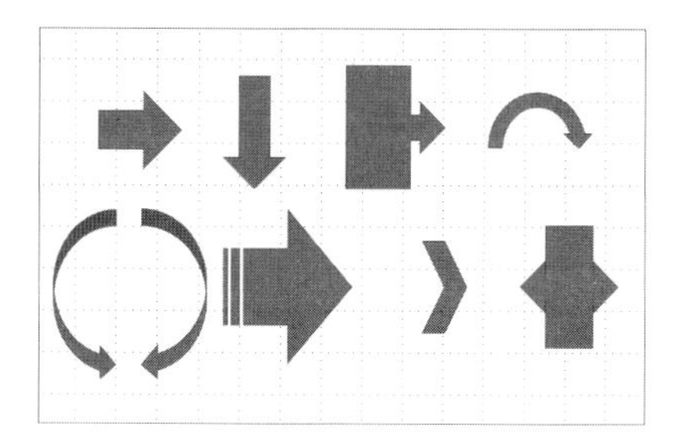

② 순서도

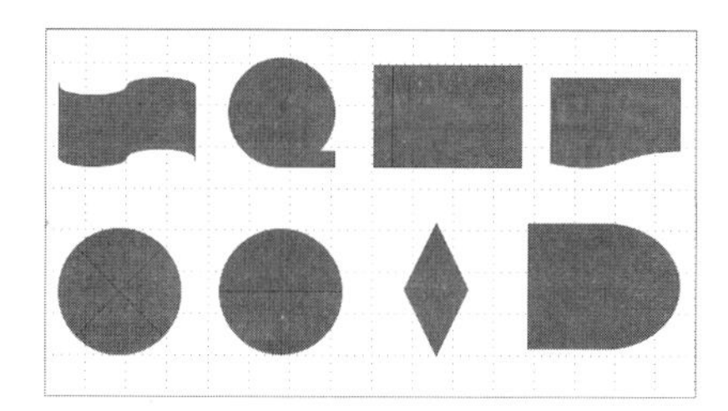

③ 별 및 현수막

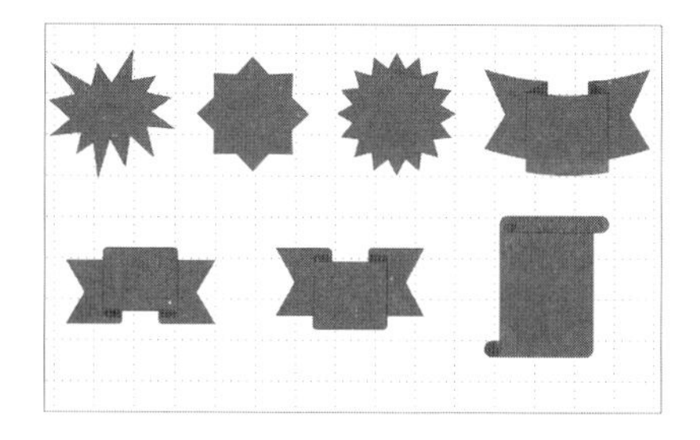

더 알기 TIP

노란색 점의 비밀

도형을 선택하면 노란색 점들이 보여지는 경우가 있습니다. 대부분의 도형에서 노란색 점이 표시되는데 이 노란색 점은 도형의 모양을 변형하는 아주 중요한 기능입니다. 시험에서 종종 출제되는 기능으로 꼭 익혀 두도록 합니다.

① 도형을 선택하고 노란색 점을 이용하여 새로운 형태의 화살표를 만들 수 있습니다.

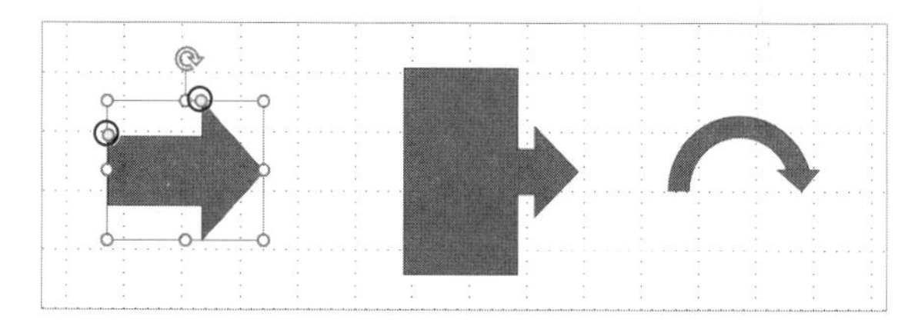

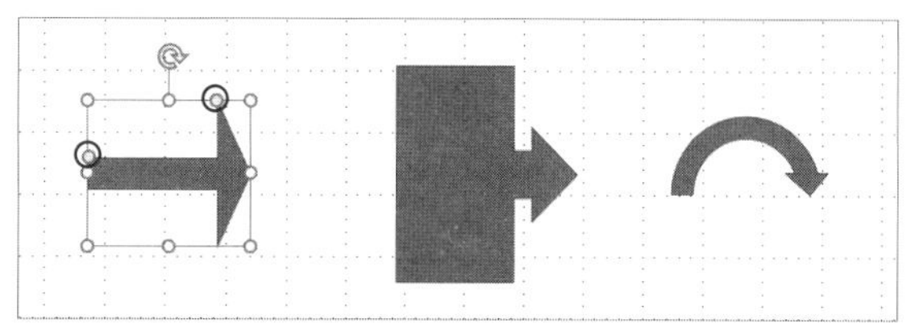

② 노란색 점은 기하학 도형도 만들 수 있습니다.

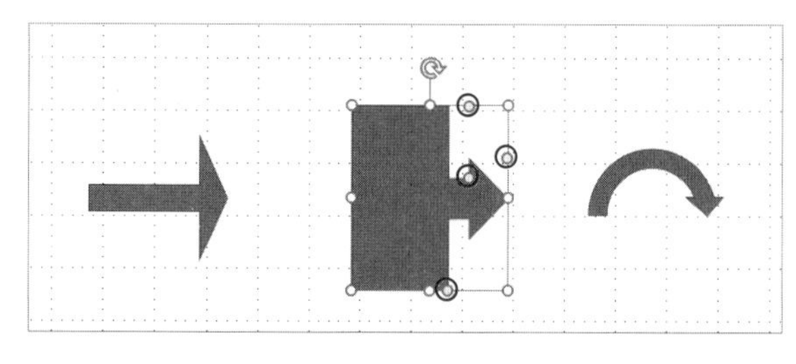

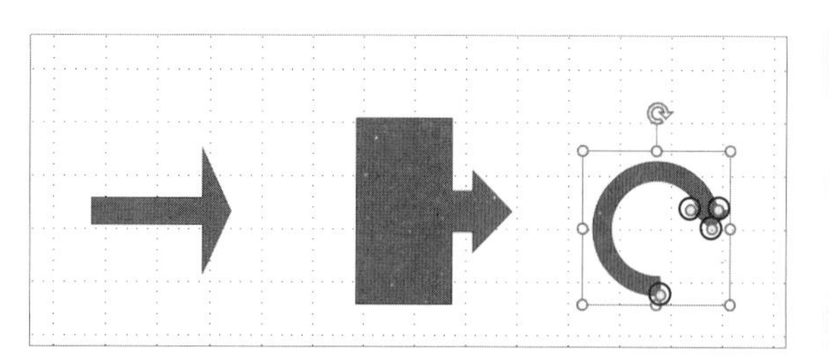

③ 위의 도형은 실제 시험에도 종종 출제되는 형태이니 기억하세요.

SECTION 05

도형 편집하기

난이도 (상) 중 하

반복학습 1 2 3

핵심포인트 사무자동화산업기사 실기 시험의 파워포인트 과목은 도형을 빨리 정확하게 그리는 것이 관건이므로 도형 회전이나 복사, 그림자 등에 대한 것을 꼭 기억하도록 합니다.

01 도형에 텍스트 입력하기

| 예제소스 | 도형에텍스트.pptx

• 예제소스를 열어 그림처럼 글씨를 입력해 보자.

① 우선 제목 위치의 리본 도형을 선택하고 「고객만족 경영」을 입력한다. 도형에 글씨를 쓸 때 도형 선택 후 바로 입력하면 된다.

② 완성된 그림을 보고 직접 완성해 보도록 한다.

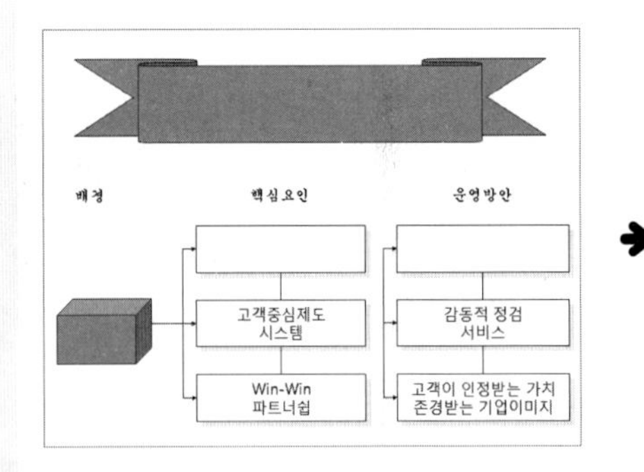

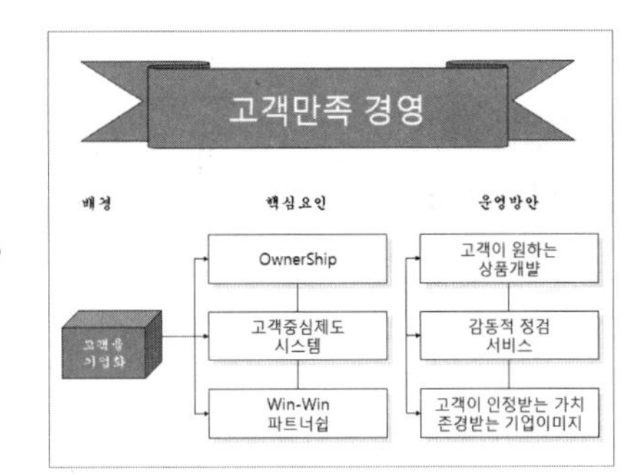

해결 TIP

글씨를 입력하면 도형이 작아져요.

예제파일을 사용하면 이런 일이 없겠지만 만약 새 문서에 도형을 그리고 글씨를 입력했는데 도형이 글씨 크기만큼 작아지는 경우가 있습니다. 이때는 해당 도형을 선택하고 마우스 오른쪽 버튼 클릭-[도형 서식]-[텍스트 상자] 탭-[자동 맞춤]-[자동 맞춤 안 함]을 선택하면 됩니다.

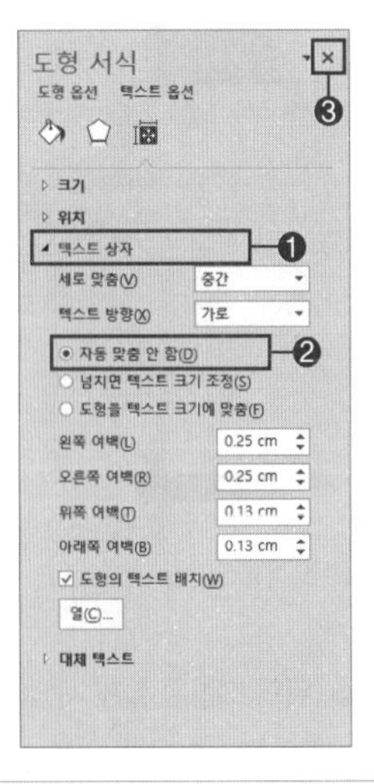

02 도형 채우기 및 테두리 색 변경하기

① 기본 도형색이 지정되어 있어 이를 변경해야 할 경우, 도형을 삽입하고 도형 테두리를 선택한 뒤 [홈] 탭–[그리기] 그룹–[도형 채우기]에서 '흰색'을 선택하여 채우기를 한다.

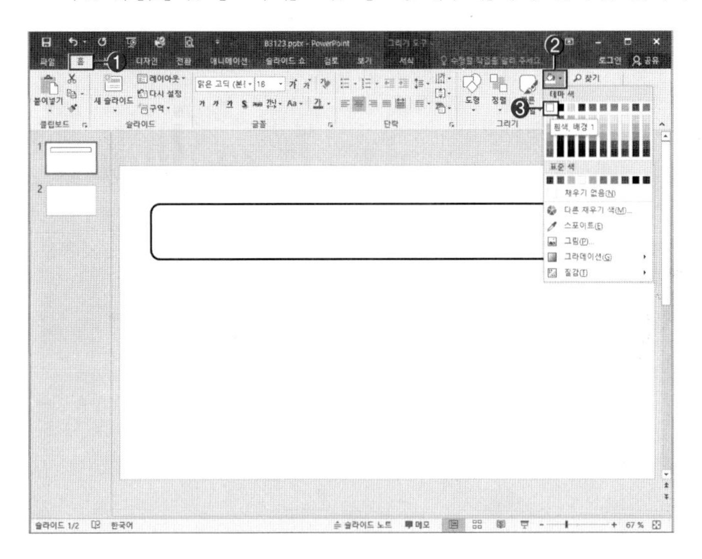

② 기본 도형의 테두리 색도 시험에 맞는 색으로 변경해 주도록 한다. 도형 채우기를 지정한 뒤에 테두리 색도 [홈] 탭–[그리기] 그룹–[도형 윤곽선]에서 '검정'으로 지정한다.

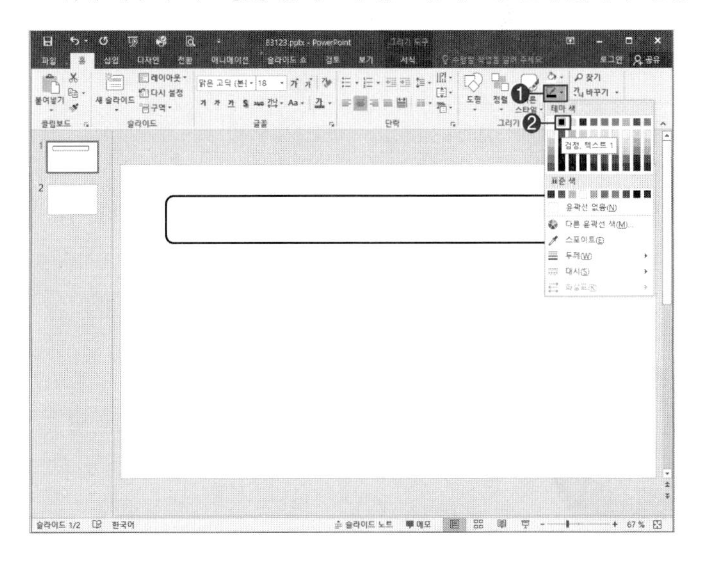

③ 도형에 40% 정도 음영색 채우기 : 시험 지시사항을 보면 도형의 음영은 40% 정도로 한다는 지시가 있다. 이때는 Powerpoint에서 기본 제공하는 35% 정도를 지정하면 된다. 출력물로 채점하므로 실제 35% ~45%는 음영의 채우기 색에 육안상 차이가 없다.

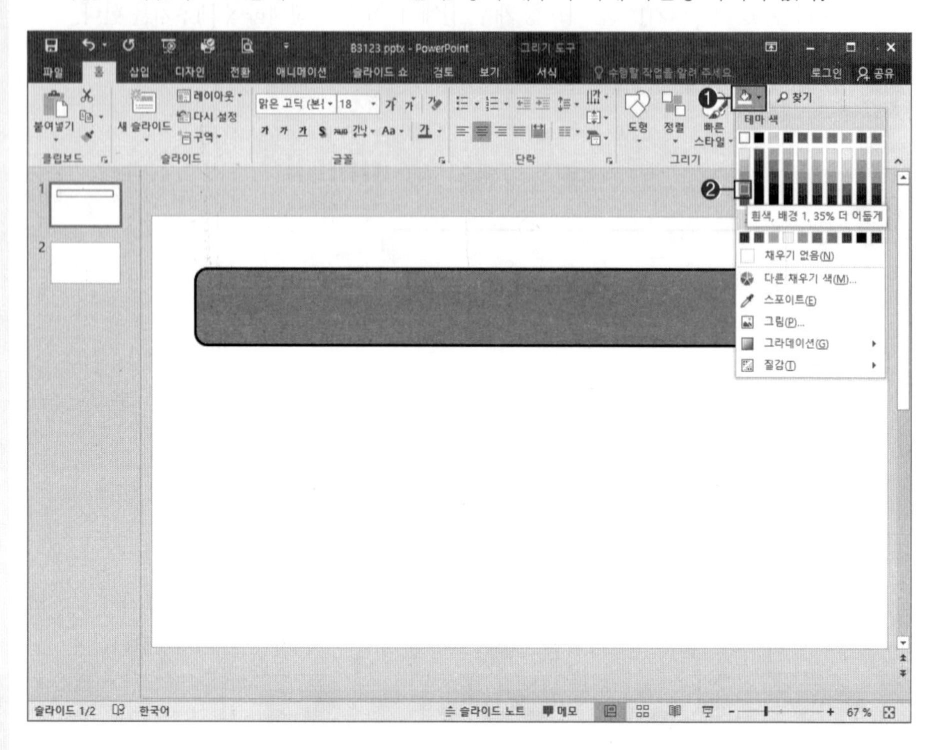

기적의 TIP

저는 그래도 40% 지정할래요.

- [홈] 탭-[그리기] 그룹-[도형 채우기]-[다른 채우기 색]-[표준] 탭에서 그림과 같이 선택하면 됩니다.
- 흰색부터 그림의 한 칸이 5%씩입니다.

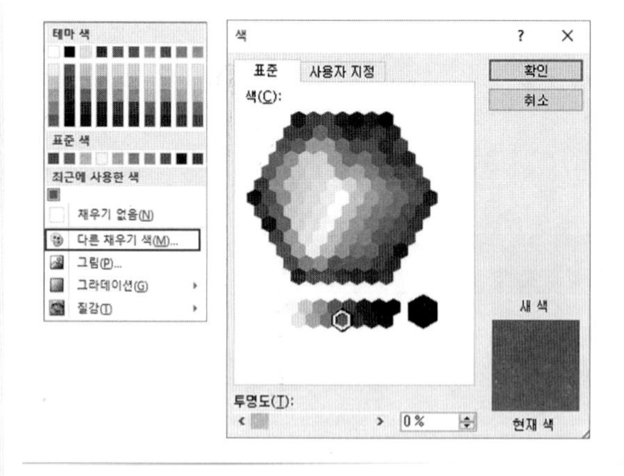

더 알기 TIP

기본 도형으로 설정하기

앞서 설정한 도형 채우기 및 테두리 색 변경한 내용을 다음에 다시 그려지는 도형에 기본 적용할 수 있도록 하는 기능이 [기본 도형으로 설정]입니다. 기본으로 설정할 도형 색 및 테두리를 지정하고 도형 선택–마우스 오른쪽 버튼–[기본 도형으로 설정]을 선택하면 그 이후 현재 작업 중인 파일에서는 계속해서 같은 서식의 도형이 삽입됩니다.

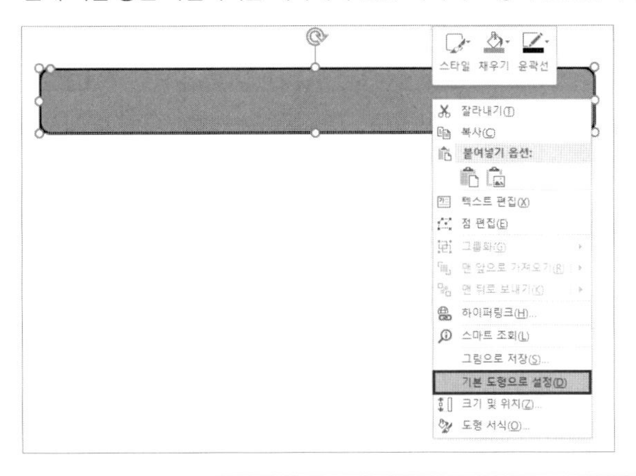

03 도형에 그라데이션 채우기

도형 선택–[홈] 탭–[그리기] 그룹–[도형 채우기]–[그라데이션]–원하는 형태의 그라데이션을 선택하면 된다. 시험에는 가끔 출제된다.

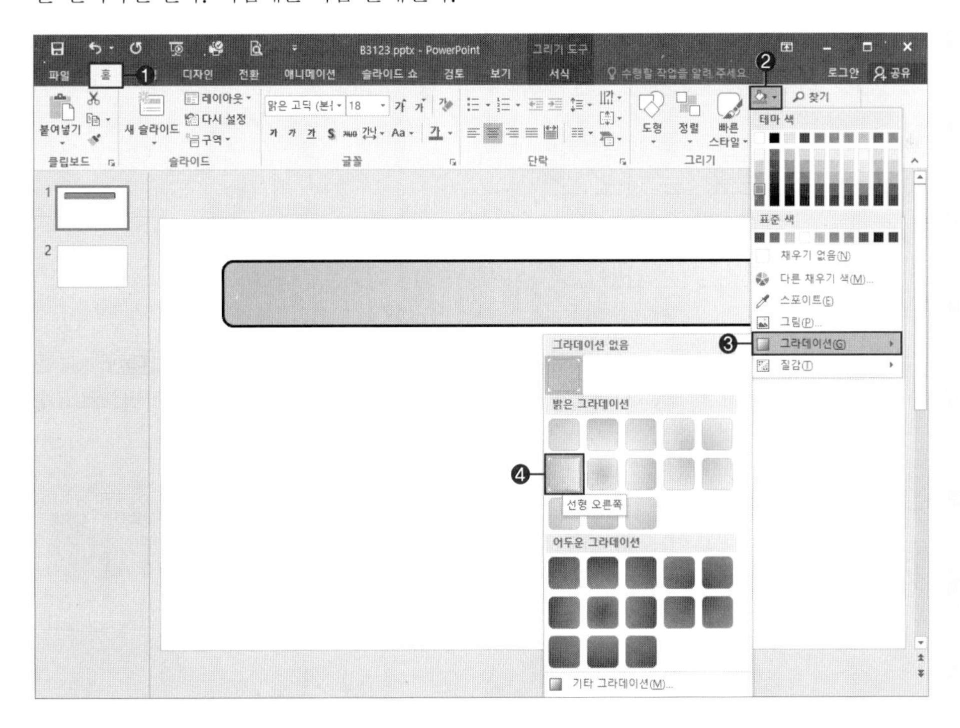

04 도형 테두리 두께 변경하기

도형 선택–[홈] 탭–[그리기] 그룹–[도형 윤곽선]–[두께]에서 지정한다. 일반적으로 시험에서는 가장 얇은 선(1/4pt)을 사용한다.

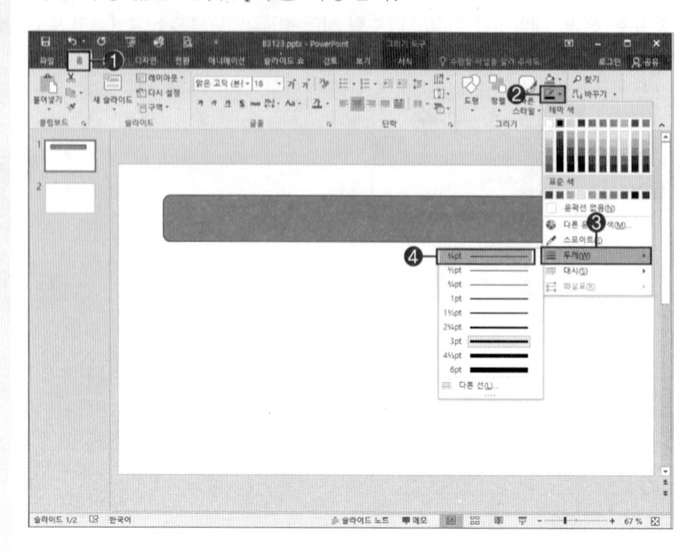

05 도형 복사하기

① 그림과 같은 도형을 '복사하기'를 이용하여 빠르게 그려 보도록 하자.

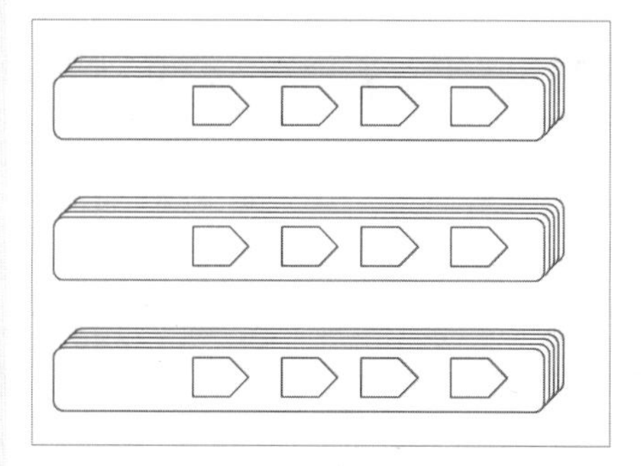

② 슬라이드에 모서리가 둥근 직사각형을 삽입한 다음 도형 테두리를 선택하여 Ctrl를 누른 상태로 마우스로 드래그 & 드롭하면 도형이 복사된다. 복사된 도형을 같은 방법으로 5개 복사한다.

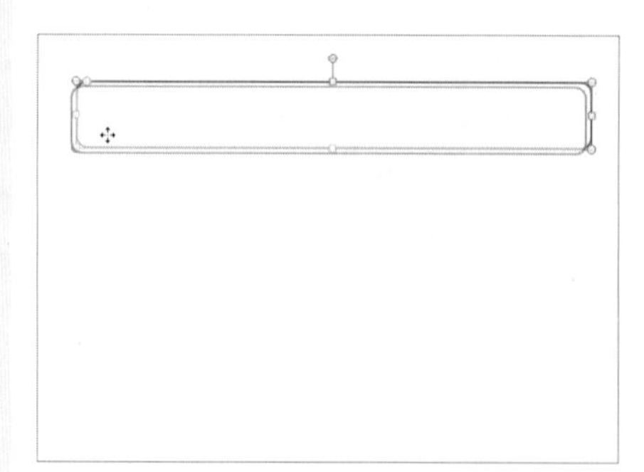

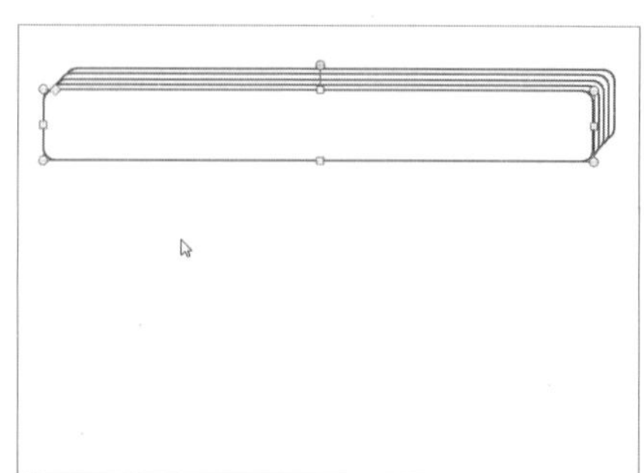

③ [도형]-[블록 화살표] 그룹에서 '오각형'을 복사된 도형 위에 하나 그려 넣고 같은 방법으로 도형을 선택하여 Ctrl+Shift를 누른 상태로 우측으로 끌어 도형을 복사한다. 좌표 기준 90도 방향으로 일정하게 복사하고자 할 때는 Ctrl과 함께 Shift를 누른 상태로 드래그해 주면 된다.

④ 다음으로 도형의 간격을 맞춰 주기 위해 첫 번째 도형과 네 번째 도형의 위치만 잡은 후 마우스로 드래그하여 선택 박스 안에 오각형 도형이 모두 포함되도록 선택한다.

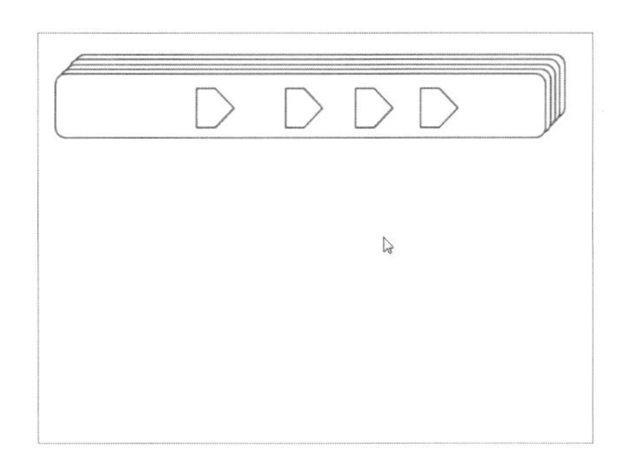

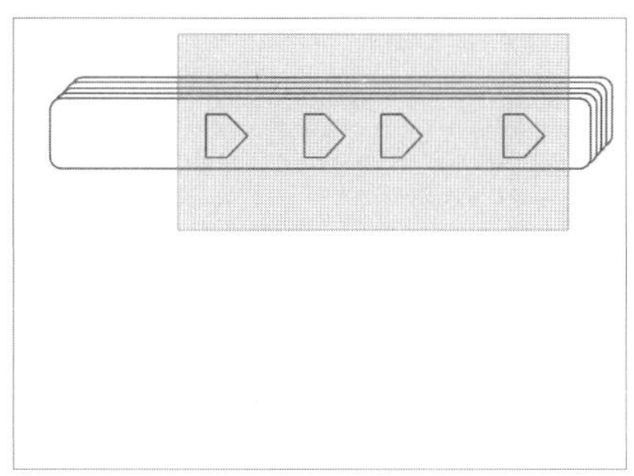

⑤ 도형이 선택되면 [홈] 탭-[그리기] 그룹-[정렬]-[맞춤]-[가로 간격을 동일하게]를 선택하여 가로 간격을 동일하게 설정한다.

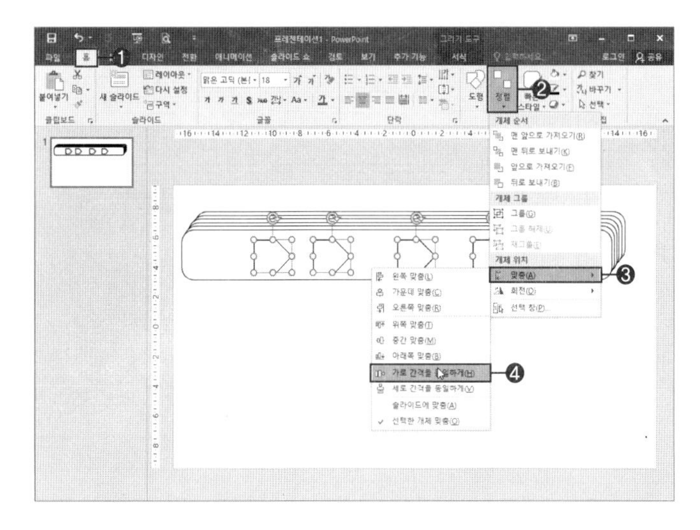

⑥ 정렬된 전체 도형을 마우스로 드래그하여 선택한 뒤 Ctrl+Shift를 누른 채로 아래 방향으로 드래그하여 도형을 복사하여 작업을 완료한다.

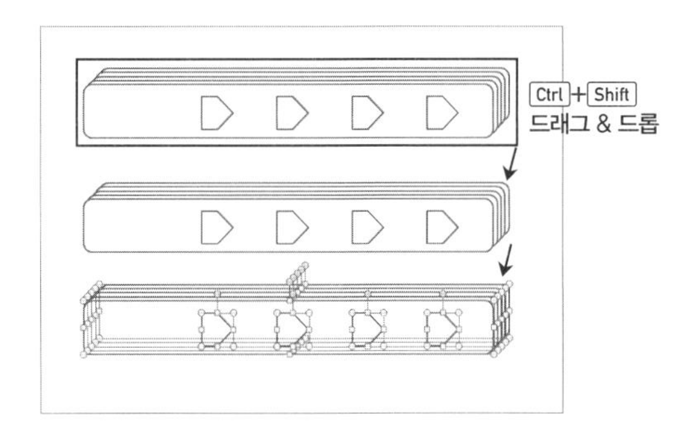

더 알기 TIP

도형 그룹 지정하기

앞서 작성한 슬라이드에서 세 개 큰 그룹 도형의 세로 간격도 똑같이 맞춰 줄 수 있습니다. 하지만 만약 지금 상태로 정렬을 하게 되면 아래 그림처럼 망가지게 됩니다. 이럴 때는 각 그룹의 도형을 그룹으로 지정해서 한 개의 도형처럼 설정한 뒤에 세로 간격을 같게 설정하면 됩니다.

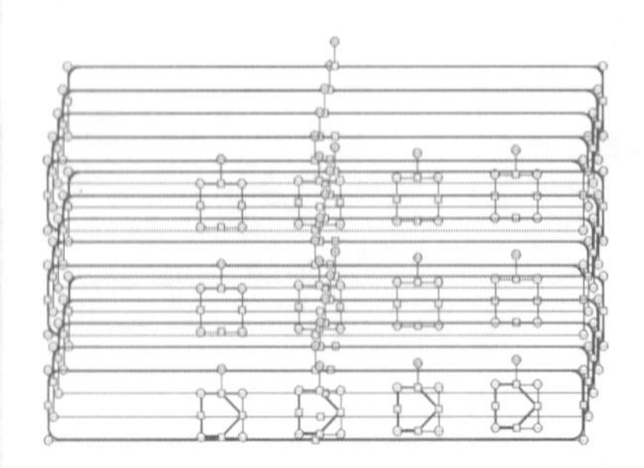

① 그룹을 지정할 도형 범위를 마우스로 드래그한 뒤 마우스 오른쪽 버튼을 누른 후 [그룹]-[그룹]을 이용하여 도형의 그룹을 지정합니다.
② 이 문제의 경우 처음부터 맨 위의 그룹을 미리 지정해 놓고 아래로 두 개 더 복사하면 더 빠른 작업이 가능합니다.
③ 세 개 그룹을 모두 지정한 뒤 다시 세 개의 그룹 도형을 선택하고 [세로 간격을 동일하게]를 하면 깔끔한 배치가 완성됩니다.

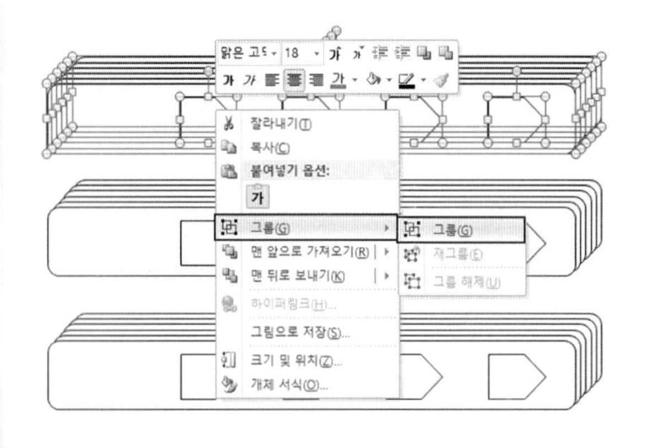

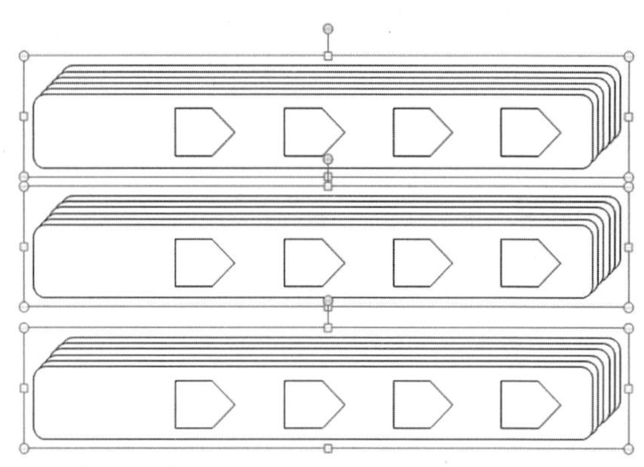

06 도형 그림자 지정하기

| 예제소스 | 그림자지정하기.PPTX

• 첫 번째 슬라이드에 두 번째 슬라이드처럼 그림자를 지정해 보자.

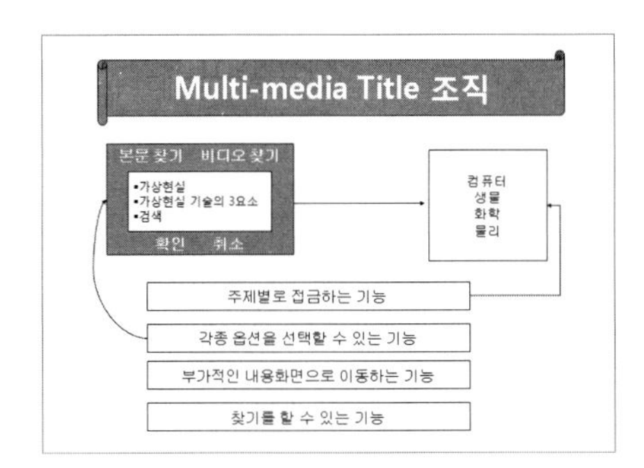

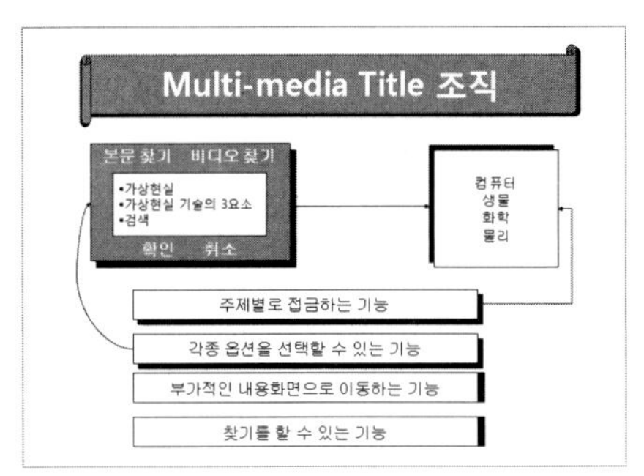

① 도형을 선택하고 마우스 오른쪽 버튼을 클릭-[도형 서식]-[그림자] 탭-[미리 설정]에서 그림과 같이 '오프셋 대각선 오른쪽 아래'를 선택한다.

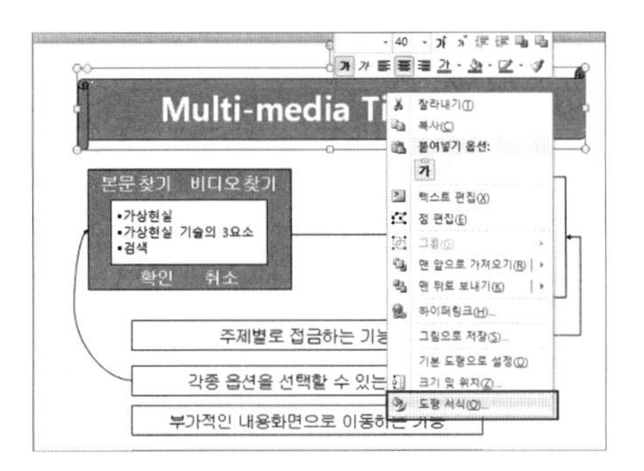

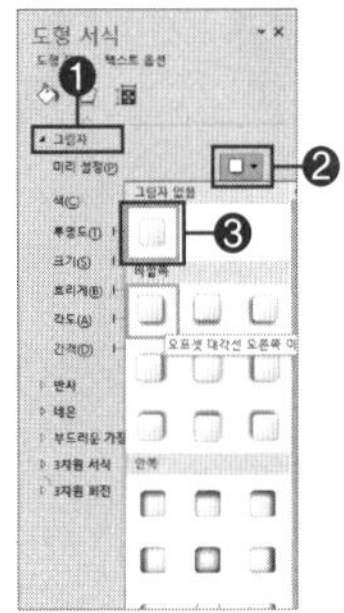

② '투명도 : 0%, 크기 : 100%, 흐리게 : 0pt, 각도 : 45°, 거리 : 5pt'로 설정하고 [닫기]를 누른다.

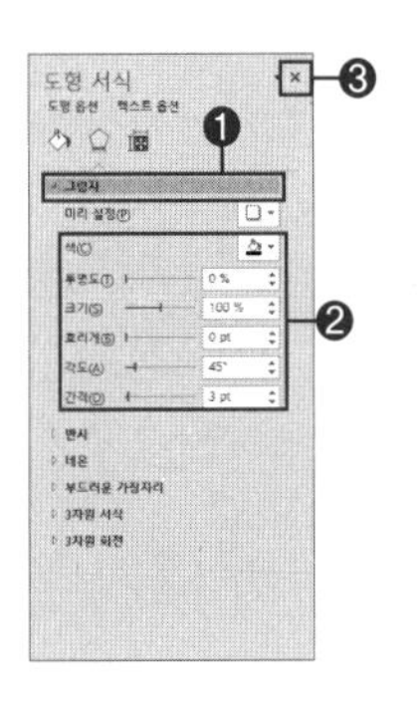

③ 나머지 도형도 다음을 참고하여 설정한다.

좌측 사각형 그림자 그림자	투명도 : 0%, 크기 : 100%, 흐리게 : 0pt, 각도: 45°, 거리 : 7pt
우측 사각형 그림자 그림자	투명도 : 0%, 크기 : 100%, 흐리게 : 0pt, 각도: 225°, 거리 : 7pt
위 두 개 직사각형 그림자	투명도 : 0%, 크기 : 100%, 흐리게 : 0pt, 각도: 45°, 거리 : 4pt
아래 두 개 직사각형 그림자	투명도 : 0%, 크기 : 100%, 흐리게 : 0pt, 각도: 0°, 거리 : 4pt

07 도형 3차원 그림자 지정하기

| 예제소스 | 3차원그림자.PPTX

• 시험에 자주 출제되는 6개의 3차원 그림자를 지정해 보도록 하자.

기적의 TIP

요즘 자주 출제되는 형태입니다. 꼭 여러 번 그려 보세요.

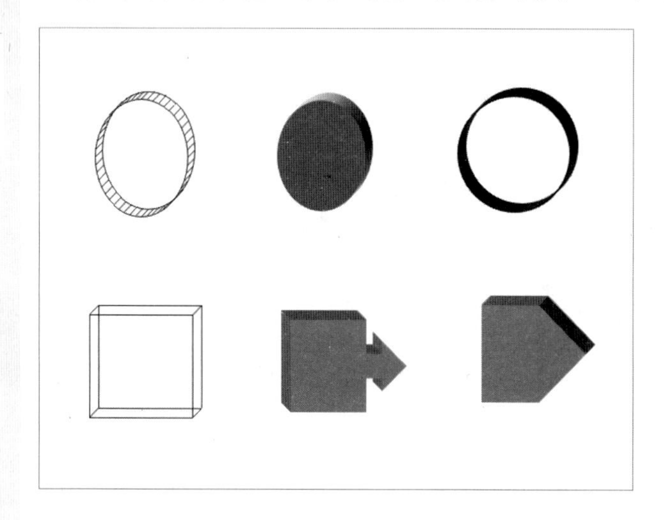

① 원을 하나 그린 다음 '도형 채우기 : 채우기 없음, 도형 윤곽선 : 검정'으로 변경한다. 도형 테두리를 선택하고 마우스 오른쪽 버튼을 누른 후 [도형 서식] 탭-[3차원 서식]-'깊이 : 50, 표면 : 재질-가는 철사 틀'을 선택한다.

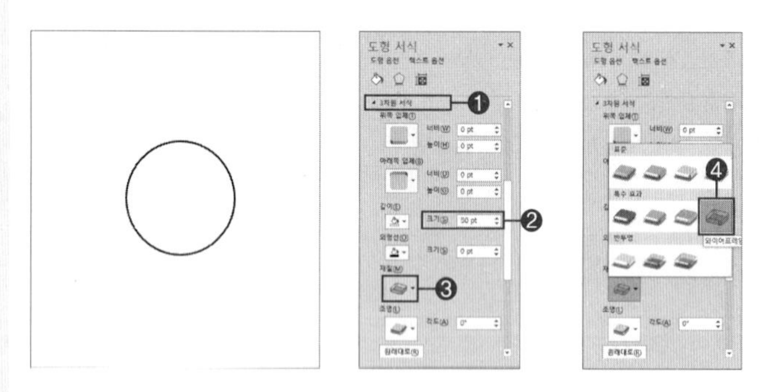

기적의 TIP

처음 테두리 색을 지정할 때 윤곽선 없음을 지정해도 됩니다.

② [3차원 회전] 탭에서 '미리 설정'을 클릭하여 맨 아래쪽에 '오른쪽 위 오블리크'를 선택한다. [닫기]를 클릭하여 대화상자를 종료한 뒤 도형을 선택하고 [홈] 탭-[그리기] 그룹-[도형 윤곽선]-[윤곽선 없음]을 지정한다.

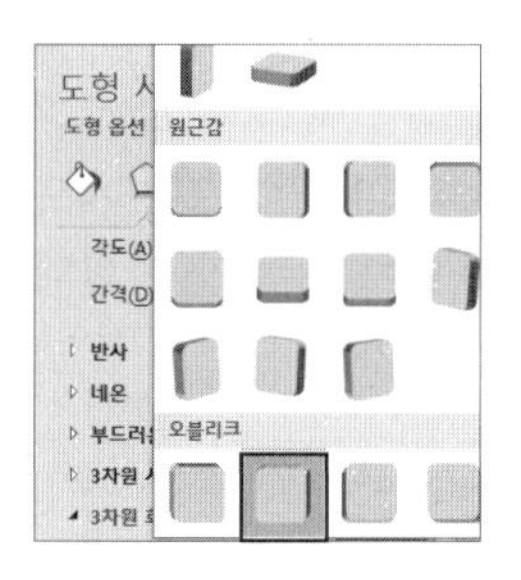

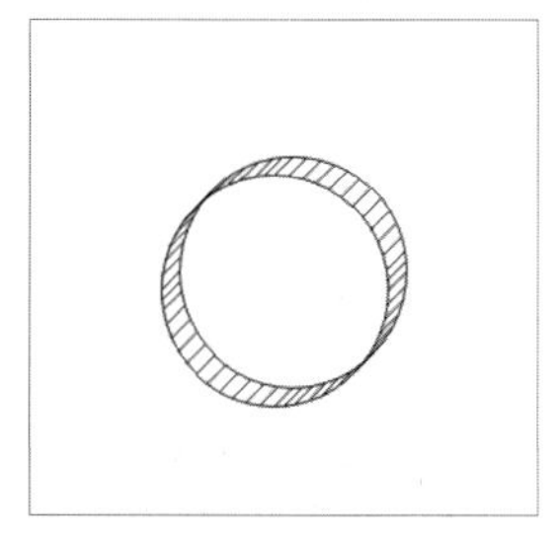

③ 두 번째 도형도 마찬가지로 '원'을 그리고 아래와 같이 설정한다.

도형 채우기	검정, 텍스트 1, 50% 더 밝게	
도형 윤곽선	없음	
3차원 서식	깊이	40
3차원 회전	미리 설정	오른쪽 위 오블리크

④ 세 번째 도형도 마찬가지로 '원'을 그리고 아래와 같이 설정한다.

도형 채우기	없음	
도형 윤곽선	검정	
3차원 서식	깊이	40
3차원 회전	미리 설정	오른쪽 위 오블리크

⑤ 네 번째 도형도 마찬가지로 '사각형'을 그리고 아래와 같이 설정한다.

도형 채우기	없음	
도형 윤곽선	없음	
3차원 서식	깊이	50
	표면 : 재질	가는 철사 틀
3차원 회전	미리 설정	오른쪽 위 오블리크

⑥ 다섯 번째 도형도 마찬가지로 [도형]–[블록 화살표] 그룹에서 찾아 그리고 아래와 같이 설정한다.

도형 채우기	검정, 텍스트 1, 50% 더 밝게	
도형 윤곽선	검정, 텍스트 1, 50% 더 밝게	
3차원 서식	깊이	50
3차원 회전	미리 설정	왼쪽 위 오블리크

⑦ 여섯 번째 도형도 마찬가지로 [도형]–[블록 화살표] 그룹에서 찾아 그리고 아래와 같이 설정한다.

도형 채우기	흰색, 배경 1, 50% 더 어둡게	
도형 윤곽선	흰색, 배경 1, 50% 더 어둡게	
3차원 서식	깊이	50
3차원 회전	미리 설정	오른쪽 위 오블리크

기적의 TIP

자주 출제되는 도형들이므로 꼭 도형 서식값을 기억하도록 합니다. 모든 3차원 도형의 깊이는 문제를 확인하여 적당하게 수정하도록 합니다.

기적의 TIP

도형 순서, 도형 회전하기를 잘 활용하면 시험장에서 작업을 쉽고 빠르게 하실 수 있습니다. 특히, 회전된 도형으로 출제된 경우도 많으니 도형을 회전해 보고 그 도형의 모양을 확인해 보세요.

08 도형 순서 바꾸기와 도형 회전하기

① 그림처럼 맨 뒤의 사각형을 선택하여 마우스 오른쪽 버튼을 누른 후 [맨 앞으로 가져오기]–[맨 앞으로 가져오기]를 선택하면 맨 뒤의 사각형을 맨 앞으로 가져올 수 있다. 반대로 [맨 뒤로 보내기]를 선택하면 맨 앞에 있는 도형을 맨 뒤로 보낼 수 있다.

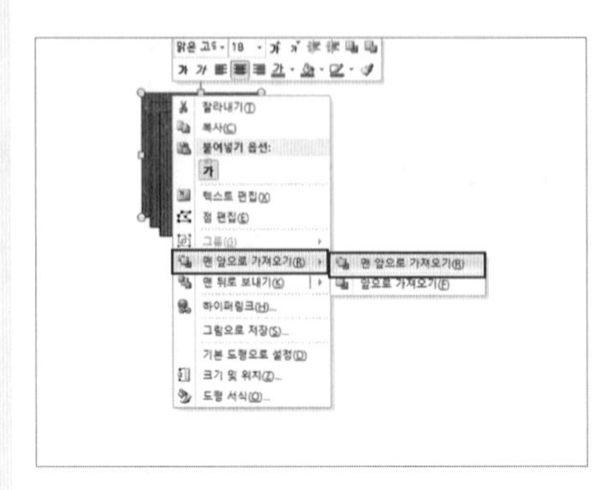

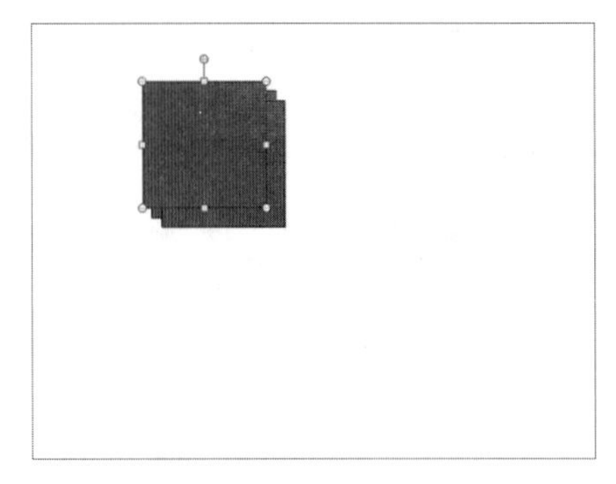

② 왼쪽 그림처럼 [도형]–[블록 화살표] 그룹–[줄무늬가 있는 오른쪽 화살표]를 그리고 오른쪽 그림처럼 회전하고 싶을 때는 도형을 선택하면 표시되는 초록색 회전 조절점을 이용하면 된다. 회전 조절점을 드래그하면 도형이 회전된다. 이때 Shift를 누른 상태로 마우스를 움직이면 90도 각도로 정확히 회전시킬 수 있다.

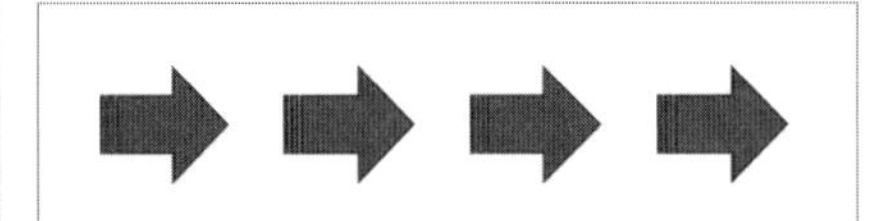

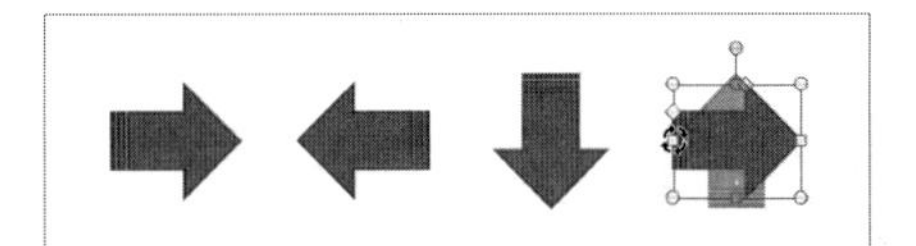

기적의 TIP

이런 방법도 있어요!

도형을 선택하고 [홈] 탭–[그리기] 그룹–[정렬]–[회전]을 이용해서 도형을 회전할 수도 있습니다.

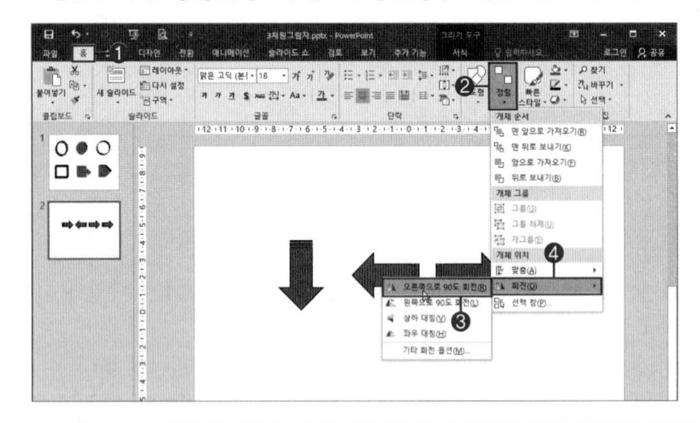

SECTION

06 표 그리기

난 이 도 (상) 중 하

반복학습 1 2 3

핵심포인트 자주 출제되지는 않지만 까다로운 부분입니다. 알면 쉽고 모르면 어렵다고 할까요? 테두리 지정, 병합, 분할 등을 중점적으로 연습하세요.

01 기본 표 그리기

| 예제소스 | 표.PPTX

• 예제 슬라이드에서 표를 그려 보도록 하자.

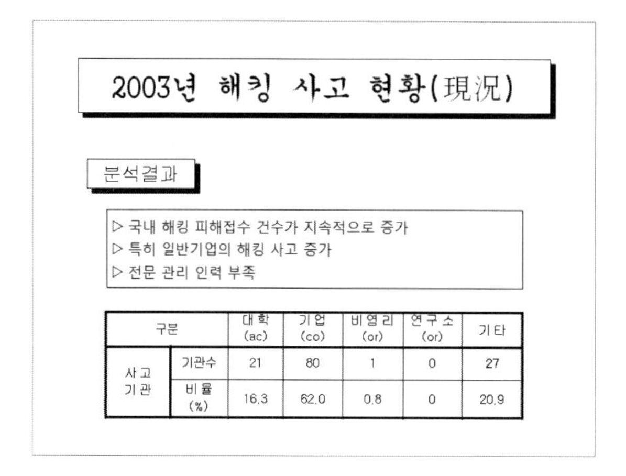

① 표를 삽입하기 위해 [삽입] 탭–[표] 그룹–[표]를 클릭하여 3행 7열만큼(7×3 표) 마우스를 드래그하여 표를 슬라이드에 삽입한다.

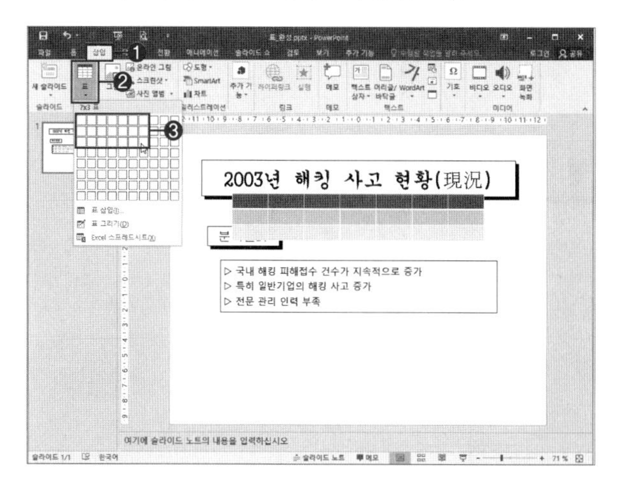

② 삽입된 표를 슬라이드의 아래쪽으로 이동하고 우측 하단 모서리의 크기 조절점으로 크기를 적당하게 키워준다.

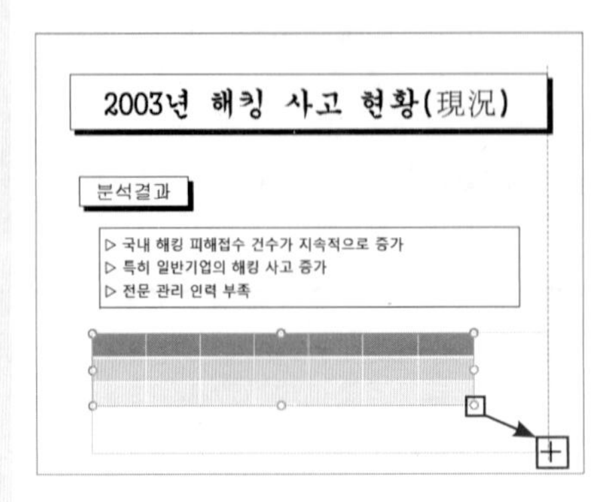

③ 표 테두리를 선택하고 [표 도구]–[디자인] 탭–[표 스타일] 그룹–[자세히]–[스타일 없음, 표 눈금]을 선택하여 기본 표를 완성한다.

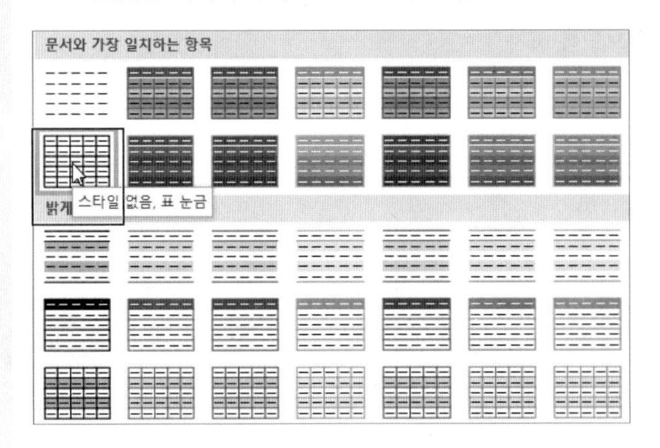

02 셀 병합 및 셀 분할하기

① 병합하고자 하는 셀을 마우스로 드래그하여 블록지정한 다음, 마우스 오른쪽 버튼을 클릭하고 [셀 병합]을 선택한다.

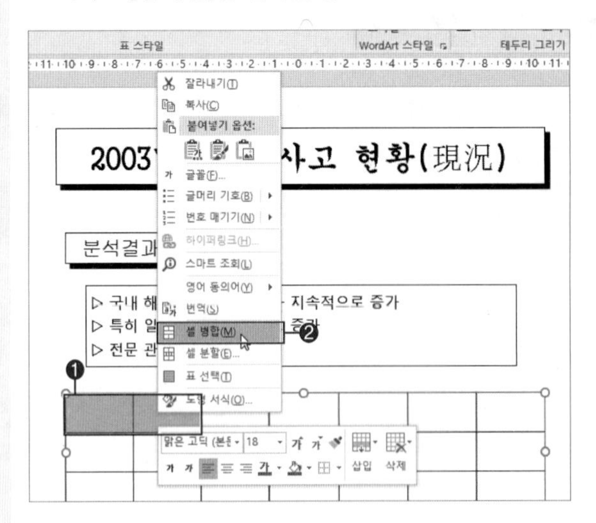

② 병합된 셀을 다시 분할하고자 할 경우, 분할할 셀을 클릭하여 마우스 오른쪽 버튼을 누른 후 [셀 분할]을 선택하고 [셀 분할] 대화상자에서 열과 행의 개수를 지정하고 [확인]을 클릭하면 된다.

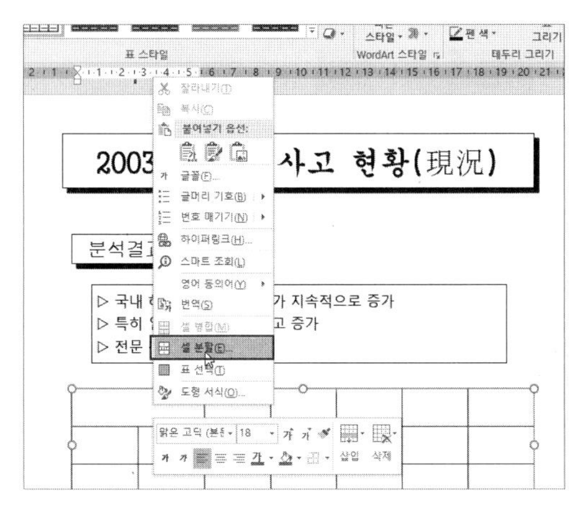

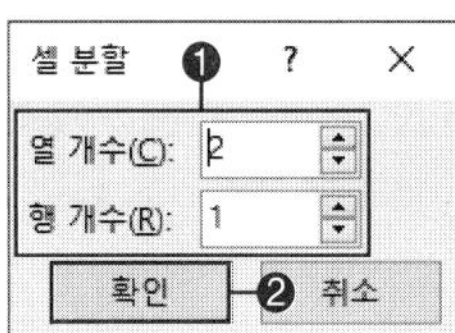

더 알기 TIP

펜으로 직접 선을 지우고 그릴 수 있어요.

표의 임의의 셀을 마우스로 클릭하고 [표 도구]-[디자인] 탭-[테두리 그리기] 그룹-[지우개], [표 그리기]를 누르면 지우개나 펜이 활성화됩니다. 이때 지우개나 펜을 표에 원하는 곳에 클릭 또는 드래그하면 선이 지워지거나 그려집니다.

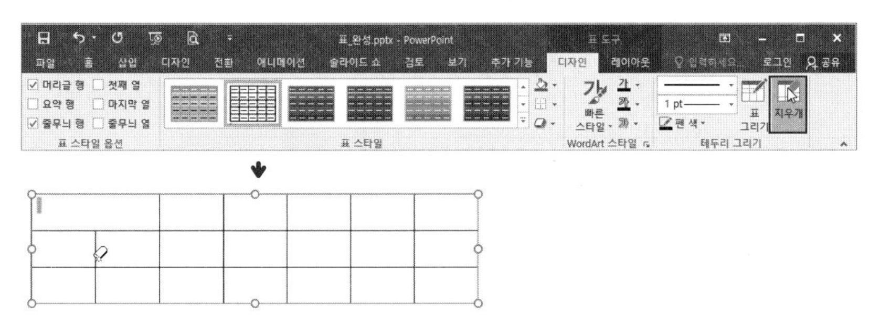

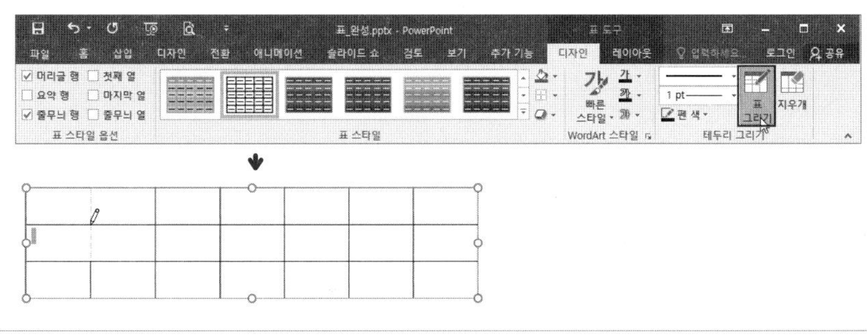

03 테두리 색/두께 지정하기

① 표의 테두리를 변경할 범위를 선택하고 [표 도구]-[디자인] 탭-[테두리 그리기] 그룹에서 '펜 두께'와 '펜 색'을 변경한다.

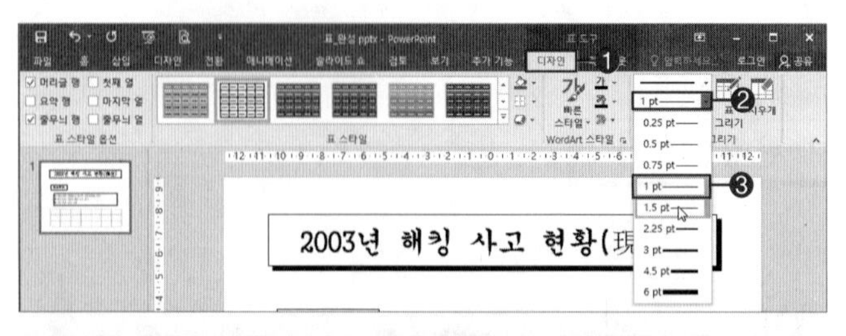

② 변경된 테두리를 적용할 범위를 선택하고 [표 도구]-[디자인] 탭-[표 스타일] 그룹-[테두리]에서 '바깥쪽 테두리'를 클릭한다.

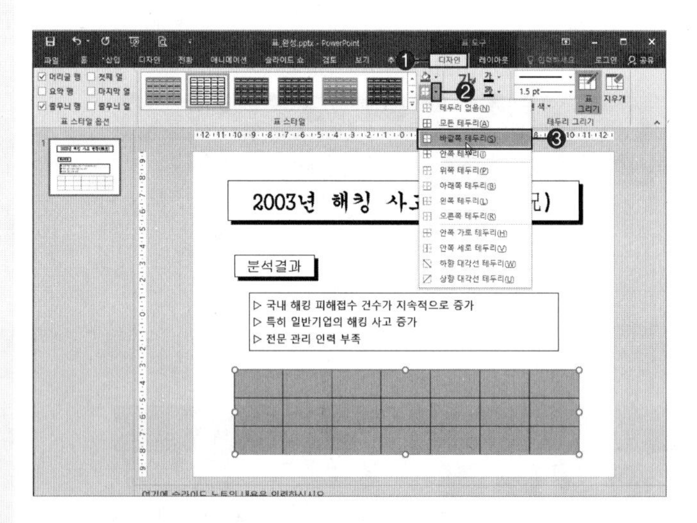

+ 더 알기 TIP

펜으로 직접 그릴 수도 있어요.

펜 색이나 펜 두께를 변경하고 펜 모양이 활성화되면 직접 마우스로 표 테두리 색 및 두께를 변경할 수 있습니다.

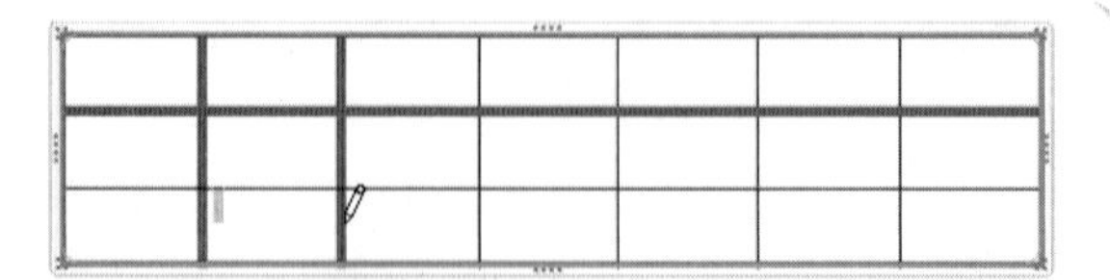

04 행/열 삭제 및 삽입하기

삭제하고자 하는 행이나 열을 선택하고 마우스 오른쪽 버튼을 누른 후 [행 삭제], [열 삭제] 또는 [삽입]을 선택하면 행/열을 삽입 또는 삭제할 수 있다.

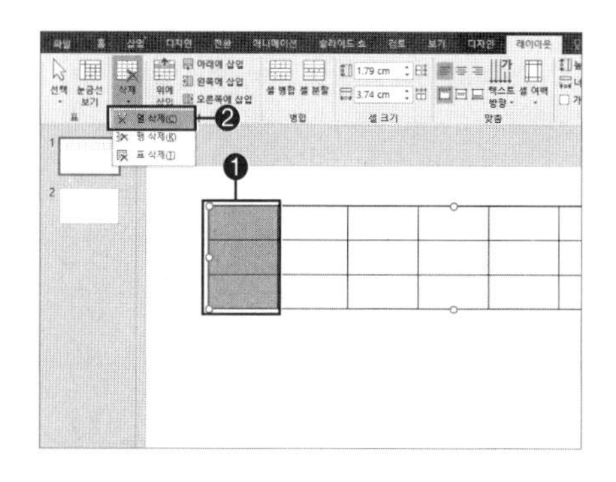

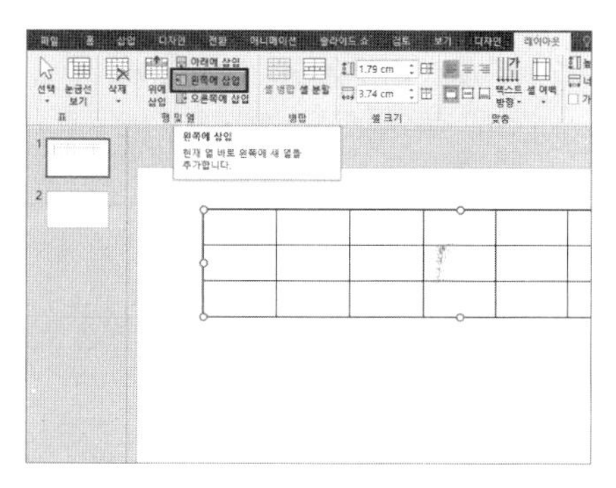

기적의 TIP

행 추가는 Tab으로도 할 수 있어요.

표의 마지막 셀에 마우스를 클릭하고 Tab을 누르면 행이 하나 추가됩니다.

SECTION

07 출력하기

합격 강의

난 이 도 (상) 중 하

반복학습 1 2 3

핵심포인트 사무자동화산업기사 실기 시험은 출력물로 채점이 이루어집니다. 특히, 파워포인트의 경우는 출력 설정이 저장되지 않기 때문에 출력 좌석에서 긴장을 하게 되면 실수하기 쉬운 과목입니다. 실제로 10회 이상 출력을 해보고 시험장에서도 천천히 긴장하지 말고 출력을 하도록 합니다.

01 인쇄 작업

① [빠른 실행 도구 모음]–[인쇄 미리 보기 및 인쇄]를 클릭한다.

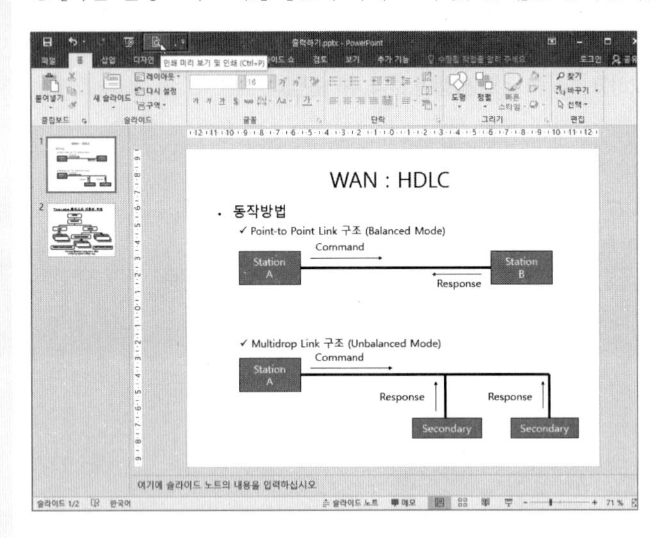

기적의 TIP

[고품질]을 선택하지 않으면 도형의 그림자가 출력되지 않습니다. 꼭 고품질을 선택해 주세요.

② [인쇄] 창에서 [인쇄 모양]을 선택하여 [2슬라이드]를 선택하고, 다시 한 번 [인쇄 모양]을 선택한 후 [고품질]에 체크한다.

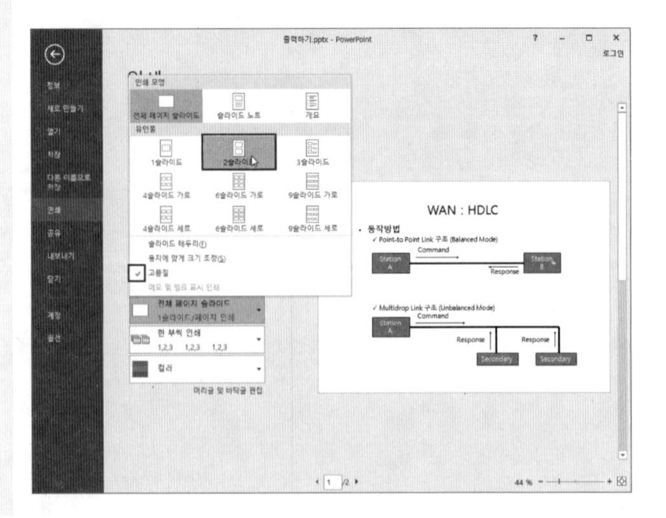

③ 인쇄 색조를 [컬러]로 선택한 뒤, [인쇄]를 클릭하여 프린터로 인쇄한다.

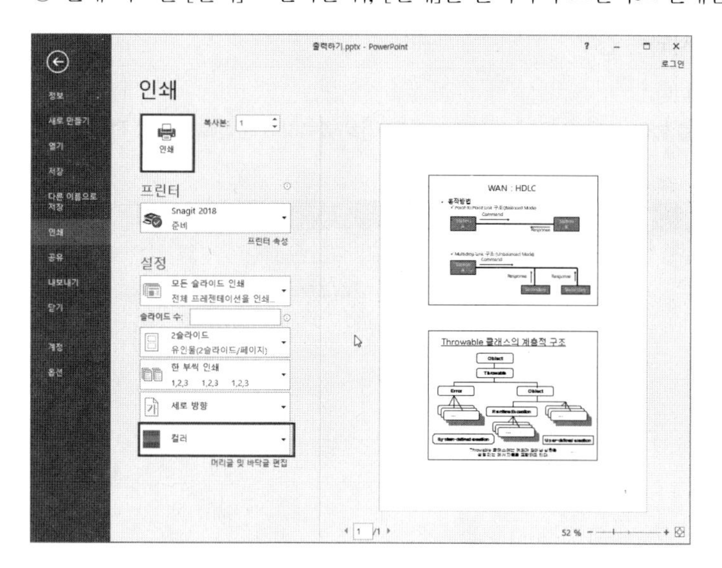

④ 인쇄 결과를 확인한다.

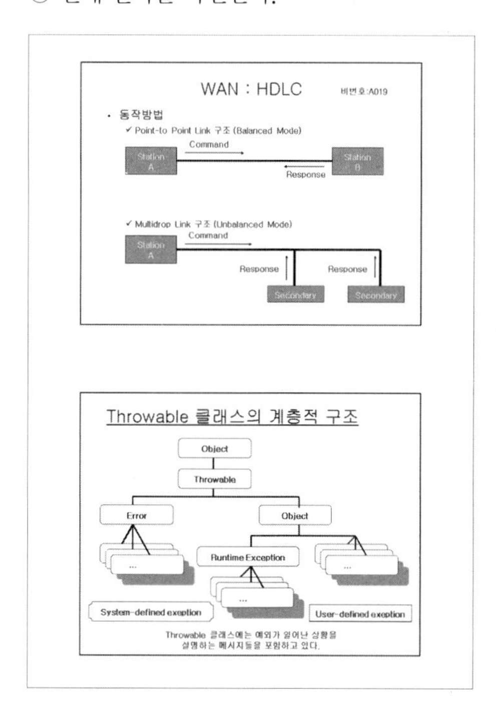

더 알기 TIP

인쇄 시 컬러/회색조로 해야 하는 이유

인쇄 색조를 [컬러]가 아닌 [회색조]를 선택해도 됩니다. [흑백]으로 하면 도형에 채워진 음영이 출력되지 않으니 [흑백]은 선택하지 않도록 합니다. 각 옵션을 선택하여 출력 미리 보기 화면의 변화를 살펴보시면 눈으로 확인할 수 있습니다.

더 알기 TIP

유인물 인쇄 시 상단에 날짜, 하단에 페이지가 표시되는 경우

① [보기] 탭-[마스터 보기] 그룹-[유인물 마스터]를 클릭합니다.

② 마스터에 표시되는 상단/하단의 상자를 선택 후 Delete 를 눌러 삭제합니다. [마스터 보기 닫기]를 클릭하여 편집 화면으로 전환한 뒤 다시 인쇄 작업을 진행합니다.

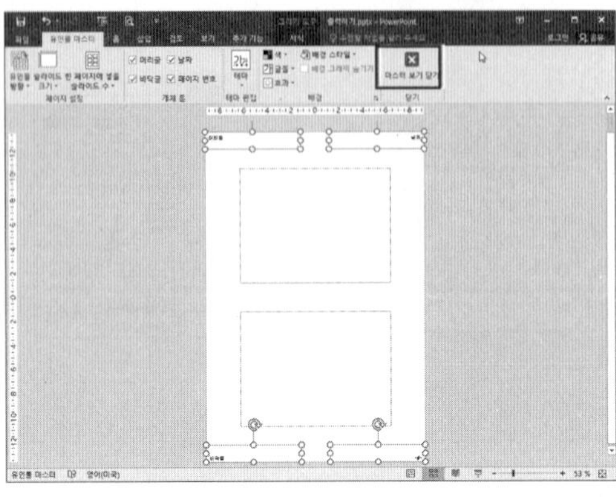

더 알기 TIP

시험장에서 수험정보를 작업물에 입력해서 출력하라는 지시가 있는 경우

① [보기] 탭-[마스터 보기] 그룹-[유인물 마스터]를 클릭합니다.

② 유인물 마스터 위/아래 영역에 수험정보 및 출력 페이지 번호를 작성합니다.

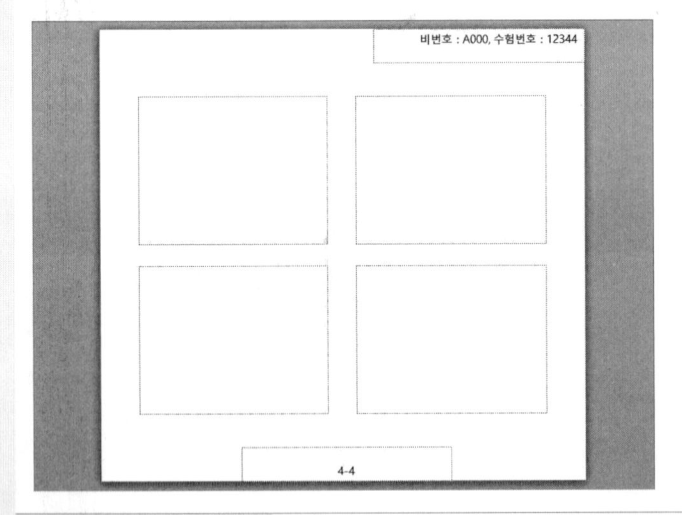

SECTION 08

PowerPoint 따라 하기

난 이 도 상 (중) 하

반복학습 1 2 3

핵심포인트 실제 문제풀이 과정을 차분히 따라하면서 문제풀이 방법과 과정을 습득하도록 합니다.

파워포인트 작업 시상(PT) 작업

▶ 주어진 2개의 슬라이드를 슬라이드 작성 조건에 따라 작업하여 인쇄합니다.

[슬라이드 작성 조건]

1) 각 슬라이드를 문제의 슬라이드 원안과 같이 인쇄하여 제출합니다.
   (특히 글자, 음영, 그림자, 도형 등 인쇄된 내용 그대로 작업함을 유의하시오.)
2) "주1)" 등 특수한 속성 지정이 되어 있는 경우 지시에 따라 작성하시오.
3) 글꼴은 문제 원안과 같거나 유사한 형태로 작업합니다.
4) 글자, 그림 및 도형 등의 크기와 모양은 문제 원안과 같거나 유사한 형태로 작업합니다.
5) 모든 글씨, 선 등은 흑백(그레이스케일)으로 작업하되, 글상자, 그림 및 도형 등에서 색 채우기가 있는 경우 색 채우기는 회색 40% 정도, 투명도 0%를 기준으로 작업합니다.
6) 각 슬라이드는 원안과 같이 외곽선 테두리가 인쇄되도록 인쇄합니다.
7) 각 슬라이드 크기는 A4 용지의 1/2 범위 내에 인쇄가 가능한 크기가 되도록 조정하여, 슬라이드 2개를 A4 용지 1매 안에 모두 인쇄합니다.
8) 비번호, 수험번호, 성명, 페이지 번호 등은 반드시 자필로 기재합니다.

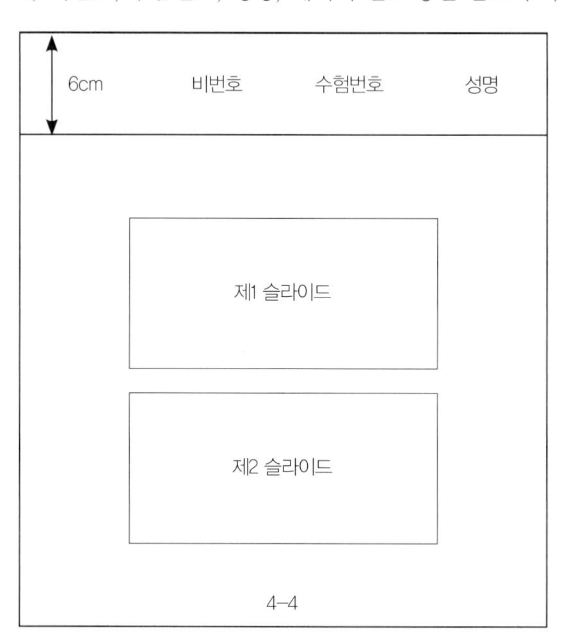

풀이 결과 시상(PT) 작업 정답

01 제1 슬라이드

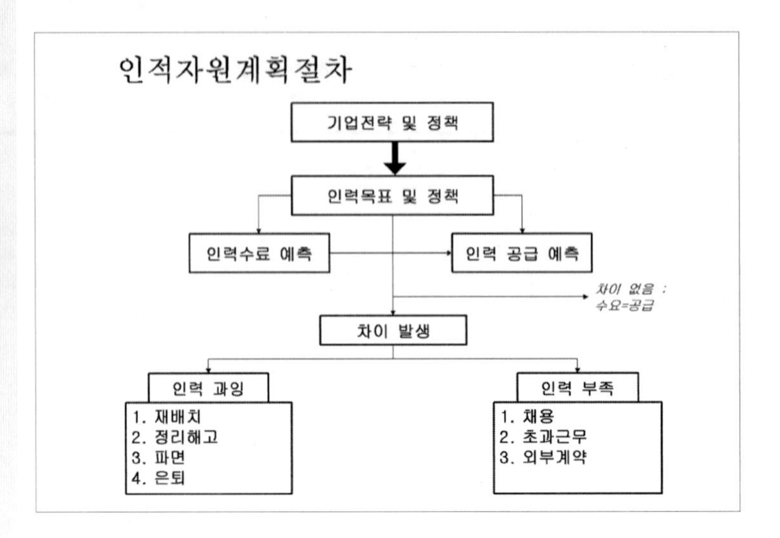

02 제2 슬라이드

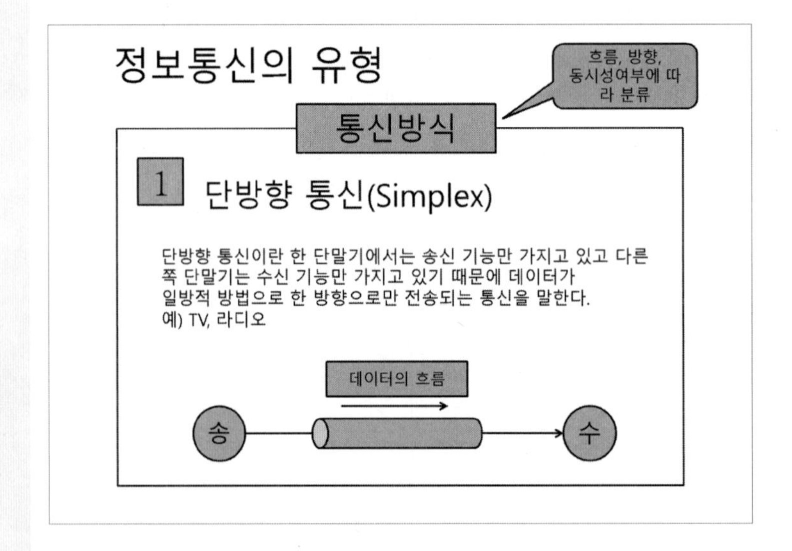

풀이 방법 **시상(PT) 작업 풀이**

01 슬라이드 작성 준비

▶ 실행 및 저장

① [Microsoft PowerPoint]을 실행한다.

② [저장]( )을 클릭하여 시험 위원이 지정한 폴더와 파일 이름으로 저장한다.

02 작업 순서

[제1 슬라이드]

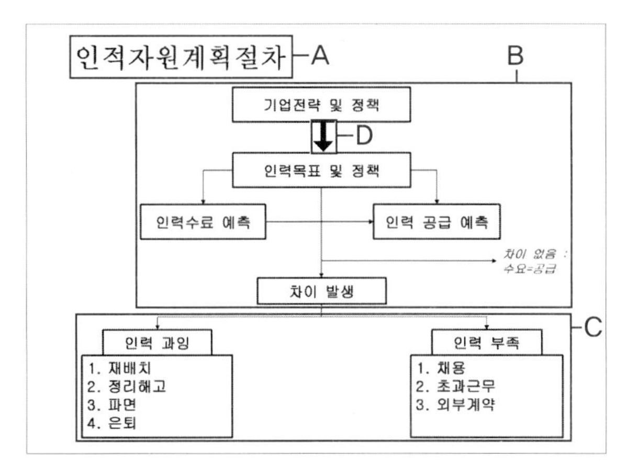

[제2 슬라이드]

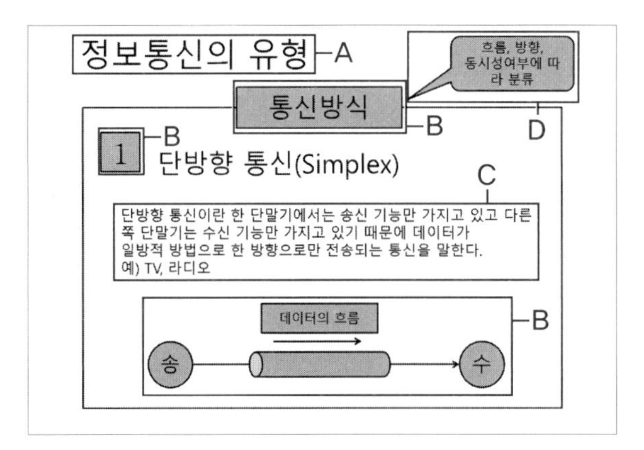

03 제1 슬라이드

[저장하기]

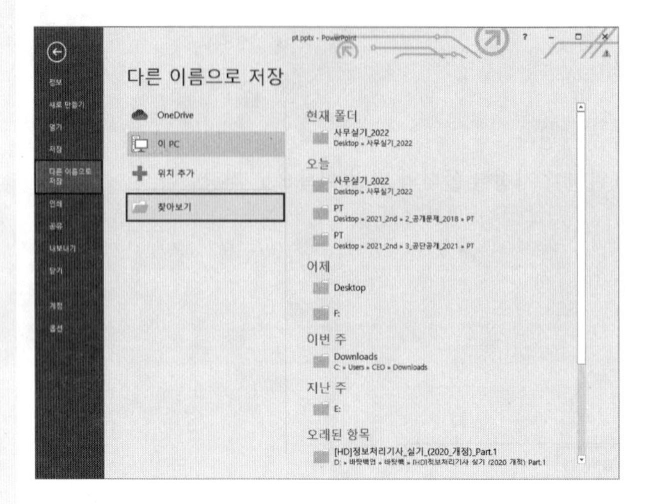

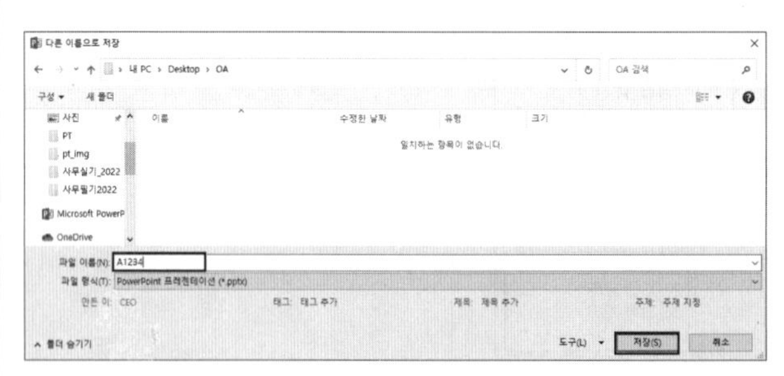

[A]

① 좌측 요약 창에서 슬라이드 선택 – 마우스 우클릭–[레이아웃]–[빈 화면]을 선택한다.

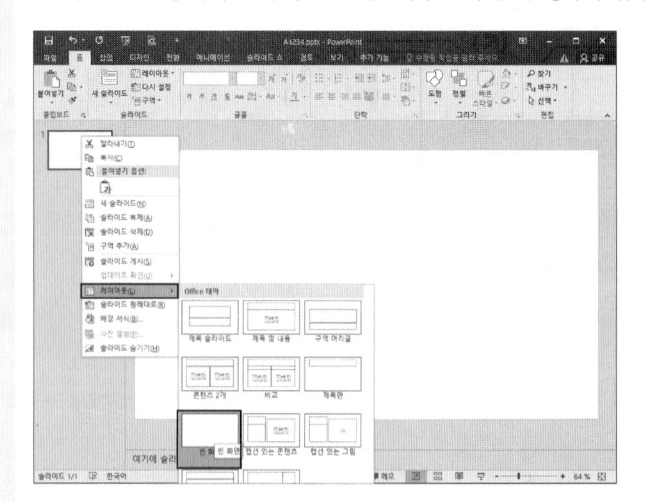

② [삽입]-[텍스트 상자]-[가로 텍스트 상자]를 선택한다.

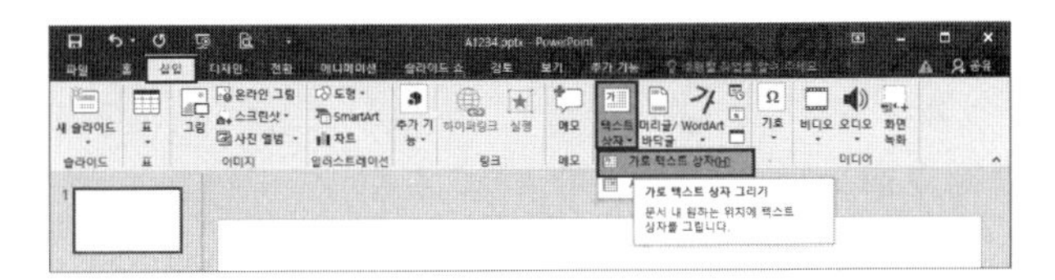

③ [디자인]-[슬라이드 크기]-[표준]으로 변경한다.

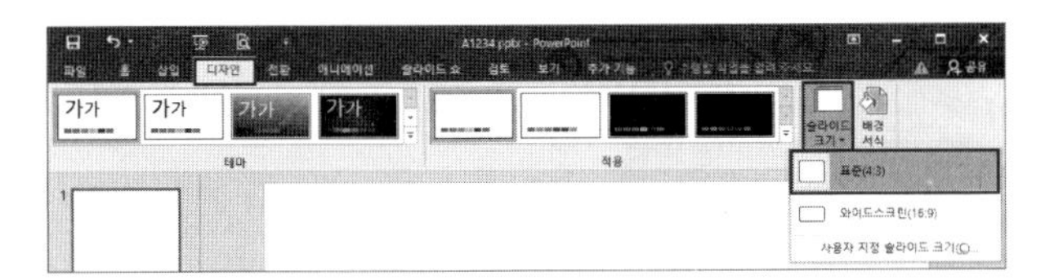

④ '인적자원계획절차' 입력-[홈]-[글꼴]-바탕체, 36 크기로 변경한다.

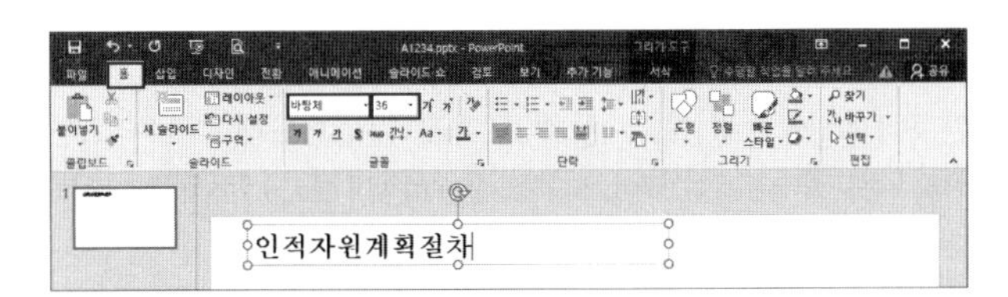

⑤ [보기]-[표시]-[눈금자], [안내선]을 체크하여 활성화한다.

기적의 TIP

공개문제 회차마다 슬라이드 크기에 차이가 있습니다. 답안 파일을 열어 해당 비율을 참고하여 연습합니다. 본 슬라이드의 경우 세로 높이 값이 커야 해서 4:3으로 합니다. 만약 가로 폭 값이 많이 필요한 경우 와이드스크린으로 설정합니다.

[B]

① [홈]-[도형]-[사각형]-[사각형]을 클릭한다.

② 슬라이드에 도형을 삽입한다.

항목	값
채우기	흰색
윤곽선	검정, 두께 -2 1/4

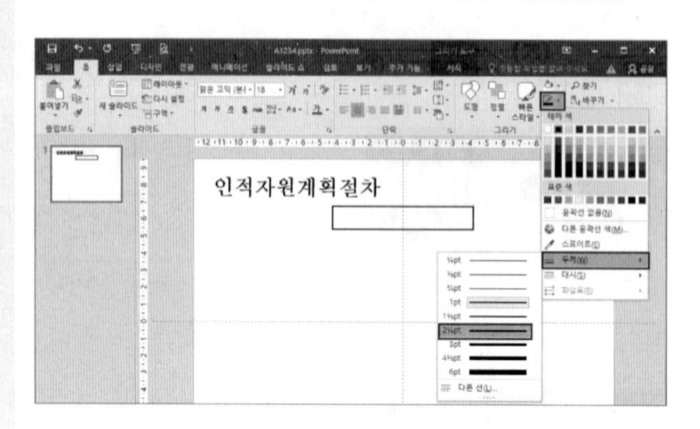

③ 첫 번째 도형 테두리를 선택한 후 Ctrl+Shift를 누른 채로 아래쪽으로 드래그하여 도형을 복사한다. 좌 도형은 Ctrl를 누른 채 드래그하여 복사하고, 다시 Ctrl+Shift를 누른 채 우측으로 복사하여 배치한다.

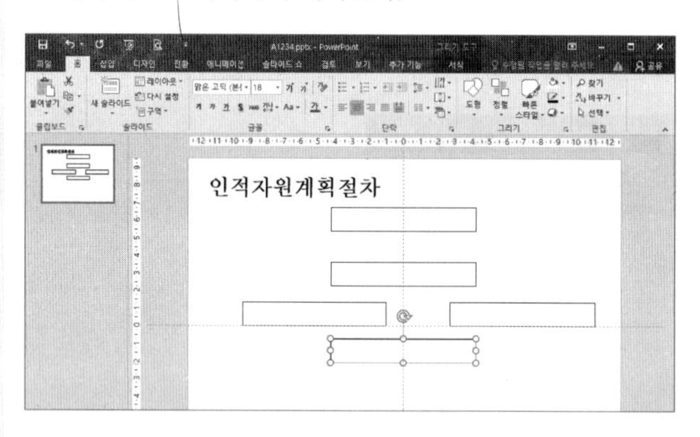

④ 좌/우 도형을 Shift를 누른 채로 연속 선택하고 우측 도형의 크기 조절점을 드래그하여 도형 폭을 동시에 변경한다.

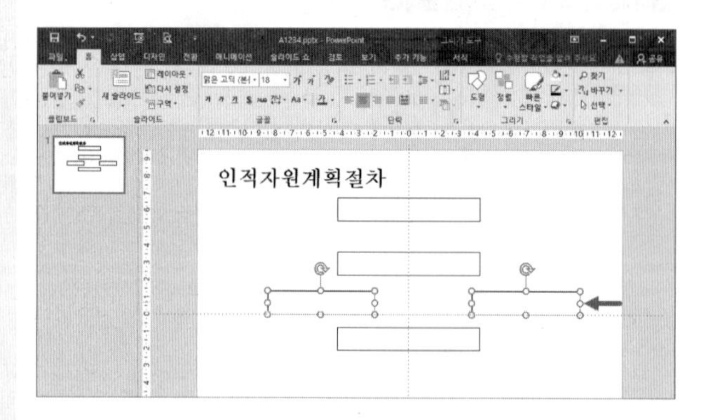

[C]

① 다음 도형도 같은 방법으로 위에서 세 번째 줄 도형을 Ctrl+Shift를 누른 채 아래쪽으로 드래그하여 복사하고, Ctrl을 누른 채로 크기 조절 도구를 드래그하여 크기를 줄인다.

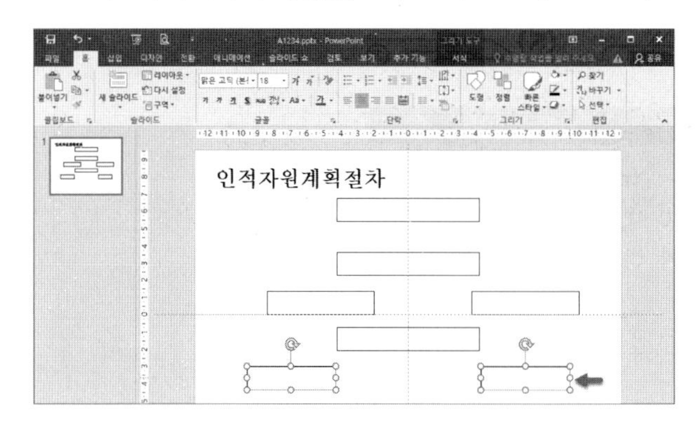

② 5번째 줄 도형을 Shift로 연속 선택하고 Ctrl+Shift를 누른 채 아래쪽으로 드래그하여 복사한 뒤 높이를 조절하고, Ctrl을 누른 채로 앞선 방법과 동일하게 크기 폭을 늘린다.

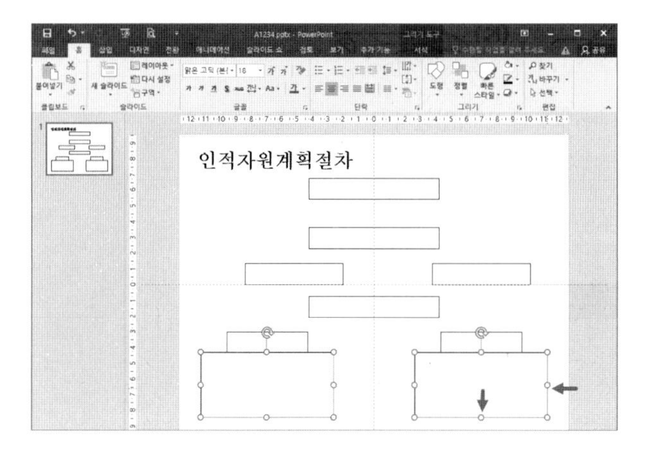

[D]

① [홈]-[도형]-[화살표] 마우스 우클릭-[그리기 잠금 모드]를 선택한다.

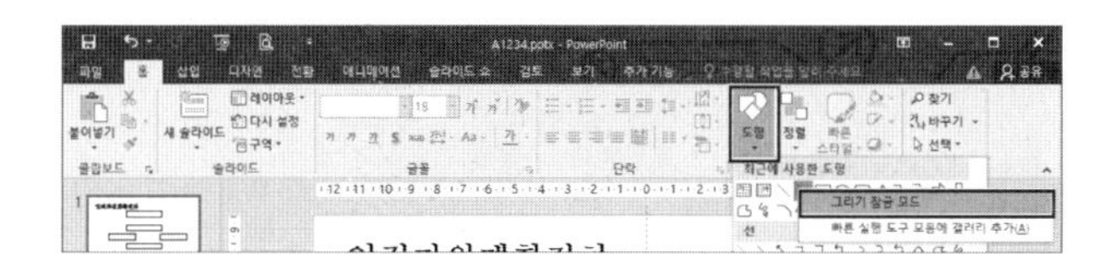

② 그림과 같이 선을 각각 그리고, 아래쪽 선을 Shift를 이용해 연속 선택한 뒤 아래와 같이 설정한다.

항목	값
윤곽선	검정, 두께-1

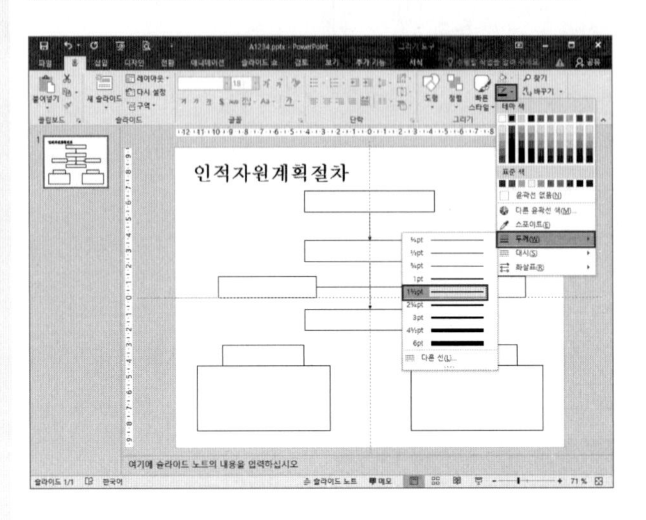

③ 가장 위쪽 화살표를 선택하고 아래와 같이 변경한다.

항목	값
윤곽선	검정, 두께-6

기적의 TIP

도형을 모두 그린 뒤 한번에 테두리 색을 변경해도 됩니다.

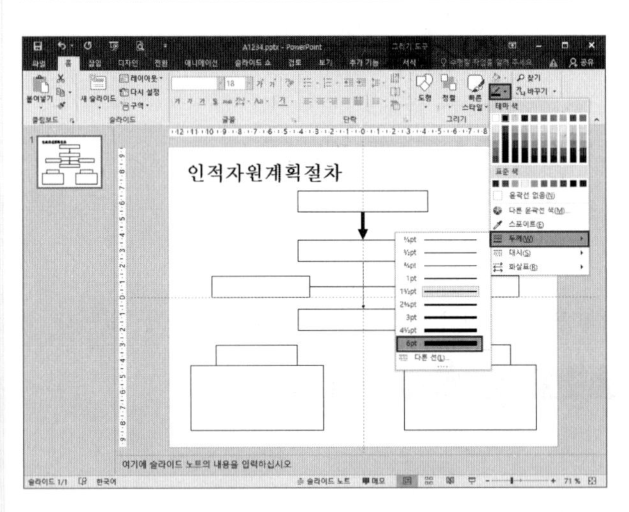

④ [홈]–[도형]–[꺾인 화살표 연결선]을 마우스 우클릭하고 [그리기 잠금 모드]를 선택하여 꺾인 화살표 부분에 선을 연결한다.

기적의 TIP

기본선으로 설정하고 작업해도 됩니다.

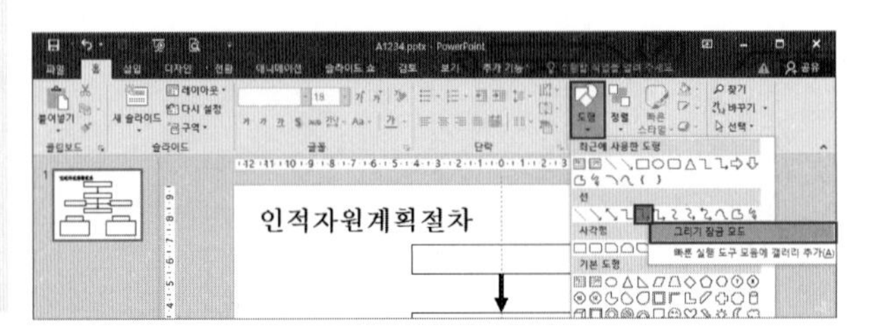

⑤ 꺾인 화살표 연결선을 Shift를 이용해 연속 선택한 뒤 다음과 같이 속성을 변경한다.

항목	값
윤곽선	검정, 두께-1

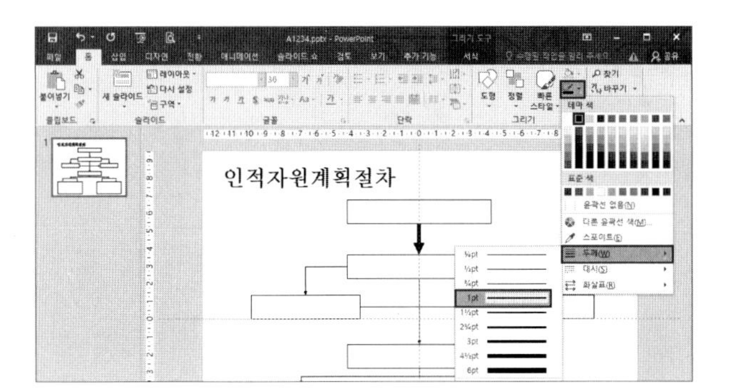

기적의 TIP

기본선 설정하기
선 그리기-선 선택-마우스 우클릭-[기본선으로 설정]을 적용합니다.

[E]

① 문제에서 제시된 텍스트를 입력한다.

항목	값
글꼴 크기	22
글꼴 종류	굴림체

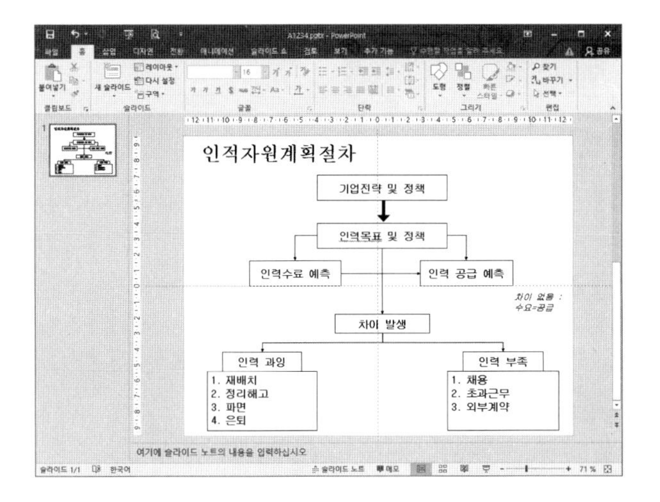

② '차이 없음 …' 텍스트 상자의 화살표를 Shift를 누르고 드래그하여 수평 연결한다.

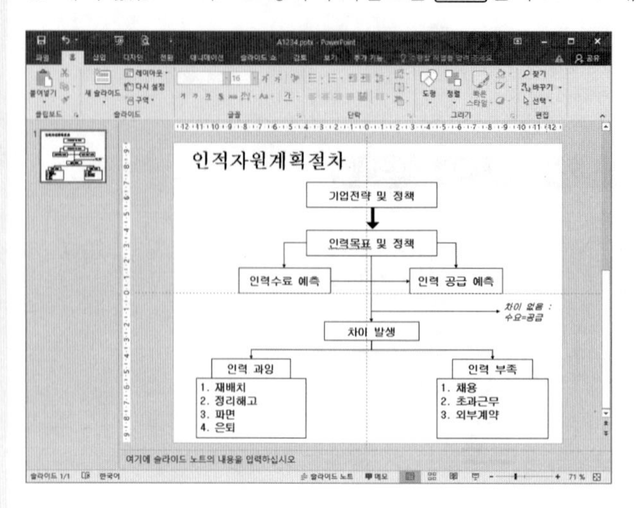

04 제2 슬라이드

[A]

① [홈] 탭–[슬라이드] 그룹–[새 슬라이드]–[빈 화면]을 클릭하여 두 번째 슬라이드를 추가한다.

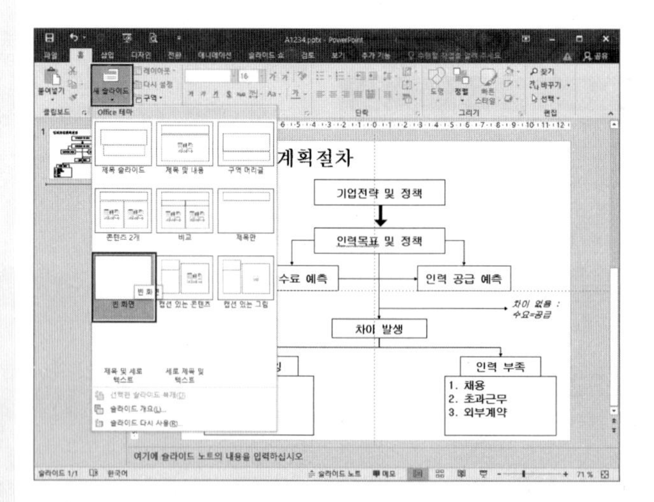

② 슬라이드 상단에 '정보통신의 유형' 텍스트 상자를 이용하여 입력하고 아래와 같이 설정한다.

항목	값
글꼴 크기	44
글꼴 종류	맑은고딕 (본문)

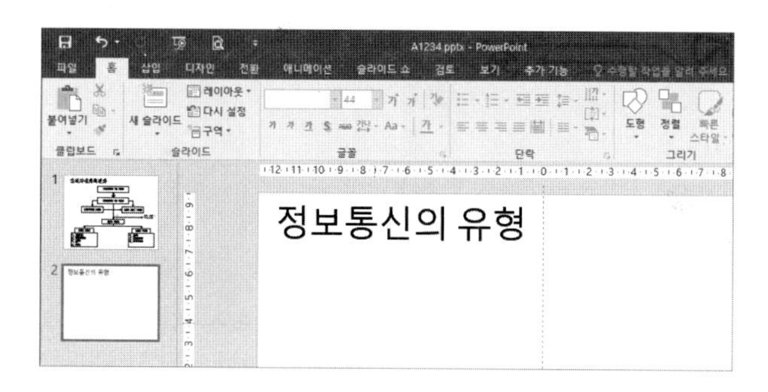

[B]

① [홈]–[도형]–[사각형] 선택 후 슬라이드 바탕에 큰 도형을 다음과 같이 삽입한다.

항목	값
채우기	흰색
테두리	검정, 두께 – 1

② [홈]–[도형]–[사각형] 선택 후 그림과 같이 작은 사각형을 삽입한다.

항목	값
채우기	흰색, 배경1, 25%

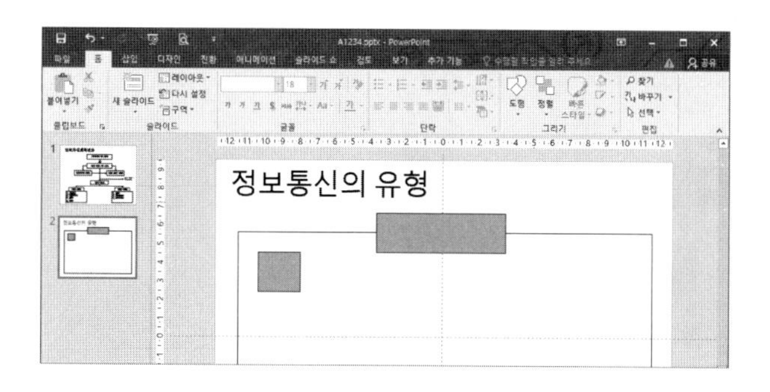

③ 상단 회색 도형을 선택하고 Ctrl+Shift를 누른 채로 아래쪽으로 드래그하여 복사한 뒤 적당한 크기로 변경한다.

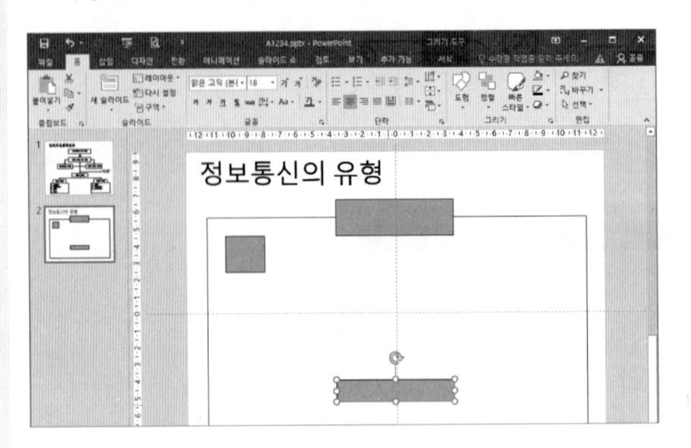

④ 이후 삽입할 도형의 채우기, 윤곽선이 같으므로 복사한 도형 선택 - 마우스 우클릭-[기본 도형으로 설정]을 적용하여 기본 도형을 설정한다.

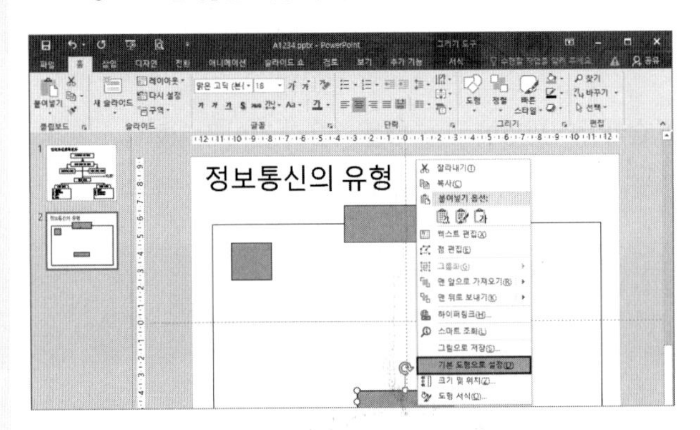

⑤ [홈]-[도형]-[기본 도형]-[원통]을 선택하고 슬라이드 바탕에 삽입한다.

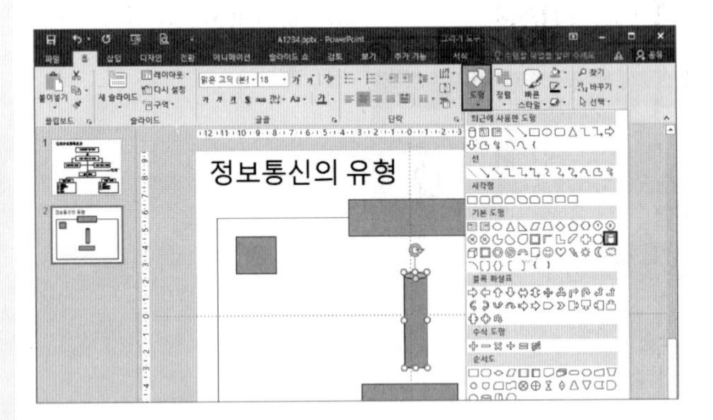

⑥ 원통 도형을 선택하고 상단 회전 도구를 Shift를 누른 채로 드래그하여 회전한다.

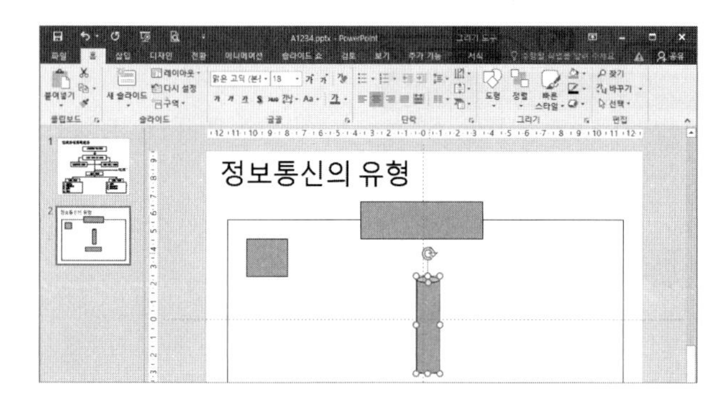

⑦ 문제 제시된 위치에 배치하고 크기를 조절한다.

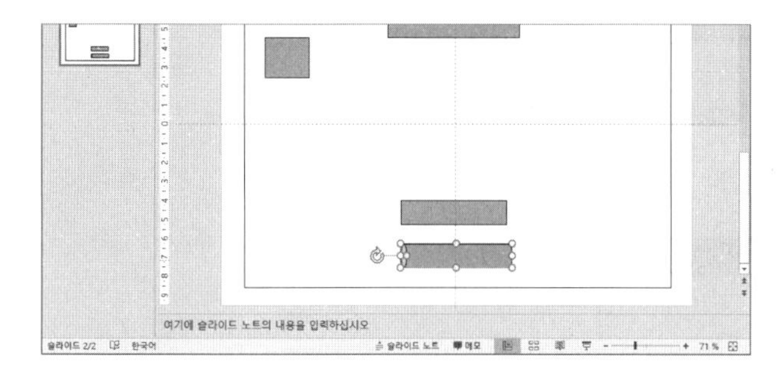

⑧ [홈]-[도형]-[기본 도형]-[타원]을 선택하고 문제 위치에 Shift를 누르고 드래그하여 정원을 삽입한다.

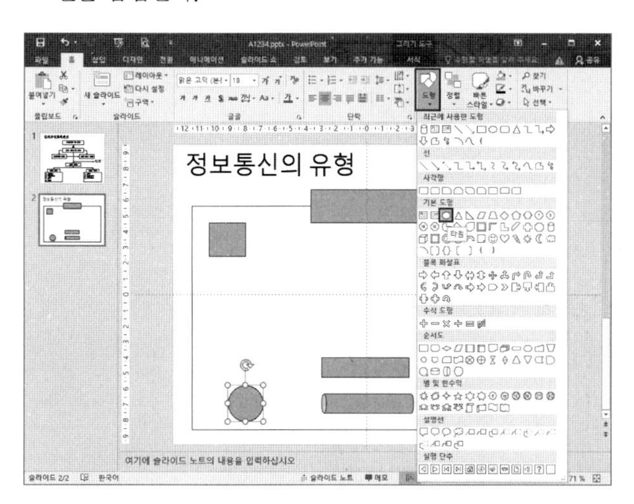

⑨ 좌측 원 선택-Ctrl+Shift를 누른 채로 드래그하여 우측에 복사한다.

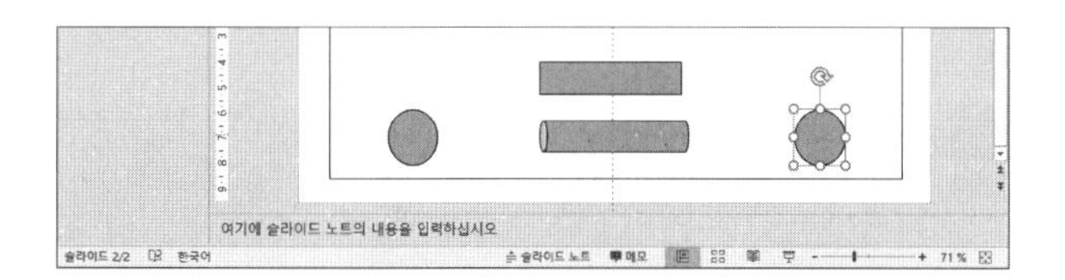

⑩ [홈]–[선]–[화살표]를 마우스 우클릭하고 [그리기 잠금 모드]를 이용하여 화살표 3개를 삽입한다.

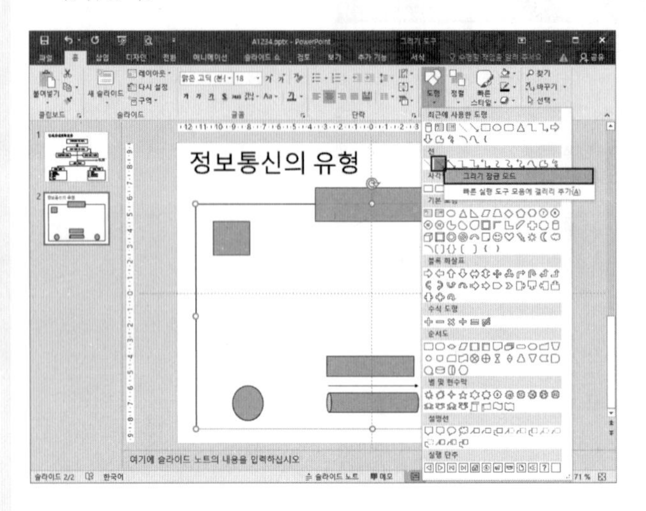

⑪ 마우스로 드래그하여 그림과 같이 도형을 선택한다.

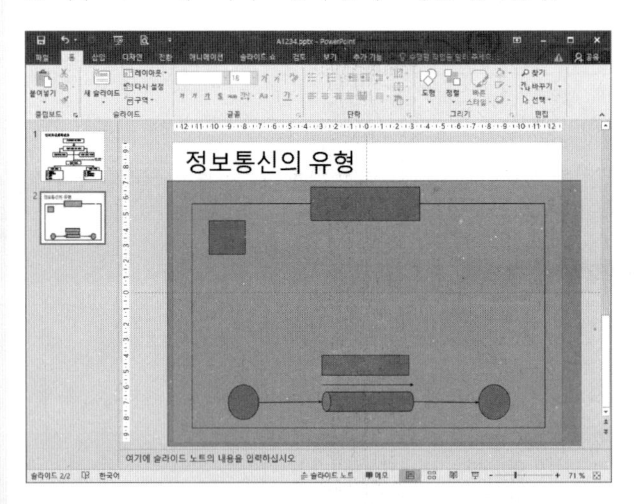

⑫ 모든 도형의 윤곽선을 [홈]–[윤곽선] 메뉴를 통해 아래와 같이 설정한다.

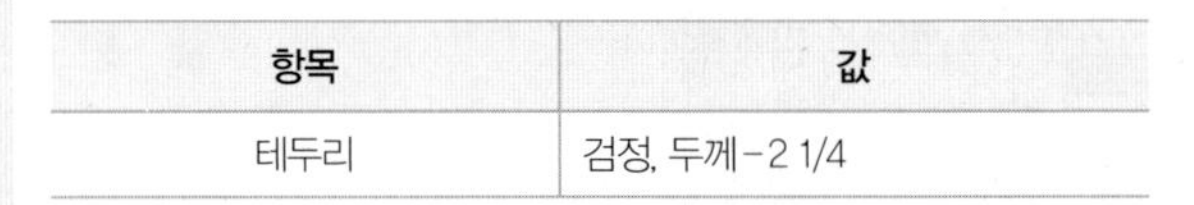

항목	값
테두리	검정, 두께–2 1/4

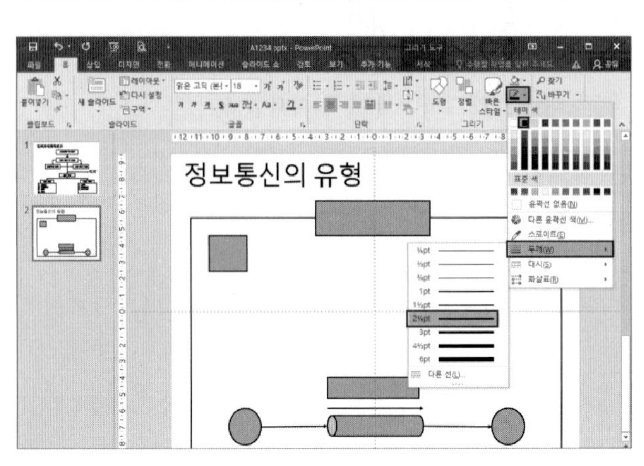

⑬ 좌측 화살표의 모양을 없애기 위해 선택하고, [홈]–[도형 윤곽선]–[화살표]–[화살표 스타일1]로 설정한다.

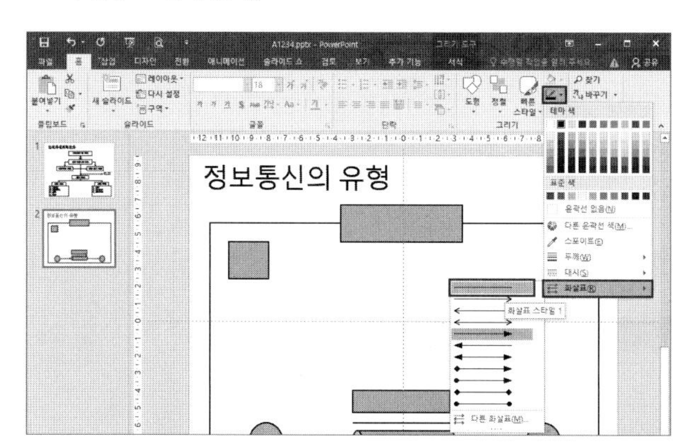

⑭ 만약 도형과 선이 수평이 맞지 않는 경우 그림과 같이 Shift를 이용하거나 마우스로 드래그하여 도형을 선택하고, [홈]–[정렬]–[맞춤]–[중간 맞춤]을 적용한다.

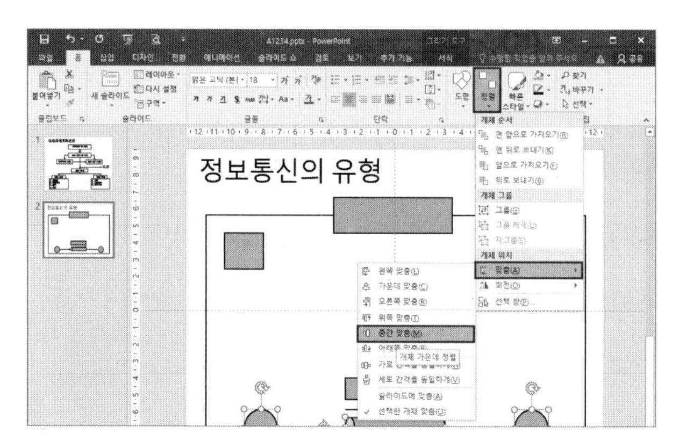

⑮ [홈]–[도형]–[설명선]–[모서리가 둥근 사각형 설명선]을 선택하고 문제 위치에 삽입한다.

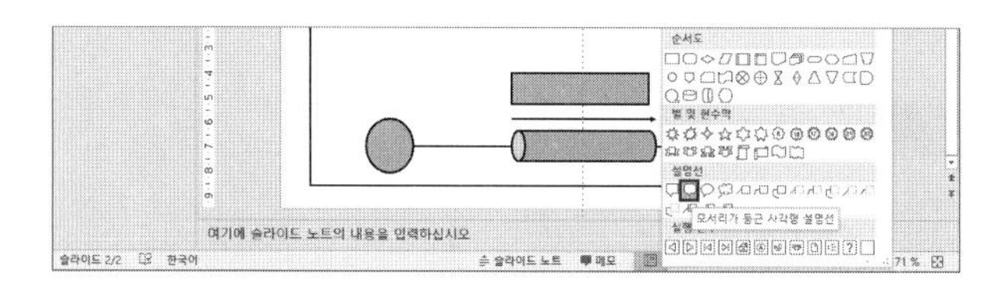

⑯ 모서리가 둥근 사각형 설명선 꼬리 부분의 노란색 점을 드래그하여 적당한 위치에 배치한다.

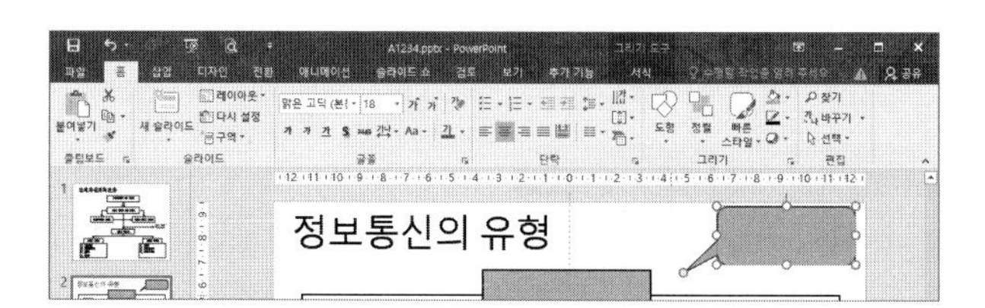

기적의 TIP

우측 선을 화살표로 미리 그리지 않고 바로 선으로 연결해도 됩니다.

[C]

① 각 위치에 텍스트를 입력한다.

항목	값
A	바탕체, 크기-40
B	맑은고딕, 크기-36
C	맑은고딕, 크기-20
그 외	적당한 크기

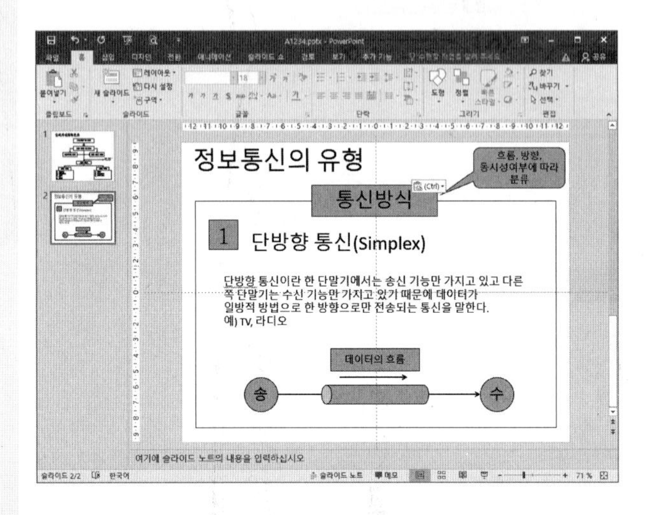

② [저장]을 클릭하여 완성된 부분까지 저장한다.

05 인쇄 설정 및 저장

① [빠른 실행 도구 모음 사용자 지정] 클릭-[인쇄 미리 보기 및 인쇄]를 선택하여 [인쇄 미리 보기 및 인쇄]를 활성화한다.

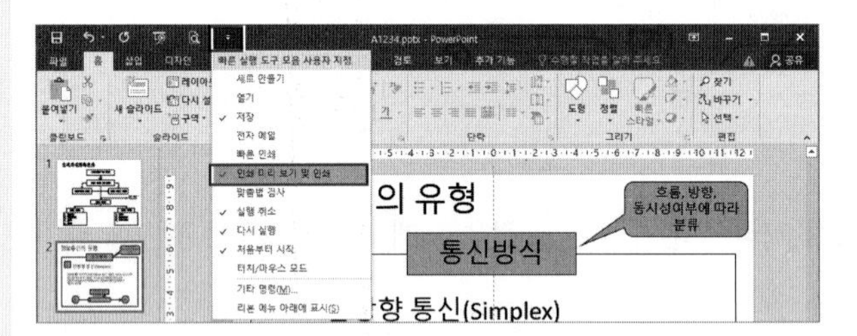

② [빠른 실행 도구]-[인쇄 미리 보기 및 인쇄]를 클릭한다.

③ 인쇄 창에서 다음과 같이 설정한다.

항목	값
프린터	시험장에서 지정된 프린터
인쇄모양	2슬라이드
	고품질
인쇄방향	세로 방향
색상	컬러

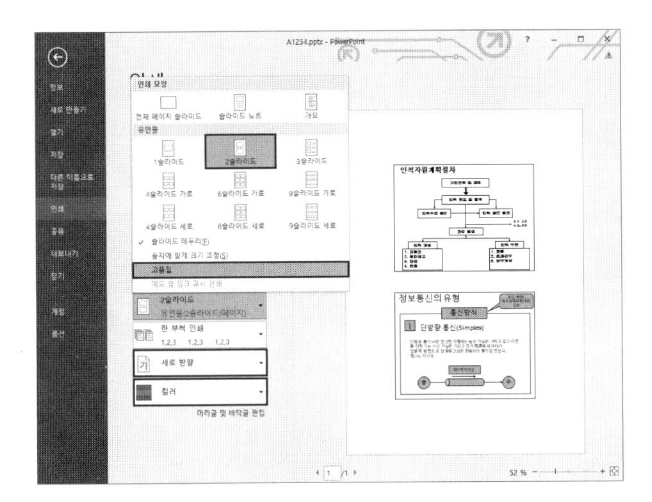

④ 인쇄를 클릭하여 인쇄한다.

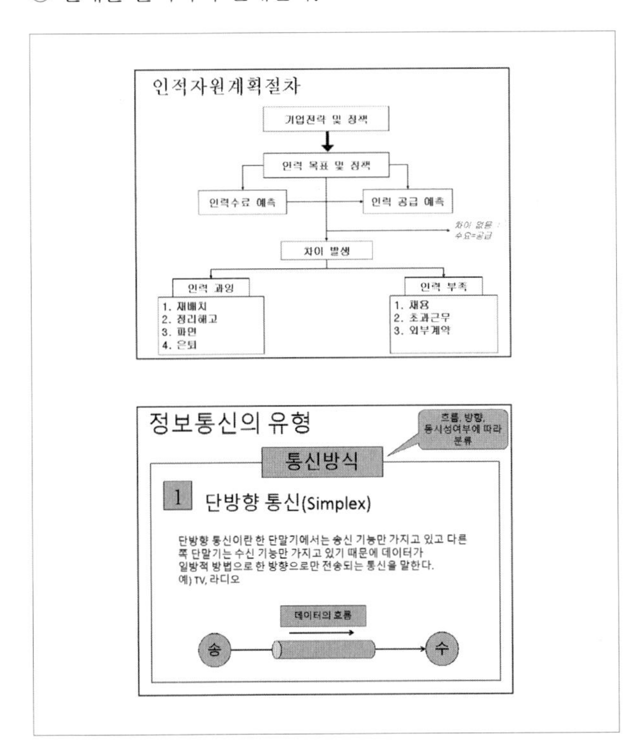

⑤ 인쇄 후 본인 출력물에 본인 수험정보를 펜으로 작성한다.

> **기적의 TIP**
> 연습 시 프린터는 본인 프린터나 가상프린터(PDF 출력기)를 선택하고 인쇄합니다.

더 알기 TIP

인쇄 시 상단 날짜, 하단 페이지 번호가 출력될 경우

[보기] 탭-[마스터 보기] 그룹-[유인물 마스터], 유인물 마스터에서 머리글/바닥글 영역을 모두 삭제하고 [마스터 보기 닫기]를 눌러 유인물 마스터를 설정하고 인쇄합니다.

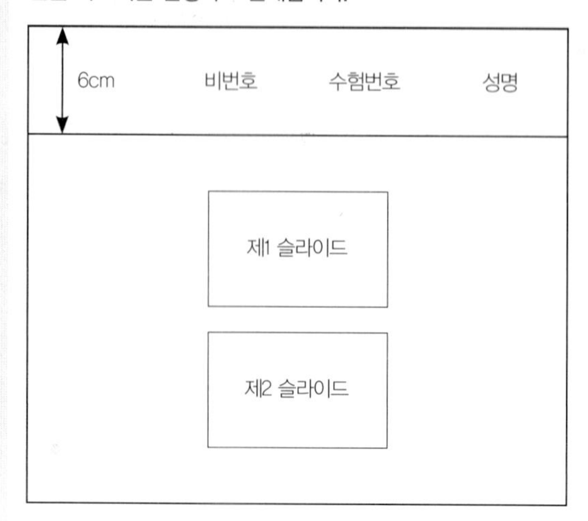

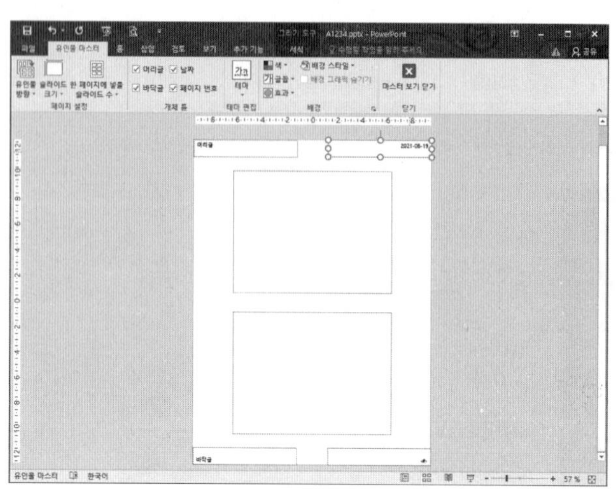

더 알기 TIP

수험 정보를 작업물에 입력해서 출력하라는 지시가 있는 경우

[보기] 탭-[마스터 보기] 그룹-[유인물 마스터], 유인물 마스터 위/아래 영역에 수험정보 및 출력 페이지 번호를 작성한 후 [마스터 보기 닫기]를 눌러 유인물 마스터를 설정하고 인쇄합니다.

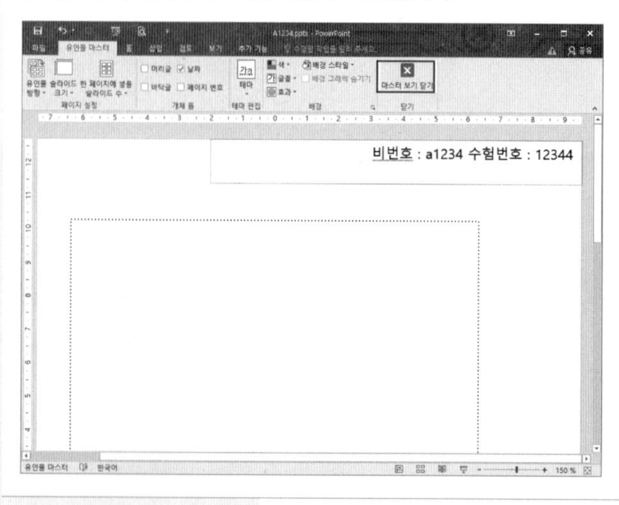

PART

04

함수 사전

Excel

함수 사전

함수	설명	사용방법
SUM	합을 산출	=SUM(E4:E6) → [E4] 셀에서 [E6] 셀까지의 합을 구한다. 시험 시 자동 합계 단추를 이용하는 것이 효율적이다.
AVERAGE	(산술)평균을 산출	=AVERAGE(E4:E6) → [E4] 셀에서 [E6] 셀까지의 평균을 구한다. 시험 시 조건에 의해 소수 자릿수를 0으로 지정하여 정수로 표시해 준다.
MAX MIN	최대값을 산출 최소값을 산출	=MAX(D5:D24)–MIN(D5:D24) → 각 항목의 최고값–각 항목의 최저값(편차)을 구한다.
IF	조건에 만족하는 값을 표시	=IF(C4="M","남","여") → [C4] 셀의 값이 "M"이면 "남", 아니면 "여"를 표시한다.
RANK	석차(순위, 등급)를 산출	=RANK(G7,$G$7:$G$18) → [$G$7:$G$18] 구간에서 [G7] 셀의 석차를 구한다(참조 범위는 항상 절대참조).
COUNT	숫자의 개수를 산출	=COUNT(C3:C18) → [C3:C18] 구간에서 숫자의 개수를 구한다(조건은 " "로 묶는다).
COUNTIF	조건을 만족하는 셀의 개수를 산출	=COUNTIF(A5:A16,"사무직") (조건은 " "로 묶는다) → [A5:A16] 구간에서 "사무직" 셀의 개수를 구한다.
SUMIF	조건에 따라 지정된 셀의 합 산출	=SUMIF($B$4:$B$21,">=3000",K4:K21)–SUMIF($B$4:$B$21,">=3500",K4:K21) → 배기량[$B$4:$B$21]이 3000 이상 3500 미만인 차량들의 유지비[K4:K21] 합을 산출한다.
ROUNDDOWN	수를 무조건 자리 내림	=ROUNDDOWN(J5*10%,–3) → [J5] 셀 금액의 10%(단, 백 원 단위는 절삭)를 구한다.
LEFT MID RIGHT	왼쪽에서 문자 추출 중간에서 문자 추출 오른쪽에서 문자 추출	=IF(LEFT(B6,1)="B","버스",IF(LEFT(B6,1)="H","승합차","승용차")) → [B6] 셀의 첫 번째가 "B"면 "버스", "H"면 "승합차", 아니면 "승용차"를 나타낸다.
TODAY() DATE(연,월,일)	날짜 입력	=TODAY() → 오늘 날짜를 나타낸다. =DATE(2018,12,2) → 특정한 날짜를 나타낸다.
AND OR	모두 참일 때 참 하나라도 참일 때 참	=IF(OR(MID(A1,8,1)="1",MID(A1,8,1)="3"),"남자","여자") → [A1] 셀의 8번째에서 1개가 "1" 또는 "3" 이면 "남자", 아니면 "여자"를 나타낸다.
DSUM	데이터베이스의 필드에서 찾을 조건과 일치하는 값들의 합 산출	=DSUM($A$3:$J$23,H3,$A$31:$B$33) → 데이터베이스범위[$A$3:$J$23]에서 조건[$A$31:$B$33]에 맞는 값들[H3]의 합을 구한다.
INT	가까운 정수로 내림	=INT(E4/C4) → 주행거리[E4]/주유량[C4]을 계산하면서 정수화 처리한다.
SUMPRODUCT ISNUMBER FIND	합의 곱 산출 숫자일 때 TRUE 텍스트 위치 검색	=SUMPRODUCT(ISNUMBER(FIND("우수",L4:L21))*K4:K21) → "최우수", "우수" 인 경우만 TRUE가 나와서 TRUE와 유지비(K4:K21)와의 곱의 합(SUMPRODUCT)을 구해 준다.
FREQUENCY	빈도, 분포 산출	{=FREQUENCY(H4:H23,G31:G33)} → [H4:H23] 구간에서 [G31:G33] 기준에 맞는 분포를 구한다. 배열함수이므로 Ctrl+Shift+Enter로 입력한다.

1. 지정한 범위의 합계 계산 – SUM

SUM 함수는 SUMMARY의 약자로 지정한 범위의 합계를 계산합니다.

| 기본 함수 구조 |
=SUM(셀, 셀, 셀...), =SUM(A1:A4,B4:B6)

| 작업 파일 | 엑셀함수정리소스.xlsx (SUM 시트)

| 처리 조건 |
지점별 재고 현황에서 매입수량, 판매수량, 재고수량의 합계를 계산하시오.

	A	B	C	D	E
1	지점별 재고 현황				
2					단위: 대
3	지점	매입수량	판매수량	재고수량	합계
4	부산	3,382	3,299	83	6,764
5	영등포	2,290	1,567	723	4,580
6	강북	3,457	3,420	37	6,914
7	강서	1,578	1,578	-	3,156
8	강동	2,106	2,000	106	4,212
9	강남	4,250	4,239	11	8,500
10	광주	2,350	2,278	72	4,700

| 따라 하기 |
① [E4] 셀을 선택하고 자동 합계(Σ ▾)를 클릭하여 합계를 계산한다.
② 자동 합계(Σ ▾)를 클릭했을 때 합계 계산 범위가 깜빡이는데 이때 범위를 지정해 합계 범위를 변경할 수 있다.
③ [E4] 셀을 채우기 핸들을 이용하여 아래 방향으로 자동 채우기를 한다.

| 정답 |
[E4] : =SUM(B4:D4)

| 기출 예제 |
개인별 현금 서비스 금액 표에서 각 항목의 수직 합계를 계산하시오.

	A	B	C	D	E
17	개인별 현금서비스 금액				
18					
19	회원번호	성명	연체이자	보너스금액	결재금액
20	3212	김미현	₩93,680	₩58,000	₩623,680
21	9248	이소연	₩84,460	₩65,000	₩671,460
22	2278	곽혜수	₩57,940	₩72,000	₩713,940
23	5678	김태희	₩93,040	₩77,000	₩793,040
24	6794	박수진	₩101,860	₩85,000	₩869,860
25	3379	김성미	₩129,350	₩86,000	₩910,350
26	5730	황귀남	₩176,760	₩98,000	₩1,065,760
27	1235	노권자	₩145,650	₩112,000	₩1,158,650
28	7935	심천순	₩105,780	₩132,000	₩1,299,780
29	합계		₩988,520	₩785,000	₩8,106,520
30					

| 풀이 |
[C29:E29] 범위 선택 후 자동 합계(Σ ▾)를 클릭한다.

| 정답 |
[C29] : =SUM(C20:C28)

기적의 TIP

[기출 예제]와 같이 인접하면서 같은 계산을 요하고 자동 합계 버튼으로 처리할 수 있는 함수는 범위 선택 후 [자동 합계] (Σ ▾)를 클릭하면 한 번에 계산 결과가 입력됩니다.

2. 지정한 범위의 평균 계산 – AVERAGE

AVERAGE 함수는 지정한 범위의 평균을 계산합니다.

| 기본 함수 구조 |

=AVERAGE(셀, 셀, 셀...), =AVERAGE(A1:A4)

| 작업 파일 | 엑셀함수정리소스.xlsx (AVERAGE 시트)

| 처리 조건 |

연수 평가 결과표에서 각 과목의 평균을 작업 표 하단에 계산하시오.

	A	B	C	D
1	연수 평가 결과			
2				
3	성명	교양	영어	컴퓨터
4	김인혜	67	97	89
5	박영희	45	78	92
6	도남덕	98	89	45
7	나남희	100	90	98
8	평균	77.5	88.5	81.0

| 따라 하기 |

[B8:D8] 셀을 마우스로 드래그한 뒤 자동 합계(Σ ·)의 화살표를 눌러 [평균]을 선택한다.

| 정답 |

[B8] : =AVERAGE(B4:B7)

| 기출 예제 |

차종류별 판매 실적 분석표에서 각 항목의 수직 평균을 계산하시오.

	A	B	C	D
13	차종류별 판매 실적 분석			
14				
15	차종류	단가	판매계획	
16			수량	금액
17	인삼차	₩2,000	1700	₩3,400,000
18	쌍화차	₩2,800	1650	₩4,620,000
19	아이스커피	₩4,500	1250	₩5,625,000
20	오렌지커피	₩4,000	750	₩3,000,000
21	코리언커피	₩3,000	500	₩1,500,000
22	우유	₩1,000	500	₩500,000
23	카푸치노	₩3,000	700	₩2,100,000
24	키위주스	₩4,000	500	₩2,000,000
25	홍차	₩2,000	300	₩600,000
26	평균	₩2,922	₩872	₩2,593,889
27				

| 풀이 |

[B26:D26] 범위 선택 후 자동 합계(Σ ·) 화살표를 눌러 [평균]을 선택한다.

| 정답 |

[B26] : =AVERAGE(B17:B25)

3. 지정한 범위의 최대/최소값 계산 – MAX/MIN

MAX/MIN 함수는 지정한 범위 내에 최대값/최소값을 계산하는 함수입니다.

| 기본 함수 구조 |
MAX(범위), MIN(범위)

| 작업 파일 | 엑셀함수정리소스.xlsx (MAX, MIN 시트)

| 처리 조건 |
연수 성적 표에서는 상담개론, 영업실습, 어학의 최대값, 최소값, 그리고 최대/최소값의 차이값을 계산하시오.

	A	B	C	D
1	연수 성적			
2	사원명	상담개론	영업실습	어학
3	김덕우	77	98	83
4	남효수	100	88	99
5	정지용	67	45	77
6	탁호영	94	76	58
7	구연아	56	90	34
8	김미나	82	73	84
9	최대값	100	98	99
10	최소값	56	45	34
11	차이값	44	53	65

| 따라 하기 |

① 최대값을 계산하기 위해 [B9:D9] 셀 범위를 선택하고 자동합계(Σ ▾)의 화살표를 눌러 최대값을 선택한다.

② 최소값을 계산하기 위해 [B10] 셀을 선택한 뒤 자동 합계(Σ ▾)의 화살표를 눌러 최소값을 선택한다. 주의할 점은 최소값 선택 시에 영역범위가 깜빡일 때 영역을 [B3:B8]로 변경한다. 결과가 입력될 셀 위의 모든 값을 자동 선택하므로 최대값 결과는 배제시켜야 한다. 채우기 핸들을 이용하여 우측으로 자동 채우기를 한다.

③ '최대값–최소값'을 계산하기 위해 [B11:D11] 셀 범위를 선택하고 「=MAX(B3:B8)–MIN(B3:B8)」식을 입력한 뒤 Ctrl+Enter를 눌러 한 번에 식을 채워 넣는다.

기적의 TIP

자동 채우기를 할 셀을 미리 선택하고 식을 입력한 뒤 Ctrl+Enter를 누르면 자동 채우기를 한 것과 같은 결과를 가져옵니다. 꼭 이렇게 해야 하는 것은 아니며 참고로 알아 두도록 합니다. 또한 차이값 식을 「=B9–B10」 이렇게 구성해도 됩니다. 본서에 안내한 차이값 함수 계산 방식은 시험 출제 기준으로 구성되어 있습니다.

| 정답 |
최대값 [B9] : =MAX(B3:B8)
최소값 [B10] : =MIN(B3:B8)
차이값 [B11] : =MAX(B3:B8)–MIN(B3:B8)

| 기출 예제 |

차종류별 판매 실적 분석표에서 각 열의 최대값과 최소값의 차이값을 계산하고 단가 열의 식을 작성하시오.

	A	B	C	D
19	차종류별 판매 실적 분석			
20	차종류	단가	판매계획	
21			수량	금액
22	인삼차	₩2,000	1700	₩3,400,000
23	쌍화차	₩2,800	1650	₩4,620,000
24	아이스커피	₩4,500	1250	₩5,625,000
25	오렌지커피	₩4,000	750	₩3,000,000
26	코리언커피	₩3,000	500	₩1,500,000
27	우유	₩1,000	500	₩500,000
28	카푸치노	₩3,000	700	₩2,100,000
29	키위주스	₩4,000	500	₩2,000,000
30	홍차	₩2,000	300	₩600,000
31	차이값	₩3,500	1400	₩5,125,000
32	=MAX(B23:B31)-MIN(B23:B31)			
33				

| 풀이 |

① [B31:D31] 셀을 마우스로 드래그한 뒤 「=MAX(B22:B30)-MIN(B22:B30)」 함수를 입력하고 Ctrl+Enter를 눌러 식을 자동 채우기 완성한다.

② [B31] 셀을 선택하고 수식 입력줄에서 수식을 마우스로 드래그한 뒤 Ctrl+C로 식을 복사하고 Esc로 식 선택을 해제한 뒤 [A32] 셀을 선택하고 「'」(Enter 옆)를 누르고 Ctrl+V로 식을 붙여넣기한다.

| 정답 |

[B31] : =MAX(B22:B30)-MIN(B22:B30)

4. 숫자 데이터 반올림 - ROUND

ROUND 함수는 실수의 소수점 자릿수 반올림 또는 정수부의 반올림을 처리합니다. ROUND 함수에는 기본 자릿수 5를 기준으로 반올림하는 ROUND 함수, 값에 관계없이 강제 자리 올림을 하는 ROUNDUP, 값에 관계없이 강제 자리 버림을 하는 ROUNDDOWN 함수 세 가지가 있습니다. 최근 들어 종종 출제되는 문제입니다. 약간 혼동이 있을 수 있으나 어려운 부분은 아니므로 꼭 기억하세요.

| 기본 함수 구조 |

ROUND(셀, 자릿수) – 기준 자릿수 값 5를 기준으로 5 이상은 반올림 5 미만은 자리 버림
ROUNDUP(셀, 자릿수) – 기준 자릿수 값 크기에 상관없이 무조건 자리 올림
ROUNDDOWN(셀, 자릿수) – 기준 자릿수 값 크기에 상관없이 무조건 자리 버림

기적의 TIP

자릿수 인수 구분

- **실수부 반올림** : 인수는 양수로 표현합니다. 예 ROUND(3.865,2) → 3.87
- **정수부 반올림** : 인수는 음수로 표현합니다. 예 ROUNDDOWN(688980,–3) → 688000

| 작업 파일 | 엑셀함수정리소스.xlsx (ROUND 시트)

| 처리 조건 |

ROUND/ROUNDUP/ROUNDDOWN 표의 구분과 기준 값을 참고하여 반올림 열에 각 구분에 따른 반올림을 처리하시오.

	A	B	C
1			
2	ROUND		
3	구분	기준값	반올림
4	소수 4 자리 반올림	2745.3528	2745.353
5	소수 1 자리 반올림	2745.3528	2745
6	정수 3 자리 반올림	2745.3528	3000
7			
8			
9	ROUNDDOWN		
10	구분	기준값	자리내림
11	소수 4 자리에서 버림	2745.3528	2745.352
12	소수 1 자리에서 버림	2745.3528	2745
13	정수 3 자리에서 버림	2745.3528	2000
14			
15			
16	ROUNDUP		
17	구분	기준값	자리올림
18	소수 3 자리에서 올림	2745.3528	2745.36
19	소수 1 자리에서 올림	2745.3528	2746
20	정수 2 자리에서 올림	2745.3528	2800

기적의 TIP

인수의 값은 표현하는 자릿수를 의미합니다. 소수점 4번째 자리에서 반올림하면 소수점 3자리만 남습니다. 즉, 남게 되는 자릿수를 인수로 결정하면 됩니다. 정수부는 최종 남게 되는 0의 개수를 인수로 결정하면 됩니다.
※ TRUNC 함수 : ROUNDDOWN 함수와 같은 기능을 하며, 사용법도 동일합니다.

| 풀이 및 정답 |

① 소수 4 자리에서 반올림을 적용하기 위해 [C3] 셀을 선택하고 「=ROUND(B4,3)」를 입력한다.

② 소수 1 자리에서 반올림을 적용하기 위해 [C4] 셀을 선택하고 「=ROUND(B5,0)」를 입력한다.

③ 정수 3 자리에서 반올림을 적용하기 위해 [C5] 셀을 선택하고 「=ROUND(B6,-3)」를 입력한다.

④ 소수 4 자리에서 버림을 계산하기 위해 [C11] 셀을 선택하고 「=ROUNDDOWN(B11,3)」를 입력한다.

⑤ 소수 1 자리에서 버림을 계산하기 위해 [C12] 셀을 선택하고 「=ROUNDDOWN(B12,0)」를 입력한다.

⑥ 정수 3 자리에서 버림을 계산하기 위해 [C13] 셀을 선택하고 「=ROUNDDOWN(B13,-3)」를 입력한다.

⑦ 소수 3 자리에서 올림을 계산하기 위해 [C18] 셀을 선택하고 「=ROUNDUP(B18,2)」를 입력한다.

⑧ 소수 1 자리에서 올림을 계산하기 위해 [C19] 셀을 선택하고 「=ROUNDUP(B19,0)」를 입력한다.

⑨ 정수 2 자리에서 올림을 계산하기 위해 [C20] 셀을 선택하고 「=ROUNDUP(B20,-2)」를 입력한다.

| 기출 예제 |

사원별 급여 내역서 표에서 각 항목의 평균을 계산하고 평균값을 정수 3번째 자리(백의 자리)에서 올림 처리하고 기본급 열의 평균 함수식을 [A37] 셀에 작성하시오.

	A	B	C	D	E	F
24	사원별 급여 내역서(비번호:A121)					
25						
26	성명	사원번호	기본급	상여금	직무수당	총지급액
27	김성수	C-13	₩4,553,434	₩1,350,043	₩265,442	₩63,504,343
28	표성희	C-14	₩4,504,334	₩1,125,545	₩356,540	₩6,125,000
29	김성주	C-15	₩4,505,454	₩4,054,543	₩265,442	₩5,405,878
30	김형태	C-16	₩4,500,000	₩2,754,545	₩500,000	₩5,270,875
31	서지수	C-17	₩4,504,342	₩3,465,000	₩500,000	₩8,465,000
32	이윤열	C-18	₩4,500,000	₩6,075,000	₩265,442	₩11,075,000
33	홍경래	C-28	₩4,534,343	₩2,025,545	₩265,442	₩7,025,000
34	윤미숙	C-35	₩4,505,435	₩7,694,342	₩265,442	₩126,954,342
35	박영미	C-48	₩4,504,324	₩6,075,000	₩500,000	₩110,756,564
36	평균		₩4,513,000	₩3,847,000	₩354,000	₩38,287,000
37	=ROUNDUP(AVERAGE(C27:C35),-3)					

| 풀이 |

① 함수식을 계산하기 위해 [C36] 셀을 선택하고 자동 합계(Σ)의 화살표를 눌러 평균을 클릭하여 평균 식을 완성한다.

② [C36] 셀의 수식 입력줄 '=' 뒤를 마우스로 클릭하고 AVERAGE 함수 앞에 「ROUNDUP(」까지 입력하고 End를 눌러 식 맨 뒤로 이동하여 「,-3)」까지 입력하고 Enter를 눌러 식을 완성한다. 「=ROUNDUP(AVERAGE(C27:C35),-3)」

③ 채우기 핸들을 이용하여 [C36] 셀을 우측으로 끌어 자동 채우기를 한다.

④ [C36] 셀을 선택하고 수식 입력 줄에서 수식을 마우스로 드래그한 뒤 Ctrl+C로 복사하고 Esc 키로 식 선택을 해제한 뒤 [A37] 셀을 선택한다. → 「'」를 입력 후 Ctrl+V로 식을 붙여 넣고 Enter를 누른다.

| 정답 |

[C36] : =ROUNDUP(AVERAGE(C27:C35),-3)

기적의 TIP

- 정수 3의 자리에서 반올림하면 0이 3개 표시됩니다.
- 실수 3의 자리에서 반올림하면 소수점 3개가 표시됩니다.

5. 실수의 정수화 - INT

INT 함수는 실수 값을 버리고 정수로 표현합니다. 시험에 자주 출제되니 꼭 기억하도록 합니다.

| 기본 함수 구조 |

INT(인수)

INT(3.56) → 3

| 작업 파일 | 엑셀함수정리소스.xlsx (INT 시트)

| 처리 조건 |

실수부 절삭 표에서 실수 열의 값을 정수화하여 표시하시오.

	A	B
1		
2	실수부 절삭	
3	실수	결과
4	3.9	3
5	4.3	4

| 따라 하기 |

① [B4] 셀을 선택하고 「=INT(A4)」를 입력하고 Enter 키로 식을 완성한다.

② [B4] 셀을 선택하고 채우기 핸들을 이용하여 자동 채우기를 한다.

| 정답 |

[B4] : =INT(A4)

| 기출 예제 |

보너스 금액 : 사용금액 × 1000(단, 사용금액이 333,000원이면 만 자리 이상만(33) 취한다. 예 33*1000)

	A	B	C	D	E
11	개인별 현금 서비스 금액				
12					
13	회원번호	성명	사용금액	보너스금액	비고
14	5789	정우성	₩333,000	₩33,000	
15	1568	표석진	₩556,000	₩55,000	
16	3212	김미현	₩588,000	₩58,000	
17	9248	이소연	₩652,000	₩65,000	
18	2278	곽혜수	₩728,000	₩72,000	
19	5678	김태희	₩777,000	₩77,000	
20	6794	박수진	₩853,000	₩85,000	우수고객
21	3379	김성미	₩867,000	₩86,000	우수고객
22	5730	황귀남	₩987,000	₩98,000	우수고객
23	1235	노권자	₩1,125,000	₩112,000	VIP고객
24	7935	심천순	₩1,326,000	₩132,000	VIP고객
25	보너스금액 계산시 사용한 함수식			=INT(C14/10000)*1000	
26					

| 풀이 |

보너스 금액 계산은 333,000에서 33만 가져오기 위해서 10,000으로 나누어 33.3을 만들어 준 뒤 그 값을 정수화 처리하면 된다.

333,000 / 10,000 = 33.3 → INT(33.3) = 33

① [D14] 셀을 선택 후 「=INT(C14/10000)*1000」를 입력하고 Enter를 입력한 뒤 채우기 핸들을 이용하여 자동 채우기를 한다.

② [D14] 셀을 선택 후 수식 입력줄에서 식을 선택하고 Ctrl+C로 복사한 뒤 Esc를 눌러 선택을 취소한다. [D25] 셀을 선택한 후 「'」를 입력하고 Ctrl+V로 식을 붙여 넣는다.

| 정답 |

[D14] : =INT(C14/10000)*1000

6. 순위 계산 - RANK

RANK 함수는 순위를 계산하는 함수입니다. 내림차순 기준/오름차순 기준의 두 가지 방식이 있으며, 동일한 값이 있을 경우 해당 순위만큼 자동으로 건너뛰게 됩니다. 순위는 일정 범위 내에서 그 값의 크기의 순서를 의미합니다. 항상 순위 계산할 셀이 있다면 그 셀이 속하는 범위가 있어야 합니다. 그리고 자동 채우기를 통해 순위를 계산하는 데 있어 순위 계산할 범위는 절대참조를 사용합니다.

| 기본 함수 구조 |

=RANK(Number, Ref, Order)

Number	순위 계산할 셀
Ref	순위 계산할 범위
Order	정렬 기준

기적의 TIP

정렬 기준

- **0 또는 빈칸** : 내림차순 (가장 큰 값이 1등)
- **0 이외의 값** : 오름차순 (가장 작은 값이 1등)

| 작업 파일 | 엑셀함수정리소스.xlsx (RANK 시트)

| 처리 조건 |

기말고사 성적표에서 다음 지시대로 처리하시오.

- 순위 내림 : 총점을 기준으로 순위를 계산하시오. 단, 총점이 가장 큰 학생이 1등이 된다.
- 순위 오름 : 총점을 기준으로 순위를 계산하시오. 단, 총점이 가장 작은 학생이 1등이 된다.

	A	B	C	D
1	기말고사 성적표			
2	학번	총점	순위 내림	순위 오름
3	200301	176	3	5
4	200302	164	4	3
5	200303	153	6	2
6	200304	184	2	6
7	200305	186	1	7
8	200306	164	4	3
9	200307	139	7	1

| 따라 하기 |

① [C3] 셀을 선택하고 「=RANK(」까지 입력 후 함수 마법사를 클릭하여 함수 마법사에 그림과 같이 인수를 입력한다. Ref 인수는 자동 채우기 시 고정되어야 하므로 F4를 이용하여 절대참조로 변경한다. Order 인수는 빈칸을 두어 내림차순으로 한다.

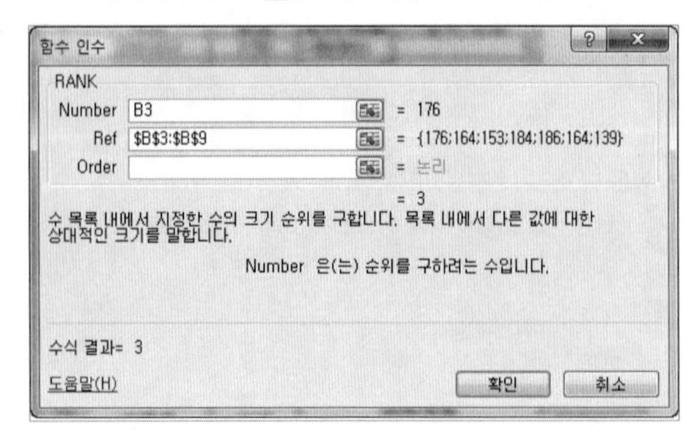

Number	B3
Ref	$B$3:$B$9
Order	

② [D3] 셀을 선택하고 「=RANK(」까지 입력 후 함수 마법사를 클릭하여 마법사에 그림과 같이 인수를 입력한다. Ref 인수는 자동 채우기 시 고정되어야 하므로 F4를 이용하여 절대참조로 변경한다. Order 인수는 「1」을 입력하여 오름차순으로 정렬한다.

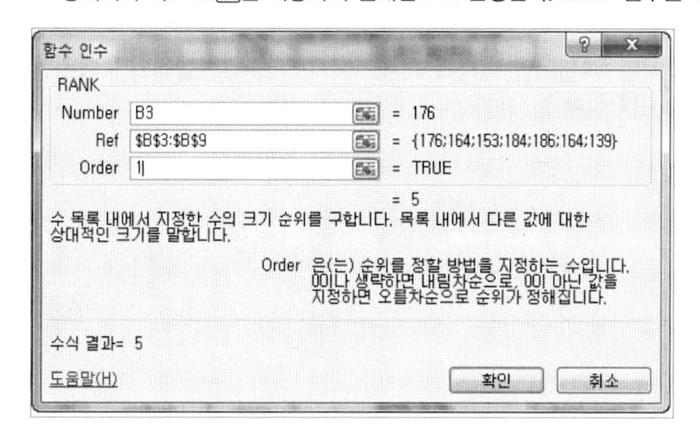

Number	B3
Ref	$B$3:$B$9
Order	1

| 정답 |

[C3] : =RANK(B3,$B$3:$B$9)

[D3] : =RANK(B3,$B$3:$B$9,1)

| 기출 예제 |

차 종류별 판매실적 분석표에서 금액에 대한 판매순위를 계산하시오. 단, 금액이 가장 큰 차 종류가 1위가 되도록 하시오.

	A	B	C	D	E
15	차 종류별 판매실적 분석				
16					
17	차종류	단가	판매계획		판매순위
18			수량	금액	
19	사과주스	₩3,500	1300	₩2,481,500	8
20	포도주스	₩4,000	1500	₩3,760,000	5
21	맥심커피	₩4,000	1500	₩5,284,800	4
22	옥수수차	₩4,000	1500	₩5,808,000	3
23	꿀차	₩4,000	1500	₩6,144,000	2
24	에스프레소	₩4,500	1500	₩7,182,000	1
25	딸기주스	₩5,000	550	₩3,190,000	6
26	녹차	₩1,200	1900	₩2,664,000	7
27	배주스	₩4,000	500	₩2,440,000	9
28					

| 풀이 |

[E19] 셀을 선택하고 「=RANK(D19,$D$19:$D$27)」 식을 입력한 뒤 채우기 핸들로 자동 채우기를 한다. 함수 마법사를 이용하여 작성해도 된다.

| 정답 |

[E19] : =RANK(D19,$D$19:$D$27)

기적의 TIP

RANK 함수는 기본적으로 동순위를 뛰어 넘습니다. 즉, 동률이 3위일 경우 3위가 2개 항목 발생하고 다음 순위는 4위가 아닌 5위가 됩니다.

7. 조건에 따라 결과 구분 – IF

IF 함수는 주어진 조건에 따라 결과를 구분하여 출력하는 함수입니다. 엑셀뿐만 아니라 액세스에서도 필수로 출제되는 함수입니다. 함수 마법사를 사용하기보다는 직접 식을 작성하는 방법을 익히도록 합니다.

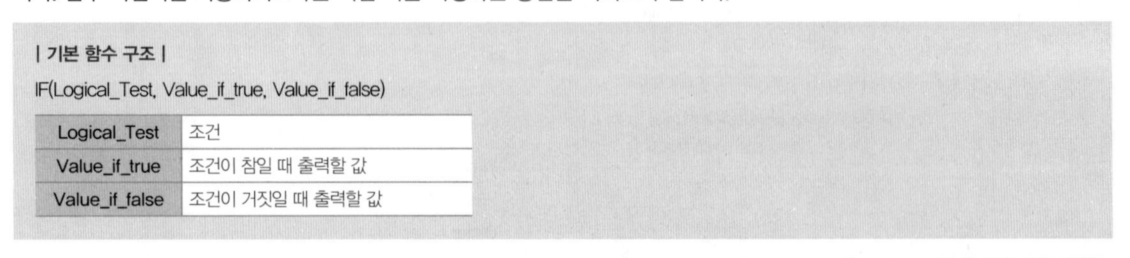

| 기본 함수 구조 |

IF(Logical_Test, Value_if_true, Value_if_false)

Logical_Test	조건
Value_if_true	조건이 참일 때 출력할 값
Value_if_false	조건이 거짓일 때 출력할 값

| 작업 파일 | 엑셀함수정리소스.xlsx (IF 시트)

| 처리 조건 |

상공주식회사 인사고과표에서 점수가 80점 이상이면 합격, 그렇지 않으면 불합격으로 판정 열에 표시하시오.

	A	B	C	D
1	상공주식회사 인사고과			
2	성명	부서	점수	판정
3	류민수	경리부	95.8	합격
4	라우석	영업부	88.5	합격
5	김민석	관리부	72.6	불합격
6	박우민	영업부	61.9	불합격
7	강우식	관리부	88	합격

| 따라 하기 |

[D3] 셀을 선택하고 「=IF(C3>=80,"합격","불합격")」을 입력한 후 Enter로 식을 완성한 뒤 채우기 핸들로 자동 채우기를 한다. (또는 함수 마법사를 이용하여 아래와 같이 입력한 후 Enter로 식을 완성한 뒤 채우기 핸들로 자동 채우기를 한다.)

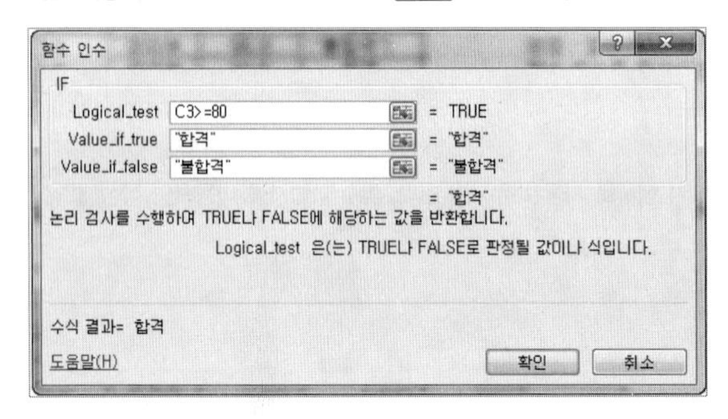

| 정답 |

[D3] : =IF(C3>=80,"합격","불합격")

| 기출 예제 |

부서별 실적표에서 하반기 목표 열을 아래와 같이 계산하시오.

하반기 목표 : 달성률이 120% 이상이면 실적에 18%를 증가시키고 그 외는 10% 감소시키시오.

	A	B	C	D	E	F
12	부서별 실적표					
13						
14	구분		상반기			하반기
15	부서	성명	목표	실적	달성률	목표
16	영업3부	유성구	1,300	3,250	250%	3,835
17	영업2부	성춘향	6,000	9,939	166%	11,728
18	영업3부	홍길동	6,000	8,739	146%	10,312
19	영업2부	임세일	4,100	5,500	134%	6,490
20	영업2부	이하나	7,600	9,550	126%	11,269
21	영업1부	임선향	7,000	8,170	117%	7,353
22	영업1부	신면철	2,800	3,250	116%	2,925
23	영업2부	군세다	4,800	4,700	98%	4,230
24	영업3부	이몽룡	3,000	2,900	97%	2,610
25	영업3부	김석수	7,200	6,940	96%	6,246
26	영업1부	강민복	5,300	5,100	96%	4,590
27	영업3부	박설매	7,300	6,950	95%	6,255
28	영업3부	유경수	4,000	3,700	93%	3,330

| 풀이 |

[F16] 셀을 선택하고 「=IF(E16)=120%,D16*118%,D16*90%)」를 입력하고 Enter를 눌러 식을 완성한 뒤 채우기 핸들로 자동 채우기를 한다(또는 [F16] 셀을 선택하고 함수 마법사를 이용하여 아래와 같이 입력하고 Enter를 눌러 식을 완성한 뒤 채우기 핸들로 자동 채우기를 한다.).

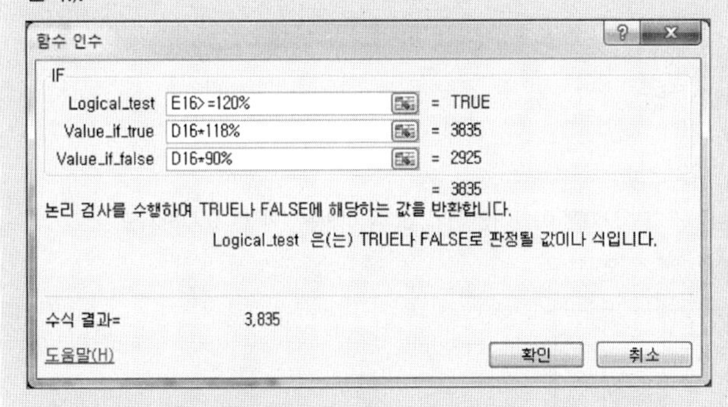

| 정답 |

[F16] : =IF(E16)120%,D16*118%,D16*90%)

기적의 TIP

- 증가는 원래 값에 그만큼을 더한다는 의미입니다. 즉, 100만 원에 10%를 증가시키면 110만 원이 되는 원리입니다.
- 감소는 원래 값에 그만큼을 차감한다는 의미입니다. 즉, 100만 원에 10%를 감소시키면 90만 원이 되는 원리입니다.

백분율	실수	분수
100%	1	1/100
50%	0.5	50/100
30%	0.3	30/100

8. 다중 조건에 따라 결과 구분 – 중첩 IF

중첩 IF 함수는 2개 이상의 다중 조건 판단 결과를 구분할 때 사용합니다. 시험에 빠지지 않는 문제입니다. 함수 마법사를 이용할 수 있지만 식의 구조를 이해하고 직접 식을 작성하는 방법을 익혀야 액세스 쿼리식 구성을 처리할 수 있습니다. 단순 중첩 IF 함수보다는 문자열 함수, 날짜시간 함수 등을 이용한 혼합 중첩 IF 함수가 종종 출제됩니다. 주의할 점은 엑셀에서는 마지막 닫기 ')' 개수가 자동으로 처리되지만 액세스에서는 꼭 정확히 개수를 맞춰 줘야 합니다. ')'의 개수는 IF의 개수와 동일하게 입력합니다.

| 기본 함수 구조 |

=IF(조건1, 조건1이 참일 때 값,
 IF(조건2, 조건2가 참일 때 값,
 IF(조건3, 조건3이 참일 때 값, 그 외의 값))) ....

기적의 TIP

식을 여러 줄로 구분한 것은 식 분석을 쉽게 할 수 있도록 함입니다. 실제 식 작성 시에는 한 줄로 입력하셔야 합니다.

| 작업 파일 | 엑셀함수정리소스.xlsx (중첩IF 시트)

| 처리 조건 |

판정 : 평균이 90점 이상이면 "수", 80점 이상이면 "우", 70점 이상이면 "미", 60점 이상이면 "양", 60점 미만은 "가"로 표시하시오.

	A	B	C	D	E	F
1	컴퓨터활용 평가					
2	성명	필기	실기	총점	평균	판정
3	김구호	75	45	120	60	양
4	하창명	56	58	114	57	가
5	민구연	38	24	62	31	가
6	이상희	88	92	180	90	수
7	오정민	83	39	122	61	양
8	신면철	99	99	198	99	수
9	김해진	89	85	174	87	우
10	오승환	66	70	136	68	양

| 따라 하기 |

① [F3] 셀을 선택하고 「=IF(E3>=90,"수",」까지 입력한 다음 수식 입력 줄에서 "="을 뺀 「IF(E3>=90,"수",」식을 마우스로 드래그하여 복사한다.

② 「=IF(E3>=90,"수",」식 뒤에한 식을 붙여 넣는다. 「=IF(E3>=90,"수",IF(E3>=90,"수",」

③ 붙여넣기한 식에서 조건식과 결과를 두 번째 식으로 변경한다. 「=IF(E3>=90,"수",IF(E3>=80,"우",」

④ 붙여 넣은 식 뒤에 다시 Ctrl+V로 식을 붙여 넣기한 뒤 세 번째 조건과 결과로 수정한다. 「=IF(E3>=90,"수",IF(E3>=80,"우", IF(E3>=70,"미",」

⑤ 이렇게 붙여 넣기를 반복하여 조건과 결과를 수정해 식을 완성한다. 「=IF(E3>=90,"수",IF(E3>=80,"우",IF(E3>=70,"미",IF(E3>=60,"양","가"))))」

⑥ 식이 완성되면 [F3] 셀을 선택하여 자동 채우기를 한다.

| 정답 |

[F3] : =IF(E3>=90,"수",IF(E3>=80,"우",IF(E3>=70,"미",IF(E3>=60,"양","가"))))

| 기출 예제 |

개인별 현금 서비스 금액 표에서 보너스 금액을 참고하여 비고란을 처리하시오.

비고 : 보너스금액이 10만 원 이상이면 "VIP고객", 8만 원 이상이면 "우수고객", 그렇지 않으면 공백으로 표시하시오.

	A	B	C	D	E
19	개인별 현금 서비스 금액				
20					
21	회원번호	성명	사용금액	보너스금액	비고
22	5789	정우성	₩333,000	₩33,000	
23	1568	표석진	₩556,000	₩55,000	
24	4312	하남주	₩571,000	₩57,000	
25	8216	김준하	₩672,000	₩67,000	
26	9231	이남협	₩799,000	₩79,000	
27	3219	박철민	₩854,000	₩85,000	우수고객
28	1686	김정일	₩1,410,000	₩141,000	VIP고객
29	5678	김태희	₩777,000	₩77,000	
30	6794	박수진	₩853,000	₩85,000	우수고객
31	5730	황귀남	₩987,000	₩98,000	우수고객
32	1235	노권자	₩1,125,000	₩112,000	VIP고객
33	7935	심천순	₩1,326,000	₩132,000	VIP고객
34					

| 풀이 |

[E22] 셀을 선택하고 「=IF(D22>=100000,"VIP고객",IF(D22>=80000,"우수고객","")」식을 앞의 문제처럼 한 단위 조건만 입력하고 나머지는 붙여넣기하면서 수정을 하여 식을 입력한 후 Enter를 입력하여 식을 완성하고 채우기 핸들로 자동 채우기를 한다.

| 정답 |

[E22] : =IF(D22>=100000,"VIP고객",IF(D22>=80000,"우수고객",""))

기적의 TIP

중첩 IF 함수에서 주의해야 할 점들

- 조건의 크기가 큰 것부터 분리해 냅니다.
- 결과가 문자일 경우만 ""로 묶어 줍니다. 절대 숫자는 ""로 묶으면 안 됩니다.

9. 논리 함수 – AND/OR

AND 함수는 단독으로 사용이 되지 않고 IF 함수와 혼합되어 사용됩니다.
AND(그리고) 함수는 두 개 이상의 조건이 **모두 만족할 때** 결과로 TRUE를 출력합니다.
OR(또는) 함수는 두 개 이상의 조건 중 **하나라도 만족할 때** 결과로 TRUE를 출력합니다.
논리함수 AND/OR는 함수뿐만 아니라 데이터베이스 함수의 조건, 액세스의 검색, 쿼리 조건에도 사용되는 개념이므로 꼭 이해하도록 합니다.

| 기본 함수 구조 |

AND(조건1,조건2,조건n,.....)
OR(조건1,조건2,조건n,......)

| 작업 파일 | 엑셀함수정리소스.xlsx (AND,OR 시트)

| 처리 조건 |

AND : 영어 점수가 80점 이상이면서 전산 점수가 70점 이상이면 "합격" 그렇지 않으면 "불합격"
OR : 영어 점수가 80점 이상이거나 전산 점수가 60점 이상이면 "합격" 그렇지 않으면 "불합격"

	A	B	C	D	E
1		㈜ 익스터디 승진시험 성적 현황			
2	성명	영어	전산	AND	OR
3	박시영	80	80	합격	합격
4	김명훈	85	60	불합격	합격
5	서태훈	80	75	합격	합격
6	강수현	81	85	합격	합격
7	정미숙	50	45	불합격	불합격
8	김보람	60	80	불합격	합격
9	최정민	75	79	불합격	합격

| 따라 하기 |

① [D3] 셀을 선택하고 「=IF(」까지 입력 후 함수 마법사 창에 아래와 같이 식을 입력한다.

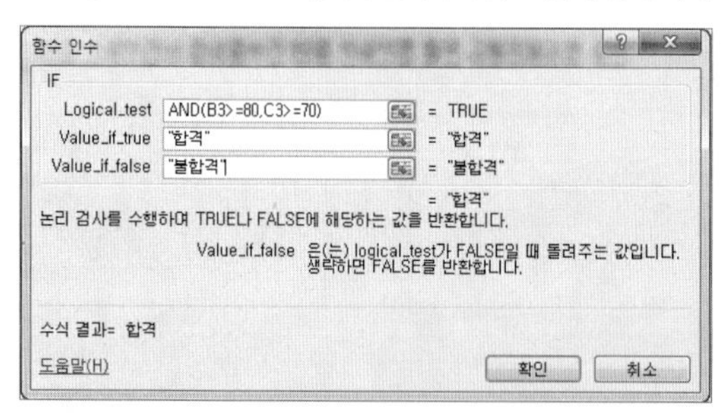

Logical_Test	AND(B3>=80,C3>=70)
Value_if_true	"합격"
Value_if_false	"불합격"

② [E3] 셀을 선택하고 「=IF(」까지 입력 후 마법사 창에 아래와 같이 식을 입력한다.

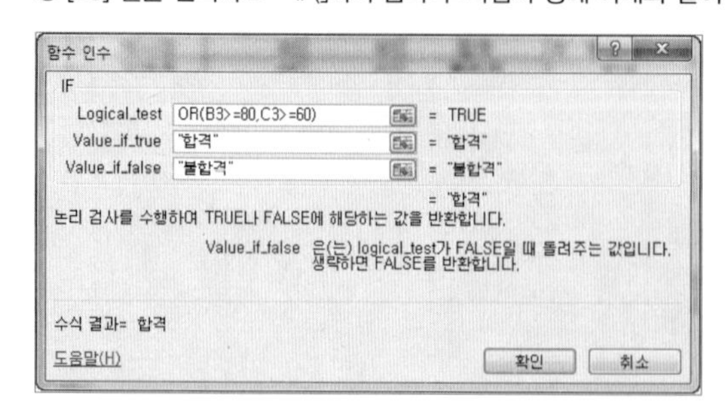

Logical_Test	OR(B3>=80,C3>=60)
Value_if_true	"합격"
Value_if_false	"불합격"

| 정답 |

[D3] : =IF(AND(B3>=80,C3>=70),"합격","불합격")

[E3] : =IF(OR(B3>=80,C3>=60),"합격","불합격")

| 기출 예제 | 결과분기를 아래 표의 조건대로 계산하시오.

조건		(2002>=취득년도) and (2002<(취득년도+내용연수)
결과분기	참	(취득원가-잔존가치)/내용연수
	거짓	0

19	자산별 감가상각 관리					
20	취득년도	자산명	취득원가	내용연수	잔존가치	감각액
21	2003	사무용	₩8,000	2	₩800	₩0
22	2002	사무용	₩10,000	2	₩1,000	₩4,500
23	2002	차량	₩50,000	5	₩5,000	₩9,000
24	2003	기계	₩50,000	10	₩5,000	₩0
25	2003	기계	₩70,000	10	₩7,000	₩0
26	2002	공기구	₩80,000	8	₩8,000	₩9,000
27	2003	공기구	₩80,000	8	₩8,000	₩0
28	2002	기계	₩100,000	10	₩10,000	₩9,000
29	2003	차량	₩150,000	1	₩15,000	₩0
30	2002	건물	₩300,000	40	₩30,000	₩6,750

| 풀이 |

① 최근에 출제되는 형식이다. 표를 이용하여 다중 조건문의 조건을 제시하는데 문제 분석을 우선해야 한다. 문제를 분석해 보면 취득년도가 2002년 이전이면서 (취득년도+내용연수) 합한 값이 2002년 이후이면 (취득원가-잔존가치)/내용연수를 계산하고, 그렇지 않으면 0을 출력하면 된다.

② 이렇게 어려운 문제가 출제될 경우 논리함수를 먼저 계산한 뒤 그 식을 복사하여 IF 함수의 조건 부분에 붙여 넣는 방법을 사용하면 조금은 어려움을 덜 수 있다. [G21] 셀을 선택하고 「=AND(」까지 입력 후 함수 마법사 창에 그림과 같이 입력한 다음 [Enter]를 눌러서 식을 완성한다.

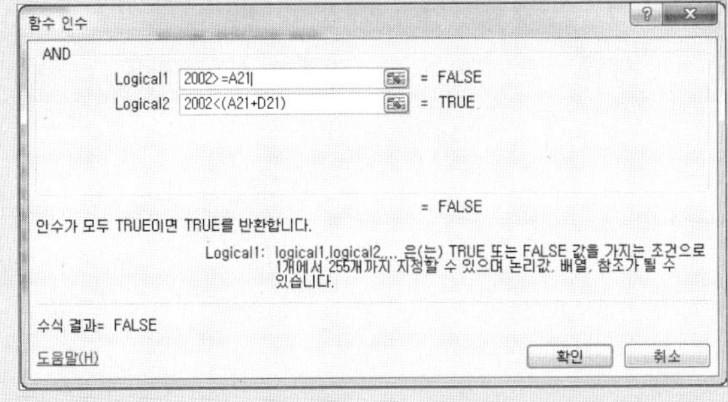

Logical1	2002>=A21
Logical2	2002<(A21+D21)

③ [G21] 셀을 아래방향으로 자동 채우기를 하고 결과가 맞는지 확인한 뒤 수식 입력줄에서 지금까지 작성한 AND 함수식을 마우스로 드래그하여 [Ctrl]+[C]로 복사한다.

④ [F21] 셀을 선택하고 「=if(」까지 입력 후 함수 마법사 창에서 Logical_test를 클릭하고 Ctrl+V로 앞서 작성한 and 함수를 붙여 넣고 나머지 항목은 그림과 같이 입력한 다음 Enter를 눌러서 식을 완성한다. 결과를 확인하고 아래 방향으로 자동 채우기를 한다.

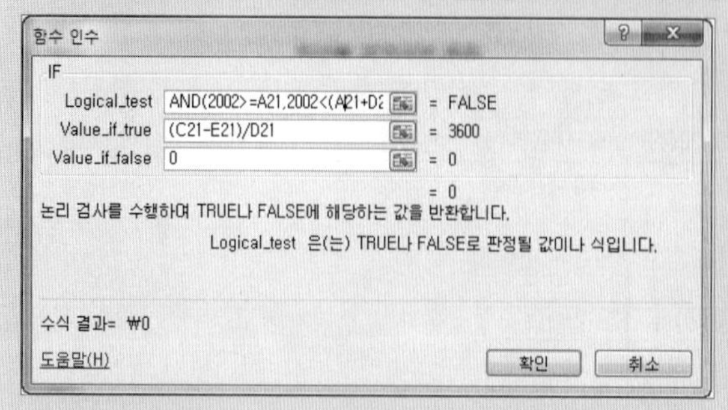

Logical_test	AND(2002>=A21,2002<(A21+D21))
Value_if_true	(C21−E21)/D21
Value_if_false	0

| 정답 |

[F21] : =IF(AND(2002>=A21,2002<(A21+D21)),(C21−E21)/D21,0)

기적의 TIP

꼭 이와 같은 방법으로 논리함수를 미리 완성하고 IF 함수 조건 부분에 붙여 넣지 않아도 됩니다. 바로 식을 입력해도 되지만 식이 길어지다 보면 혼란스러울 수 있어 이렇게 분리하여 입력을 한 것입니다. 뒤에 이어지는 날짜/시간, 문자열 함수도 마찬가지 입니다. 이런 형식으로 IF 함수와 혼합되어 출제됩니다.

10. 지정한 글자 수 추출 – 문자열 함수

문자열 함수는 작업 시 입력한 문자열 중 일부 글자를 글자 수 기준으로 인출합니다. 단독으로 사용할 때는 거의 없고 if 함수 등과 함께 사용됩니다. 시험에 빠지지 않고 출제되는 함수입니다.
문자열 함수에는 LEFT, RIGHT, MID 함수가 있습니다. 특히 MID 함수는 인수가 3개라는 것 잊지 마시기 바랍니다.

| 기본 함수 구조 |

LEFT(Text, Number_chars)

RIGHT(Text, Number_chars)

MID(Text, Start_num, Num_chars)

Text	문자열
Number_chars	추출할 글자 수
Start_num	MID 함수 추출 시작 글자 위치

기적의 TIP

공백도 한 글자로 인식합니다.

| 작업 파일 | 엑셀함수정리소스.xlsx (문자열함수 시트)

| 처리 조건 |

각 함수의 작업 표의 지시 열을 참고하여 문자열 함수를 이용하여 결과 열을 완성하시오.

	A	B	C	D
1				
2	LEFT(값,글자수)		지시	결과
3	대한민국 Korea	=LEFT(A3,7)	왼쪽에서 7글자	대한민국 Ko
4	Korea	=LEFT(A4,3)	왼쪽에서 3글자	Kor
5	대한민국	=LEFT(A5,2)	왼쪽에서 2글자	대한
6				
7				
8	RIGHT(값,글자수)		지시	결과
9	대한민국 Korea	=RIGHT(A9,5)	오른쪽에서 5글자	Korea
10	Korea	=RIGHT(A10,3)	오른쪽에서 3글자	rea
11	대한민국	=RIGHT(A11,2)	오른쪽에서 2글자	민국
12				
13				
14	MID(값,시작자리,글자수)		지시	결과
15	대한민국 Korea	=MID(A15,3,6)	3째 글자부터 6자	민국 Kor
16	Korea	=MID(A16,2,2)	2째 글자부터 2자	or
17	대한민국	=MID(A17,3,2)	3째 글자부터 2자	민국

| 따라 하기 |

① LEFT 함수는 왼쪽 첫 번째 글자부터 지정한 글자 수만큼을 인출한다. 아래와 같이 식을 입력한다.

[D3] : 「=LEFT(A3,7)」 왼쪽 첫 자부터 7 글자를 잘라 "대한민국 Ko"가 인출된다.

[D4] : 「=LEFT(A4,3)」 왼쪽 첫 자부터 3 글자를 잘라 "Kor"가 인출된다.

[D5] : 「=LEFT(A5,2)」 왼쪽 첫 자부터 2 글자를 잘라 "대한"이 인출된다.

② RIGHT 함수는 오른쪽 첫 번째 글자부터 지정한 글자 수만큼을 인출한다. 아래와 같이 식을 입력한다.

[D9] : 「=RIGHT(A9,5)」 오른쪽 첫 자부터 5 글자를 잘라 "Korea"가 인출된다.

[D10] : 「=RIGHT(A10,3)」 오른쪽 첫 자부터 3 글자를 잘라 "rea"가 인출된다.

[D11] : 「=RIGHT(A11,2)」 오른쪽 첫 자부터 2 글자를 잘라 "민국"이 인출된다.

③ MID 함수는 문자열 중간에 임의 위치부터 지정한 글자 수만큼을 인출한다. 아래와 같이 식을 입력한다.

[D15] : 「=MID(A15,3,6)」 3번째 글자부터 6 글자를 잘라 "민국 Kor"가 인출된다.

[D16] : 「=MID(A16,2,2)」 2번째 글자부터 2 글자를 잘라 "or"이 인출된다.

[D17] : 「=MID(A17,3,2)」 3번째 글자부터 2 글자를 잘라 "민국"이 인출된다.

| 기출 예제 |

고객번호 별 전화 종류 작업 표에서 전화종류 열은 고객번호 앞 두 자리가 P1으로 시작하면 "공공용", P2로 시작하면 "가정용", P3로 시작하면 "사업용"으로 표시하시오.

	A	B
21	고객번호 별 전화 종류	
22	고객번호	전화종류
23	P1-140	공공용
24	P1-150	공공용
25	P1-150	공공용
26	P2-360	가정용
27	P2-510	가정용
28	P3-210	사업용
29	P3-310	사업용
30	P3-520	사업용
31		

| 풀이 |

① [B23] 셀을 선택하고 「=LEFT(A23,2)」를 우선 입력하여 정상적으로 앞의 두 자리가 출력되는지 확인한다.

② 수식 입력줄로 이동하여 「LEFT(A23,2)」 앞에 「IF(」를 입력하고 End를 눌러 식 맨 뒤로 이동해서 「=IF(LEFT(A23,2)="P1","공공용",」조건과 출력 값을 입력한다.

③ 앞서 입력된 "="을 제외하고 Ctrl+C로 복사하고 식 맨 뒤에 Ctrl+V로 붙여넣기한 뒤 두 번째 조건과 결과만 수정한다. 「=IF(LEFT(A23,2)="P1","공공용",IF(LEFT(A23,2)="P2","가정용",」 그리고 나머지 결과도 입력하여 식을 완성한다.
「=IF(LEFT(A23,2)="P1","공공용",IF(LEFT(A23,2)="P2","가정용","사업용"))」
IF 단위로 분리하여 살펴보면 혼란을 줄일 수 있다.
=IF(LEFT(A23,2)="P1","공공용",
 IF(LEFT(A23,2)="P2","가정용","사업용"))

| 정답 |

[B23] : =IF(LEFT(A23,2)="P1","공공용",IF(LEFT(A23,2)="P2","가정용","사업용"))

기적의 TIP

문자열 함수와 중첩 IF 함수를 혼합하는 함수는 자주 출제되는 내용입니다. 본서에서 설명한 방법이 글로는 복잡하지만 차근히 한 번만 제대로 해보면 그 다음부터는 훨씬 쉽습니다.

11. 문자열 연결 – &, CONCATENATE

&는 함수라기보다는 문자열 연결 기능을 가지는 연산자라고 볼 수 있습니다.
CONCATENATE 함수는 &와 같은 역할을 하는 함수입니다. 시험에 출제된 적이 있는 내용입니다. 주의할 점은 문자열을 무조건 " "로 묶어 준다는 것만 잊지 마세요.

| 기본 함수 구조 |
TEXT1 & TEXT2 & TEXT3
CONCATENATE(TEXT1,TEXT1......)

| 작업 파일 | 엑셀함수정리소스.xlsx (&연산자 시트)

| 처리 조건 |
작업 표의 년도, 해당 월, 해당 일을 참고하여 년월일 열에 1998년 5월 11일처럼 문자를 묶으시오.

	A	B	C	D
1				
2	년도	해당 월	해당 일	년월일
3	1998	5	11	1998년 5월 11일
4	1999	6	12	1999년 6월 12일
5	2000	7	13	2000년 7월 13일
6	2001	8	14	2001년 8월 14일
7	2003	9	15	2003년 9월 15일
8	2003	10	16	2003년 10월 16일
9	2004	11	17	2004년 11월 17일
10	2005	12	18	2005년 12월 18일

| 따라 하기 |
① 문자는 무조건 " "로 묶어야 한다는 것을 잊지 말고 순서대로 하나씩 입력해 나가도록 한다.
② [D3] 셀을 선택하고 「=A3&"년 "&B3&"월 "&C3&"일"」식을 입력하고 Enter를 누른 뒤 채우기 핸들로 자동 채우기를 한다.
③ 년, 월, 일 구분에 공백이 있으므로 "년_"처럼 공백(_: 공백) 들어갈 부분도 괄호로 묶는다.

| 정답 |
[D3] : =A3&"년 "&B3&"월 "&C3&"일"

기적의 TIP
MS Office 2021부터 CONCATENATE 함수가 CONCAT으로 함수명이 변경되었습니다.

| 기출 예제 |

기출 예제 표에서 대여자 열은 코드 맨 앞 1자리, 대여일로 표시한다(예 이승엽:C:21일).

	A	B	C	D
16				
17	대여자	코드	대여일	종합
18	이승엽	B-1	3	이승엽:B:3일
19	김재해	A-5	3	김재해:A:3일
20	최경주	C-8	4	최경주:C:4일
21	이종범	A-6	4	이종범:A:4일
22	이봉주	B-6	5	이봉주:B:5일
23	이수경	A-1	5	이수경:A:5일
24	유남규	A-7	5	유남규:A:5일
25	원미경	B-1	6	원미경:B:6일
26	한기주	B-7	6	한기주:B:6일

| 풀이 |

① [D18] 셀을 선택하고 「=CONCATENATE(」까지 입력 후 함수 마법사를 실행한다.

② 아래와 같이 선택 및 함수 입력을 하고 [확인]을 클릭한 뒤 채우기 핸들로 자동 채우기를 한다.

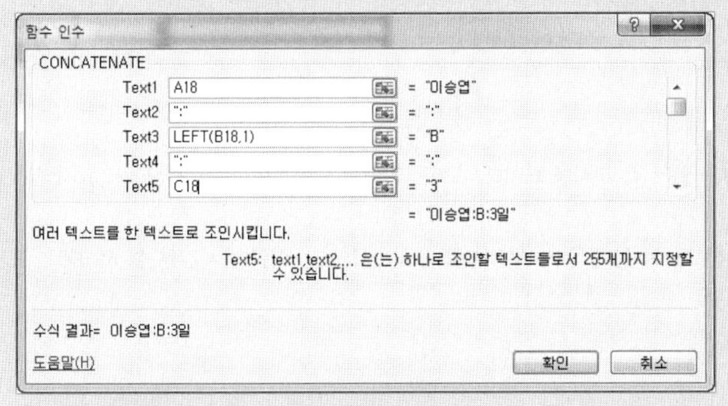

③ 또는 &를 이용하여 아래와 같이 직접 연결해 줘도 된다.
「=A18&":"&LEFT(B18,1)&":"&C18&"일"」

| 정답 |

[D18] : =CONCATENATE(A18,":",LEFT(B18,1),":",C18,"일")

[D18] : =A18&":"&LEFT(B18,1)&":"&C18&"일"

기적의 TIP

시험에서 똑같은 결과를 가져올 수 있는 함수가 두 개 이상인데 사용해야 할 함수를 지정하지 않았을 경우에는 수험생이 사용하기 편한 함수를 사용하면 됩니다.

12. 년, 월, 일을 구분하는 날짜 함수

날짜나 시간 데이터에서 각 항목을 인출할 수 있는 함수입니다. 기본에 충실하면 어렵지 않으니 반드시 알아 두시길 바랍니다.

| 기본 함수 구조 |

=TODAY() : 오늘 날짜를 표시. 인수 필요 없음 (단축키 : Ctrl+;)

=YEAR(날짜) : 날짜에서 년도만 표시

=MONTH(날짜) : 날짜에서 월만 표시

=DAY(날짜) : 날짜에서 일만 표시

=NOW() : 현재 시간을 표시. 인수 필요 없음 (단축키 : Ctrl+Shift+;)

=HOUR(시간) : 현재 시간에서 시간만 표시

=MINUTE(시간) : 현재 시간에서 분만 표시

=SECOND(시간) : 현재 시간에서 초만 표시

| 작업 파일 | 엑셀함수정리소스.xlsx (날짜시간 시트)

| 처리 조건 |

- [C3] 셀에 오늘 날짜를 입력하고 입력한 날짜를 참고하여 결과 열에 각 지시를 표시하시오(단, 입력한 오늘 날짜는 셀 서식에서 표시 형식을 YYYY-MM-DD로 설정한다.).
- [C10] 셀에 시간을 "8:30:40"으로 입력하고 입력한 시간을 참고하여 결과 열에 각 지시를 표시하시오(단, 입력한 시간은 셀 서식에서 표시 형식을 HH:MM:SS로 설정한다.).

	A	B	C
1			
2	기준	함수	결과
3	오늘	=TODAY()	2013-12-30
4	년도	=YEAR(C3)	2013
5	월	=MONTH(C3)	12
6	일	=DAY(B7)	30
7			
8			
9	기준	함수	결과
10	지금	=NOW()	08:30:40
11	시	=HOUR(C10)	8
12	분	=MINUTE(B14)	30
13	초	=SECOND(B15)	40

| 따라 하기 |

① [C3] 셀을 선택하고 Ctrl+;를 오늘을 입력하고 Enter를 눌러 오늘 날짜를 완성한다. 또는 「=TODAY()」 함수를 입력하고 Enter를 눌러 오늘 날짜를 완성한다.

② [C4] 셀을 선택하고 「=YEAR(C3)」입력하여 입력한 데이터의 년도를 표시한다.

③ [C5] 셀을 선택하고 「=MONTH(C3)」입 입력한 데이터의 월을 표시한다.

④ [C6] 셀을 선택하고 「=DAY(C3)」입력하여 입력한 데이터의 일을 표시한다.

⑤ [C10] 셀을 선택하고 Ctrl+Shift+;를 눌러 현재 시간을 입력하고 Enter를 눌러 오늘 날짜를 완성한다. 또는 「=NOW()」를 입력하고 Enter를 눌러 오늘 날짜를 완성한다.

⑥ [C11] 셀을 선택하고 「=HOUR(C10)」입력하여 입력한 데이터의 시간을 표시한다.

⑦ [C12] 셀을 선택하고 「=MINUTE(C10)」입력하여 입력한 데이터의 분을 표시한다.

⑧ [C13] 셀을 선택하고 「=SECOND(C10)」입력하여 입력한 데이터의 초를 표시한다.

| 기출 예제 |

아르바이트 급여 현황 표를 보고 아래 작업을 처리하시오.

당일금액 : (근무시간의 시×4800) + (근무시간의 분×80)

식대 : 근무시간이 6시간 이상이면 10,000원, 6시간 미만이면 2,000원으로 계산

	A	B	C	D	E	F
23	아르바이트 급여 현황					
24	성명	출근시간	퇴근시간	근무시간	당일금액	식대
25	공병호	9:25	18:20	8:55	₩42,800	₩10,000
26	김미선	9:20	16:35	7:15	₩34,800	₩10,000
27	김병선	13:29	17:30	4:01	₩19,280	₩2,000
28	김윤식	13:10	20:20	7:10	₩34,400	₩10,000
29	김지명	14:10	21:00	6:50	₩32,800	₩10,000
30	김진혁	8:25	12:20	3:55	₩18,800	₩2,000
31	신혁진	17:28	23:40	6:12	₩29,760	₩10,000
32	안성기	13:40	20:20	6:40	₩32,000	₩10,000
33	이강복	8:20	17:20	9:00	₩43,200	₩10,000
34	이우선	16:20	20:06	3:46	₩18,080	₩2,000
35	정상희	8:55	17:10	8:15	₩39,600	₩10,000
36	조형래	13:20	20:10	6:50	₩32,800	₩10,000
37	주진모	13:15	20:50	7:35	₩36,400	₩10,000
38						

| 풀이 |

① 근무시간이 시간과 분으로 구분되어 있으므로 시간, 분을 각각 분리하여 문제에 제시된 대로 입력하면 된다. [E25] 셀을 선택하고 「=HOUR(D25)*4800+MINUTE(D25)*80」식을 입력 후 Enter 로 식을 완성한다.

② [F25] 셀을 선택하고 「=IF(」을 입력 후 함수 마법사 창에 아래와 같이 식을 입력하고 [확인]을 클릭하여 식을 완성한다.

③ [E25:F25] 셀을 선택하고 채우기 핸들로 자동 채우기를 한다.

| 정답 |

[E25]: =HOUR(D25)*4800+MINUTE(D25)*80)

[F25]: =IF(HOUR(D25)>=6,10000,2000)

기적의 TIP

함수 결과가 정수가 아닌 날짜로 표현되거나 반대일 경우가 있을 수 있습니다. 이때는 [셀 서식]–[표시 형식] 탭–[통화], [날짜] 등 해당 셀에 맞는 형식으로 지정해서 변경해 주면 됩니다.

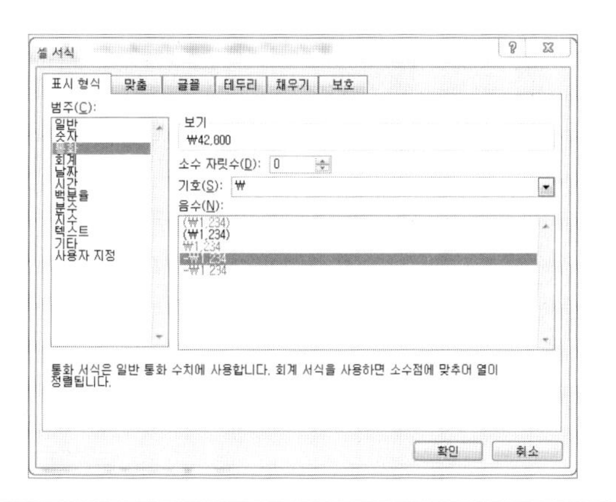

13. 지정한 조건의 합계 - SUMIF

SUMIF 함수는 조건 범위에서 해당 조건에 대해 참인 행의 합계를 계산하는 함수입니다. 주의할 점은 Criteria 인수는 셀을 직접 참조하지 않는 경우를 제외하고는 무조건 조건을 ""로 묶습니다. 함수 마법사를 이용할 경우엔 ""를 자동으로 입력해 주니 되도록 SUMIF, COUNTIF 함수는 함수 마법사를 이용하도록 합니다.
'~으로 시작하는', '~으로 끝나는' 등의 조건을 지정할 때는 만능문자인 "*"를 사용할 수 있습니다. 단 "*" 만능문자는 엑셀에서 SUMIF, COUNTIF, 데이터베이스 함수 조건에만 사용할 수 있으니 기억하도록 합니다(IF 함수 등에서 문자열 함수 대용으로 사용할 수 없습니다.).

| 기본 함수 구조 |

=SUMIF(Range, Criteria, Sum_range)

Range	조건 검색 범위
Criteria	조건
Sum_range	합계 계산할 범위

| 작업 파일 | 엑셀함수정리소스.xlsx (SUMIF 시트)

| 처리 조건 |

고객별 전화 요금내역에서 아래 조건에 맞게 함수식을 이용하여 결과를 도출하시오.

- 전화종류가 공공용인 각 항목의 수직 합계
- 전화종류가 가정용인 각 항목의 수직 합계
- 전화종류가 영업용인 각 항목의 수직 합계
- 고객번호가 P1로 시작하는 통화요금의 합계
- 통화량이 250 이상인 전화 요금의 합계
- 통화량이 200 이상 300 미만인 기본요금의 합계
- 전화종류가 영업용 미만인 기본요금의 합계
- 통화량이 250 이상인 전화요금의 합계 식을 작성

	A	B	C	D	E	F
1	고객별 전화요금 내역					
2	고객번호	전화종류	통화량	기본요금	통화요금	전화요금
3	P1-140	공공용	210	₩6,000	₩8,022	₩14,022
4	P1-150	공공용	256	₩2,500	₩9,933	₩12,433
5	P1-150	공공용	256	₩2,500	₩9,779	₩12,279
6	P2-360	가정용	156	₩4,000	₩6,115	₩10,115
7	P2-510	가정용	468	₩5,000	₩17,971	₩22,971
8	P3-210	영업용	30	₩4,000	₩1,146	₩5,146
9	P3-310	영업용	56	₩4,000	₩2,083	₩6,083
10	P3-520	영업용	186	₩4,000	₩6,956	₩10,956
11	합 계	공공용	722	11,000	27,734	38,734
12		가정용	624	9,000	24,086	33,086
13		영업용	272	12,000	10,186	22,186
14	고객번호가 P1으로 시작하는 통화요금의 합계					₩27,734
15	통화량이 250 이상인 전화요금의 합계					₩47,683
16	통화량이 200 이상 300미만인 기본요금의 합계					₩11,000
17	전화종류가 영업용 미만인 기본요금의 합계					₩20,000
18	통화량이 250이상인 전화요금의 합계 식을 작성				=SUMIF(C3:C10,">=250",F3:F10)	

| 따라 하기 |

① [C11] 셀을 선택하고 「=SUMIF(」까지 입력 후 함수 마법사를 실행하여 아래와 같이 식을 입력하고 좌측 자동 채우기 다음 아래쪽 자동 채우기로 12셀을 모두 채우기한다.

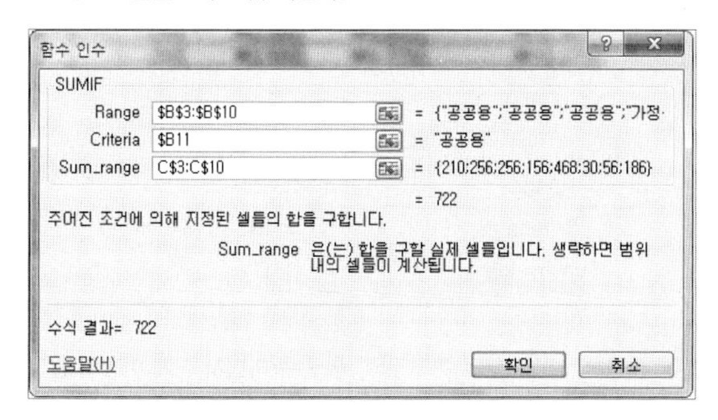

Range	$B$3:$B$10
Criteria	$B11
Sum_range	C$3:C$10

② Range 인수는 채워지는 모든 셀에 공통으로 같은 조건이므로 절대참조로 지정한다. Criteria 인수는 작업 표에 입력되어 있는 "공공용", "가정용", "영업용"이 자동 지정되도록 하기 위해 열 방향 혼합 참조를 지정하고, Sum_range 인수는 반대로 행 방향 참조를 지정한다. (행 방향으로는 각 행마다 전화종류가 달라져야 하지만, 열 방향으로는 고정되어야 한다)

③ "고객번호가 P1으로 시작하는 통화요금의 합계"를 계산하기 위해 [E14] 셀을 선택하고 「=SUMIF(」까지 입력 후 함수 마법사 아래와 같이 식을 입력한다. "P1*" 는 P1 으로 시작하는 모든 문자열을 의미한다. SUMIF, COUNTIF 함수에서는 문자열 함수 대신 '*'를 사용할 수 있다. (P1으로 끝나는 : "*P1")

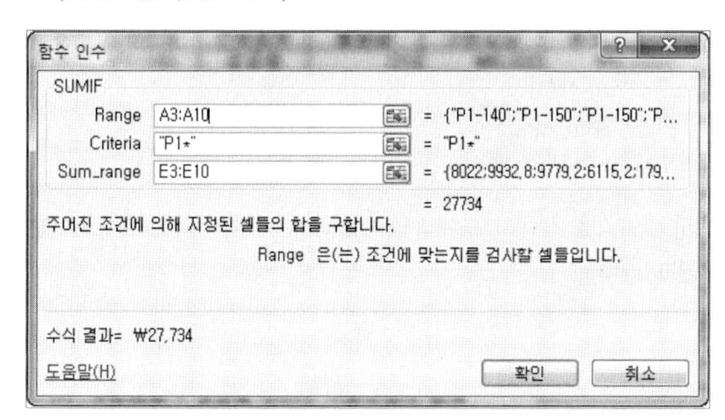

Range	A3:A10
Criteria	"P1*"
Sum_range	E3:E10

④ "통화량이 250 이상인 전화요금의 합계"를 계산하기 위해 [E15] 셀을 선택하고 「=SUMIF(」까지 입력 후 함수 마법사(»)를 실행하여 아래와 같이 식을 입력한다. SUMIF, COUNTIF 함수에서 Criteria 인수는 셀을 참조하는 경우를 제외하고는 무조건 " " 로 묶는다.

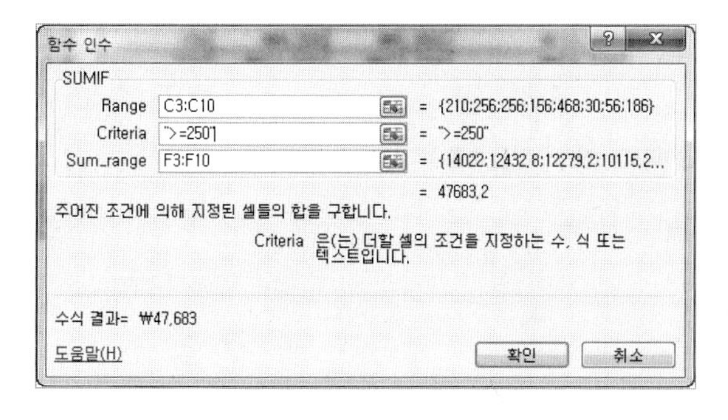

Range	C3:C10
Criteria	">=250"
Sum_range	F3:F10

⑤ "통화량이 200 이상 300 미만인 기본요금의 합계"를 계산하기 위해 [E16] 셀을 선택하고 「=SUMIF(」까지 입력 후 함수 마법사 창에 아래와 같이 식을 입력한 다음 수식 입력 줄에서 완성된 식을 복사하여 뒤에 붙여 넣고 조건을 변경한 뒤 식을 완성한다.
「=SUMIF(C3:C10,">=200",D3:D10)-SUMIF(C3:C10,">=300",D3:D10)」

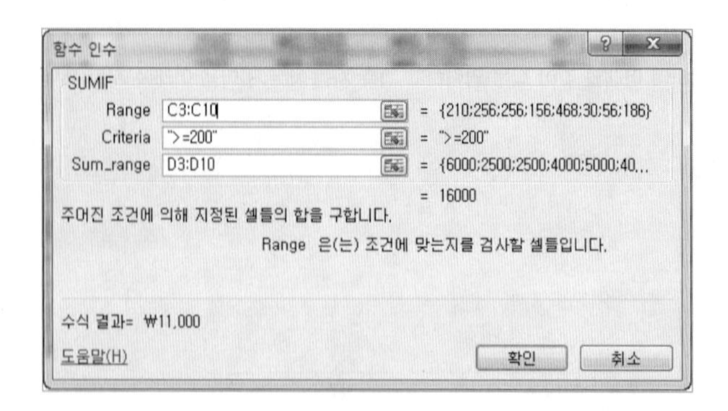

Range	C3:C10
Criteria	"〉=200"
Sum_range	D3:D10

⑥ "전화종류가 영업용 미만인 기본요금의 합계"를 계산하기 위해 [E17] 셀을 선택하고 「=SUMIF(」까지 입력 후 함수 마법사 창에 아래와 같이 식을 입력한다. SUMIF, COUNTIF 함수에서는 문자열 기준으로 관계 연산자를 사용할 수 있다. "영업용" 미만이란 가나다순으로 "영업용" 이전의 조건들을 의미한다.

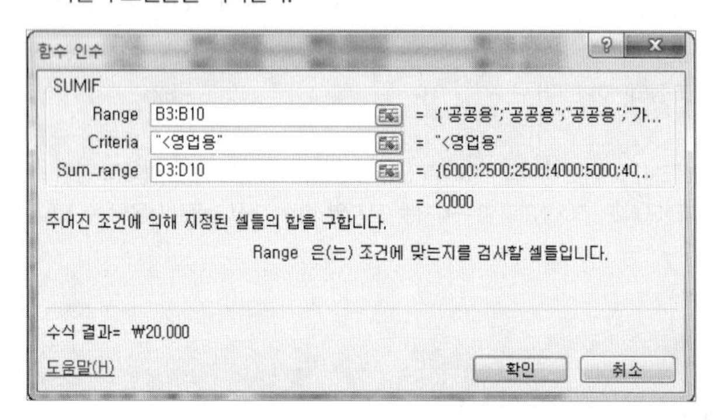

Range	B3:B10
Criteria	"〈영업용"
Sum_range	D3:D10

⑦ "통화량이 250 이상인 전화요금의 합계 식을 작성"을 처리하기 위해 [E15] 셀의 식을 선택하고 수식 입력 줄에서 수식을 마우스로 드래그한 뒤 [Ctrl]+[C]–[Esc]–[E18] 셀 선택 → 「'」 입력 → [Ctrl]+[V]로 식을 붙여 넣고 [Enter]를 누른다.

| 정답 |

[C11] : =SUMIF($B$3:$B$10,$B11,C$3:C$10)

[E14] : =SUMIF(A3:A10,"P1*",E3:E10)

[E15] : =SUMIF(C3:C10,"〉=250",F3:F10)

[E16] : =SUMIF(C3:C10,"〉=200",D3:D10)–SUMIF(C3:C10,"〉=300",D3:D10)

[E17] : =SUMIF(B3:B10,"〈영업용",D3:D10)

기적의 TIP

통화량이 200 이상 300 미만인 기본요금의 합계 문제에서 왜 300 미만이라고 했는데 부등호를 〉=300으로 할까요?

「=SUMIF(C3:C10,"〉=200",D3:D10)–SUMIF(C3:C10,"〉=300",D3:D10)」

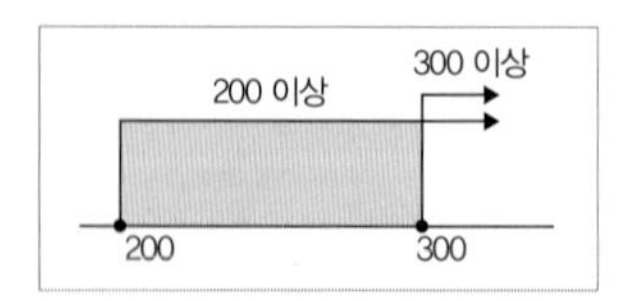

200 이상인 값의 합은 결국 300 이상인 모든 값을 포함하게 됩니다. 그래서 200 이상의 전체 합계에서 300 이상인 값을 빼면 200~299까지 값만 남게 되겠지요.

14. 지정한 조건의 개수 - COUNTIF

COUNT 계열 함수는 개수를 세어 주는 함수입니다. COUNTIF 함수는 조건에 맞는 개수를 세어 주는 함수입니다. 주로 사용되는 함수로는 COUNT, COUNTA, COUNTIF 등이 있습니다. COUNTIF 함수의 인수 Criteria 부분은 SUMIF 함수와 마찬가지로 " "로 묶어 줘야 하니 되도록 함수 마법사를 이용합니다. 함수 마법사 이용 시에는 자동으로 " "를 입력해 줍니다.

| 기본 함수 구조 |

COUNT(VALUE1,VALUE2......) : 지정한 범위에서 숫자 셀의 개수를 세어 준다.

COUNTA(VALUE1,VALUE2......) : 지정한 범위에서 입력데이터가 있는 셀의 개수를 세어 준다.

COUNTBLANK(VALUE1,VALUE2......) : 지정한 범위에서 입력데이터가 없는 셀의 개수를 세어 준다.

COUNTIF(Range, Criteria) : 지정한 범위에서 지정한 조건의 개수를 세어 준다.

Range	범위
Criteria	조건

| 작업 파일 | 엑셀함수정리소스.xlsx (COUNTIF 시트)

| 처리 조건 |

직원 근무 평가표를 보고 아래 지시사항을 처리하시오.

ⓐ 응시 사원수

ⓑ 결시 사원수

ⓒ 성명이 "박정호" 이상인 사원수

ⓓ 성명이 "박인수" 이상 "유현숙" 미만의 사원수

ⓔ 응시일이 "1997년 4월 1일" 이후인 사원수

ⓕ 응시점수가 70 이상인 사원수

ⓖ "김"씨 성을 가진 사원수

ⓗ 성명이 "희" 자로 끝나는 사원수

ⓘ 응시점수 70 이상인 응시점수 평균

	A	B	C	D	E
1	시험 응시 현황				
2	성명	응시일	응시점수		
3	박정호	1994-06-06	73	ⓕ 응시점수 70이상인 사원수	
4	신정희	1997-04-01	68		4
5	김용태	1999-05-06	98	ⓖ "김"씨 성을 가진 사원수	
6	김진영	1995-11-01			3
7	유현숙	1998-01-01	69	ⓗ 성명이 "희" 자로 끝나는 사원수	
8	최정렬	1998-06-10	80		2
9	강창희	1997-09-11		ⓘ 응시점수 70이상인 응시점수 평균	
10	김영주	1996-06-10	70		80.25
11	박인수	1998-05-06	68		
12	ⓐ응시 사원수			7	
13	ⓑ결시 사원수			2	
14	ⓒ성명이 "박정호" 이상인 사원수			4	
15	ⓓ성명이 "박인수" 이상 "유현숙" 미만의 사원수			3	
16	ⓔ응시일이 1997년 4월 1일 이후인 사원수			6	
17					

| 따라 하기 |

① 응시 사원수를 계산하기 위해 [D12] 셀을 선택하고 「=COUNT(C3:C11)」을 입력한다.

② 결시 사원수를 계산하기 위해 [D13] 셀을 선택하고 「=COUNTBLANK(C3:C11)」을 입력한다.

③ 성명이 "박정호" 이상인 사원수를 계산하기 위해 [D14] 셀을 선택하고 「=COUNTIF(」까지 입력하고 함수 마법사에서 그림과 같이 설정한다.

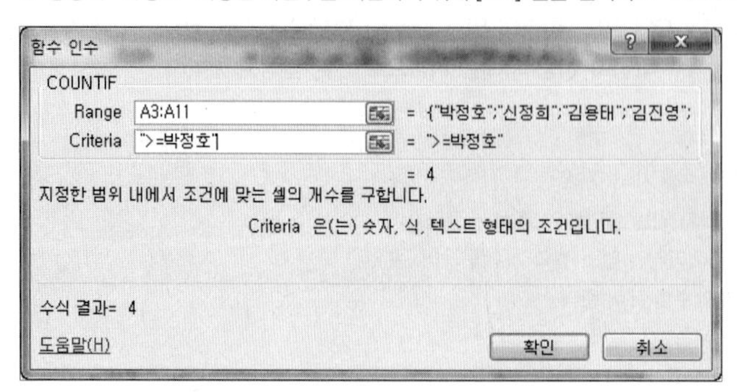

Range	A3:A11
Criteria	">=박정호"

④ 성명이 "박인수" 이상 "유현숙" 미만의 사원수를 계산하기 위해 [D15] 셀을 선택하고 「=COUNTIF(」까지 입력하고 [함수 마법사]를 클릭하여 함수 마법사에서 그림과 같이 설정한 다음 수식 입력 줄에서 작성된 식을 복사하여 식 뒤에 "–"를 입력하고 붙여 넣고 조건을 수정한 뒤 Enter 를 눌러 식을 완성한다.

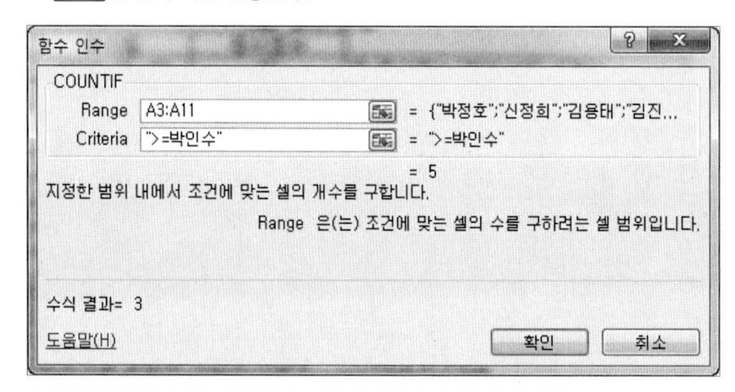

Range	A3:A11
Criteria	">=박인수"

「=COUNTIF(A3:A11,">=박인수")–COUNTIF(A3:A11,">=유현숙")」

⑤ 응시일이 "1997년 4월 1일 이후"인 사원수를 계산하기 위해 [D16] 셀을 선택하고 「=COUNTIF(」까지 입력하고 함수 마법사를 클릭하여 함수 마법사에서 다음과 같이 설정한다.

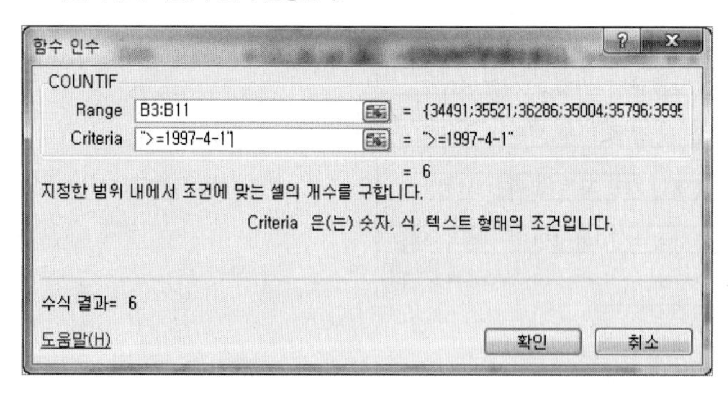

Range	B3:B11
Criteria	">=1997–4–1"

⑥ 응시점수 70 이상인 사원수를 계산하기 위해 [D4] 셀을 선택하고 「=COUNTIF(」까지 입력하고 함수 마법사에서 그림과 같이 설정한다.

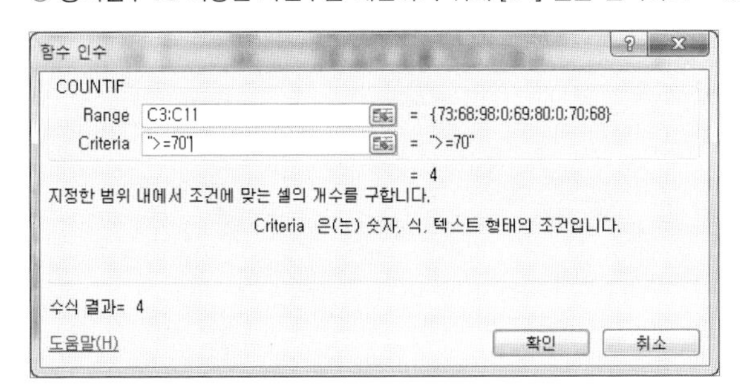

Range	C3:C11
Criteria	">=70"

⑦ "김"씨 성을 가진 사원수를 계산하기 위해 [D6] 셀을 선택하고 「=COUNTIF(」까지 입력하고 [함수 마법사]를 클릭하여 함수 마법사에서 그림과 같이 설정한다.

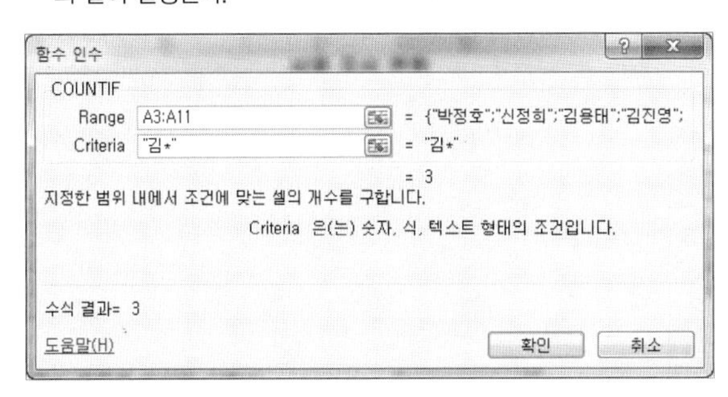

Range	A3:A11
Criteria	"김*"

⑧ 성명이 "희" 자로 끝나는 사원수를 계산하기 위해 [D8] 셀을 선택하고 「=COUNTIF(」까지 입력하고 [함수 마법사]를 클릭하여 함수 마법사에서 그림과 같이 설정한다.

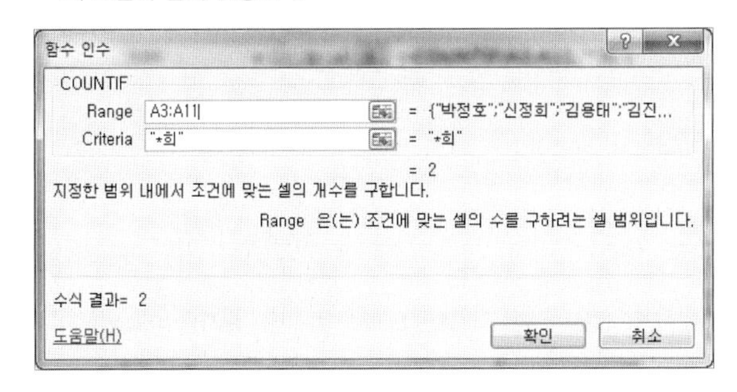

Range	A3:A11
Criteria	"*희"

⑨ 응시점수 70 이상인 응시점수 평균을 계산하기 위해 [D10] 셀을 선택하고 「=SUMIF(C3:C11,">=70",C3:C11)/COUNTIF(C3:C11,">=70")」를 입력하고 Enter를 눌러 식을 완성한다.

'평균 = 합계 / 개수'로 계산한다. 즉, 조건에 대한 평균조건 합계 / 조건 개수'로 계산한다. 엑셀 2007 버전에서는 AVERAGEIF 함수를 사용하여 한 번에 아래와 같이 계산할 수 있다.

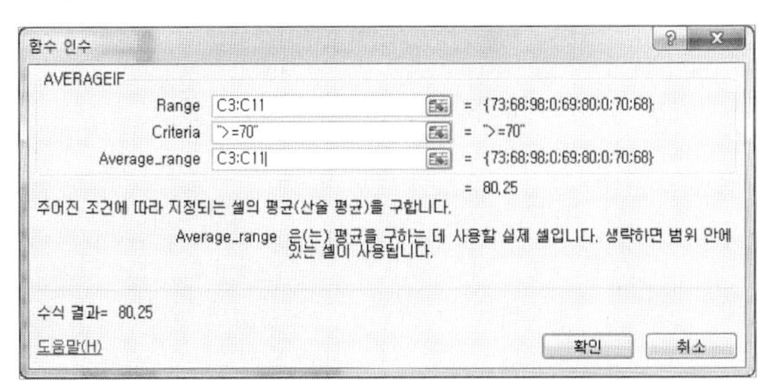

Range	C3:C11
Criteria	">=70"
Average_range	C3:C11

| 정답 |

[D12] =COUNT(C3:C11)

[D13] =COUNTBLANK(C3:C11)

[D14] =COUNTIF(A3:A11,">=박정호")

[D15] =COUNTIF(A3:A11,">=박인수")–COUNTIF(A3:A11,">=유현숙")

[D16] =COUNTIF(B3:B11,">=1997–4–1")

[D4] =COUNTIF(C3:C11,">=70")

[D6] =COUNTIF(A3:A11,"김*")

[D8] =COUNTIF(A3:A11,"*희")

[D10] =SUMIF(C3:C11,">=70",C3:C11)/COUNTIF(C3:C11,">=70")

| 기출 예제 |

고객번호별 납부금액 현황표에서 "납부금액이 10000 이상 15000 미만 인원수"를 계산하시오.

	A	B	C	D	E
19	고객번호별 납부금액 현황				
20					
21	고객번호	구분	사용량	사용금액	납부금액
22	H-101-46	가정용	156	₩85,800	₩173,800
23	O-103-84	사무용	122	₩42,700	₩86,700
24	F-102-84	공장용	114	₩28,500	₩52,580
25	O-103-85	사무용	154	₩53,900	₩47,432
26	F-102-46	공장용	136	₩34,000	₩37,520
27	H-101-22	가정용	60	₩33,000	₩33,000
28	O-103-83	사무용	66	₩23,100	₩20,328
29	F-102-43	공장용	33	₩8,250	₩13,200
30	H-101-31	가정용	26	₩14,300	₩12,584
31	O-103-86	사무용	12	₩4,200	₩8,316
32	O-103-54	사무용	13	₩4,550	₩6,750
33	O-103-82	사무용	18	₩6,300	₩5,544
34	F-102-42	공장용	18	₩4,500	₩3,960
35	납부금액이 10000 이상 15000 미만 인원수				2
36					

| 풀이 |

[D35] 셀을 선택하고 앞 예제의 ⓓ처럼 식을 완성한다.

「=COUNTIF(E22:E34,">=10000")–COUNTIF(E22:E34,">=15000")」

| 정답 |

[D35] : =COUNTIF(E22:E34,">=10000")–COUNTIF(E22:E34,">=15000")

기적의 TIP

COUNTIF 함수에서 조건을 날짜로 지정할 경우 꼭 "년–월–일" 규칙을 맞춰 입력하도록 합니다. 또한 SUMIF 함수처럼 문자를 비교 연산자를 이용하여 계산하는 것이 가능합니다.

15. 다중 AND 조건의 계산

앞서 알아본 SUMIF, COUNTIF 함수는 1개의 조건만 처리할 수 있었습니다. 오피스 버전이 업그레이드되면서 다중 조건을 처리할 수 있는 함수가 추가되었습니다.
SUMIFS, COUNTIFS, AVERAGEIF, AVERAGEIFS 등의 함수로, 앞서 알아본 함수 뒤에 S가 붙어 표현되며 이 S함수들은 다중 조건 중 AND 조건만 처리가 가능합니다.

| 기본 함수 구조 |

SUMIFS(합계 범위,조건1 범위,조건1,조건2 범위,조건2....) : 지정한 범위에서 조건1, 조건2를 모두 만족하는 합계를 계산

Sum_range	합계 범위
Criteria_range1	조건1 범위
Criteria1	조건1
Criteria_range2	조건2 범위
Criteria2	조건2

AVERAGEIF(조건 범위,조건,평균 범위) : 지정한 범위에서 조건을 만족하는 평균을 계산

Range	조건 범위
Criteria	조건
Average_range	평균 범위

AVERAGEIFS(평균 범위,조건1 범위,조건1,조건2 범위,조건2....) : 지정한 범위에서 조건1, 조건2를 모두 만족하는 평균을 계산

Average_range	평균 범위
Criteria_range1	조건1 범위
Criteria1	조건1
Criteria_range2	조건2 범위
Criteria2	조건2

COUNTIFS(조건1 범위,조건1,조건2 범위,조건2....) : 지정한 범위에서 조건1, 조건2를 모두 만족하는 개수를 계산

Criteria_range1	조건1 범위
Criteria1	조건1
Criteria_range2	조건2 범위
Criteria2	조건2

| 작업 파일 | 엑셀함수정리소스.xlsx (다중조건 시트)

| 처리 조건 |

아래 표를 이용하여 하단의 지시사항을 처리하시오.

ⓐ A승용차 판매량이 400 이상 500 미만인 B승용차의 합계

ⓑ A승용차 판매량이 400 이상 500 미만인 A승용차의 개수 (예: 2건)

ⓒ 성명이 A승용차의 A승용차, B승용차, C승용차 항목의 평균

ⓓ 성명이 이씨이면서 대구이고 C승용차가 300 이상인 A승용차, B승용차, C승용차 평균

ⓔ 성명이 이씨이면서 대구이고 C승용차가 300 이상인 A승용차, B승용차, C승용차 합계

ⓕ A승용차 판매량이 400 이상이면서 500 미만인 A승용차, B승용차, C승용차 평균

	A	B	C	D	E	F	G	H	I	J	K
1	성명	영업소	A 승용차	B 승용차	C 승용차						
2	박승엽	경기	540	230	340						
3	이한수	대구	430	330	300						
4	박재홍	인천	120	80	110						
5	위재영	부산	500	310	422						
6	이병규	경기	120	110	70						
7	양준혁	대구	480	310	520						
8	이진우	경기	60	72	20						
9	조규수	경기	45	12	30						
10											
11	ⓐA승용차 판매량이 400이상 500 미만인 B승용차의 합계						ⓑA승용차 판매량이 400이상 500 미만인 A승용차의 개수				
12	SUMIFS		640				COUNTIFS		2건		
13											
14	ⓒ성명이 이씨인 A승용차의 각 항목의 평균						ⓓ이씨 이면서 대구이고 C승용차가 300이상인 평균				
15	AVERAGEIF		203	171	130		AVERAGEIFS		430	330	300
16											
17	ⓔ이씨 이면서 대구이고 C승용차가 300이상인 합계						ⓕA승용차 판매량이 400이상 500 미만인 각 항목 평균				
18	SUMIFS		430	330	300		AVERAGEIFS		455	320	410
19											

| 따라 하기 |

① 문제 계산을 위해 [C12] 셀을 선택하고 =SUMIFS(D2:D9,C2:C9,">=400",C2:C9,"<500")를 입력한다.

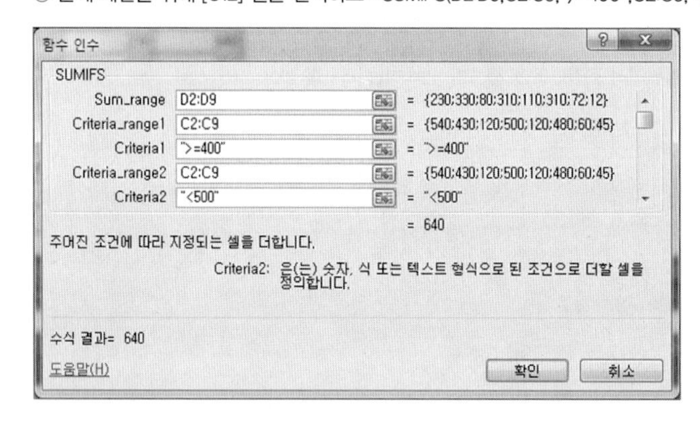

Sum_range	D2:D9
Criteria_range1	C2:C9
Criteria1	">=400"
Criteria_range2	C2:C9
Criteria2	"<500"

기적의 TIP

조건 함수(SUMIF, AVERAGEIF, COUNTIF 등의 함수)는 함수 마법사를 이용하면 간편합니다. 각 항목 입력 후 [Tab]를 누르면 Criteria의 경우 자동으로 " "로 묶입니다.

② 문제 계산을 위해 [I12] 셀을 선택하고 =COUNTIFS(C2:C9,">=400",C2:C9,"<500")&"건"을 입력한다.

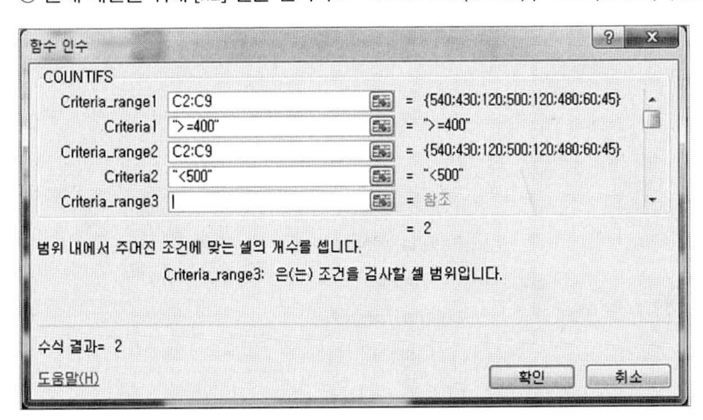

Criteria_range1	C2:C9
Criteria1	">=400"
Criteria_range2	C2:C9
Criteria2	"<500"

③ 문제 계산을 위해 [C15] 셀을 선택하고 =AVERAGEIF($A$2:$A$9,"이*",C2:C9)를 입력한 후 우측으로 자동 채우기를 한다.

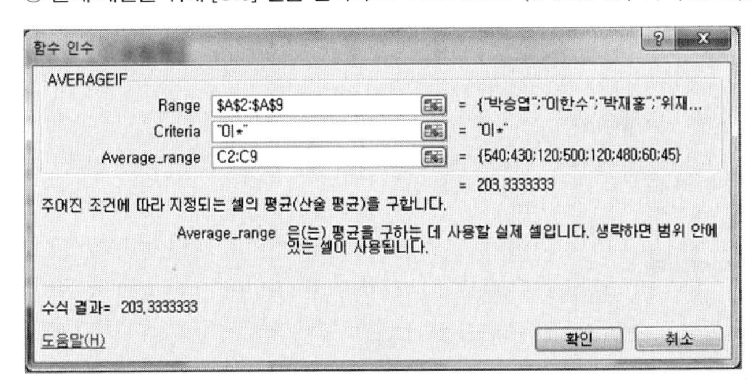

Range1	$A$2:$A$9
Criteria	"이*"
Average_range2	C2:C9

기적의 TIP

자동 채우기가 있는 경우 Criteria 범위는 꼭 절대참조를 설정해야 합니다.

④ 문제 계산을 위해 [I15] 셀을 선택하고 =AVERAGEIFS(C2:C9,$A$2:$A$9,"이*",$B$2:$B$9,"대구",$E$2:$E$9,">=300")을 입력하고 우측으로 자동 채우기를 한다.

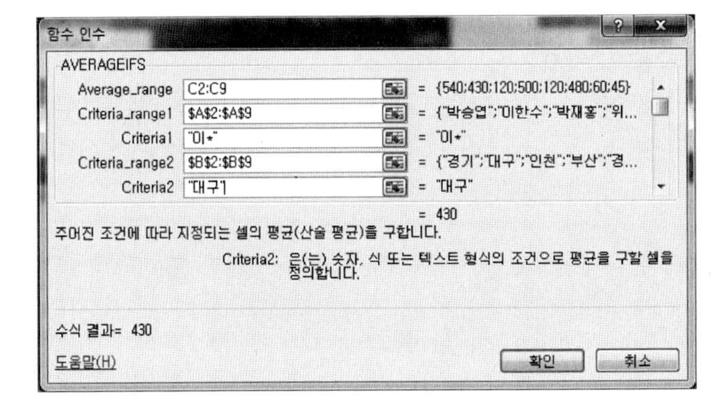

Average_range	C2:C9
Criteria_range1	$A$2:$A$9
Criteria1	"이*"
Criteria_range2	$B$2:$B$9
Criteria2	"대구"
Criteria_range3	$E$2:$E$9
Criteria3	">=300"

⑤ 문제 계산을 위해 [C18] 셀을 선택하고 =SUMIFS(C2:C9,$A$2:$A$9,"이*",$B$2:$B$9,"대구",$E$2:$E$9,">=300")을 입력하고 우측으로 자동 채우기를 한다.

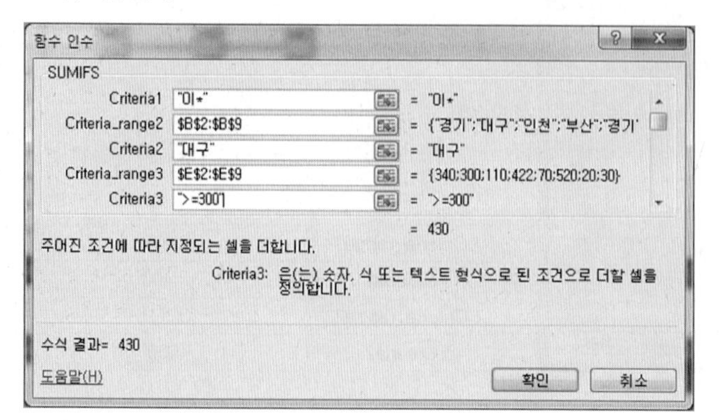

Sum_range	C2:C9
Criteria_range1	$A$2:$A$9
Criteria1	"이*"
Criteria_range2	$B$2:$B$9
Criteria2	"대구"
Criteria_range3	$E$2:$E$9
Criteria3	">=300"

⑥ 문제 계산을 위해 [I18] 셀을 선택하고 =AVERAGEIFS(C2:C9,$C$2:$C$9,">=400",$C$2:$C$9,"<500")을 입력하고 우측으로 자동 채우기를 한다.

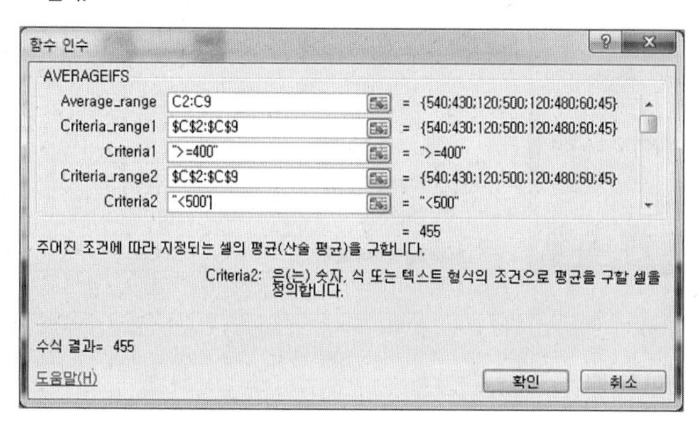

Average_range	C2:C9
Criteria_range1	$C$2:$C$9
Criteria1	">=400"
Criteria_range2	$C$2:$C$9
Criteria2	"<500"

| 정답 |

ⓐ =SUMIFS(D2:D9,C2:C9,">=400",C2:C9,"<500")

ⓑ =COUNTIFS(C2:C9,">=400",C2:C9,"<500")&"건"

ⓒ =AVERAGEIF($A$2:$A$9,"이*",C2:C9)

ⓓ =AVERAGEIFS(C2:C9,$A$2:$A$9,"이*",$B$2:$B$9,"대구",$E$2:$E$9,">=300")

ⓔ =SUMIFS(C2:C9,$A$2:$A$9,"이*",$B$2:$B$9,"대구",$E$2:$E$9,">=300")

ⓕ =AVERAGEIFS(C2:C9,$C$2:$C$9,">=400",$C$2:$C$9,"<500")

16. 참조 표에서 원하는 값을 찾아 가져오는 찾기/참조 함수

찾기 참조 함수는 원본 데이터가 별도로 제시되고 그 원본에서 원하는 값을 찾아오는 함수를 말합니다. 종류에는 원본 데이터가 세로로 서 있을 때 사용하는 VLOOKUP, 원본 데이터가 가로로 누워 있을 때 사용하는 HLOOKUP 함수, 원본데이터 방향에 상관없이 사용가능한 LOOKUP 함수가 있습니다. 사무자동화산업기사 실기에서는 VLOOKUP만 출제되고 있으므로 VLOOKUP 위주로 살펴보겠습니다.

| 기본 함수 구조 |

VLOOKUP(찾을 값, 찾을 범위, 찾을 범위에서 가져올 열 번호, 오류허용여부) : 찾을 범위가 세로일 경우

Lookup_value	찾을 값
Table_array	찾을 범위 (절대참조)
Col_index_num	가져올 열 번호
Range_lookup	오류 허용 여부

HLOOKUP(찾을 값, 찾을 범위, 찾을 범위에서 가져올 열 번호, 오류허용여부) : 찾을 범위가 가로일 경우

Lookup_value	찾을 값
Table_array	찾을 범위 (절대참조)
Row_index_num	가져올 행 번호
Range_lookup	오류 허용 여부

오류허용 여부(Range_lookup) 옵션

인수 값	사용 용도
True 또는 1 또는 생략	비슷하게 일치하는 경우 (숫자 범위)
Fasle 또는 0	정확하게 일치하는 경우 (문자)

| 작업 파일 | 엑셀함수정리소스.xlsx (찾기 참조 시트)

| 처리 조건 |

아래 표를 이용하여 지시 사항을 처리하시오.

ⓐ 학점표를 이용하여 점수에 따른 학점을 학점열에 표시하시오.

ⓑ 학과코드 표를 이용하여 학과코드에 따른 학과를 학과열에 표시하시오.

ⓒ 국가코드의 두 번째 글자를 이용하여 국가명을 표시하시오.

ⓐ 학점표를 이용하여 점수에 따른 학점을 학점열에 표시하시오.
ⓑ 학과코드 표를 이용하여 학과코드에 따른 학과를 학과열에 표시하시오.

학과코드	성명	점수	학점	학과
A10	김명식	82	B	경영학
A20	박신아	62	D	의학
A30	김철호	77	C	간호학
A40	서진혁	63	D	법학
A50	김혜진	51	F	홍학
A30	이명철	87	B	간호학
A60	강진성	63	D	#N/A
A50	김기수	92	A	홍학

학점표	
부터	학점
0	F
60	D
70	C
80	B
90	A

학과코드	
학과코드	학과명
A10	경영학
A20	의학
A30	간호학
A40	법학
A50	홍학

ⓒ 국가코드의 두번째 글자를 이용하여 국가명를 표시 하시오.

송장번호	국가코드	현장번호	국가명
2	RB7093	16	브라질
3	RA5024	14	미국
4	RC7145	8	캐나다
5	RB7093	16	브라질
6	RA3096	7	미국
7	RD7093	14	#N/A
8	RA4021	11	미국

국가 코드표				
국가코드	A	B	R	C
국가명	미국	브라질	러시아	캐나다

다중조건 / 찾기참조 / 배열수식 / 배열기초 / SUMPRODUCT

| 따라 하기 |

① 조건을 처리하기 위하여 [D4] 셀을 선택한 후 =VLOOKUP(C4,$A$15:$B$19,2)를 입력하고 아래 방향으로 자동 채우기를 한다.

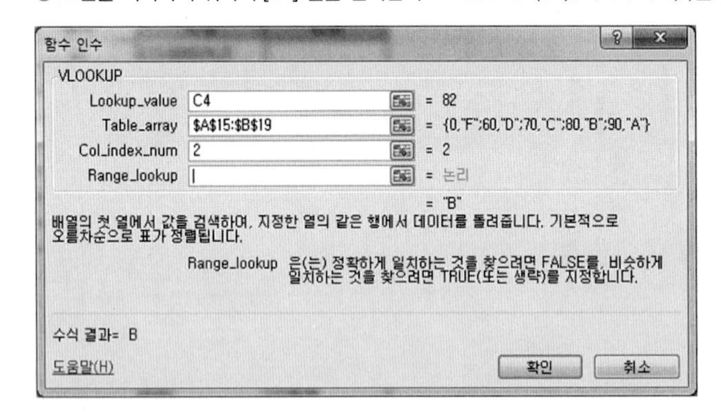

Lookup_value	C4
Table_array	$A$15:$B$19
Col_index_num	2
Range_lookup	

기적의 TIP

- Table_array 인수는 자동 채우기 시에도 고정되어야 하므로 절대참조를 꼭 지정합니다.
- 숫자 값이 비슷하게 일치하는 경우 값을(근사값)을 검색해야 하므로 Range_lookup 인수는 생략하거나 True(1)을 지정합니다.

② 조건을 처리하기 위하여 [E4] 셀을 선택한 후 =VLOOKUP(A4,$D$15:$E$19,2,0)를 입력하고 아래 방향으로 자동 채우기를 한다.

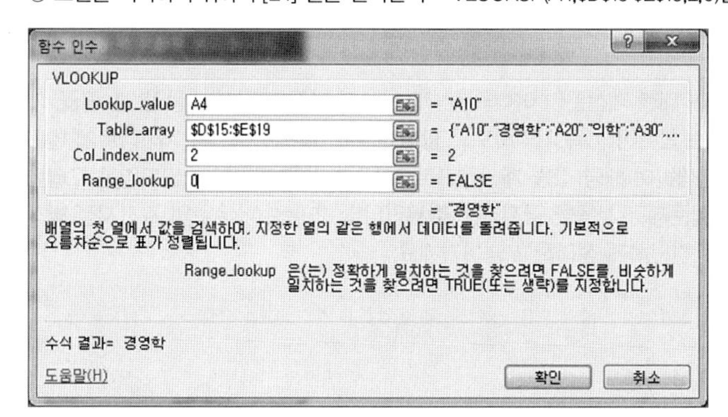

Lookup_value	A4
Table_array	$D$15:$E$19
Col_index_num	2
Range_lookup	0

기적의 TIP

Col_index_num 인수는 참조표에서 선택한 범위(Table_array)에서 실제 필요에 의해 가져와야 할 값이 있는 열 번호를 지정합니다. 즉, 1열의 학과코드를 찾아서 2열의 학과명을 가져오는 것입니다.

③ 조건을 처리하기 위하여 [J4] 셀을 선택한 후 =HLOOKUP(MID(H4,2,1),$H$13:$K$14,2,0)를 입력하고 아랫 방향으로 자동 채우기를 한다.

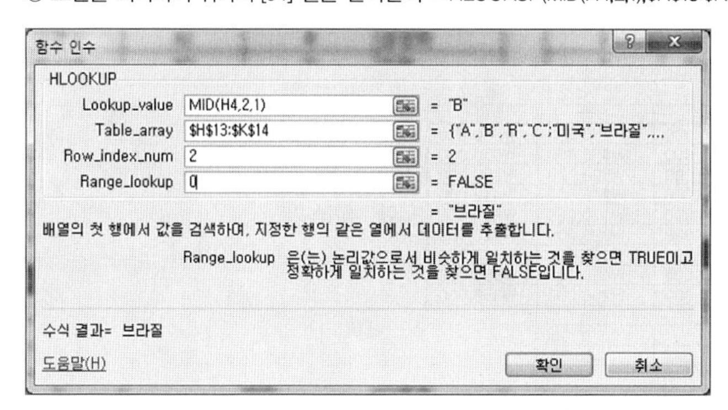

Lookup_value	MID(H4,2,1)
Table_array	$H$13:$K$14
Row_index_num	2
Range_lookup	0

기적의 TIP

- 국가코드의 두 번째 글자를 구하기 위해 MID 함수를 사용합니다.
- 참조표의 값이 가로로 누워 있으므로 HLOOKUP 함수를 사용합니다.

| 정답 |

ⓐ =VLOOKUP(C4,$A$15:$B$19,2)

ⓑ =VLOOKUP(A4,$D$15:$E$19,2,0)

ⓒ =HLOOKUP(MID(H4,2,1),$H$13:$K$14,2,0)

17. 다중 조건의 계산 - 데이터베이스 함수

데이터베이스 함수는 SUMIF, COUNTIF처럼 단순 조건에 대한 계산뿐만 아니라 두 개 이상의 다중 조건에 대한 합계, 평균, 개수 등을 계산할 수 있는 함수입니다. 시험에 빠지지 않는 함수이니 꼭 기억하도록 합니다. 주의할 것은 타 함수와 다르게 별도의 조건을 셀에 입력해서 사용한다는 것과 필드명을 검색하여 해당 값을 계산하므로 계산, 조건에 해당하는 필드명은 오타나 공백 등이 포함되면 안 된다는 것입니다. 최근에는 채점문제로 사용을 금지하는 추세입니다. 2과목 Access의 조건지정 방식과 동일하므로, 선행학습이나 실무적용이라는 생각으로 간단하게 정리하고 넘어가세요.

| 기본 함수 구조 |

데이터베이스 함수(Database, Field, Criteria)

Database	조건, 계산 범위가 포함된 표 전체
Field	계산할 필드(필드번호로 사용가능)
Criteria	조건 범위

DSUM(Database, Field, Criteria) : 데이터베이스 범위에서 다중 조건의 합계

DAVERAGE(Database, Field, Criteria) : 데이터베이스 범위에서 다중 조건의 평균

DCOUNT(Database, Field, Criteria) : 데이터베이스 범위에서 다중 조건의 숫자 셀의 개수

DCOUNTA(Database, Field, Criteria) : 데이터베이스 범위에서 다중 조건의 모든 셀의 개수

DMAX(Database, Field, Criteria) : 데이터베이스 범위에서 다중 조건의 최대값

DMIN(Database, Field, Criteria) : 데이터베이스 범위에서 다중 조건의 최소값

2	성명	부서	인원	장소	출발일	숙박비	잡비	총비용
3	신면철	영업부	10	강촌	03월 05일	₩100,000	₩250,000	₩350,000
4	김수준	영업부	15	설악산	03월 06일	₩200,000	₩450,000	₩650,000
5	이지혜	영업부	11	부산	03월 07일	₩230,000	₩520,000	₩750,000
6	김진환	영업부	22	춘천	03월 08일	₩200,000	₩210,000	₩410,000
7	오경준	무역부	15	충주	03월 09일	₩80,000	₩175,000	₩255,000
8	강수정	무역부	7	속리산	03월 10일	₩120,000	₩320,000	₩440,000
9	김순희	무역부	9	지리산	03월 11일	₩150,000	₩485,000	₩635,000
10	나가수	영업부	10	태백산	03월 12일	₩200,000	₩450,000	₩650,000
11	김영진	기획부	5	강촌	03월 13일	₩100,000	₩250,000	₩350,000
12								
13	ⓐ영업부의 총비용 합계						2,810,000	
14	ⓑ무역부의 총비용 평균						443,333	
15	ⓒ강촌으로 간 팀의 수						2	
16	ⓓ출발일이 3월 9일 이후 항목 중 가장 많은 숙박비						200,000	
17	ⓔ부서가 영업부이면서 인원이 15명 이상인 숙박비의 합계						400,000	
18	ⓕ숙박비가 15만원 이상 20만원 이하인 총 비용의 합계						2,345,000	
19	ⓖ부서가 영업부이거나 인원이 15명 이상인 잡비의 평균						342,500	
20	ⓗ성명이 김씨와 신씨의 총 비용의 합계						2,395,000	
21	ⓘ부서가 영업부와 무역부이면서 인원이 15명 이상인 숙박비의 평균						160,000	
22	ⓙ부서가 영업부 또는 무역부 이면서 성명이 김씨인 총비용의 합계						1,695,000	
23	ⓚ잡비가 20만원 이상이면서 영업부가 아닌 잡비의 합계						1,055,000	
24								
25								
26	ⓐ	부서	ⓑ	부서	ⓒ	장소	ⓓ	출발일
27		영업부		무역부		강촌		>=2013-3-9

필드명

데이터베이스 범위

조건 범위

| 작업 파일 | 엑셀함수정리소스.xlsx (DB1 시트)

더 알기 TIP

조건표 작성 방법 및 예시

1 단일 조건

| 처리 조건 |

ⓐ 부서가 영업부인 총비용의 합계

① 작업 표와 결과 표 외의 임의의 셀에 아래와 같이 조건표를 작성합니다. 표 테두리는 그리지 않아도 됩니다. 본서에서는 조건표를 편의상 [B26:B27] 셀에 작성하는 것으로 합니다.

부서
영업부

② [G13] 셀을 선택하고 「=DSUM(」까지 입력 후 [함수 마법사]를 클릭하여 함수 마법사를 실행한 다음, 표와 같이 범위를 지정하고 Enter로 식을 완성합니다.

Database	A2:H11
Field	H2
Criteria	B26:B27

| 처리 조건 |

ⓑ 부서가 무역부인 총비용의 평균

① 작업 표와 결과 표 외 임의의 셀에 아래와 같이 조건표를 작성합니다. 편의상 [D26:D27] 셀에 작성하는 것으로 합니다.

부서
무역부

② [G14] 셀을 선택하고 「=DAVERAGE(」까지 입력 후 [함수 마법사]를 클릭하여 함수 마법사를 실행한 다음, 표와 같이 범위를 지정하고 Enter로 식을 완성합니다.

Database	A2:H11
Field	H2
Criteria	D26:D27

| 처리 조건 |

ⓒ 강촌으로 간 팀의 수

① 작업 표와 결과 표 외 임의의 셀에 아래와 같이 조건표를 작성합니다. 편의상 [F26:F27] 셀에 작성하는 것으로 합니다.

장소
강촌

② [G15] 셀을 선택하고 「=DCOUNTA(」까지 입력 후 [함수 마법사]를 클릭하여 함수 마법사를 실행한 다음 표와 같이 범위를 지정하고 Enter로 식을 완성합니다.

Database	A2:H11
Field	D2
Criteria	F26:F27

| 처리 조건 |

ⓓ 출발일이 3월 9일 이후 항목 중 가장 많은 숙박비

① 작업 표와 결과 표 외 임의의 셀에 아래와 같이 조건표를 작성합니다. 편의상 [H26:H27] 셀에 작성하는 것으로 합니다.

출발일
>=2013-3-9

② [G16] 셀을 선택하고 「=DMAX(」까지 입력 후 [함수 마법사]를 클릭하여 함수 마법사를 실행한 다음, 표와 같이 범위를 지정하고 Enter로 식을 완성합니다.

Database	A2:H11
Field	F2
Criteria	H26:H27

2 AND(그리고, 이면서) 조건

| 처리 조건 |

ⓔ 부서가 영업부이면서 인원이 15명 이상인 숙박비의 합계

① 작업 표와 결과 표 외 임의의 셀에 아래와 같이 조건표를 작성합니다. 편의상 [B29:C30] 셀에 작성하는 것으로 합니다.

부서	인원
영업부	>=15

② [G17]셀을 선택하고 「=DSUM(」까지 입력 후 [함수 마법사]를 클릭하여 함수 마법사를 실행한 다음 표와 같이 범위를 지정하고 Enter로 식을 완성합니다.

Database	A2:H11
Field	F2
Criteria	B29:C30

| 처리 조건 |

ⓕ 숙박비가 15만 원 이상, 20만 원 이하인 총비용의 합계

① 작업 표와 결과 표 외의 임의의 셀에 아래와 같이 조건표를 작성합니다. 편의상 [F29:G30] 셀에 작성하는 것으로 합니다.

숙박비	숙박비
>=150000	<=200000

② [G18] 셀을 선택하고 「=DSUM(」까지 입력 후 [함수 마법사]를 클릭하여 함수 마법사를 실행한 다음 표와 같이 범위를 지정하고 Enter로 식을 완성합니다.

Database	A2:H11
Field	H2
Criteria	F29:G30

3 OR(또는, 이거나, 와) 조건

| 처리 조건 |

⑨ 부서가 영업부이거나 인원이 15명 이상인 숙박비의 평균

① 작업 표와 결과 표 외 임의의 셀에 아래와 같이 조건표를 작성합니다. 편의상 [B32:C34] 셀에 작성하는 것으로 합니다.

부서	인원
영업부	
	>=15

② [G19] 셀을 선택하고 「=DAVERAGE(」까지 입력 후 [함수 마법사]를 클릭하여 함수 마법사를 실행한 다음 표와 같이 범위를 지정하고 Enter 로 식을 완성합니다.

Database	A2:H11
Field	G2
Criteria	B32:C34

| 처리 조건 |

ⓗ 성명이 김씨와 신씨의 총비용의 합계

① 작업 표와 결과 표 외 임의의 셀에 아래와 같이 조건표를 작성합니다. 편의상 [F32:F34] 셀에 작성하는 것으로 합니다.

성명
김*
신*

② [G20] 셀을 선택하고 「=DSUM(」까지 입력 후 [함수 마법사]를 클릭하여 함수 마법사를 실행한 다음 표와 같이 범위를 지정하고 Enter 로 식을 완성합니다.

Database	A2:H11
Field	H2
Criteria	F32:F34

4 AND, OR 혼합 조건

| 처리 조건 |

ⓘ 부서가 영업부와 무역부이면서 인원이 15명 이상인 숙박비의 평균

① 작업 표와 결과 표 외 임의의 셀에 아래와 같이 조건표를 작성한다. 편의상 [B36:C38] 셀에 작성하는 것으로 합니다.

부서	인원
영업부	>=15
무역부	>=15

② [G21] 셀을 선택하고 「=DAVERAGE(」까지 입력 후 [함수 마법사]를 클릭하여 함수 마법사를 실행한 다음, 표와 같이 범위를 지정하고 Enter 로 식을 완성합니다.

Database	A2:H11
Field	F2
Criteria	B36:C38

| 처리 조건 |

ⓙ 부서가 영업부 또는 무역부이면서 성명이 김씨인 총비용의 합계

① 작업 표와 결과 표 외 임의의 셀에 아래와 같이 조건표를 작성합니다. 편의상 [F36:G38] 셀에 작성하는 것으로 합니다.

부서	성명
영업부	김*
무역부	김*

② [G22] 셀을 선택하고 「=DSUM(」까지 입력 후 [함수 마법사]를 클릭하여 함수 마법사를 실행한 다음 표와 같이 범위를 지정하고 Enter로 식을 완성합니다.

Database	A2:H11
Field	H2
Criteria	F36:G38

5 기타 조건

| 처리 조건 |

ⓚ 잡비가 20만원 이상이면서 영업부가 아닌 잡비의 합계

① 작업 표와 결과 표 외 임의의 셀에 아래와 같이 조건표를 작성합니다. 편의상 [B40:C41] 셀에 작성하는 것으로 합니다.

잡비	부서
>=200000	<>영업부

② [G23] 셀을 선택하고 「=DSUM(」입력 후 [함수 마법사]를 클릭하여 함수 마법사를 실행한 다음, 표와 같이 범위를 지정하고 Enter로 식을 완성합니다.

Database	A2:H11
Field	G2
Criteria	B40:C41

| 기출 예제 |

작업 파일 : 엑셀함수정리소스.xlsx (DB2 시트)

지역별 임대 중개 수수료 현황표에서 아래 계산식을 완성하시오.

ⓐ 강남구와 서초구의 "빌라"의 중개수수료 합

ⓑ 강남구와 동작구의 전용면적 "25 이상"의 중개수수수료 평균

ⓒ 강남구 "연립주택"과 동작구 "아파트"의 개수

	A	B	C	D	E	F
1	지역별 임대 중개수수료 현황					
2	지역	유형	전용면적	실제면적	임대거래가액	중개수수료
3	강남구	단독주택	35	27	₩192,000,000	₩768,000
4	강남구	연립주택	23	18	₩160,000,000	₩640,000
5	강남구	빌라	17	15	₩304,000,000	₩1,216,000
6	강남구	오피스텔	31	27	₩240,000,000	₩960,000
7	양재구	오피스텔	26	23	₩176,000,000	₩704,000
8	동작구	단독주택	37	32	₩288,000,000	₩1,152,000
9	동작구	빌라	22	20	₩208,000,000	₩832,000
10	동작구	아파트	31	27	₩208,000,000	₩832,000
11	서초구	아파트	46	40	₩192,000,000	₩768,000
12	서초구	오피스텔	21	16	₩192,000,000	₩768,000
13	양재구	아파트	13	10	₩288,000,000	₩1,152,000
14	ⓐ강남구와 서초구의 "빌라"의 각 항목의 합				₩304,000,000	₩1,216,000
15	ⓑ강남구와 동작구의 전용면적 "25이상"의 각 항목의 평균				₩232,000,000	₩928,000
16	ⓒ강남구 "연립주택"과 동작구 "아파트"의 개수				2	
17						
18	조건ⓐ				조건ⓑ	
19	지역	유형			지역	전용면적
20	강남구	빌라			강남구	>=25
21	서초구	빌라			동작구	>=25
22						
23	조건ⓒ					
24	지역	유형				
25	강남구	연립주택				
26	동작구	아파트				

| 풀이 |

① 각 문제에 대한 조건을 아래와 같이 임의의 셀에 입력한다(본서에서는 편의상 작업 표 하단 빈칸에 작성한다.).

조건ⓐ

지역	유형
강남구	빌라
서초구	빌라

조건ⓑ

지역	전용면적
강남구	>=25
서초구	>=25

조건ⓒ

지역	유형
강남구	연립주택
동작구	아파트

② [E14] 셀을 선택하고 「=DSUM(」까지 입력 후 함수 마법사를 실행한 다음 표와 같이 범위를 지정하고 Enter 로 식을 완성한 다음 행 방향으로 자동 채우기를 한다. 우측으로 자동 채우기를 할 경우 데이터베이스 범위와 조건범위가 달라질 수 있으므로 절대참조를 지정한다.

Database	$A$2:$F$13
Field	E2
Criteria	$A$19:$B$21

③ [E15] 셀을 선택하고 「=DAVERAGE(」까지 입력 후 [함수 마법사]를 클릭하여 함수 마법사를 실행한 다음 표와 같이 범위를 지정하고 Enter로 식을 완성한 다음 행 방향으로 자동 채우기를 한다. 우측으로 자동 채우기를 할 경우 데이터베이스 범위와 조건범위가 달라질 수 있으므로 절대참조를 지정한다.

Database	$A$2:$F$13
Field	E2
Criteria	$E$19:$F$21

④ [E16] 셀을 선택하고 「=DCOUNTA(」까지 입력 후 [함수 마법사]를 클릭하여 함수 마법사를 실행한 다음 표와 같이 범위를 지정하고 Enter로 식을 완성한다.

Database	A2:F13
Field	E2
Criteria	A24:B26

| 정답 |

[E14] : =DSUM($A$2:$F$13,E2,$A$19:$B$21)

[E15] : =DAVERAGE($A$2:$F$13,E2,$E$19:$F$21)

[E16] : =DCOUNTA(A2:F13,E2,A24:B26)

| 기출 예제 |

작업 파일 : 엑셀함수정리소스.xlsx (DB3 시트)

부서별 당원 실적 현황표에서 아래 지시된 문제를 처리하시오.

ⓐ 등급이 B 또는 D인 사람들의 익월 목표의 합

ⓑ 부서가 A 또는 H로 시작하고 당월실적이 5000 이상인 당월실적의 합

ⓒ 당월목표가 6000 이상 8000 미만인 익월 목표 합

	A	B	C	D	E	F	G
1	부서별 당월 실적 현황표						
2	담당자		당월			익월	평가
3	부서	성명	목표	실적	달성률	목표	등급
4	H영업	차우석	4300	7100	165%	5300	B
5	F영업	오원택	6400	9838	154%	7400	A
6	A영업	정재만	9800	8950	91%	10800	A
7	D영업	선동열	6300	5700	90%	6800	C
8	C영업	김호성	7600	6840	90%	8100	B
9	E영업	박경재	7300	6150	84%	7800	B
10	B영업	이승엽	7100	5800	82%	7600	C
11	H영업	이승재	5800	4300	74%	6000	D
12	B영업	고숙경	6800	4960	73%	7000	C
13	A영업	김일권	8200	4500	55%	8400	C
14	등급이 B또는 D인 사람들의 익월 목표의 합					27200	
15	부서가 A 또는 H로 시작 하고 당월실적이 5000이상인 당월실적의 합					16050	
16	당월 목표가 6000 이상 8000 미만인 익월목표 합					44700	
17							
18							
19	등급		부서	실적		목표	목표
20	B		A*	>=5000		>=6000	<8000
21	D		H*	>=5000			

| 풀이 |

① 문제에서 지시한 조건대로 임의의 위치에 조건 표를 아래와 같이 작성한다(본서에서는 해설 편의상 A19 행부터 작성하였다.).

등급
B
D

부서	실적
A*	>=5000
H*	>=5000

목표	목표
>=6000	<8000

② [F14] 셀을 선택하고 「=DSUM(」까지 입력 후 [함수 마법사]를 클릭하여 함수 마법사를 실행한 다음 표와 같이 범위를 지정하고 Enter 로 식을 완성한다. 단, 데이터베이스 범위는 조건표의 필드명이 첫 행이 되도록 3행부터 범위를 선택해야 한다. 또한 합계 계산 필드 "익월 목표" 필드는 "당월 목표", "익월 목표" 두 필드의 필드명이 "목표"로 동일하므로 셀 주소 대신 데이터베이스 범위에서의 "익월 목표"의 열 번호인 6을 입력한다. 필드명이 중복될 경우 앞쪽 열에 표시된 필드의 값을 계산하게 되니 꼭 주의하기 바란다.

Database	A3:G13
Field	6
Criteria	A19:A21

③ [F15] 셀을 선택하고 「=DSUM(」까지 입력 후 [함수 마법사]를 클릭하여 함수 마법사를 실행한 다음 표와 같이 범위를 지정하고 Enter 로 식을 완성한다. 단, 데이터베이스 범위는 조건표의 필드명이 첫 행이 되도록 3행부터 범위를 선택해야 한다. 이 문제의 경우 Field 인수를 셀 주소 또는 열 번호 두 가지 모두 사용 가능하다.

Database	A3:G13
Field	4
Criteria	C19:D21

④ [F16] 셀을 선택하고 「=DSUM(」까지 입력 후 [함수 마법사]를 클릭하여 함수 마법사를 실행한 다음 표와 같이 범위를 지정하고 Enter 로 식을 완성한다. 단, 데이터베이스 범위는 조건표의 필드명이 첫 행이 되도록 3행부터 범위를 선택해야 한다.

Database	A3:G13
Field	6
Criteria	F19:G20

| 정답 |

[F14] : =DSUM(A3:G13,6,A19:A21)

[F15] : =DSUM(A3:G13,4,C19:D21) 또는 DSUM(A3:G13,D3,C19:D21)

[F16] : =DSUM(A3:G13,6,F19:G20) 또는 DSUM(A3:G13,F3,F19:G21)

기적의 TIP

데이터베이스 함수에서 오류가 나는 대표적인 경우

- 데이터베이스 범위는 조건필드가 있는 행부터 선택해야 합니다. 즉 "부서별 출장비 현황"에서 2행부터 11행까지가 데이터베이스 범위가 되어야 합니다.
- 데이터베이스 범위의 조건필드 앞뒤에 공백 또는 중간에 공간이 있는 경우 오류가 발생합니다.
  예 [부서_], [_부서], [부 서]
- 만약 데이터베이스 범위 중 필드이름이 중복되는 경우 Field 인수는 해당 필드 셀 주소 대신 데이터베이스 범위 중 계산하고자 하는 열 순서 번호로 지정해야 합니다.

18. 빈도수 계산-Frequency

Frequency 함수는 빈도수를 계산하는 함수입니다. 빈도수란 지정된 범위에서 설정한 구간 값에 해당하는 값의 개수를 구하는 것입니다. Frequency 함수는 식 입력 시 계산결과 범위를 미리 선택하고 식을 입력한 뒤 Ctrl+Shift+Enter로 식을 완성해야 합니다. 이 규칙만 잊지 않으면 매우 쉬운 함수입니다.

Ctrl+Shift+Enter로 배열수식을 완성하면 식이 { }로 묶이게 됩니다. 이 { }는 이 식이 배열수식이라는 것을 나타냅니다.

| 기본 함수 구조 |

Frequency(Data_array, Bins_array)

Data_array	빈도수 계산할 범위
Bins_array	빈도수 계산할 구간 값

| 작업 파일 | 엑셀함수정리소스.xlsx (Frequency 시트)

| 처리 조건 |

재고 열에서 별도로 주어진 구간의 빈도수를 계산하시오.

	A	B	C	D
1				
2	재고		재고 빈도수 계산	
3	80		구간	빈도수
4	27		6	1
5	10		60	8
6	18		100	2
7	8			
8	65			
9	10			
10	30			
11	10			
12	10			
13	5			

| 따라 하기 |

① 빈도수 결과가 입력될 [D4:D6] 셀 범위를 마우스로 드래그하여 선택한다.

② 그대로 「=FREQUENCY(A3:A13,C4:C6)」처럼 식을 입력한 뒤 Ctrl+Shift+Enter로 식을 완성한다.

③ FREQUENCY 함수는 자동 채우기를 하지 않고 채우기 할 범위를 모두 선택 후 식을 입력한 뒤 Ctrl+Shift+Enter로 식을 완성한다.

| 정답 |

[D4] : =FREQUENCY(A3:A13,C4:C6)

MS Office 2021부터는 Ctrl+Shift+Enter를 누르지 않아도 됩니다(단, 「=FREQUENCY(A3:A13,C4:C5)」처럼 Bins_array 범위를 1행 적게 선택합니다.). 복잡하다면 2021 버전도 Ctrl+Shift+Enter를 사용하도록 합니다.

| 기출 예제 |

월간 판매 재고 현황표에서 "현재고"에 대한 "분포"를 계산하고 그 식을 작성하시오.

	A	B	C	D	F	G	H	I
15	월간 판매 재고 현황							
16	거래소	품명	이월재고	월간 판매량	현재고	판매금액	최대보유기준	발주예정량
17	현대	MP3	200	120	80	₩12,600,000	300	220
18	롯데	카메라	95	68	27	₩21,420,000	200	173
19	삼성	공기청정기	50	45	5	₩13,500,000	60	55
20	현대	세탁기	40	40	0	₩20,800,000	55	55
21	현대	가습기	70	60	10	₩1,260,000	60	50
22	현대	믹서기	90	70	20	₩34,300,000	70	50
23	현대	면도기	35	30	5	₩360,000	45	40
24	쇼핑몰	밥솥	30	20	10	₩3,600,000	50	40
25	롯데	LCDTV	20	19	1	₩2,090,000	40	39
26	농협	에어컨	30	27	3	₩6,480,000	30	27
27	쇼핑몰	책상	90	60	30	₩1,260,000	50	20
28	쇼핑몰	김치냉장고	16	3	13	₩600,000	20	7
29	"현재고"에 대한분포		분포갯수	6	5	=FREQUENCY(F4:F23,D27:D29)		
30				60	6			
31				100	1			

| 풀이 |

① 빈도수 결과가 입력될 [F29:F31]까지의 범위를 마우스로 드래그하여 선택한다.

② 그대로 「=FREQUENCY(F17:F28,D29:D31)」처럼 식을 입력한 뒤 Ctrl+Shift+Enter로 식을 완성한다.

| 정답 |

[F29] : =FREQUENCY(F17:F28,D29:D31)

기적의 TIP

FREQUENCY 함수는 결과 범위를 미리 선택하고 식을 입력한다는 것과 Ctrl+Shift+Enter를 이용하여 식을 완성한다는 것 또한 잊지 않도록 합니다.

19. 배열수식의 기본

배열수식이라 해서 어려운 함수가 아닙니다. 우리가 지금까지 배워온 함수들은 인수 대상이 셀 단위지만 배열수식은 셀이 아닌 셀의 묶음, 즉 배열을 대상으로 연산을 하게 됩니다. 배열수식을 이용하는 이유는 다양한 조건을 전체 범위에 적용해서 쉽게 결과를 얻어낼 수 있기 때문입니다. 바로 앞에서 살펴본 FREQUENCY 함수처럼 함수 자체가 배열을 대상으로만 받는 함수도 있고 우리가 자주 사용하는 SUM, COUNT, IF 함수 등을 응용해서 배열수식을 구성할 수도 있습니다. 배열수식을 구성하는 식들은 대부분 공식화되어 있으며 이 공식을 토대로 조금씩 응용이 됩니다.
여기서 다루는 내용은 실제 시험에 출제된 내용이 아닙니다. 실제 배열수식 문제를 풀기 위해 이해를 돕는 부분입니다. 어렵다면 과감히 이 부분은 버리고 실제 시험 문제 예제의 함수 공식을 암기하는 것도 좋은 방법일 수 있습니다. 최근 경향은 앞서 알아본 데이터베이스 함수 사용을 금하고 있는 추세입니다. 즉 함수식을 직접 작성하는 문제가 주를 이루고 있으므로 배열수식은 꼭 준비하셔야 합니다.

| 작업 파일 | 엑셀함수정리소스.xlsx(배열수식 시트)

배열수식을 이해하기 위해서는 논리값 TRUE/FALSE와 +(OR), *(AND) 연산의 특성을 우선 이해하는 것이 중요합니다.

| 처리 조건 |

아래 표를 이용하여 지시사항을 처리하시오.

ⓐ 입력된 논리값1, 논리값2를 + (OR) 연산을 하여 표시하시오.

ⓑ 입력된 논리값1, 논리값2를 * (AND) 연산을 하여 표시하시오.

	A	B	C	D
1	논리 값의 연산			
2	논리값1	논리값2	or	and
3	TRUE	TRUE	2	1
4	TRUE	FALSE	1	0
5	FALSE	TRUE	1	0
6	FALSE	FALSE	0	0

| 따라 하기 |

① [C3] 셀을 선택하고 =A3+B3을 입력한 뒤 자동 채우기를 한다.

② [D3] 셀을 선택하고 =A3*B3을 입력한 뒤 자동 채우기를 한다.

더 알기 TIP

- 논리값 TRUE와 TRUE를 더하면 정수 2가 계산됩니다. 그 이유는 논리값 TRUE는 정수 1로 대변되기 때문이다. TRUE는 전기가 흐른다는 개념, 즉 2진수 1과 같은 표현입니다.
- 반대로 FALSE는 전기가 흐르지 않는다. 즉 2진수 0과 같은 표현이 됩니다.
- 컴퓨터 일반 이론이지만 '전기가 흐르는 건 TRUE이고 컴퓨터는 2진수로 구성되었으니 1이다.'라고 기억하면 됩니다.

| 정답 |

ⓐ =A3+B3

ⓑ =A3*B3

기적의 TIP

앞서 논리값과 +, * 연산의 특징을 잠깐 살펴보았습니다. 논리연산과 산술연산을 혼합하여 고민해 보면 좋겠습니다. 즉, 어떤 값에 0을 곱하면 그 값의 결과는 항상 0이 됩니다. 논리연산에서 어떤 결과에 FALSE를 곱하면 그 결과는 항상 FALSE(0)가 된다는 것이 배열수식의 핵심입니다.

| 처리 조건 |

ⓐ 이름이 이씨인 사람을 TRUE로 표시하시오(단, 문자열 함수 사용).

ⓑ 성적이 60점 이하인 사람을 TRUE로 표시하시오.

ⓒ ⓐ*ⓑ 조건을 AND(이면서, *) 조건으로 병합하시오.

ⓓ 조건병합 열의 값과 성적열을 곱하여 두 조건에 만족하는 행의 성적을 계산하시오.

ⓔ [K9] 셀에 수직 상단의 계산열의 합계를 계산하시오.

ⓕ 성이 이씨이면서 점수가 60점 이하인 점수 합계를 배열수식을 이용하여 계산하시오(SUM 함수).

F	G	H	I	J	K
성이 이씨 이면서(AND) 점수가 60점 이하인 점수 합계					
이름	성적	ⓐ이씨	ⓑ60점이하	ⓒ병합(OR)	ⓓ계산
강호동	90	FALSE	FALSE	0	0
이호동	80	TRUE	FALSE	0	0
박호동	70	FALSE	FALSE	0	0
이호동	60	TRUE	TRUE	1	60
구호동	50	FALSE	TRUE	0	0
나호동	40	FALSE	TRUE	0	0
			ⓔ합계		60
			ⓕ배열(AND)		60

| 따라 하기 |

① 이름에서 이씨인 행의 결과를 논리값으로 표현하기 위해 [H3] 셀을 선택하고 =LEFT(F3,1)="이"를 입력하고 자동 채우기를 한다.

② 성적이 60점 이하인 행의 결과를 논리값으로 표현하기 위해 [I3] 셀을 선택하고=G3<=60을 입력하고 자동 채우기를 한다.

③ 두 조건을 병합하기 위하여 [J3] 셀을 선택하고 =H3*I3을 입력하고 자동 채우기를 한다.

④ 조건병합 열의 값과 성적열을 곱하여 두 조건에 만족하는 행의 성적을 계산하기 위하여 [K3] 셀을 선택하고 =G3*J3을 입력하고 자동 채우기를 한다.

⑤ 예제의 조건을 배열수식으로 처리하기 위하여 =SUM(((LEFT(F3:F8,1)="이")*(G3:G8<=60))*G3:G8)를 입력하고 Ctrl+Shift+Enter를 입력한 뒤 자동 채우기를 한다.

기적의 TIP

배열수식 입력 시에는 Ctrl+Shift+Enter를 이용하여 함수식을 완성합니다.

기적의 TIP

MS Office 2021부터 동적 배열 지원으로 Ctrl+Shift+Enter를 누르지 않아도 됩니다.

더 알기 TIP

1 괄호( ) 사용의 이유

배열수식에서 중요한 것은 조건별로 ( )를 사용해 묶는다는 것입니다. 각 조건을 ( )로 묶는 이유는 엑셀 내부의 연산자 우선순위에 혼란을 줄이기 위함입니다.

- 조건 1 : (LEFT(F3:F8,1)="이")
- 조건 2 : (G3:G8<=60)
- 조건 3 : ((LEFT(F3:F8,1)="이")*(G3:G8<=60))

실제 연산될 열인 G3:G8 조건이 아니므로 ( )를 묶지 않아도 됩니다. 다만 혼란스럽다면 이 부분도 ( )로 묶어도 됩니다.

2 다양한 연산 방법

예제에서 다양한 방법으로 연산하는 방법을 제시한 이유는 배열수식이 어떤 과정을 통해 연산되는지를 보여 주기 위함입니다. 이런 일련의 작업을 간단히 배열수식으로 처리할 수 있는데 그 내부적인 과정이 지금 우리가 연습하고 있는 예제처럼 처리되기 때문입니다.

3 OR 조건

만약 이번 예제를 AND 조건이 아닌 OR 조건으로 처리한다면 두 조건이 모두 만족하는 경우 조건 병합값이 2(6행)로 계산되어 실제 총 합계 값에 오류가 생기게 됩니다. 이렇게 열이 두 개 이상인 조건을 OR 조건으로 처리하는 경우는 정확한 답이 도출되지 않습니다. 일반적으로 OR 조건으로 배열수식을 처리하는 경우에는 한 열(이름이 강씨 또는 이씨처럼)에만 적용하며 두 열 이상을 묶는 경우 결과 오류로 인해 OR(+) 조건은 잘 사용하지 않습니다.

| 정답 |

ⓐ =LEFT(F3,1)="이"

ⓑ =G3<=60

ⓒ =H3*I3

ⓓ =G3*J3

ⓔ =SUM(K3:K8)

ⓕ =SUM(((LEFT(F3:F8,1)="이")*(G3:G8<=60))*G3:G8)

| 처리 조건 |

이번에는 OR 조건의 배열수식의 내부 구성을 분석해 보고 실제 적용하여 본다.

ⓐ 이름이 이씨인 사람을 TRUE로 표시하시오(단, 문자열 함수 사용).

ⓑ 성적이 60점 이하인 사람을 TRUE로 표시하시오.

ⓒ ⓐ+ⓑ 조건을 OR(또는, +) 조건으로 병합하시오.

ⓓ 조건병합 열의 값과 성적열을 더하여 두 조건에 만족하는 행의 성적을 계산하시오.

ⓔ [K14] 셀에 수직 상단의 계산열의 합계를 계산하시오.

ⓕ 성이 이씨이거나 점수가 60점 이하인 점수 합계를 배열수식을 이용하여 계산하시오.

성이 이씨 이거나(OR) 점수가 60점 이하인 점수 합계					
이름	성적	ⓐ이씨	ⓑ60점이하	ⓒ병합(OR)	ⓓ계산
강호동	90	FALSE	FALSE	0	0
이호동	80	TRUE	FALSE	1	80
박호동	70	FALSE	FALSE	0	0
이호동	70	TRUE	FALSE	1	70
구호동	50	FALSE	TRUE	1	50
나호동	40	FALSE	TRUE	1	40
			ⓔ합계		240
			ⓕ배열(AND)		240

| 따라 하기 |

① 이름에서 이씨인 행의 결과를 논리값으로 표현하기 위해 [H14] 셀을 선택하고 =LEFT(F14,1)="이"를 입력하고 자동 채우기를 한다.

② 성적이 60점 이하인 행의 결과를 논리값으로 표현하기 위해 [I14] 셀을 선택하고=G14<=60을 입력하고 자동 채우기를 한다.

③ 두 조건을 병합하기 위하여 [J14] 셀을 선택하고 =H14+I14를 입력하고 자동 채우기를 한다.

④ 조건병합 열의 값과 성적열을 곱하여 두 조건에 만족하는 행의 성적을 계산하기 위하여 [K14] 셀을 선택하고 =G14*J14를 입력하고 자동 채우기를 한다.

⑤ 예제의 조건을 배열수식으로 처리하기 위하여 =SUM(((LEFT(F14:F19,1)="이")+(G14:G19<=60))*G14:G19)를 입력하고 Ctrl+Shift+Enter를 입력한 뒤 자동 채우기를 한다.

기적의 TIP

이번 예제가 두 열을 이용한 OR 조건이지만 두 조건이 겹치지 않아 정확한 값을 계산할 수 있습니다. 만약 점수가 70점 이하라고 한다면 본 예제의 계산 결과는 틀린 답이 나오게 됩니다.

| 정답 |

ⓐ =LEFT(F14,1)="이"

ⓑ =G14<=60

ⓒ =H14+I14

ⓓ =G14*J14

ⓔ =SUM(K14:K19)

ⓕ =SUM(((LEFT(F14:F19,1)="이")+(G14:G19<=60))*G14:G19)

20. 개수, 합계를 계산하는 기본 배열수식

앞 내용에 이어 이번에도 실제 시험에 출제되는 함수인 SUMPRODUCT를 응용한 배열수식의 이해를 돕기 위한 부분입니다. 어렵다면 과감히 버리고 다음 장에서 배우게 되는 실제 시험 문제의 함수 공식을 암기하실 것을 추천드립니다. 본 장에서는 배열수식에 사용되는 조건식을 어떻게 표현하는지 연습해 보겠습니다.

| 기본 함수 구조 |

SUM((배열조건1)*1) : 배열 조건에 맞는 행의 개수 계산

SUM((배열조건1)*(배열조건2)) : 배열조건1,2를 만족하는 행의 개수 계산

SUMPRODUCT(배열1, 배열2,..) : 배열1, 배열2의 각 행을 곱하고 곱한 결과를 합산

배열수식은 식을 입력 후 Ctrl+Shift+Enter를 이용하여 식을 완성해야 한다.

기적의 TIP

식을 입력 후 Ctrl+Shift+Enter를 이용하는 이유는 '이 식이 바로 배열수식이다.'라는 것을 선언하는 과정입니다.

| 작업 파일 | 엑셀함수정리소스.xlsx(배열기초 시트)

| 처리 조건 |

ⓐ 학과별 인원수를 계산하시오. (SUM 이용 식)

ⓑ 학년별 성적의 총점을 계산하시오. (SUM 이용 배열수식)

ⓒ 판매량과 단가를 이용하여 총 판매액 계산하시오. (단, SUMPRODUCT 함수를 이용함)

	A	B	C	D	E	F	G	H	I	J	K	L	M	N
1														
2		학번	학년	학과	이름	성적			상품명	판매량	단가	곱하고		
3		k102-3	1	경영과	강수로	80			당근	10	₩1,000	₩10,000		
4		k102-4	2	수학과	김호동	90			배추	20	₩2,000	₩40,000		
5		g102-5	3	경영과	장혁	95			당근	30	₩3,000	₩90,000		
6		k102-6	1	수학과	강수로	65			배추	30	₩1,000	₩30,000		
7		d102-7	2	영문과	박형식	89			양상추	20	₩2,000	₩40,000		
8		k102-8	3	영문과	장혁	87			가지	30	₩3,000	₩90,000		
9		k102-9	1	경영과	해밍턴	69			고추	40	₩1,000	₩40,000		
10											더하고	₩340,000		
11		ⓐ학과별 인원수를 계산하시오.												
12		ⓑ학년별 성적의 총점을 계산하시오.							ⓒ 판매량과 단가를 이용하여 총 판매액 계산 (SUMPRODUCT)					
13														
14		ⓐsum			ⓑsum				총판매액		₩340,000			
15		학과	인원수		학년	총점								
16		경영과	3		1	214								
17		수학과	2		2	179								
18		영문과	2		3	182								

| 따라 하기 |

① 인원수를 계산하기 위하여 [C16] 셀을 선택하고 =SUM(($D$3:$D$9=B16)*1)식을 입력한 후 Ctrl+Shift+Enter를 이용하여 식을 완성하고 자동 채우기를 한다.

더 알기 TIP

*1의 기능

어떤 값에 1을 곱하면 그 값의 크기는 변하지 않습니다.

*1을 제외하고 =SUM(($D$3:$D$9=B16)) 식을 입력하고 Ctrl+Shift+Enter를 이용하여 식을 완성하면 결과가 제외하고 계산되지 않는 것을 볼 수 있습니다. 그 이유는 =SUM(($D$3:$D$9=B16)) 식이 입력된 수식 입력줄에서 ($D$3:$D$9=B16) 범위를 마우스로 드래그하고 F9를 눌러 보면 해당 배열의 계산 결과를 미리 볼 수 있습니다. 즉, 배열이 계산되어 =SUM({TRUE;FALSE;TRUE;FALSE;FALSE;FALSE;TRUE}) 식이 완성됩니다.

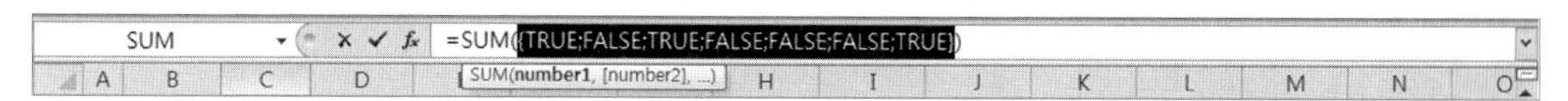

SUM 함수는 논리값을 더할 수 없습니다. 그렇다면 =SUM(($D$3:$D$9=B16)*1) 식을 완성하고 Ctrl+Shift+Enter를 이용하여 식을 완성하고 수식 입력줄에 마우스로 범위를 선택하고 F9를 눌러 배열의 연산 결과를 살펴보면 아래의 그림과 같이 숫자로 변경된 것을 볼 수 있습니다.

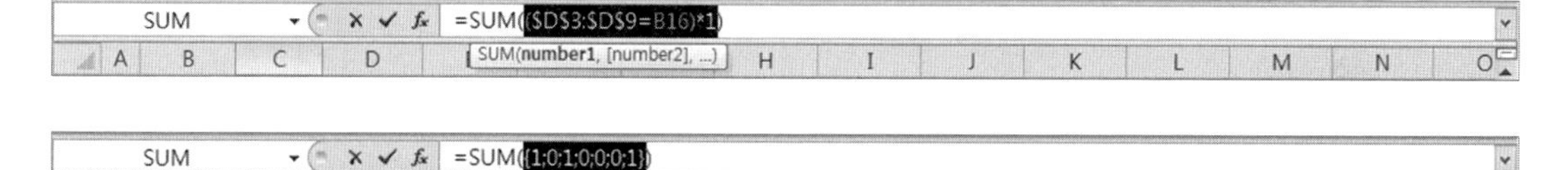

실제 시험에 출제되는 SUMPRODUCT 함수도 SUM 함수와 동일하게 논리값을 연산 대상으로 받지 못한다는 점을 기억하면 됩니다. 그럼 매번 조건에 *1을 해야 하나요? 그것은 아닙니다. 이번처럼 조건을 1개로 구성한 경우만 그렇습니다. 만약 조건이 2개 이상인 경우 논리값끼리 연산이 되어 *1을 생략할 수 있습니다. 바로 다음 문제를 참고하면 쉽게 이해할 수 있습니다.

기적의 TIP

배열수식의 결과 보기(F9를 누른 후)를 한 뒤 다시 함수식으로 돌아갈 때는 Esc를 누릅니다.

더 알기 TIP

SUM 함수로 개수를 계산하기

앞의 더 알기 그림처럼 배열수식을 이용하면 참인 경우 TRUE가 됩니다. 여기에 *1을 처리하면 그림처럼 =SUM({1;0;1;0;0;0;1}) 식이 됩니다. 즉, 참인 경우 1, 아닌 경우 0이 계산되고 그 합계를 계산하면 참인 경우의 개수를 구할 수 있습니다. 추후 액세스에서 비슷한 함수식을 사용하게 되니 기억하고 있으면 좋습니다.

② 학년별 성적의 총점을 계산하기 위해 [F16] 셀을 선택하고 =SUM((E16=$C$3:$C$9)*$F$3:$F$9) 식을 입력한 후 Ctrl+Shift+Enter를 이용하여 식을 완성하고 자동 채우기를 한다.

더 알기 TIP

이번 함수도 수식 입력줄에서 조건식을 각각 마우스로 드래그하고 F9를 눌러 배열 연산 결과를 미리 살펴보면 내부적으로 어떤 연산이 이루어지는지 볼 수 있습니다.

예를 들어 1학년인 경우만 살펴보면 아래 그림과 같이 박스의 행 값만 조건이 TRUE(1)이고, 나머지는 모두 FALSE(0)가 되므로 배열수식에서 * 연산을 이용하면 조건에 맞지 않는 행의 값은 0이 됩니다.

학번	학년	학과	이름	성적
k102-3	1	경영과	강수로	80
k102-4	2	수학과	김호동	90
g102-5	3	경영과	장혁	95
k102-6	1	수학과	강수로	65
d102-7	2	영문과	박형식	89
k102-8	3	영문과	장혁	87
k102-9	1	경영과	해밍턴	69

=SUM({TRUE;FALSE;FALSE;TRUE;FALSE;FALSE;TRUE}*{80;90;95;65;89;87;69})

=SUM({80;0;0;65;0;0;69})

순서대로 인수를 곱하고 그 결과를 SUM 함수로 계산하는 것입니다.

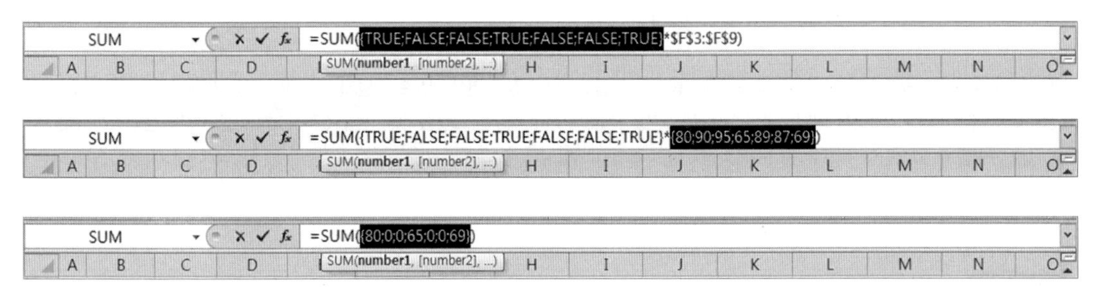

즉, 각 배열의 조건을 처리하고 곱하여(AND) 두 조건을 모두 만족하는 경우의 셀 값은 성적이 남고, 조건에 만족하지 않는 경우 0으로 처리되어 조건에 맞는 값만 합산되는 구조입니다.

③ 판매량과 단가를 이용하여 총 판매액 계산(SUMPRODUCT로 계산)을 하기 위하여 [K14] 셀을 선택하고 =SUMPRODUCT(J3:J9,K3:K9) 식을 넣은 뒤 Ctrl+Shift+Enter를 이용하여 식을 완성한다.

더 알기 TIP

SUMPRODUCT 함수는 각 행을 곱한 뒤 그 값을 합하는 함수입니다.

상품명	판매량	단가	곱하고
당근	10	₩1,000	₩10,000
배추	20	₩2,000	₩40,000
당근	30	₩3,000	₩90,000
배추	30	₩1,000	₩30,000
양상추	20	₩2,000	₩40,000
가지	30	₩3,000	₩90,000
고추	40	₩1,000	₩40,000
		더하고	₩340,000

| 정답 |

ⓐ =SUM(($D$3:$D$9=B16)*1)

ⓑ =SUM((E16=$C$3:$C$9)*$F$3:$F$9)

ⓒ =SUMPRODUCT(J3:J9,K3:K9)

21. SUMPRODUCT를 이용한 다중 조건 배열수식

앞서 배열수식의 이해를 위해 긴 시간을 투자하였습니다. 이제 실제 시험에 출제되는 내용을 다루어 보겠습니다. 앞에서 배웠듯이 SUMPRODUCT 함수는 각 인수의 배열을 순서대로 곱하고 그 결과를 합하는 함수입니다. 그래서 SUM을 이용한 연산처럼 * 연산을 사용하지 않고 함수 내에서 실제 계산할 열을 인수로 지정하며 간단히 처리가 가능합니다.

| 기본 함수 구조 |

A 또는 B이면서 C인 D열의 합계 계산

=SUMPRODUCT(((조건A) + (조건B)) * (조건C),합계 계산할 D열)

=SUMPRODUCT(((조건A) * (조건C)) + ((조건B) * (조건C)),합계 계산할 D열)

| 작업 파일 | 엑셀함수정리소스.xlsx(SUMPRODUCT 시트)

더 알기 TIP

자주 출제되는 조건이지만 조건을 구성하는 것이 어려울 수 있습니다. 이때는 앞서 배운 DATABASE 함수의 조건 표를 먼저 그린 뒤 조건을 구성하면 조금 이해가 빠를 수 있습니다.

분류	제조사
경기	삼천리
산악	삼천리

다음처럼 각 열(AND) 조건을 구성하고 그 조건 결과를 다시 각 행(OR) 조건을 구성하면 됩니다. DATABASE 함수 조건표는 AND 조건 처리 → OR 조건 처리 순으로 인식하는 것에 착안하면 됩니다.

- ((조건A) * (조건C)) => (분류=경기)이면서 (제조사=삼천리)
- ((조건B) * (조건C)) => (분류=산악)이면서 (제조사=삼천리)
- ((분류=경기) * (제조사=삼천리)) + ((분류=산악) * (제조사=삼천리))

| 처리 조건 |

ⓐ 분류가 경기 또는 산악이면서 제조사가 삼천리인 합계를 계산하시오.

ⓑ 제품코드 첫 글자가 K 또는 C이면서 분류가 아동인 합계를 계산하시오.

ⓒ 삼천리 또는 알톤이면서 가격이 30만원 이상인 합계를 계산하시오.

ⓓ 분류가 경기이거나 제조사가 삼천리 또는 알톤인 합계를 계산하시오.

	A	B	C	D	E
1					
2		제품코드	분류	제조사	가격
3		K112-245	경기	삼천리	₩245,000
4		K112-652	경기	삼천리	₩125,000
5		L328-235	로드	야마하	₩109,000
6		C622-451	아동	알톤	₩354,000
7		Y328-695	산악	야마하	₩290,000
8		L622-224	로드	알톤	₩150,000
9		M112-542	산악	삼천리	₩331,000
10		C622-695	아동	알톤	₩420,000
11		K328-691	경기	야마하	₩235,000
12		ⓐ분류가 경기 또는 산악이면서 제조사가 삼천리인 합계			₩701,000
13		ⓑ제품코드 첫 글자가 K 또는 C 이면서 분류가 아동인 합계			₩774,000
14		ⓒ삼천리 또는 알톤이면서 가격이 30만원 이상인 합계			₩1,105,000
15		ⓓ분류가 경기 이거나 제조사가 삼천리 또는 알톤인 합계			₩1,860,000

| 따라 하기 |

① [E12] 셀을 선택하고 =SUMPRODUCT(((C3:C11="경기")+(C3:C11="산악"))*(D3:D11="삼천리"),E3:E11) 식을 입력하고 Ctrl+Shift+Enter를 이용하여 식을 완성한다.

기적의 TIP

배열 조건을 묶는 괄호에 주의하도록 합니다. 아래와 같은 식도 가능합니다.
=SUMPRODUCT(((C3:C11="경기")*(D3:D11="삼천리"))+((C3:C11="산악")*(D3:D11="삼천리")),E3:E11)

② [E13] 셀을 선택하고 =SUMPRODUCT(((LEFT(B3:B11,1)="K")+(LEFT(B3:B11,1)="C"))*(C3:C11="아동"),E3:E11) 식을 입력하고 Ctrl+Shift+Enter를 이용하여 식을 완성한다.

기적의 TIP

일반 함수에서는 * 사용이 불가합니다. 문자열 함수를 사용하도록 합니다.

③ [E14] 셀을 선택하고 =SUMPRODUCT(((D3:D11="삼천리")+(D3:D11="알톤"))*(E3:E11>=300000),E3:E11)을 입력하고 Ctrl+Shift+Enter를 이용하여 식을 완성한다.

④ [E15] 셀을 선택하고 =SUMPRODUCT((C3:C11="경기")+((D3:D11="삼천리")+(D3:D11="알톤")),E3:E11)−SUMPRODUCT((C3:C11="경기")*(D3:D11="삼천리"),E3:E11)을 입력하고 Ctrl+Shift+Enter를 이용하여 식을 완성한다.

더 알기 TIP

이 문제는 돌발 형태로 출제된 문제입니다. 즉, 경기이거나 삼천리 경우가 두 번 계산이 되어 정확한 결과를 계산할 수 없습니다. 그래서 문제 조건을 분석하여 두 번 참이 된 경기이면서 삼천리인 조건의 합을 빼는 연산이 필요합니다.

| 정답 |

ⓐ =SUMPRODUCT(((C3:C11="경기")+(C3:C11="산악"))*(D3:D11="삼천리"),E3:E11)
=SUMPRODUCT(((C3:C11="경기")*(D3:D11="삼천리"))+((C3:C11="산악")*(D3:D11="삼천리")),E3:E11)

ⓑ =SUMPRODUCT(((LEFT(B3:B11,1)="K")+(LEFT(B3:B11,1)="C"))*(C3:C11="아동"),E3:E11)

ⓒ =SUMPRODUCT(((D3:D11="삼천리")+(D3:D11="알톤"))*(E3:E11>=300000),E3:E11)

ⓓ =SUMPRODUCT((C3:C11="경기")+((D3:D11="삼천리")+(D3:D11="알톤")),E3:E11)−SUMPRODUCT((C3:C11="경기")*(D3:D11="삼천리"),E3:E11)

22. SUMPRODUCT, ISNUMBER, FIND 함수를 이용한 다중 조건 합계 구하기

SUMPRODUCT, ISNUMBER, FIND 함수는 다중 조건에 사용하는 배열수식 구조 중 하나입니다. 2010년부터 출제되고 있으며 특정 셀의 찾고자 하는 문자열을 조건으로 받아 그 문자를 포함하는 행의 합계를 계산합니다.

| 기본 함수 구조 |

SUMPRODUCT(배열1, 배열2...) : 배열1, 배열2의 각 행을 곱한 뒤 그 결과를 합한다.

ISNUMBER(값) : 인수로 받은 값이 숫자이면 TRUE 아니면 FALSE를 출력한다.

FIND(찾을 문자열, 찾을 범위, 찾기 시작할 문자열 번호) : 찾을 범위에서 찾을 문자열이 위치하는 번호를 정수로 표시한다.

기적의 TIP

찾기 시작할 문자열 번호의 경우 생략하면 첫 번째 글자부터 찾기 시작합니다. 예를 들어 "가나다라가나다라" 라는 문장에서 "가"가 2번 존재하는데 이 인수를 생략하면 결과가 1이 나오게 됩니다. 하지만 내가 찾고자 하는 것이 5번째 글자, 즉 2번째 "가"라면 인수를 2~5 사이의 값을 입력합니다. 즉, 문자열에서 중복된 글자가 있는 경우, 뒤쪽 문자열의 위치를 찾고자 할 때 사용합니다.

| 작업 파일 | 엑셀함수정리소스.xlsx(SIF 시트)

| 처리 조건 |

ⓐ SUMPRODUCT 함수를 이용하여 총판매액을 계산하시오.

ⓑ ISNUMBER 함수를 이용하여 값 열의 값이 숫자이면 TRUE 아니면 FALSE를 출력하시오.

ⓒ FIND 함수를 이용하여 부서열의 H 문자열의 위치를 각 열에 정수로 표시하시오.

ⓓ ISNUMBER 함수를 이용하여 FIND 열의 값이 숫자이면 TRUE, 아니면 FALSE를 표시하시오.

ⓔ SUMPRODUCT, ISNUMBER, FIND 함수를 모두 사용하여 부서에 H가 포함된 점수의 합계를 계산하시오.

ⓕ 부서가 F영업 또는 P영업인 실적 합계를 계산하시오.

ⓖ ⓕ에서 작성한 함수식 작성하시오(단, SUMPRODUCT, ISNUMBER, FIND를 모두 사용하고 그 외 함수 사용 시 0점 처리됨).

ⓗ 평가가 우수 또는 최우수인 실적의 합을 계산하시오(단, SUMPRODUCT, ISNUMBER, FIND를 모두 사용하고 그 외 함수 사용 시 0점 처리됨).

ⓘ ⓗ에서 작성한 함수식 작성하시오(단, SUMPRODUCT, ISNUMBER, FIND를 모두 사용하고 그 외 함수 사용 시 0점 처리됨).

SUMPRODUCT 함수

판매액	판매수량
₩20,000	2
₩30,000	0
₩40,000	0
₩50,000	10
₩60,000	2
ⓐ총판매액	₩660,000

ISNUMBER 함수

값	ⓑ결과
10	TRUE
20	TRUE
A	FALSE
나	FALSE
TRUE	FALSE

FIND 함수 H를 포함한 합계)

부서	ⓒFIND(H)	ⓓISNUMBER	점수
영동H영업	3	TRUE	50
서F영업	#VALUE!	FALSE	60
산본K영업	#VALUE!	FALSE	61
남양H영업	3	TRUE	80
휴A영업	#VALUE!	FALSE	90
ⓔSIF 통합			130

ⓕ부서가 F영업 또는 P영업인 실적 합

부서	성명	실적
H영업	신면철	7100
F영업	신채원	9838
P영업	신선율	6200
H영업	이지혜	8200
M영업	이나현	5720
A영업	신현길	8950
SIF 통합		16038

=SUMPRODUCT(ISNUMBER(FIND("F",B14:B19))+ISNUMBER(FIND("P",B14:B19)),D14:D19)

ⓗ 평가가 우수 또는 최우수인 실적의 합계

부서	성명	실적	평가
H영업	신면철	7100	우수
F영업	신채원	9838	최우수
P영업	신선율	6200	보통
H영업	이지혜	8200	우수
M영업	이나현	5720	최우수
A영업	신현길	8950	우수
SIF 통합		39808	

=SUMPRODUCT(ISNUMBER(FIND("우수",K14:K19))*1,J14:J19)

| 따라 하기 |

① [C9] 셀을 선택하고 =SUMPRODUCT(B4:B8,C4:C8)를 입력하고 Ctrl+Shift+Enter를 입력한다.

기적의 TIP

SUMPRODUCT 함수는 자체 배열수식으로 Ctrl+Shift+Enter를 누르지 않고 Enter만 입력해도 됩니다. 단 배열 조건을 사용하는 경우엔 꼭 Ctrl+Shift+Enter를 눌러야 합니다.

② [F4] 셀을 선택하고 =ISNUMBER(E4)를 입력하고 Enter를 입력하여 식을 완성한 후 자동 채우기를 한다.
③ [I4] 셀을 선택하고 =FIND("H",H4)를 입력하고 Enter를 입력하여 식을 완성한 후 자동 채우기를 한다.
④ [J4] 셀을 선택하고 =ISNUMBER(I4)를 입력하고 Enter를 입력하여 식을 완성한 후 자동 채우기를 한다.
⑤ [K9] 셀을 선택하고 =SUMPRODUCT(ISNUMBER(FIND("H",H4:H8))*1,K4:K8)를 입력한 뒤 Ctrl+Shift+Enter를 입력한다.
⑥ [D20] 셀을 선택하고 =SUMPRODUCT(ISNUMBER(FIND("F",B14:B19))+ISNUMBER(FIND("P",B14:B19)),D14:D19)를 입력한 뒤 Ctrl+Shift+Enter를 입력한다.
⑦ [D20] 셀을 선택하고 수식 입력줄에서 함수식은 마우스로 블록 선택하고 Ctrl+C하여 복사한 뒤 Esc를 눌러 블록을 해제하고 [B21] 셀을 선택하고 '를 입력한 뒤 Ctrl+V를 눌러 함수식을 붙여 넣는다.

기적의 TIP

한 셀에 식이 모두 들어가지 않는 경우 [홈] 탭–[맞춤] 그룹–[텍스트 줄 바꿈]을 클릭하여 두 줄로 변경한 뒤 행 높이를 늘려 식이 모두 보일 수 있도록 합니다.

⑧ [J20] 셀을 선택하고 =SUMPRODUCT(ISNUMBER(FIND("우수",K14:K19))*1,J14:J19)를 입력한 뒤 Ctrl+Shift+Enter를 입력한다.
⑨ [J20] 셀을 선택하고 수식 입력줄에서 함수식은 마우스로 블록 선택하고 Ctrl+C하여 복사한 뒤 Esc를 눌러 블록을 해제한 뒤 [H21] 셀을 선택하고 '를 입력한 뒤 Ctrl+V를 눌러 함수식을 붙여 넣는다.

더 알기 TIP

FIND 함수는 제시된 문자열에서 해당 문자열을 찾아 그 위치를 정수로 표시합니다. 평가가 우수이거나 최우수인 경우는 "우수"라는 조건으로 "우수" → 1, "최우수" → 2의 정수를 도출합니다. 즉, ⓕ 조건처럼 두 번 조건을 지정하면 최우수의 경우 2번 조건이 만족하게 되어 정확한 값이 계산되지 않습니다. 그래서 "우수" 조건 한 번으로 처리하며, 앞에서 배운 대로 조건이 한 개인 경우 SUMPRODUCT함수에서 논리값을 받을 수 없으므로 논리값을 정수로 변경하기 위해 *1을 사용합니다.

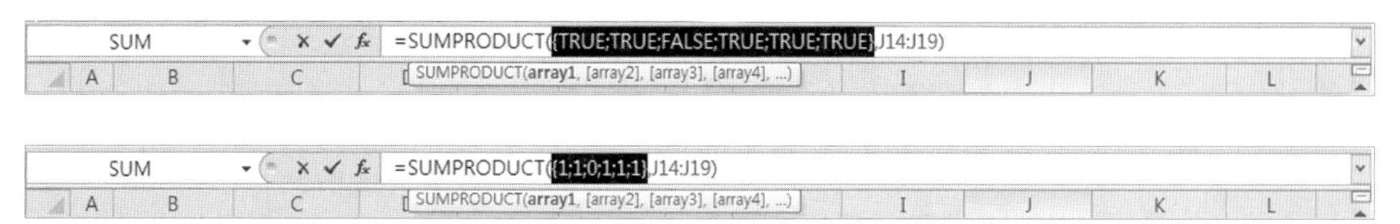

실제 출제된 문제이니 꼭 기억하도록 합니다. 처리 조건 ⓔ의 경우에도 조건이 H 하나이므로 *1을 이용하여 SUMPRODUCT에서 사용할 수 있도록 논리값을 정수로 변경하여 계산한 것입니다.

| 정답 |

ⓐ =SUMPRODUCT(B4:B8,C4:C8)

ⓑ =ISNUMBER(E4)

ⓒ =FIND("H",H4)

ⓓ =ISNUMBER(I4)

ⓔ =SUMPRODUCT(ISNUMBER(FIND("H",H4:H8))*1,K4:K8)

ⓕ =SUMPRODUCT(ISNUMBER(FIND("F",B14:B19))+ISNUMBER(FIND("P",B14:B19)),D14:D19)

ⓖ =SUMPRODUCT(ISNUMBER(FIND("우수",K14:K19))*1,J14:J19)

Access 함수 사전

함수	설명	사용방법
iif(식, 참 값, 거짓 값)	식이 참이면 참, 값이 거짓이면 거짓 값을 돌려줌(엑셀의 if 함수와 비슷한데, i가 하나 더 있음)	iif([성별]="1","남자","여자") → 성별 필드의 값이 "1"이면 "남자"를 표시하고 아니면 "여자"로 표시한다.
Switch(식1, 값1, 식2, 값2 ...)	식1이 참이면 값1을 돌려주고 식2가 참이면 값2를 돌려줌	Switch([점수]>=90,"A",[점수]>=80,"B",[점수]>=70,"C",[점수]>=60,"D",[점수]<60,"F") → 90점 이상이면 A, 80점 이상이면 B, 70점 이상이면 C, 60점 이상이면 D, 60점 미만이면 F를 표시한다.
Left(텍스트, 개수)	왼쪽에서 문자 추출	Left("ABCD",1) = "A" Left("ABCD",2) = "AB"
Right(텍스트, 개수)	오른쪽에서 문자 추출	Right("ABCD",1) = "D" Right("ABCD",2) = "CD"
Mid(텍스트,시작 위치,개수)	중간에서 문자 추출	Mid("ABCD",2,1) = "B" Mid("ABCD",2,2) = "BC"
Year(날짜)	해당 날짜의 연도	Year(#2011-03-01#) = 2011
Month(날짜)	해당 날짜의 월	Month(#2011-03-01#) = 3
Day(날짜)	해당 날짜의 일	Day(#2011-03-01#) = 1
Hour(시간)	해당 시간에서 시간	Hour(#10:11:12#) = 10
Minute(시간)	해당 시간에서 분	Minute(#10:11:12#) = 11
Second(시간)	해당 시간에서 초	Second(#10:11:12#) = 12
Int(숫자)	해당 숫자보다 더 작은 정수로 내림	Int(3.8) = 3 Int(-3.8) = -4
Round(숫자, 반올림할 소수 자릿수)	반올림 함수	Round(3.55, 0) = 4 Round(3.55, 1) = 3.6
Today( ) And( ) Or( ) If( )	이 함수들은 엑셀에서는 사용하지만, 액세스에는 없는 함수이므로 사용할 수 없다.	

1. 쿼리식의 기본 구조 및 표현법

쿼리란?

입력된 다수의 테이블이나 쿼리를 서로 묶어 새로운 테이블을 만드는 작업을 말합니다. 즉, 데이터베이스에 입력된 자료를 연산을 통해 원하는 값을 인출하기 위한 작업입니다.

쿼리식의 구성

① 『필드명 : 식』 구조로 이루어져 있다.

예 판매액 : [테이블명.판매단가] * [테이블명.판매수량]

② 주의사항

- 엑셀에서는 함수식 시작에 =을 입력하지만 액세스 쿼리식에서는 『필드 : 식』의 구조이다.
- 사용될 필드명에 () 가 있을 때 필드명은 꼭 "[]"를 이용하여 묶어야 한다. "[]"는 이것이 필드라는 것을 나타내는 기호이다.

  예 판매액 : [판매단가(원)] * 판매수량
- 조인된 필드를 사용할 경우 필드명에 꼭 해당 테이블명을 적어줘야 한다. 이를 어기면 from 절 오류가 발생한다.

  예 판매액 : [table1.판매단가(원)] * 판매수량

2. iif + 논리 함수

액세스에서 논리 함수는 엑셀과 다르게 조건 가운데 위치합니다. 그리고 AND, OR 함수와 조건은 꼭 띄어쓰기를 해야 합니다.

주유량이 400 이상이거나 총 포인트가 550 이상이면 "우수고객", 아니면 "일반고객"

```
비고 : IIf([주유량]>=400 Or [총포인트]>=550,"우수고객","일반고객")
```

3. 중첩 iif 문

액세스에서는 "%"를 사용할 수 없으므로 실수로 표현해야 합니다.

판정 : 엥겔지수가 90% 이상이면 "하류층", 80% 이상이면 "중류층", 80% 미만이면 "상류층"으로 표시하시오.

```
판정 : IIF([엥겔지수]>=0.9,"하류층",IIF([엥겔지수]>=0.8,"중류층","상류층"))
```

4. 중첩 iif 문 + 문자열 함수

액세스에서는 "%"를 사용하지 못합니다. 따라서 실수로 표현해야 합니다. 예 11% → 0.11
증감(가산)이란 기존값+가산%이므로 100%+가산% 계산 뒤 실수로 변환하여 곱해야 합니다.

① 출신고명 앞 두 자리가 서울이면 점수에 1%를 가산하고, 그 외는 0.5%를 가산한다.

```
Iif(Left([출신고],2)="서울",[점수]*1.01,[점수]*1.005)
```

② 주민번호의 8번째가 1이면 남자, 2이면 여자

```
성별 : Iif(Mid([주민등록번호],8,1)="1","남자","여자")
```

③ 나이 = 현재년도 – (1900 + 주민번호 앞 두 글자) + 1

```
Year(Now())–(1900+Left([주민등록번호],2))+1
```

5. 중첩 iif 문 + 날짜 시간 함수

시간은 시:분:초로 날짜는 년–월–일로 입력해야 하며, 그 중 필요한 값만 사용하고자 할 때는 엑셀에서 배웠던 날짜 시간 함수를 사용합니다.

① 사용시간 1분당 50원씩 계산하시오(단, 초 단위는 절삭하시오.).

```
사용료 : Hour([사용시간])*60*50+Minute([사용시간])*50
```

② 원가 × 배달수량(단, 원가는 주문시간이 15:00 이후인 경우 원가의 10% 증감 처리하시오.)

```
Iif(Hour([주문시간])>=15,[원가]*1.1,[원가])*[배달수량]
```

6. 정수화 함수 – INT

INT 함수는 소수점 이하 부분을 버리는 기능을 가지고 있습니다. 이를 이용하는 문제가 최근 자주 출제되고 있습니다.

① 총포인트 = 기본점수 + 가산포인트 (가산포인트는 예 등유일 때, 기본점수 100 + 주유금액이 38,670이면 38점 → 결과값 138)

```
총포인트 : [기본점수]+Int([주유금액]/1000)
```

② 총결석일수는 결석일수 + 환산점수(지각횟수 4일을 1일로 계산)로 계산한다(환산점수의 예 → 결석일수가 22일이면 5일).

```
총결석일수 : [결석일수]+Int([지각횟수]/4)
```